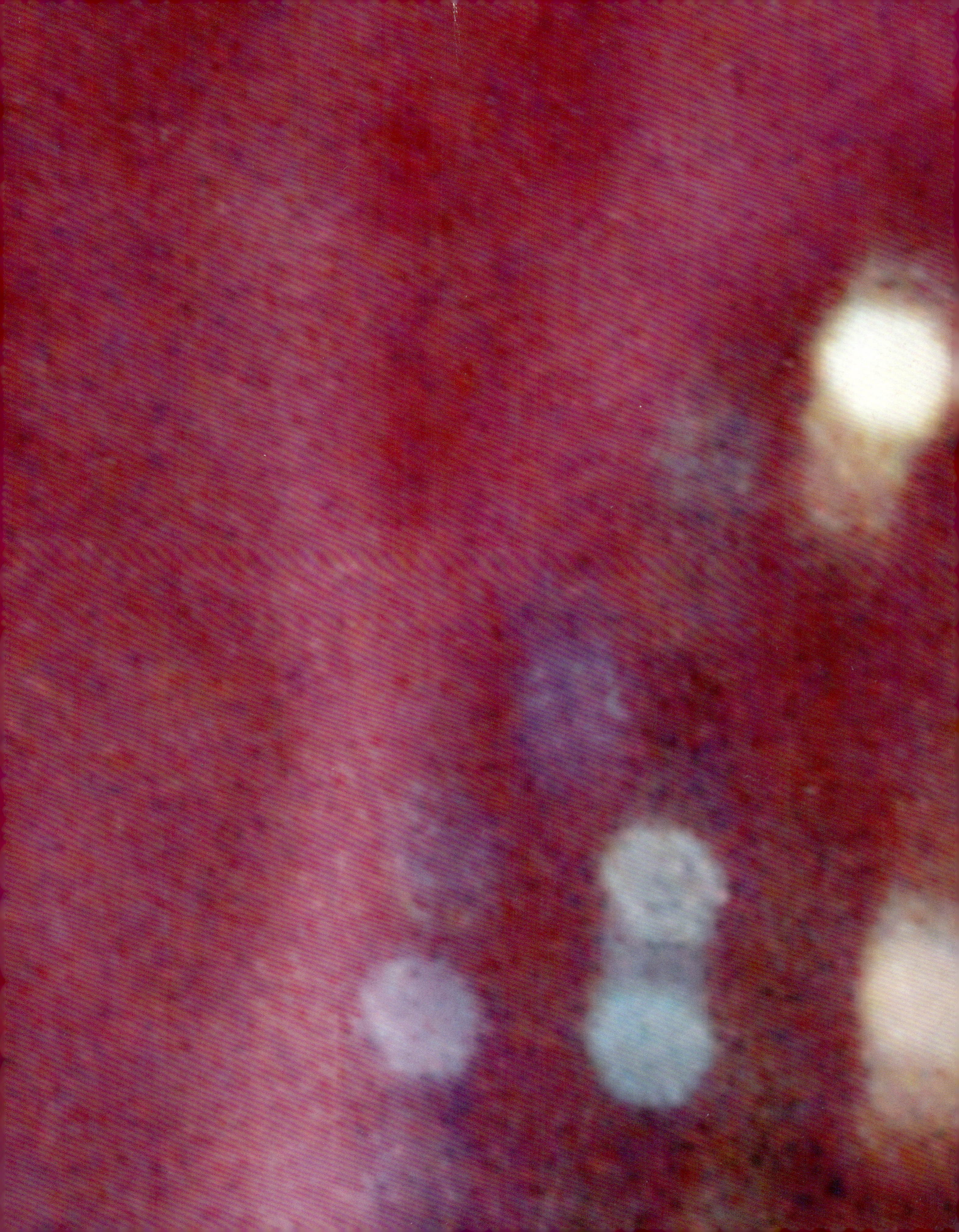

ON THE HUMAN BEING. INTERNATIONAL PHOTOGRAPHY 1950 – 2000

DE LO HUMANO. FOTOGRAFÍA INTERNACIONAL 1950 – 2000

TURNER

ON THE HUMAN BEING. INTERNATIONAL PHOTOGRAPHY 1950 – 2000

EDITED BY UTE ESKILDSEN AND ALBERTO MARTÍN

DE LO HUMANO. FOTOGRAFÍA INTERNACIONAL 1950 – 2000

EDITADO POR UTE ESKILDSEN Y ALBERTO MARTÍN

PHILIP KWAME APAGYA,
NOBUYOSHI ARAKI, DIANE ARBUS,
RICHARD AVEDON, TINA BARNEY,
KOOS BREUKEL, JO ANN CALLIS,
LARRY CLARK, JOHN COPLANS,
GABRIEL CUALLADÓ, PHILIP-LORCA
DICORCIA, RINEKE DIJKSTRA,
WILLIAM EGGLESTON, HANS-PETER
FELDMANN, THOMAS FLORSCHUETZ,
LEE FRIEDLANDER, BERNHARD FUCHS,
CRISTINA GARCÍA RODERO, ANDRÉ
GELPKE, PIERRE GONNORD, NAN
GOLDIN, AXEL GRÜNEWALD,
JITKA HANZLOVÁ, CRISTÓBAL HARA,
CRAIGIE HORSFIELD, VALÉRIE JOUVE,
JUDITH JOY-ROSS, ASTRID KLEIN,

WILLIAM KLEIN, BARBARA KLEMM,
JOSEF KOUDELKA, VLADIMIR KUPRIYANOV,
DANNY LYON, ESKO MÄNNIKKÖ,
HELLEN VAN MEENE, SUSAN MEISELAS,
DUANE MICHALS, BORIS MIKHAILOV,
HELMUT NEWTON, KEN OHARA,
MARTIN PARR, IRVING PENN, ANDERS
PETERSEN, BERNHARD PRINZ, ARNULF
RAINER, TIMM RAUTERT, EUGENE
RICHARDS, HEINRICH RIEBESEHL,
HUMBERTO RIVAS, THOMAS RUFF, INTA
RUKA, THOMAS SCHÜTTE, ANDRES
SERRANO, CINDY SHERMAN, MICHAEL
SCHMIDT, JOEL STERNFELD, BEAT STREULI,
THOMAS STRUTH, JUERGEN TELLER,
MIGUEL TRILLO, GARRY WINOGRAND

FACE – BODY – IDENTITY.

ALBERTO MARTÍN

In his study of photography and the unconscious, Serge Tisseron quotes the following sentence from Walter Benjamin's "*Short History of Photography*": "At the beginning of photography, no one dared to look at the faces on the plate for too long. They thought those faces were also able to see them." Tisseron goes on to wonder whether we have ever really overcome that illusion. Implicit in this question is the inevitable existence in every portrait photo of a close and powerful bond between the viewer and the subject or subjects appearing therein. This offers a fine definition of the importance, persistence and evolution of that photographic genre over time. That evolution is also largely influenced by a third element that plays a fundamental role in the determinant set of transfers occurring in every portrait: the artist, with his positions and strategies. Portraiture—perhaps photography's epitomic genre—is built on the basis of multiple dialogs between photographer and model, photographer and viewer; and model and viewer. And if there is a period in which the implications and consequences of these complex relations were pushed to the limit, it is the second half of the twentieth century. This is especially evident in photographers" conscious attitude toward their capacity to influence this play of transactions, thus modifying and questioning established roles.

Portraiture, which could be considered the expression *par excellence* of humanness, underwent an unprecedented growth and development with the appearance of photography, which led it into an unstoppable process of institutionalization and massive media presence. The development of photography

ROSTRO – CUERPO – IDENTIDAD.

ALBERTO MARTÍN

En su estudio sobre la fotografía y el inconsciente Serge Tisseron cita la siguiente frase de Walter Benjamin, extraída de su "Pequeña historia de la fotografía": "Al principio de la fotografía, nadie se atrevía a mirar demasiado tiempo los rostros de las personas fijadas sobre la placa. Se creía que esos rostros eran a su vez capaces de vernos". A continuación, Tisseron se pregunta si realmente hemos superado esa ilusión. La sugerencia implícita que hay en esa pregunta acerca de la inevitable existencia en todo retrato fotográfico de un estrecho y poderoso vínculo entre el espectador y el sujeto o sujetos que aparecen en la imagen define bien la importancia, persistencia y evolución de este género fotográfico a lo largo del tiempo. Una evolución marcada en buena medida por un tercer elemento que interviene de manera fundamental en ese determinante juego de transferencias que se establece en todo retrato: el artista, con sus posiciones y estrategias. Un género fotográfico, se podría incluso afirmar que el género fotográfico por excelencia, que se articula así a partir de un diálogo múltiple entre fotógrafo/modelo, fotógrafo/espectador y modelo/espectador. Y si hay un período en el que se hayan explorado hasta el límite las implicaciones y consecuencias de estas complejas relaciones es en la segunda mitad del siglo xx, especialmente en la actitud consciente que los fotógrafos han ido desarrollando sobre su capacidad para incidir en ese juego de transacciones y con ello modificar y cuestionar las posiciones establecidas.

El retrato, que puede considerarse la expresión por excelencia de lo humano, fue objeto de un impulso y un desarrollo desconocido gracias a la aparición del medio fotográfico, entrando a partir de entonces en un proceso imparable

itself has generated a multitude of accumulated references—a sort of master file—about the significance of capturing an individual's image. These reach from the desire for knowledge to the exploitation of man's inherent narcissism. There is the celebratory or commemorative portrait, the portrait as mirror of the soul, the portrait as part of a process of identification and classification, then there are scientific portraits, family portraits, portraits of the "other," with multiple uses and references reaching from sociology to psychology, from files to family photo albums, from judicial use to mere keepsakes, from science to documentation, from the fixing of an archetype to the exaltation of an individual, from the subjective to the neutral. All this has formed the basis for praxis and uses, faces and bodies that shaped the nature of the genre. Beginning in the nineteen fifties, they were subjected to a continuous and ceaseless process of exploration, revision and questioning. For over five decades, portraiture underwent profound transformations in which human presence—both individual and collective subjects—became the central axis of an entire series of creative strategies focusing on identity, individuality, social categories, public and private, the body and gender. During those years, photography took its place as one of the artistic disciplines and both its historical and functional models, as well as its contribution to avant-garde movements, were reconsidered.

It is precisely the transparent character of the photographic image—its promise of realism and faithfulness—that has made the nature of the photographic portrait so complex. The guarantee of its capacity to identify and bear witness, its exactitude and fidelity, are always confronted with the question of its capacity to function as a vehicle for subjectivity and emotion. Cynthia Freeland successfully summed up this conflict when she defined it as the tension between the *revelatory*—associated with the exactitude of the subject—and the *creative,* linked to artistic expression. The conflict between those two elements actually involves two complementary questions. On one hand, what is the image's capacity to objectively register what we cannot see but believe we can deduce in the presence of another person: their subjective, character-related, emotional side—their "soul" in the sense of the truism that the face is the window of the soul? That is what Roland Barthes characterized with the French term "air." On the other hand, what type of subject or discourse on humanness does the artist construct through his practice and creative strategy? In other words, a portrait could as easily be a manner of recognizing shared humanity, as an encounter with an irreducible strangeness, as Serge Tisseron correctly observes. It can affirm individuality or negate it; it can even consider the subject a neutral and autonomous entity, or it can bring out that subject's condition as a social and historical construct.

Three elements will help us sum up what portraiture involves and what it brings into play: face, body and identity. The face is essential because it is the fundamental emitter of signs as well as the quintessential body element used for identification, control and classification. The face embodies absolute multiplicity: it is where gazes intermingle, where emotions emerge, it certifies similarity and engages in

de institucionalización y difusión masiva. El propio desarrollo de la fotografía ha ido generando la acumulación de múltiples referencias, en una especie de gran archivo, en torno a lo que supone captar la imagen de un individuo, desde el afán de conocimiento a la explotación de la pulsión narcisística que habita en el hombre. El retrato celebratorio o conmemorativo, el retrato como espejo del alma, el retrato y la identificación clasificatoria, el retrato científico, el retrato familiar, el retrato del "otro", múltiples usos y referentes que van de lo sociológico a lo psicológico, del archivo al álbum de familia, de lo judicial a lo recordatorio, de lo científico a lo documental, de la fijación del arquetipo a la exaltación del individuo, de lo subjetivo a lo neutral. Un sedimento de prácticas y usos, de rostros y cuerpos, que fueron conformando la genealogía del género, y que a partir de los años cincuenta del pasado siglo se vieron sometidos a un proceso continuo e imparable de exploración, revisión y cuestionamiento. Algo más de cinco décadas durante las cuales el género del retrato sufre profundas transformaciones y la presencia de lo humano, del sujeto tanto individual como colectivo, se convierte en el eje central de toda una serie de estrategias creativas que entran a reflexionar sobre la identidad, la individualidad, las categorías sociales, lo público y lo privado, el cuerpo y el género. Son años en los que la práctica fotográfica se funde con el resto de las disciplinas artísticas y se procede a revisar tanto los modelos históricos y funcionales de lo fotográfico como las aportaciones de las vanguardias.

Es precisamente el carácter transparente de la imagen fotográfica, su promesa de realismo y fidelidad, el que ha complejizado en buena medida la naturaleza del retrato fotográfico. La garantía de su capacidad identificatoria y testimonial, su exactitud y fidelidad, se confronta siempre con la pregunta sobre las posibilidades de la imagen para ser vehículo de lo subjetivo, de lo emocional. Cynthia Freeland ha sintetizado con acierto este conflicto definiéndolo como la tensión que se da entre lo *revelador*, que apunta a la exactitud del sujeto, y lo *creativo*, ligado a la expresión artística. El conflicto entre estos dos elementos remite en realidad a dos cuestiones complementarias. Por una parte, la capacidad de la imagen para registrar objetivamente lo que no se ve pero creemos deducir ante la presencia de otra persona, esto es lo subjetivo, lo caracteriológico, lo emocional, el "alma", como señala la célebre frase que afirma que el rostro es la ventana del alma, o el "aire" como prefirió denominarlo Roland Barthes. Y por otra, qué tipo de sujeto o qué discurso sobre lo humano construye el artista con su práctica y su estrategia creativa. Así, un retrato puede ser tanto el lugar de reconocimiento de una humanidad compartida como el encuentro con una irreductible extrañeza, tal y como señala acertadamente Serge Tisseron; afirmar la individualidad o negarla; o bien considerar el sujeto como una entidad neutra y autónoma o recalcar su condición de entidad construida social e históricamente.

Tres elementos pueden ayudar a condensar lo que supone y pone en juego la práctica del retrato: el rostro, el cuerpo y la identidad. El rostro, de manera esencial, en la medida en que es el lugar fundamental de emisión de signos pero también el índice corporal por antonomasia donde reside el poder de

dialog with the "other." The face is where one looks to discover at least part of the subject's inner life. It is no surprise that the face dominates portraiture and has become the paradigmatic element that defines it. But the importance of its presence is equaled by that of its absence when this fundamental element of identity and recognition is negated or transformed. A mask, a disguise, death, an inexpressive or hidden face become powerful mechanisms for questioning our reading of a subject's identity or nature, or even the function of portraiture itself. A similar group of considerations or duality is found in the body, which is a space in which the being projects itself into the public or social sphere. It contains and expresses the cultural representation of the subject at all times. The attributes of social and cultural identity, its conventions, stereotypes and fashions take shape in the body, as does the resistance constructed through its reconfiguration, manipulation or reconstitution. Thus, to a large degree, the face and body define a context for the construction of the subject and the play of identities expressed through the practice of portrait photography.

While it may be obvious, there is no harm in recalling that the representation of humanness should not be confused with humanism. Indeed, the second half of the twentieth century opens precisely with the aftereffects of the wave of humanism generated in both Europe and the United States during and after World War II. As Olivier Lugon very clearly showed in his study, *Le style documentaire,* this wave provisionally buried the decisive contributions of two of the great photographic models from the first half of that century: Walker Evans and August Sander. These artists" systematic, serial, emotionless, neutral and straightforward approach was rejected in favor of information, individual sensitivity and emotional saturation. While the United States sought to reject any reading that failed to emphasize the nation's optimistic future; in Germany an effort was being made to break with any esthetic or ideological reference that might recall their Nazi past. But that situation began to change rapidly in the late nineteen fifties. The model of liberal social documentary photography reached its breaking point in the United States, as Liz Kotz clearly pointed out her article "Damaged," which is reproduced in these same pages. Robert Frank, Garry Winogrand and Lee Friedlander began to bring out the dark, disquieting side of U.S. society, while Diane Arbus portrayed a gallery of *singular antiheroes* far removed from the abundant exemplary and universal characters presented by documentary photography from the previous decade.

The unstoppable emergence of mass media and the rapidly changing social landscape—especially in cities—radically modified the parameters for constructing and perceiving subjects. Winogrand's and Friedlander's street photography show these changes better than any other. Their images are convulsed, informal, they eschew hierarchy and are almost compulsive. In them, the social setting takes precedence over the individual, who is reduced to anonymity. While Arbus reinforces subjectivity by emphasizing singularity, Winogrand and Friedlander crush it into anonymity. Nevertheless, all three share an approach to their work

identificación, control y clasificación. Multiplicidad absoluta del rostro: en él confluyen las miradas, asoman las emociones, se certifica la semejanza, se instaura el diálogo con el *otro* o se busca conocer algo sobre la vida interior del sujeto. No es extraño así que el rostro, la cara, domine el género del retrato y se haya configurado como el elemento paradigmático que lo define. Pero tan importante como su presencia es su ausencia mediante la negación o la transformación del que es el elemento fundamental de identidad y reconocimiento: la máscara, el disfraz, la muerte, el rostro inexpresivo o escondido se convierten en poderosos mecanismos para cuestionar el registro de la identidad, la naturaleza del sujeto o la función misma del retrato. Similar problemática o dualidad encontramos en el cuerpo. El cuerpo, espacio de la proyección del ser en el ámbito público, ámbito de lo social, contiene y expresa la representación cultural del sujeto en cada momento. Los atributos de la identidad social y cultural, las convenciones, los estereotipos, las modas cristalizan en él, tanto como las resistencias que se construyen a través de su reconfiguración, manipulación o reconstitución. Rostro y cuerpo definen pues, en buena medida, el contexto de construcción del sujeto y el juego de identidades que se expresa a través de la práctica del retrato fotográfico.

Aunque es evidente, no viene mal recordar que la representación de lo humano no debe confundirse con el humanismo. Precisamente, la segunda mitad del siglo XX se abre aún con las secuelas de la ola de humanismo que tanto en Europa como en Estados Unidos se había generado durante y después de la Segunda Guerra Mundial. Una ola que enterró provisionalmente las decisivas aportaciones de los dos grandes modelos fotográficos de la primera mitad del siglo, Walker Evans y August Sander, como muy bien ha demostrado Olivier Lugon en su estudio *Le style documentaire*. La sistematicidad, la serialidad, la falta de emoción, la neutralidad y la simplicidad que encarnaban aquellos fueron rechazadas en beneficio de la información, la sensibilidad individual y la saturación emocional. Si en Estados Unidos se trataba de rechazar cualquier lectura que no pusiera de relieve el optimismo y el futuro de la nación, en Alemania se trataba de romper con cualquier referencia estética o ideológica que pudiera recordar el pasado nazi. Es a finales de los años cincuenta cuando la situación empieza a cambiar rápidamente. El modelo de documentalismo social liberal empieza a hacer crisis en Estados Unidos, como bien demuestra Liz Kotz en su artículo *Heridos* reproducido en estas mismas páginas. Robert Frank, Garry Winogrand o Lee Friedlander comienzan a poner en evidencia el lado oscuro e incómodo de la sociedad norteamericana, mientras Diane Arbus retrata una galería de *antihéroes singulares* que se encuentran muy alejados de los abundantes personajes *ejemplarizantes y universales* del documentalismo de la década anterior. La imparable emergencia de los medios de comunicación de masas y el rápido cambio del paisaje social, especialmente en el medio urbano, modificaron radicalmente los parámetros de construcción y percepción del sujeto. La fotografía de calle de Winogrand y Friedlander representa mejor que ninguna otra y perfectamente estas modificaciones. Sus imágenes son convulsas, informales, desjerarquizadas, casi compulsivas; en ellas el escenario social se impone sobre el individuo que

that is compulsive, exhaustive and systematic, an attitude bordering on that of a collector of images, which reappears in the approach of photographers like Araki and William Klein.

Friedlander's and Winogrand's approach is clearly anti-humanist, as subject and emotional content dissolve into the complex social fabric that envelops the individual. Most of all, though, these photographers bring formal considerations to their work, delving into the conditions under which the image is constructed and asking what information a photo can contain and how it is structured formally. That focus on the balance and reciprocal relation between an image's form and content would become omnipresent from then on in the observation of humanness. From very different standpoints—reaching from some of the new reporters at the Magnum agency all the way to artists like Jeff Wall or Roy Arden—a concern with the formal construction of efficient social commentary became a key element. What established this question was the link between how new documentary models were being established, and the approach to images taken first by conceptual art, and later by post-modernism. A paradigmatic example of this can be found in some of the artists who emerged with the development of color photography, for example Stephen Shore, who acknowledged Ed Ruscha's influence by stating that "form is what brings clarity and meaning to content." More skeptical, but equally revealing, was William Eggleston, who employs an esthetic very close to popular forms of imagery (postcards or family snapshots) in order to record a common, everyday world.

Paradoxically, and parallel to Winogrand's and Friedlander's use of street photography to transform the view of man and his social setting, another outstanding group of photographers returned to a more testimonial approach, revisiting concrete and, to a degree, marginal contexts. In a way, this may have been a reaction to those two artists" dissolution of both subject and subject matter. From very different standpoints, artists such as Nan Goldin, Larry Clark, Danny Lyon and Eugene Richards return to clearly defined social groups or communities in which it is possible to rediscover the subject and his or her subjectivity and living conditions. In the case of Nan Goldin and Larry Clark, this return to close-up recording of humanness casts the artists themselves as part of the group they are portraying. That proximity rests, to a large degree, on its autobiographical appearance, making it the evidence of a shared experience and interrelation between the photographer and the lifestyle being photographed. Subcultures and social exclusion are areas where life experiences and testimony can easily be found. Danny Lyon records the nonconformity and rebelliousness of motorcyclists and their world, while Eugene Richards reports on communities attacked by crack in a closed circle of social ostracism.

Since the nineteen eighties, this interest in concretely reflecting contexts that explain and determine the subject, or well defined and demarcated human, social or professional groups, has become a widespread model. It is visible in

queda reducido a una presencia anónima. Donde Arbus refuerza la subjetividad resaltando la singularidad, Winogrand y Friedlander la aplastan desde el anonimato. Lo que sin embargo es común a los tres es el carácter compulsivo, exhaustivo y sistemático de su trabajo, una actitud casi de coleccionistas de imágenes que veremos después reproducida, también, en la dinámica desarrollada por autores como Araki o William Klein.

La propuesta de Friedlander y Winogrand es ya claramente antihumanista, el tema y la carga emocional se diluyen en el complejo entramado social que envuelve al individuo. Pero ante todo, lo que hacen es incorporar una preocupación formal en su trabajo que profundiza sobre las condiciones de construcción de la imagen: qué información puede contener una fotografía y cómo se estructura formalmente. Esta cuestión, que se pregunta sobre el equilibrio y la relación recíproca entre la forma y el contenido de una imagen, ya no dejará de estar presente a partir de ahora en la observación de lo humano. Desde posiciones muy diferentes, ya sean algunos de los nuevos reporteros de la agencia Magnum hasta autores como Jeff Wall o Roy Arden, la preocupación sobre cómo construir formalmente un comentario social eficaz se convierte en un elemento clave. Lo que establece esta cuestión es un nexo de unión entre la problemática a la que se estaban enfrentando los nuevos modelos documentales y los planteamientos sobre la imagen que incorporó el arte conceptual primero, y el posmodernismo después. Un ejemplo paradigmático de ello se encuentra en algunos de los autores que surgen con el desarrollo de la fotografía en color: Stephen Shore cuando reconoce la influencia de la obra de Ed Ruscha y afirma que "la forma es la que da claridad y significado al contenido"; o el más escéptico William Eggleston que sitúa su estética muy cerca de las formas populares de la imagen (la postal o la instantánea familiar) para registrar un mundo común y ordinario.

De un modo paradójico, y en paralelo a la transformación que Winogrand y Friedlander introdujeron en su visión del hombre y el paisaje social a través de la fotografía de calle, se observa también en otro grupo destacado de fotógrafos una vuelta a lo testimonial, a los contextos concretos y, de alguna manera, a lo marginal. En cierto sentido, es como si se diera una reacción frente a la disolución del tema y del sujeto a la que proceden aquellos dos autores. Desde posiciones muy diferentes, autores como Nan Goldin, Larry Clark, Danny Lyon o Eugene Richards se vuelven hacia grupos sociales o comunidades bien definidas, donde es posible restituir una experiencia del sujeto, de su subjetividad o de sus condiciones de vida. Se trata de recuperar una cercanía en el registro de lo humano que en el caso de Nan Goldin y Larry Clark pasa por la pertenencia al propio grupo. Una proximidad que se sustenta en buena medida en el carácter de testimonio autobiográfico, en la evidente experiencia compartida e interrelación entre el fotógrafo y el mundo vital fotografiado. Las subculturas y la marginación son ámbitos donde la experiencia vital y el testimonio pueden encontrarse fácilmente. Danny Lyon registra el mundo de los moteros, la contestación y la rebeldía; Eugene Richards, las comunidades atacadas por el crack en un círculo perfecto de marginalidad.

the work of Boris Mikhailov, Tina Barney, André Gelpke, Susan Meiselas, Martin Parr, Esko Männikkö, Judith Joy-Ross, Miguel Trillo and Cristina García Rodero, among others. Meiselas' strippers and Trillo's urban tribes, as well as Tina Barney's wealthy families and Martin Parr's tourists or working-class people and Gelpke's sub-cultures are joined by Cristina García Rodero's rituals and Judith Joy-Ross's portraits of family members mourning soldiers who died in Vietnam. These works are clearly quite different from each other, but they share a bent for observing models of identity running from the ethnological to the sociological or anthropological. The subject is explained in terms of his or her belonging to a community or group, or by some other type of shared, common experience. This procedure can run from a close-up and highly testimonial approach to a more distant, ironic one. In a way, such work returns to a humanist attitude, whether critical or not, that tends to recover the individual's presence, attempting to explain him in terms of either his *tribal* or group behavior, or his subjectivity and inner emotions. Since the nineteen eighties, a clearly delineated derivation of this praxis has nearly gained the force of a sub-genre within portraiture: the photo-diary. Outstanding examples of this tracking of the everyday can be found in artists like Nan Goldin, Corinne Day, Nick Waplington, Richard Billingham or even Tina Barney. The setting favored by this type of work is the family, home or personal life, the epitomic spaces of privacy that these practices transfer into the public sphere. It is not so much a subversion as a transformation of the family photo album.

All this is very different than the approach that continues to delve into the dissolution of the subject and its loss of unity and singularity. The latter frequently appears in two forms. One refers to the appearance of the "banal," while the other portrays the individual's immersion into urban denaturalization. That the two often coincide is perfectly exemplified by the work of Beat Streuli and Valérie Jouve. In the former, individual, emotional or allegorical extremes fade away in the presence of the uniformity and anonymity of city inhabitants. In the latter's work, subjects dialog with the urban context from a position of manifest inferiority.

Yet, the city and the alienation of its inhabitants can also be seen in a different light, as in the work of Philip-Lorca diCorcia, a key artist in the continuation of Garry Winogrand's unfinished project. One of the most qualified representatives of staged photography from the nineteen eighties and nineties, he can also be considered one of the leading defenders of street photography. His works are characterized by a difficult and complex encounter between portraiture—as a reading of the model's psyche and inner world—and the strictest documentary practice. That encounter is resolved by the construction of an atmosphere that represents and perfectly merges both the public space of the city and the private space of the subject: his or her subjectivity. The artist himself puts it best: "Perhaps what I am portraying is not the subject's real psychology, but it is resolved in the image and in the projection of that psychology into the surrounding space. The image of people is that of a façade that is contradicted by an introspective gaze.

Este interés por la concreción de contextos que explican y determinan al sujeto o por grupos humanos, sociales y profesionales bien definidos y delimitados, se ha convertido desde los años ochenta en un modelo ampliamente difundido. Ahí están los trabajos de Boris Mikhailov, Tina Barney, André Gelpke, Susan Meiselas, Martin Parr, Esko Männikkö, Judith Joy-Ross, Miguel Trillo o Cristina García Rodero entre otros. Las *strippers* de Meiselas, las tribus urbanas de Miguel Trillo, las familias acomodadas de Tina Barney, los turistas o la clase popular de Martin Parr, las subculturas de Gelpke, los rituales de Cristina García Rodero o los familiares de fallecidos en la guerra de Vietnam de Judith Joy-Ross. Trabajos muy diferentes entre sí, evidentemente, pero que tienen en común un afán de observación de modelos de identidad que transita entre lo etnológico, lo sociológico o lo antropológico. El sujeto se explica por su pertenencia a una comunidad o un grupo o por el hecho de compartir algún tipo de experiencia común. El procedimiento puede ir desde la actitud más testimonial y cercana hasta la actitud más distanciada e irónica. De algún modo estos trabajos recuperan una actitud humanista, crítica o no, que tiende a rescatar al individuo y a intentar explicarlo, bien por su comportamiento *tribal* o grupal, bien por su subjetividad y sus emociones interiores. En esta línea, una derivación muy marcada desde los años ochenta, que prácticamente asume la fuerza de un subgénero dentro del retrato, es el foto-diario, el seguimiento de la cotidianeidad, con los ejemplos destacados de autores como Nan Goldin, Corinne Day, Nick Waplington, Richard Billingham o la propia Tina Barney. El ámbito privilegiado en este tipo de trabajos es la familia, el hogar o la vida íntima, los espacios por excelencia de lo privado que mediante estas prácticas son transferidos al espacio público. Es la transformación, cuando no la subversión del álbum familiar.

Muy diferente y contrastada es la posición que ha persistido en profundizar en la disolución del sujeto y en su pérdida de unidad y singularidad. Dos vías aparecen como las más frecuentadas, una de ellas remite a la aparición de lo "banal", la otra, a la inmersión del individuo en la desnaturalización de lo urbano, posiciones ambas que con frecuencia se encuentran asociadas. Beat Streuli o Valérie Jouve serían perfectos ejemplos de ello. En el primero, lo exacerbadamente individual, lo emocional, lo alegórico, deja paso a la uniformidad y el anonimato de los habitantes de la ciudad; en las obras de la segunda, los sujetos dialogan en clara desigualdad de condiciones con el contexto urbano.

No obstante, la ciudad y la alienación de sus habitantes puede ser vista de otro modo, como en el caso de Philip-Lorca diCorcia, un autor clave para encontrar una continuidad al proyecto inconcluso de Garry Winogrand. Siendo uno de los más cualificados representantes de la fotografía escenificada en las décadas de los ochenta y los noventa, puede ser considerado también uno de los principales epígonos de la fotografía de calle. En sus obras se produce un difícil y complejo encuentro entre la práctica del retrato, entendido como lectura de una psique, de un mundo interior privado, y la práctica documental más estricta. Encuentro que se resuelve en la construcción de una atmósfera que representa y funde perfectamente tanto el espacio público de la ciudad como el espacio

It is obvious that urban life is alienating, but since I am the one choosing what appears in my images, I may also be the one who feels the need to express my own vision of the pathos of daily life [...] I focus excessively and dramatically on what was never really hidden, even though it is rarely noticed." Comparing some of diCorcia's images from the series, *Streetwork*, with photos by Winogrand reveals the potential of the latter's approach and the degree to which his project could and should be continued. In some cases there is an almost literal translation that reveals just how decisive the previously mentioned question of balance between form and social commentary really is.

While diCorcia occupies a place of honor somewhere between staging and snapshots, it is clear that an inclination toward staged photos—an attenuated form of theatricality in portraiture—has taken the fore in recent years. Poses, gestures, clothing and references to classical iconography—drawn preferably from painting—are frequently employed procedures in the practice of portraiture since the nineteen eighties. The results are very estheticized, elegant and beautiful works that use historical references as vehicles for critical discourse. Such is the case of Andres Serrano or Bernhard Prinz. The former uses religious iconography to represent characters on the very edge of social acceptance, while the latter questions and reveals the ideals of perfection and superiority employed by totalitarian regimes. A similar use of highly classical referents appear in the work of Craigie Horsfield, although his discursive objectives are very different. He, himself, states that he is working with the concepts of nostalgia, memory and recognition. The idea is that, while we may not actually know the subjects in his photos, he hopes we may be able to *recognize them* and thus develop a sense of solidarity towards our fellow human beings. That recognition would thus act as a primary but efficient form of social construction and resistance to barbarity.

A more literal approach to the use of pictorial references and the reuse of classical forms of representation associated with portraiture began to appear in the so-called Dutch school in the nineteen nineties. It drew on the intensity of its own local historical tradition. The use of a polished and meticulous esthetic that favors detail, setting and lighting has generated widely imitated identity traits. This practice has focused mostly on the recording of unstable identities, either by approaching moments of intense change and transformation, such as adolescence, or by reflecting on population groups that bear witness to the changing and intermingled nature of our societies, or else by concentrating on persons linked to some sort of traumatic situation. Artists such as Hellen van Meene or Koos Breukel are clear examples of a school that well defines the reigning sensibility toward the end of the twentieth century.

In a more subtle and nuanced way, it is also possible to find clear references to historical iconographic models in the work of Rineke Dijkstra, one of the leading names in portrait photography in the nineteen nineties. Her approach

privado del sujeto, su subjetividad. Él mismo lo aclara con exactitud cuando afirma: "Puede que lo que yo retrato no sea la psicología real del sujeto, pero se resuelve en la imagen y en la proyección de esa psicología en el espacio de alrededor. La imagen de la gente es la de una fachada que una mirada introspectiva contradice. Es obvio que la vida urbana es alienante, pero ya que soy yo quien escoge los elementos que aparecen en mis imágenes, puede que sea yo mismo el que siente la necesidad de expresar mi propia visión del patetismo que rige la vida cotidiana [...] yo enfoco de manera excesiva y dramática aquello que nunca estuvo realmente oculto, pero en lo que rara vez se repara." Contrastar algunas de las imágenes de la serie *Streetwork* de diCorcia con las fotografías de Winogrand muestra el potencial de su planteamiento y hasta qué punto su proyecto podía y debía tener continuidad; en algunos casos hay casi una traducción literal que muestra y evidencia hasta qué punto es decisiva la cuestión antes apuntada sobre el equilibrio ente forma y comentario social.

Si diCorcia se sitúa en este trabajo en un lugar privilegiado entre la escenificación y la instantánea, no cabe duda que la inclinación por la escenificación, entendida como una forma atenuada de teatralización del retrato, ha sido el camino más transitado en los últimos años. El trabajo sobre la pose, el gesto, la indumentaria o las referencias a una iconografía clásica preferentemente pictórica, son procedimientos a los que se recurre con frecuencia en la práctica del género a partir de los años ochenta. Son obras de apariencia muy estetizante, elegantes y bellas, que se sirven de la cita histórica para vehicular un discurso crítico. Es el caso de Andres Serrano o Bernhard Prinz. El primero con su recurso a la iconografía religiosa para representar personajes que se sitúan en los límites de la aceptación social y el segundo para cuestionar y evidenciar los ideales de perfección y superioridad con los que operan los regímenes totalitarios. Similar recurso a referentes de fuerte clasicismo utiliza Craigie Horsfield, aunque en su caso, la finalidad discursiva es muy diferente. Él mismo señala que opera sobre los conceptos de nostalgia, recuerdo y reconocimiento, con la intención de que si bien es muy probable que no conozcamos a los sujetos que fotografía, espera que podamos *reconocerlos* desarrollando así un sentimiento de solidaridad hacia nuestros semejantes. Reconocimiento que actuaría así como forma primaria pero eficaz de construcción social y resistencia frente a la barbarie.

Un planteamiento más literal respecto al uso de referencias pictóricas y la reutilización de las formas clásicas de representación asociadas al retrato se ha dado a partir de los años noventa en la llamada Escuela holandesa, que toma como punto de partida su propia e intensa tradición histórica local. El uso de una cuidada estética preciosista que privilegia el detalle, la ambientación y las luces ha generado unas señas de identidad que han sido muy imitadas. Una práctica que se ha volcado preferentemente en el registro de identidades inestables, bien a través del acercamiento a momentos de intenso cambio y transformación, como es la adolescencia, bien con la reflexión sobre grupos de población que dan cuenta de la naturaleza cambiante y mestizada de nuestras sociedades, o bien mediante la atención hacia personajes ligados a algún tipo de situación traumática. Autores

to the genre has been defined as a new form of monumentality, which is totally reasonable in an artist who has managed to reinterpret and combine diverse models for representing the subject in a very precise use of photographic series. Her approach is unquestionably among those that have proved most capable of updating August Sander's project. Perhaps what most draws our attention in her work is that, at a time of clear skepticism about photography's capacity to transmit and bring out an individual's subjectivity, she manages to do just that. Beneath an appearance of neutral objectivity projected by her use of series, these images clearly invoke the possibility of extracting some sort of invisible information from the faces and poses of her subjects. The dialog between identity and human condition, between individual specificity and universal values of existence, between presence and essence, is there. And to a certain degree, that dialog is a part of the very genealogy of portraiture, an underpinning that has remained and developed over time. Here are some examples: John Berger said that the subjects of Paul Strand's portraits became narrators, and that the photographer offered us not only their presence but also their lives. And, referring to Robert Mappelthorpe's portraits, Susan Sontag stated that most of them portray people discovered, persuaded or captured in their own self-assurance. Roland Barthes analyzed Richard Avedon's portraits and reached the conclusion that no sure adjective is offered by the bodies represented in his photographs. They simply insist on being and continuing to be. And with regard to Pierre Gonnord's work, I myself concluded that his portraits offer each subject its own representation: the characters in his images construct themselves and refer to nothing but their own being. Following these diverse lines of interpretation and creation by four different artists, we find a shared element that marks a certain sense of continuity, as if there were an ineluctable drive that easily emerges in portraiture: the aspiration to attain a freedom from the body that can bring out what is more than skin deep.

Of course not all authors agree on the possibilities of photo portraits. In his book, *Platitudes,* Éric de Chassey quotes Thomas Ruff's unequivocal affirmation that "...the photographic apparatus can only record the surface of a person, it can never reach beyond that surface [...] I believe that photography cannot reproduce anything except the surface of things [...] I take photos of people in the same way that I would photograph a plaster bust." And it is exactly there, where the previously mentioned artists make the expression and choice of their subjects one of the fundaments of their praxis—including extreme cases such as Richard Avedon, who takes the control and construction of a portrait to its very limits—that Ruff reduces and practically annuls expressive depth. In the extended series, *Portraits,* which he began in the early nineteen eighties and continued for over fifteen years, his model is the ID photo, but he strips away all that model's customary functions of recognition or identification. By radically applying the principal of objectivity on which ID photos are based, using the distant and neutral approach characteristic of the Bechers' style, Ruff reverses the meaning assigned to the objective registration of an individual on the basis

como Hellen van Meene o Koos Breukel son ejemplos claros de una escuela que define bien la sensibilidad imperante a finales del siglo XX.

De un modo más matizado y sutil, es posible ver también una clara referencia a modelos iconográficos históricos en la obra de Rineke Dijkstra, uno de los principales nombres del retrato en los años noventa. Se ha definido su aproximación al género como una nueva forma de monumentalidad, algo más que razonable en una artista que ha sabido reinterpretar y conjugar diversos modelos clásicos de representación del sujeto mediante un uso muy preciso de la serie fotográfica. Su propuesta se encuentra, sin lugar a dudas, entre las que mejor han sabido actualizar el proyecto de August Sander. Lo que quizá llama más la atención de su trabajo sea que de alguna manera reinstaura (en un momento de claro escepticismo respecto a que eso sea posible mediante el uso de la fotografía) una lectura del retrato como un género capaz de transmitir y hacer aflorar la subjetividad del individuo. Bajo una aparente objetividad y neutralidad, fruto sobre todo del uso de la serialidad, sus imágenes invocan claramente la posibilidad de extraer de los rostros y de las actitudes corporales algún tipo de información no visible. El diálogo entre identidad y condición humana, entre especificidad individual y valores universales de existencia, entre presencia y esencia, está servido. Un diálogo que en cierta medida forma parte de la propia genealogía del retrato y que actúa como un sustrato que se ha venido desarrollando y manteniendo a lo largo del tiempo. Algunos ejemplos. Decía John Berger, a propósito de la obra de Paul Strand, que los sujetos de sus retratos se convertían en narradores y que de ellos no nos ofrecía sólo su presencia sino también su vida. Susan Sontag, refiriéndose a Robert Mappelthorpe y sus retratos, afirma que en su mayor parte lo que nos ofrecen es gente descubierta, persuadida o plasmada en su seguridad propia. Roland Barthes analiza los retratos de Richard Avedon y llega a la conclusión de que de los cuerpos representados en sus fotografías no queda ningún adjetivo seguro, simplemente se empeñan en ser, en persistir. Yo mismo, refiriéndome al trabajo de Pierre Gonnord, concluía que en sus retratos otorga a cada sujeto la representación de sí mismo, que los personajes de sus imágenes se construyen en sí mismos y no remiten a otro lugar que a su propio ser. Siguiendo estas diversas líneas de interpretación y creación a partir de cuatro autores diferentes, parece que hay un elemento común que se desprende y marca un cierto hilo de continuidad, como si se tratara de una pulsión inevitable que reaparece con facilidad en la práctica del retrato: la que aspira a conseguir la emancipación corporal capaz de sacar a la luz lo que hay bajo la piel.

Pero no todos los autores confieren las mismas posibilidades al retrato fotográfico. Thomas Ruff, citado por Éric de Chassey en su libro *Platitudes*, afirma de un modo meridianamente claro que: "... el aparato fotográfico sólo puede registrar la superficie de una persona, no puede jamás ir más allá de esta superficie [...] Creo que la fotografía no puede reproducir más que la superficie de las cosas [...] Yo tomo fotos de gente de la misma manera que las tomaría de un busto de escayola". Justamente allí donde los autores anteriormente citados hacen de la expresión y la selección del retratado uno de los fundamentos de su práctica, con casos extremos

of his or her body traits. The dissolution of both the subject and of that subject's individuality are clear in this project that denies and questions any capacity for information linked to how portrait photos are used. These works contain neither objective information relating to identity, status or profession—of the sort associated with August Sander's work—nor any possible psychological or emotional proximity to the subjects being portrayed. Ruff's project not only poses the question of identity by developing an anonymous individuality that proves inaccessible because of its incapacity to communicate; it also uses the information contained in the images to reveal the mechanisms of identification. The only possible information available to the viewer is in no way located in the individual image. It lies, instead, in the sequence of faces that make up the series. Perceiving something about the individuals in the photos is no longer possible by looking at them separately, but rather through observing a group of individuals whose contrasts, similarities, repetitions or variations can offer us some knowledge about human beings.

Serial procedure and its capacity to recontextualize the information contained in an image is also used by Thomas Struth in his "Family Portraits." Using a characteristic referent filled with *history*—as Ruff does with ID photos—Struth explores the family photo. Such photos are a symbol and "support for the official history of the entire family and objective proof of the image every family wishes to have of itself" (Serge Tisseron). As Struth himself says, a portrait is a sort of testimony about people living in our time. Like his "architectures," they are an analysis and a synthesis of our way of life in this society. His family portraits are singular and model at the same time. They can reveal structures and types without losing their individual condition. In that sense, they manage to be as symbolic as Struth wants them to be, especially when the series begins to show repetitions, contrasts and differences. In a certain way, both Ruff and Struth deconstruct the genre of portraiture in order to reinstate its capacity to manifest and represent something about the individual and his condition, even when that turns out to be the diluted and fading image of the subject or of the family model.

Ever since Conceptual art, there has been a continual process of deconstruction and questioning of the portrait as a valid model for the representation of subjectivity and identity. Cindy Sherman's work is unquestionably a landmark in this process, especially her series, *Untitled Film Stills.* The transcendent significance of this work has various facets: it clearly and forcefully proposes that the very condition of identity is based on representation, in stories, images, conventions and social types; it questions the notions of model and unity as they relate to the subject and converts that subject's body into the object of multiple manipulations and transformations, turning simulacra and allegory into tools of unquestionable efficacy. Most of all, and better than any other work, it brings out the explosion of mass culture and how it has already and irremediably modified the borders within which the genre of portraiture moves. Of course Sherman's work is not the first to reveal this transformation, but it is there that certain questions acquire their

como el de Richard Avedon que lleva al límite el control y la construcción del retrato, Ruff rebaja y prácticamente anula la profundidad expresiva. En su extensa serie *Retratos*, que inicia a principios de la década de los ochenta y prolonga a lo largo de más de quince años, toma el modelo del retrato de identidad y lo descarga de cualquiera de las funciones de reconocimiento e identificación a las que está habitualmente asociado. Aplicando radicalmente el principio de objetividad en que se basa el retrato de identidad, a través de la mirada distanciada y la neutralidad que caracterizan el estilo impulsado por los Becher, Ruff invierte el sentido que se otorga al registro objetivo del individuo a partir de sus señas corporales. La disolución del sujeto y de su individualidad queda patente en este proyecto que niega y cuestiona toda capacidad de información ligada al uso del retrato: ni información objetiva relacionada con la identidad, estatus o profesión, como ocurría en el proyecto de August Sander, ni posibilidad de acercamiento psicológico o emocional hacia los sujetos retratados. El proyecto de Ruff no se limita a plantear la cuestión de la identidad, a través del desarrollo de una individualidad anónima que resulta inaccesible por su incapacidad para comunicar, sino que también incide sobre los mecanismos de identificación con la información contenida en las imágenes. La única posibilidad de información para el espectador no reside ya de ningún modo en la imagen individual sino en la secuencia de rostros que construye la serie. Percibir algo sobre los individuos fotografiados ya no es posible mediante la observación aislada sino mediante la observación de un conjunto de individuos cuyos contrastes, semejanzas, repeticiones o variaciones pueden llevarnos a conocer algo sobre el ser humano.

El procedimiento de la serie, y su capacidad para recontextualizar la información contenida en la imagen, es utilizado también por Thomas Struth en sus "retratos de familia". Utilizando un referente característico y cargado de *historia*, tal y como hacía Ruff con el retrato de identidad, éste recurre a la fotografía familiar símbolo y "soporte de la historia oficial de toda la familia, la prueba objetiva de la imagen que toda familia quiere tener de sí misma" (Serge Tisseron). El retrato para Struth, según sus propias palabras, es una especie de testimonio sobre personas que viven en nuestra época, igual que sus "arquitecturas" son un análisis y una síntesis de nuestro modo de vida en esta sociedad. Sus retratos de familia son singulares y modélicos a un mismo tiempo, pueden revelar estructuras o tipologías sin perder su condición individual. En tal sentido, dichas fotografías consiguen ser tan simbólicas como su propio autor pretende que sean, especialmente, cuando la serie comienza a manifestar repeticiones, contrastes y diferencias. En cierta manera, tanto Ruff como Struth deconstruyen el género del retrato pero intentan restaurar al mismo tiempo su capacidad para manifestar y representar algo sobre el individuo y su condición, aunque ésta sea la imagen diluida y en trance de desaparición del sujeto o del modelo familiar.

Desde el arte conceptual el proceso de deconstrucción y cuestionamiento del retrato como modelo válido para representar la subjetividad y la identidad ha sido un proceso continuado. Un lugar de referencia en ese proceso ocupa sin duda la obra de Cindy Sherman, especialmente su serie *Sin título. Fotogramas.*

true dimensions within that genre, altering many of its parameters: the important presence of allegory and simulacra, the question of women's gender and identity, changes in the concept of self-portraiture, the use of one's own body as image and support, and most of all, the strong influence this artist has had on so much later work, as well as how this series delves into the possibilities of staging, and the freezing of a narrative in a fixed image. Since the nineteen nineties, staged and narrative photography has moved away from its initial intentions, enjoying an extraordinary development in its exploration of questions such as the anxiety, trauma, pathologies and intimate ghosts, or the darkest, most disturbing areas of personality. A copious roster of artists have delved into this fecund line of work, including Gregory Crewdson, Philip-Lorca diCorcia himself, Sarah Jones, Hanna Starkey, Sarah Dubai, Katy Grannan and Justine Kurland, among others. This curious return to the effort to reflect the subconscious or the individual's intimate sphere also coincides with certain naturalist and emotional postulates in the practice of portraiture, spanning a spectrum from Nan Goldin's approach through series by Judith Roy-Ross.

Nevertheless, practices that take on and continue to reflect upon the loss of unity, the absorption of the individual by media's social framework, the fragmentation of the body and the process of massification and dispersion of the image throughout the second half of the twentieth century, have remained especially active and relevant in recent decades. Artists such as John Coplans and Thomas Florschuetz have made the body and its fragmentation the center of their work. The former emphasizes its absolute physicality and temporality, removed from stereotypes and models, while the latter reflects on the natural and the artificial. Artists like Katharina Sieverding or Astrid Klein manipulate images to prolong reflection about mass media's influence on the dissolution of identity and individuality, while simultaneously questioning the individual's relation to society. Moreover, Klein, along with artists such as Michael Schmidt, has also dealt with the weight of memory and the presence of the historical past in the lives of individuals and societies. And artists like Hans-Peter Feldmann have dealt extensively with the current nature and economy of images. By relocating and recontextualizing series of images extracted from all sorts of sources, mixing different visual and communications languages, Feldmann uncovers the conventions and systems that articulate our visual world, revealing the mechanisms through which desire and fascination are constructed, and most of all, building a critical capacity for looking.

In a way, what can be appreciated at the end of the present effort to contextualize the images presented in this book is how two parallel schools of thought have taken root. Quite different from each other, these two approaches react reciprocally and only occasionally trade strategies. We can grasp the tension between home and street, between what the intimate and the universal, between spontaneity and critical construction, between distancing and complicity, between public and private, between snapshots and staged photos, between sincerity and simulacrum, between

La trascendencia de este trabajo abarca múltiples aspectos: plantea con rotunda claridad que la condición misma de la identidad se basa en la representación, en relatos, imágenes, convenciones y tipos sociales; cuestiona las nociones de modelo y unidad en relación al sujeto o convierte su cuerpo en el objeto de múltiples manipulaciones y transformaciones, haciendo del simulacro y la alegoría una herramienta de indudable eficacia. Pero especialmente, hace visible como ningún otro la explosión de la cultura de masas y cómo ésta modifica ya irremediablemente los límites en que se desenvuelve el género del retrato.

Evidentemente no es con ella cuando se hace visible por primera vez esta transformación, pero sí es en ese momento cuando alcanza una verdadera dimensión específica dentro del género alterando muchos de sus parámetros: la importante presencia de la alegoría y el simulacro, la cuestión del género y la identidad de la mujer, el cambio en el concepto del autorretrato, el uso del propio cuerpo como imagen y soporte, y sobre todo, y por la fuerte influencia que ejerce sobre muchos trabajos posteriores, la profundización en esta serie en las posibilidades de la escenificación y la congelación de la narrativa en la imagen fija. Fotografía escenificada y narrativa que desde la década de los noventa hasta ahora, y desviándose de aquella intención inicial, alcanza un extraordinario desarrollo ahondado en cuestiones como las ansiedades, el trauma, las patologías, los fantasmas íntimos o las zonas más oscuras y perturbadoras de la personalidad. Una extensa nómina de artistas han profundizado en esa fértil línea de trabajo: Gregory Crewdson, el propio Philip-Lorca diCorcia, Sarah Jones, Hanna Starkey, Sarah Dubai, Katy Grannan o Justine Kurland, entre otros. Una curiosa vuelta a intentar reflejar el subconsciente o la esfera íntima del individuo que coincide también en el tiempo con una recuperación y revitalización de ciertos postulados naturalistas y emocionales en la práctica del retrato, desde la orientación que va tomando el proyecto de Nan Goldin hasta las series de Judith Roy-Ross.

No obstante, las prácticas que asumen y continúan la reflexión sobre la pérdida de unidad, la absorción del individuo por el cuadro social mediático, la fragmentación del cuerpo o el proceso de masificación y dispersión de la imagen a lo largo de la segunda mitad del siglo xx, han seguido especialmente activas y vigentes en las últimas décadas. Autores como John Coplans o Thomas Florschuetz han hecho del cuerpo y su fragmentación el centro de su trabajo, tanto evidenciando su absoluta fisicidad y temporalidad alejada de estereotipos y modelos, en el caso del primero, como provocando el extrañamiento y la reflexión sobre lo natural y lo artificial en el caso del segundo. Artistas como Katharina Sieverding o Astrid Klein, a través de la manipulación de la imagen, han prolongado la reflexión sobre la influencia de los medios de masas en la disolución de la identidad y la individualidad, al tiempo que cuestionaban la relación entre individuo y sociedad. Asimismo la propia Astrid Klein, junto a otros autores como Michael Schmidt, han planteado paralelamente el peso de la memoria y la presencia del pasado histórico en la vida de los individuos y las sociedades. Y autores como Hans-Peter Feldmann han tratado extensamente la actual naturaleza y economía de las imágenes. Reubicando y recontextualizando series de imágenes extraídas de todo tipo de

sociological portraits and the sincerity of the face, between the disappearance of the subject and its reconfiguration. Lastly, we could reflect upon the possible existence now, in portrait photography, of an overall tension between those works that seek out the singularity or sensation of social and territorial rootedness, and those others that employ an abstract universalization, criticizing the system of signs and representation.

fuentes, mezclando diferentes lenguajes visuales y comunicacionales, Feldmann hace patentes las convenciones y sistemas que articulan nuestro mundo visual, da visibilidad a los mecanismos de construcción del deseo y la fascinación, y sobre todo construye una capacidad crítica para mirar.

En cierto modo, lo que puede apreciarse al final de este recorrido que pretende contextualizar las imágenes reunidas en este libro, es cómo ha ido asentándose el desarrollo en paralelo de dos actitudes bien diferenciadas que reaccionan recíprocamente y sólo muy ocasionalmente cruzan sus estrategias. Apreciamos la tensión entre el hogar y la calle, entre lo íntimo y lo universal, entre la espontaneidad y la construcción crítica, entre el distanciamiento y la complicidad, entre lo público y lo privado, entre la instantánea y la escenificación, entre la sinceridad y el simulacro, entre el retrato sociológico y la sinceridad del rostro, entre la desaparición del sujeto y su reconfiguración. Podríamos preguntarnos finalmente si no existe actualmente, en la práctica del retrato fotográfico, una tensión global entre aquellos trabajos que buscan la singularidad o la sensación de arraigo social y territorial, y aquellos otros que se mueven en la universalización abstracta y la crítica al sistema de signos y la representación.

PHOTOGRAPHS

FOTOGRAFÍAS

1
Martin Parr
Gran Bretaña. Serie *Agenda de teléfonos / United Kingdom*. Series *Phone Book*, 2002

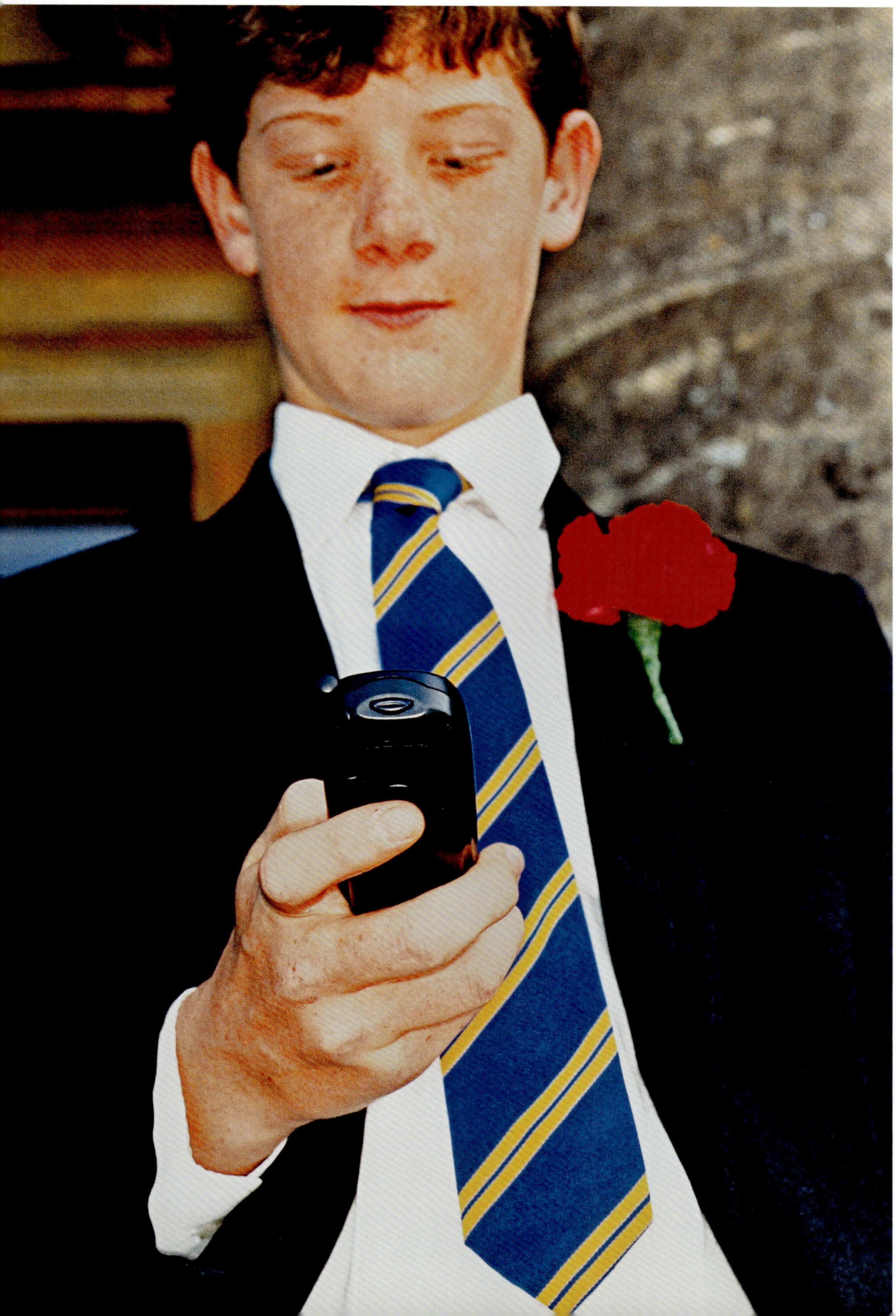

2
Gabriel Cualladó
Vieja en la estación de Atocha, Madrid / Old woman at Atocha Station, Madrid, 1957

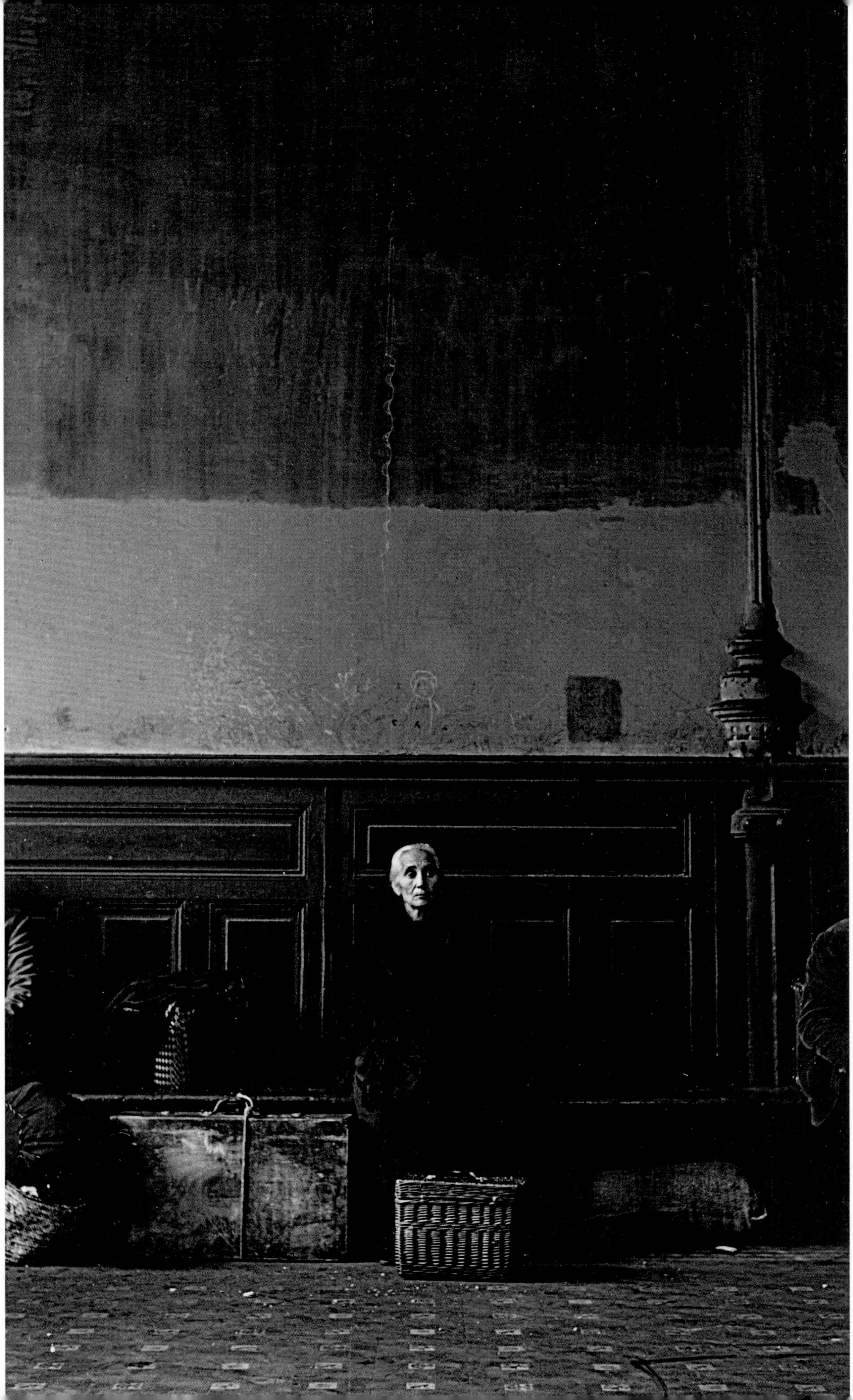

3
Barbara Klemm
Leonid Bresnev, Willy Brandt, Bonn, 1973

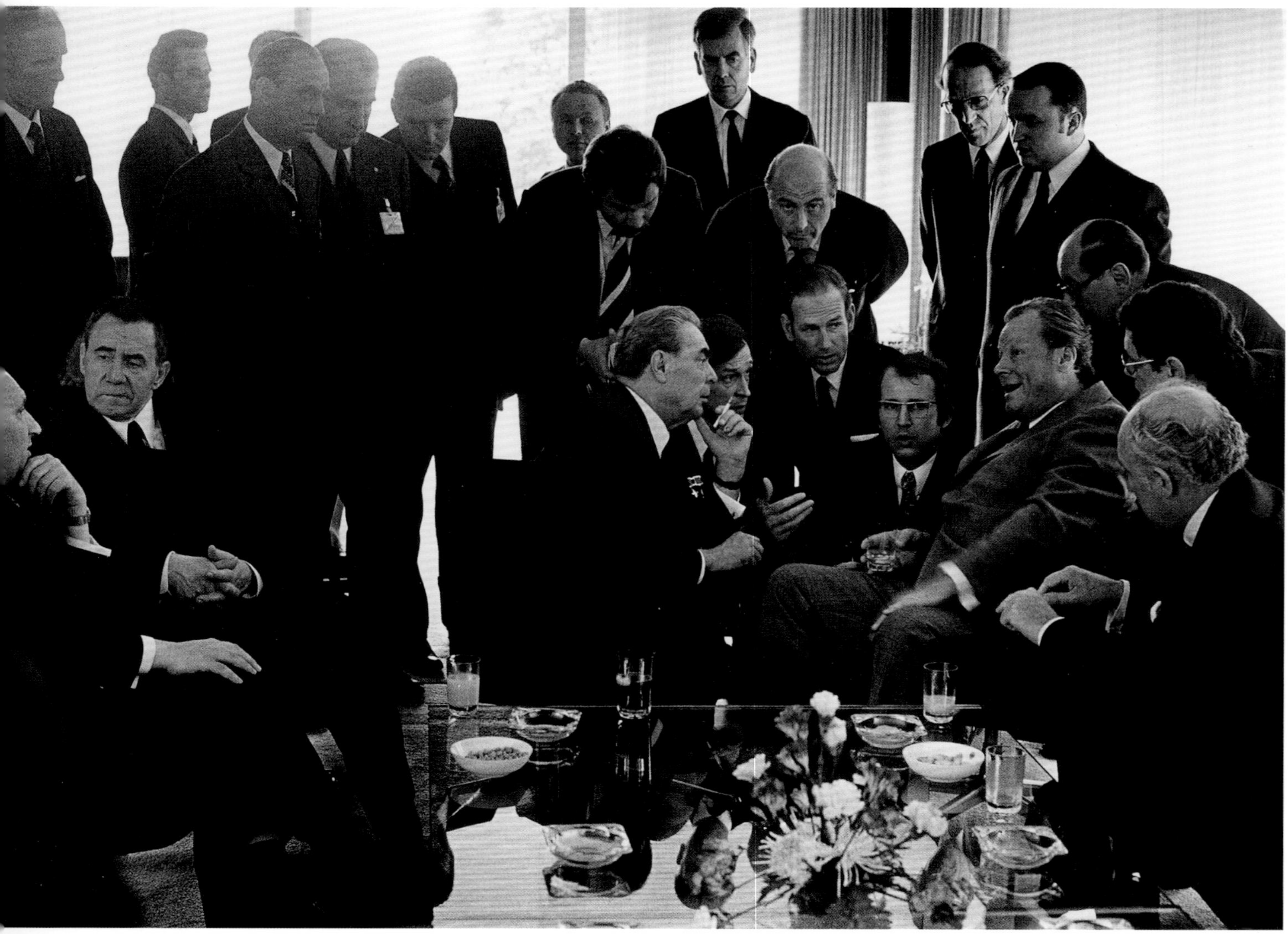

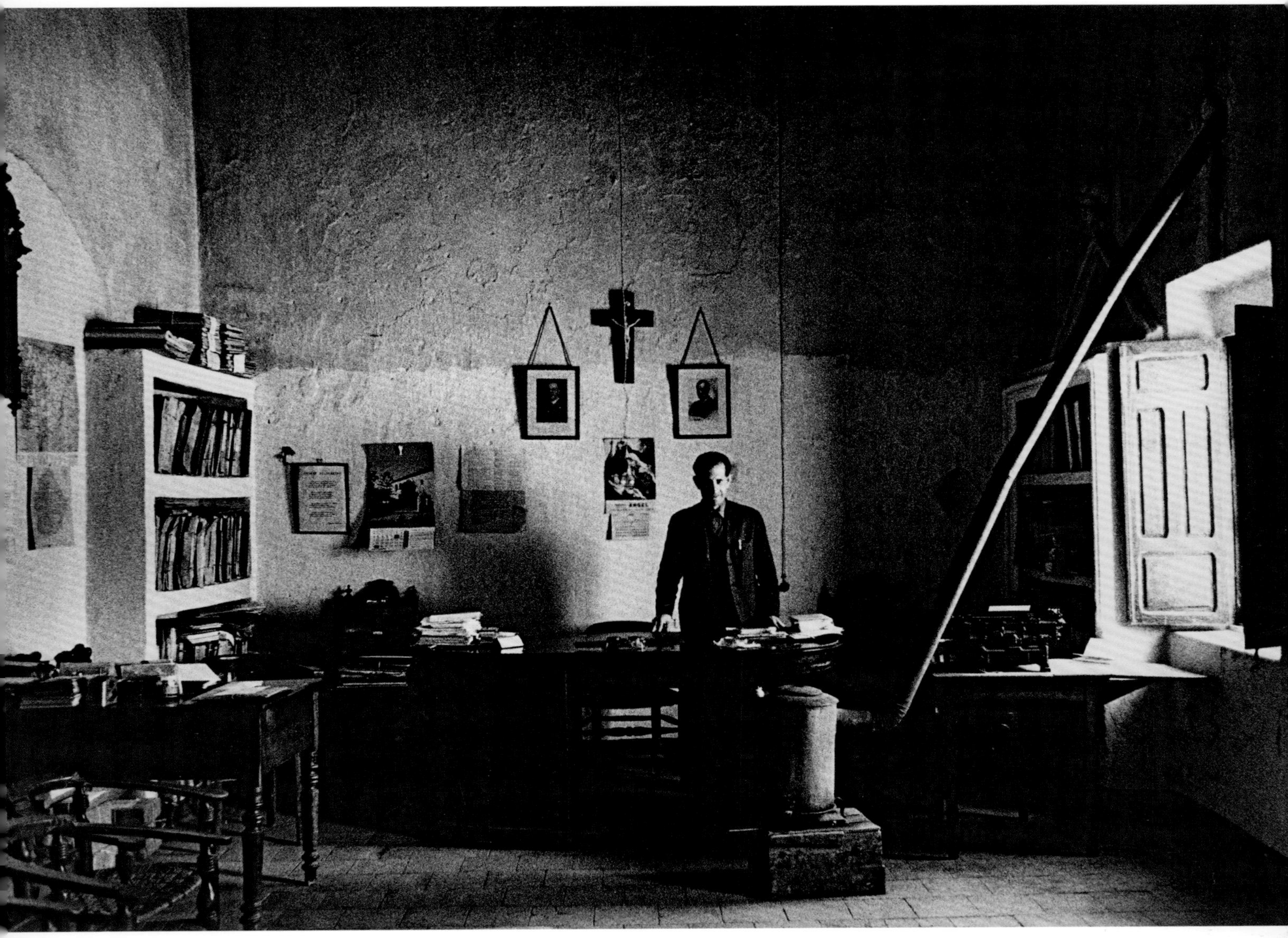

4
Gabriel Cualladó
Secretario de Alarcón, Cuenca / Secretary of Alarcón, Cuenca, 1968

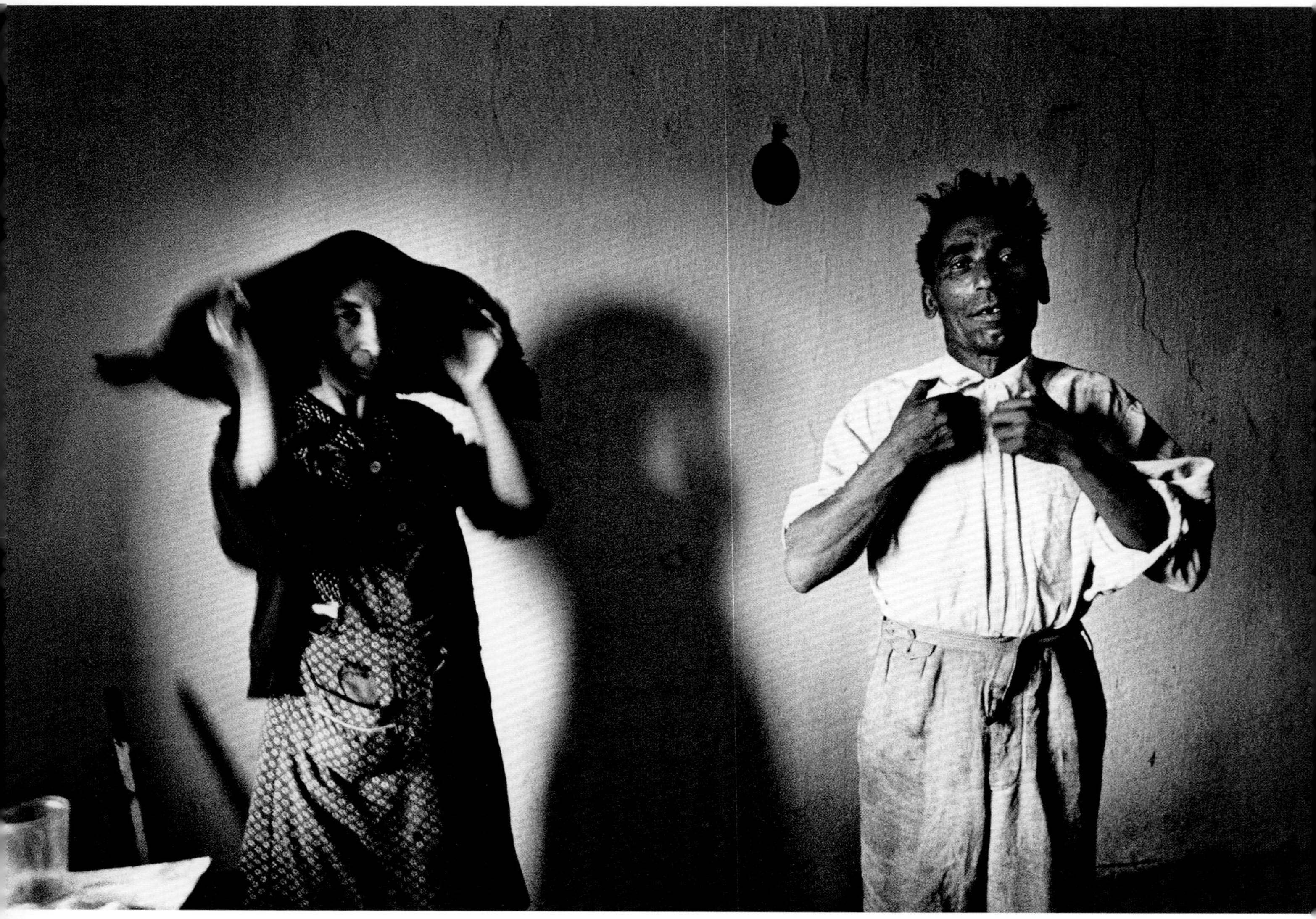

5
Josef Koudelka
Velka Lomnica. Serie *Gitanos / Velka Lomnica.* Series *Gipsies*, 1963

6
Inta Ruka
Tamára, Riga, Letonia. Serie *Gente que encontré por casualidad* / *Tamára, Riga, Letonia.* Series *People I happened to meet*, 2001

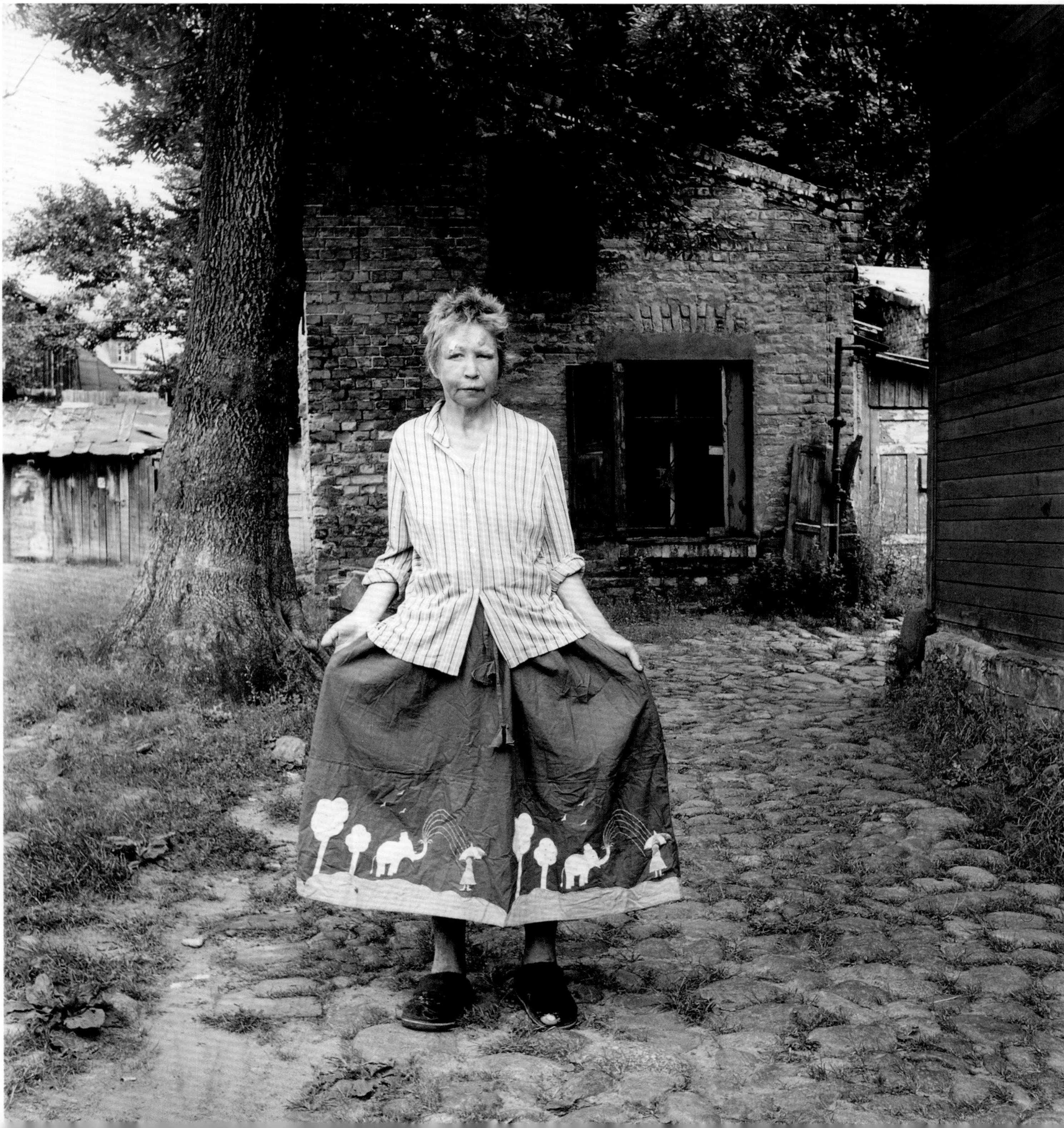

7
Lee Friedlander
Los Angeles, 1965

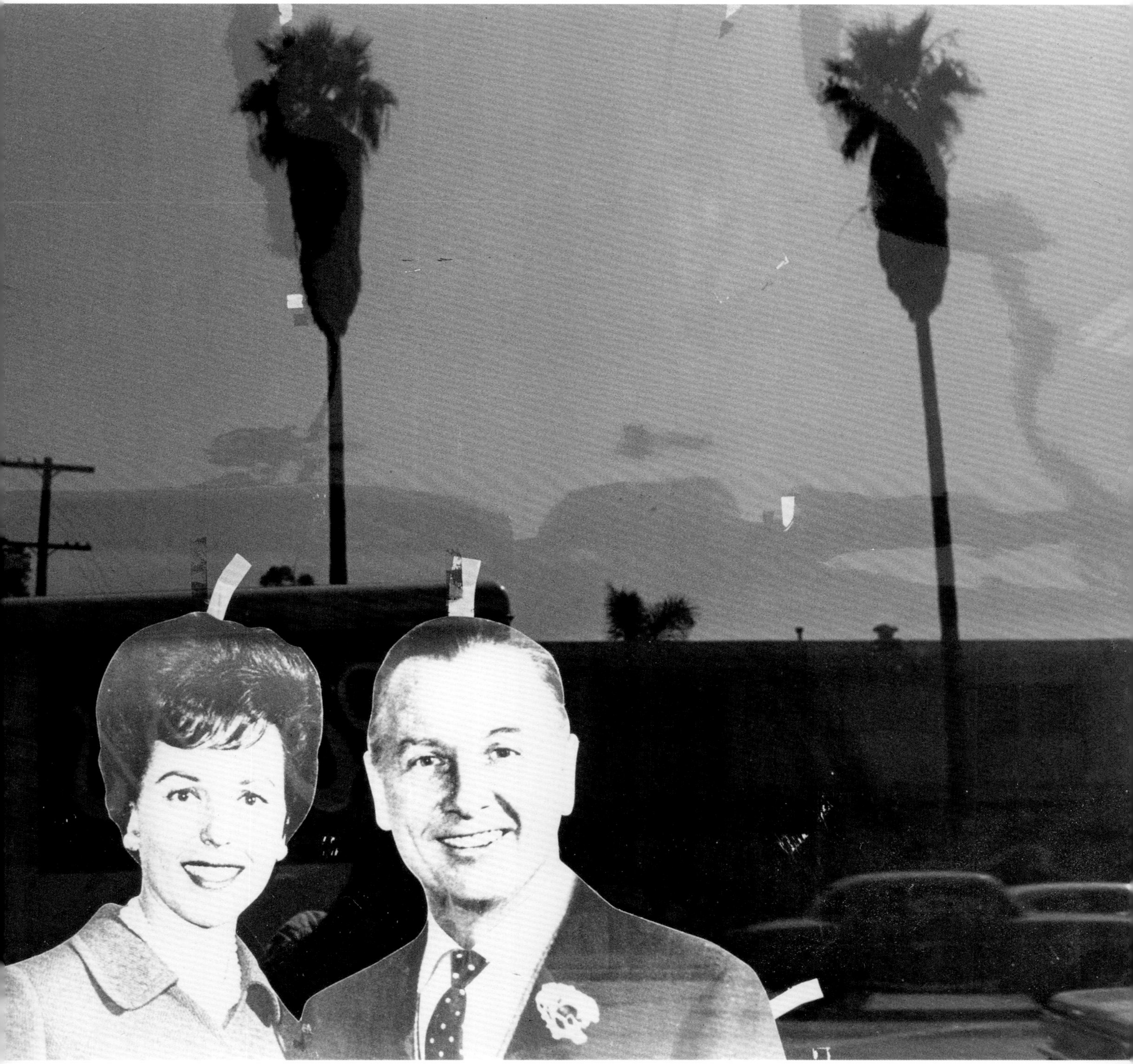

9
Miguel Trillo
En la puerta de la Sala Universal, Madrid / At the gate of the Sala Universal, Madrid, 1986

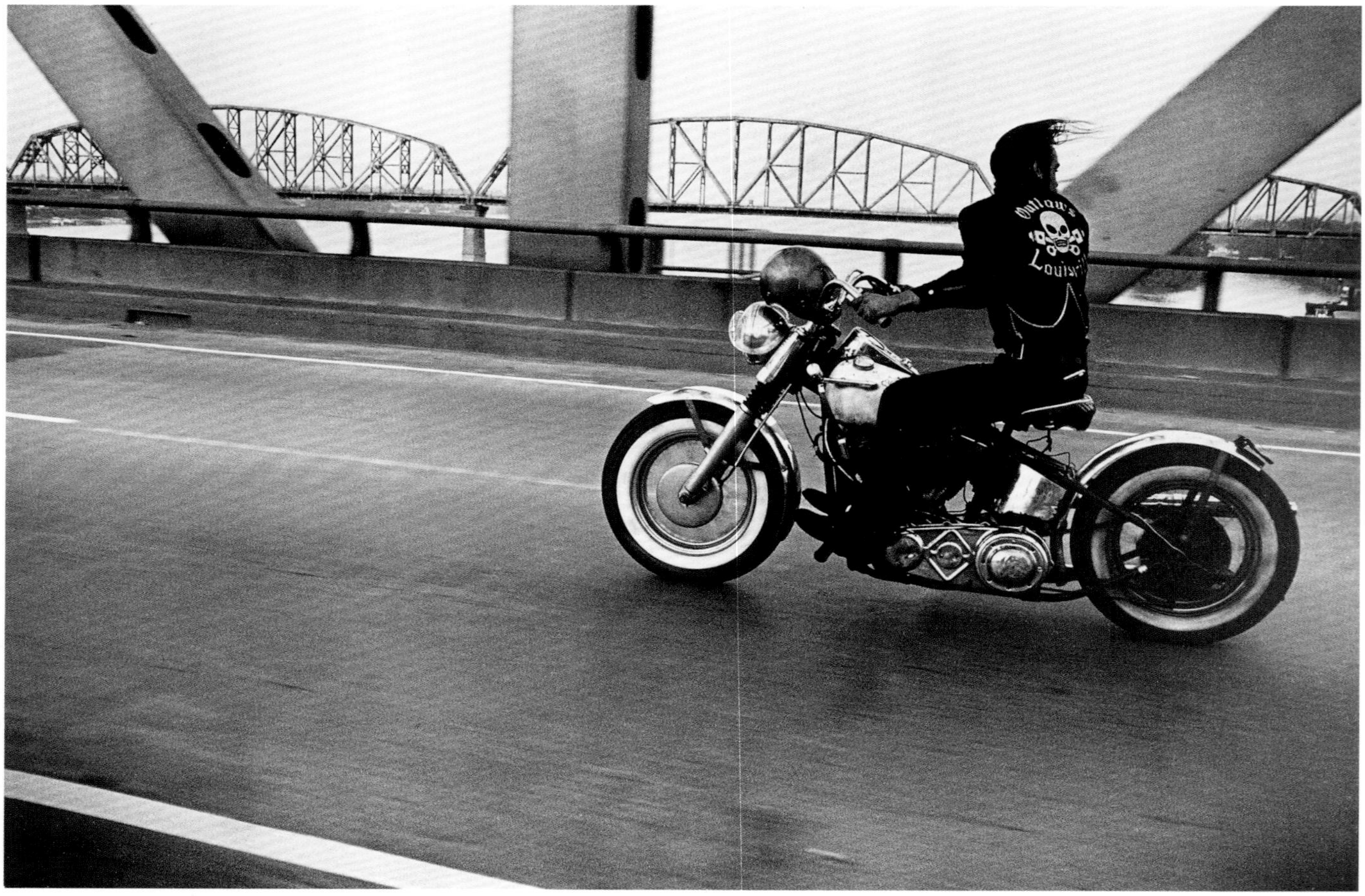

8
Danny Lyon
Cruzando el río Ohio, Louisville, Kentucky / Crossing the Ohio River, Louisville, Kentucky, 1966

10
Miguel Trillo
En el festival mod Purple, León / At the Mod Purple Festival, León, 1997

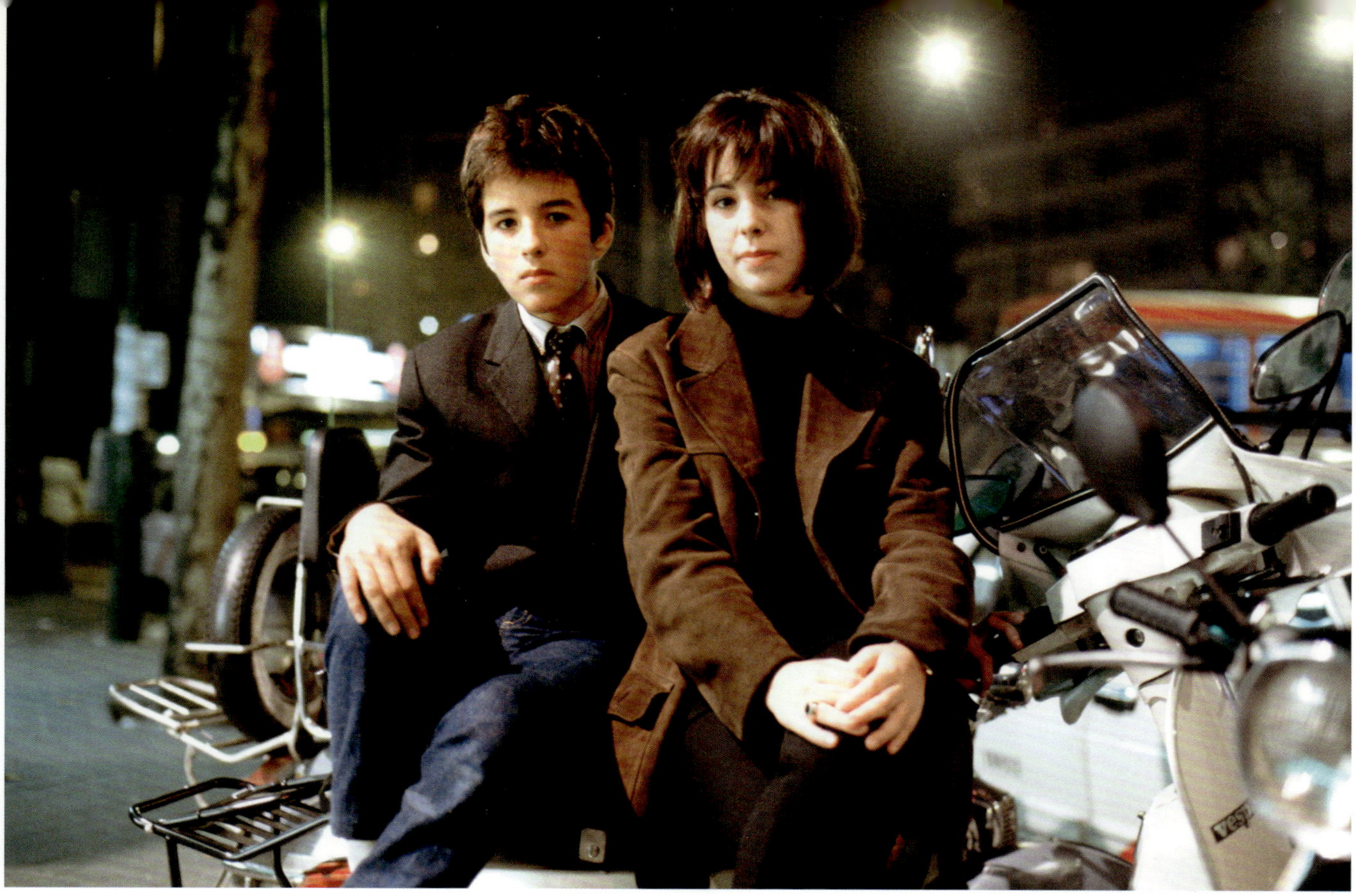

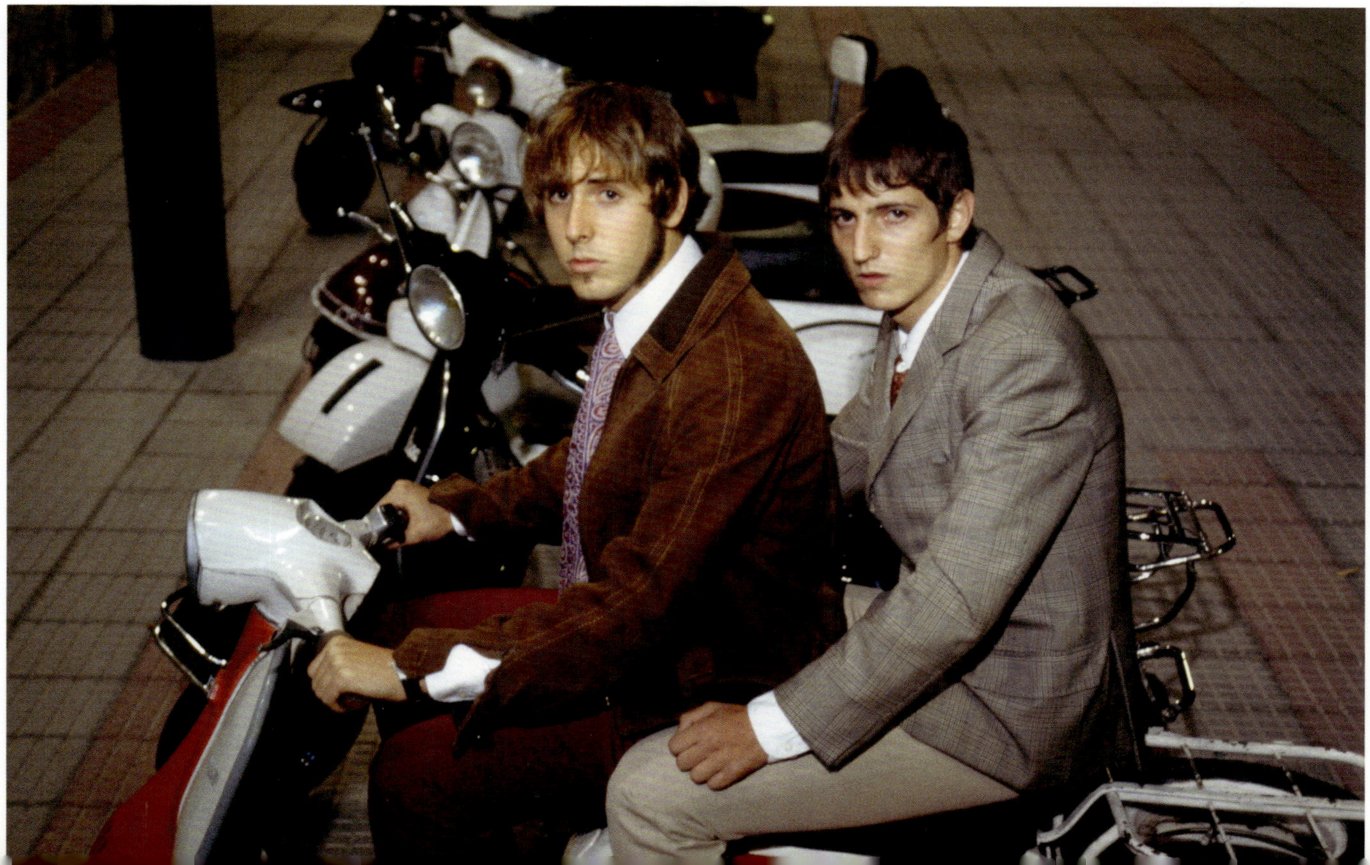

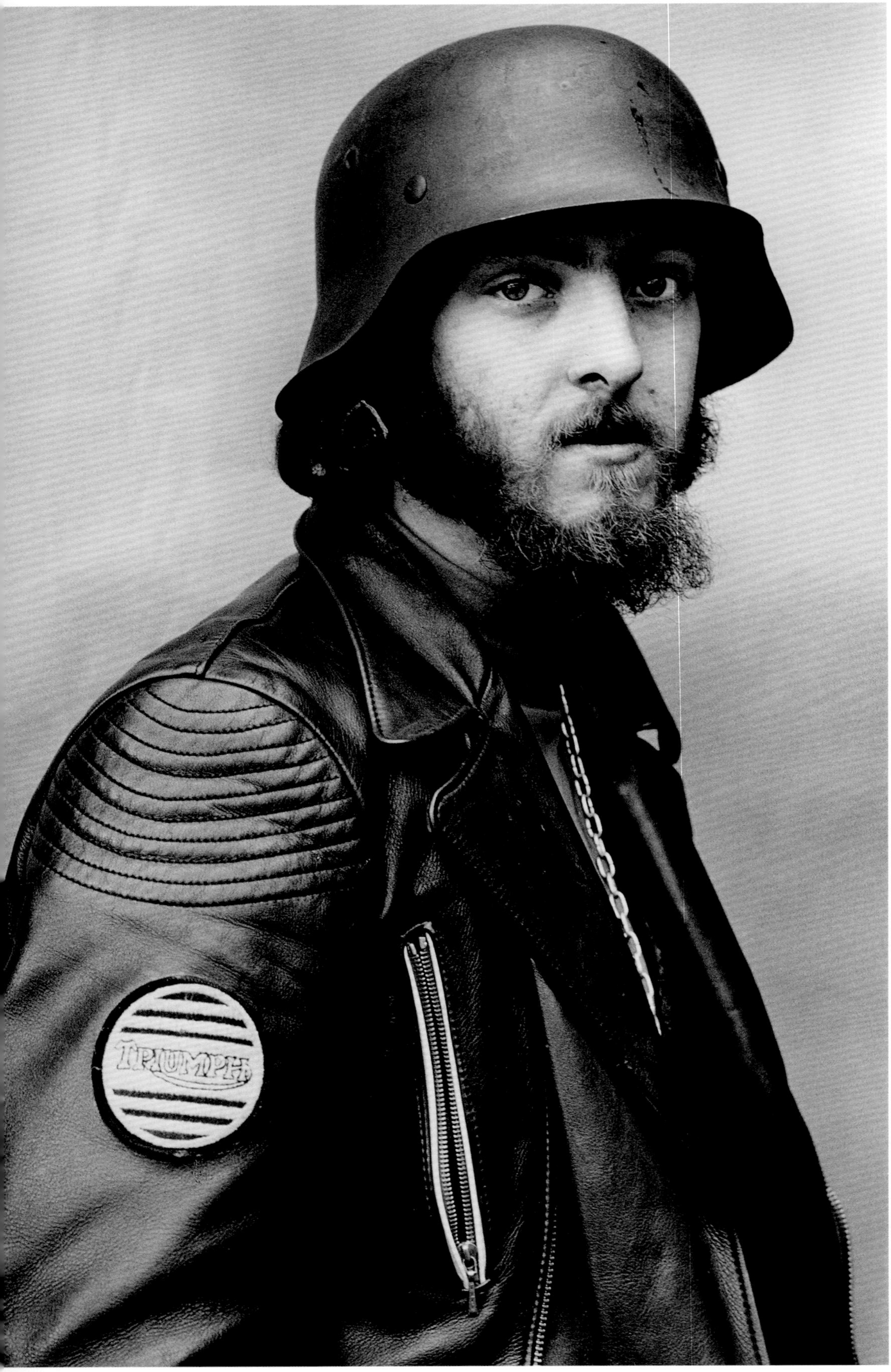

11
André Gelpke
Rockero / Rocker, 1970

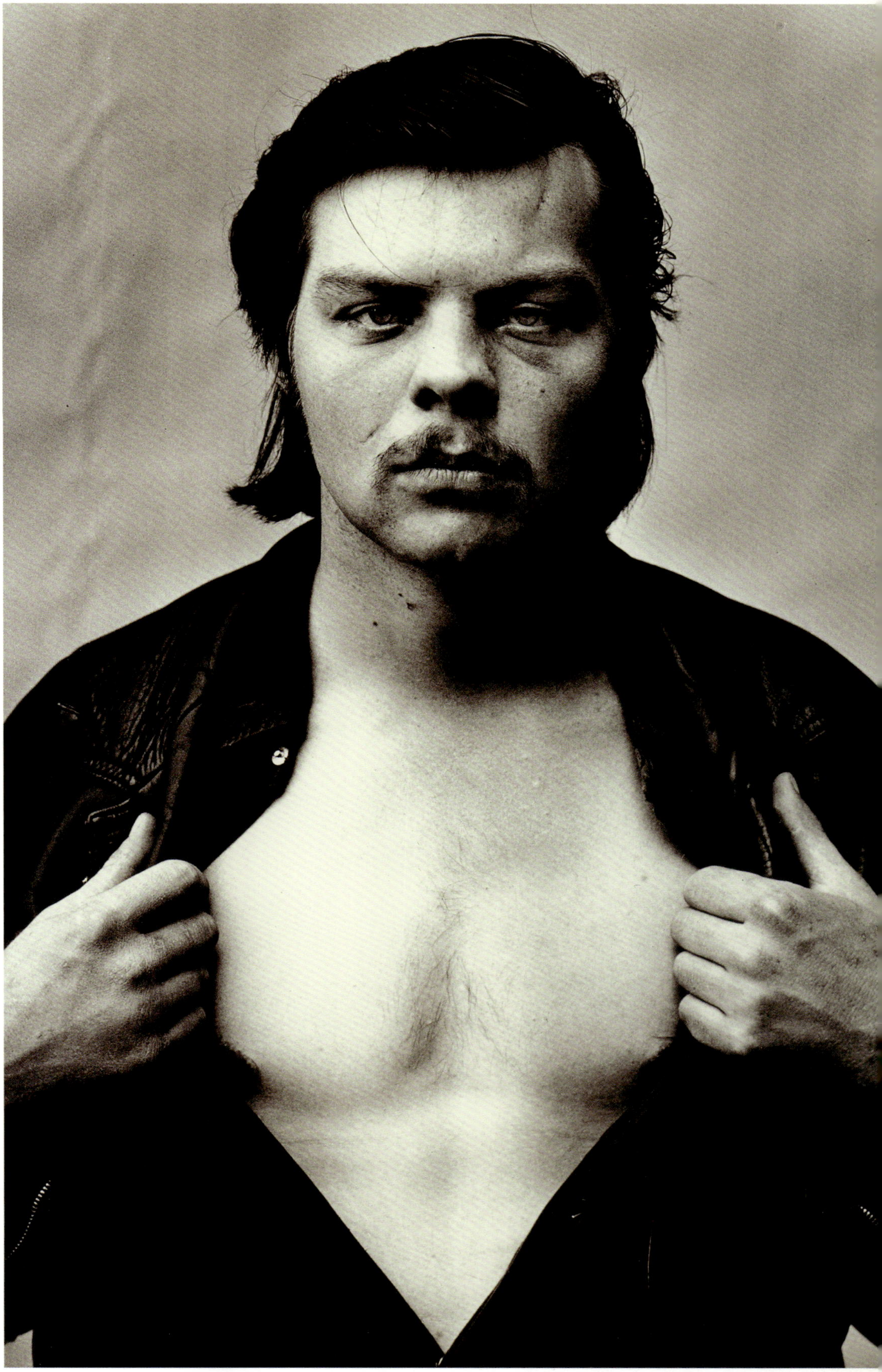

12
André Gelpke
Rockero / Rocker, 1970

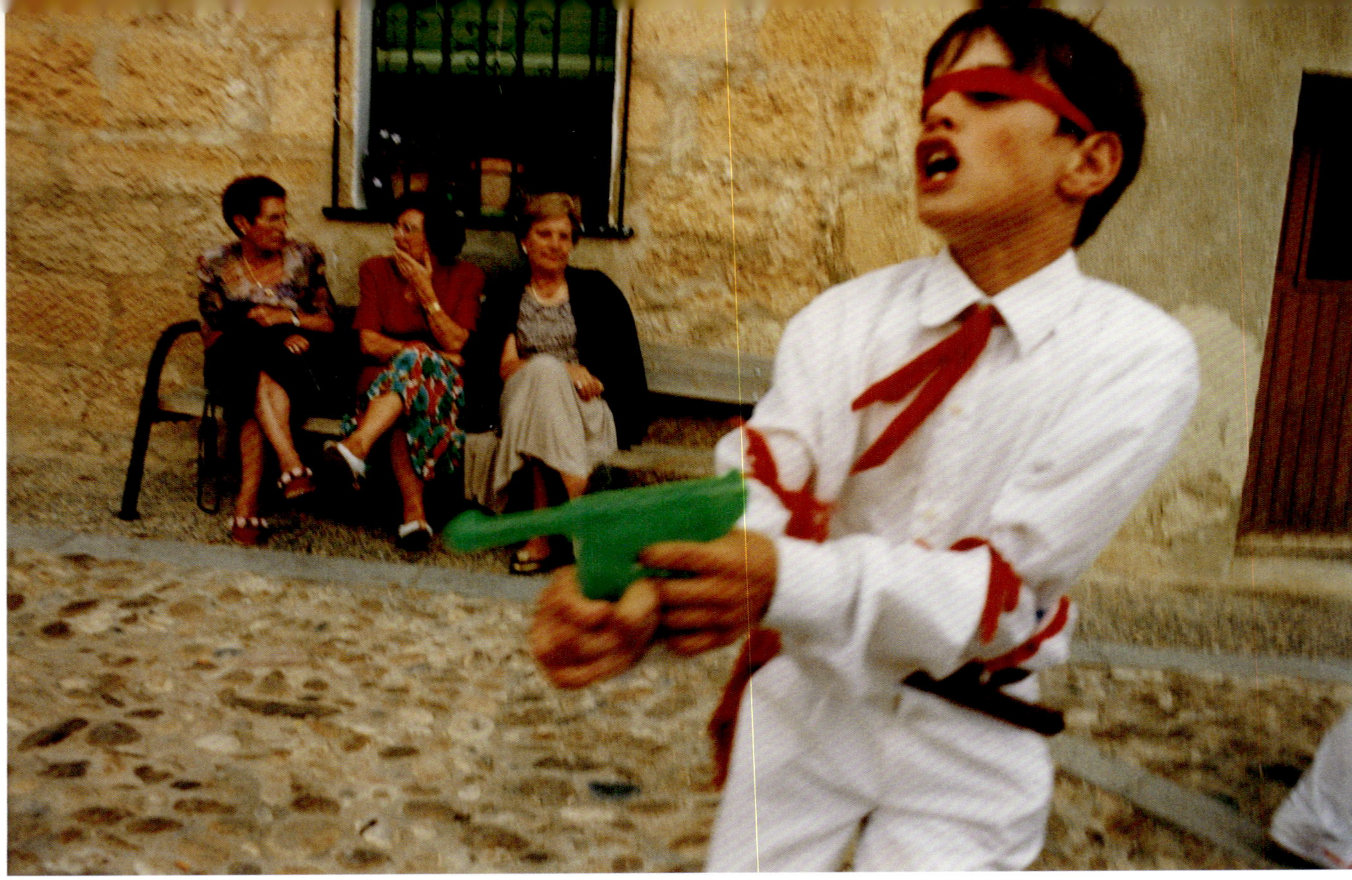

13
Cristóbal Hara
Frías, 1994

14
Cristóbal Hara
Atienza, 1993

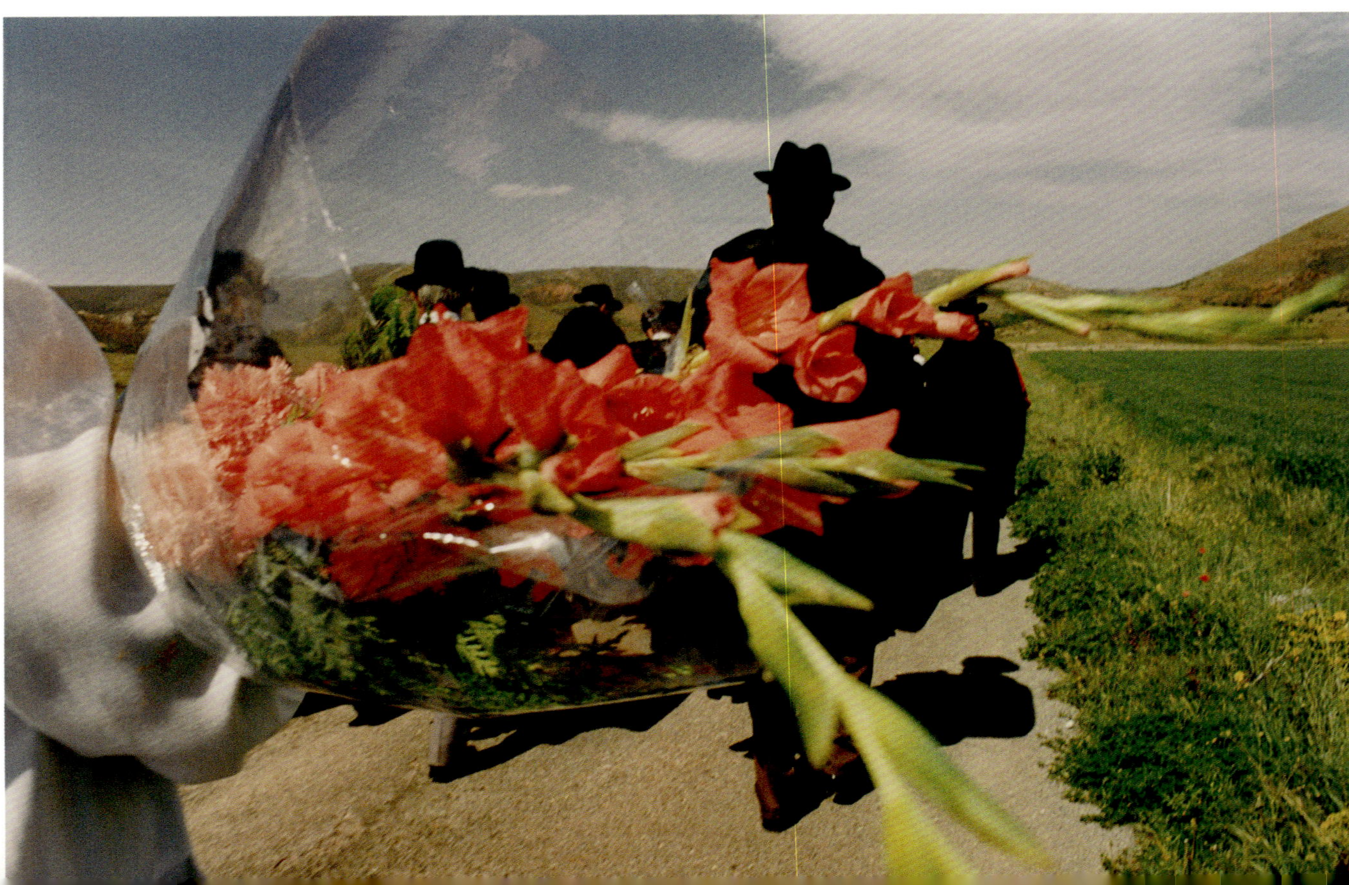

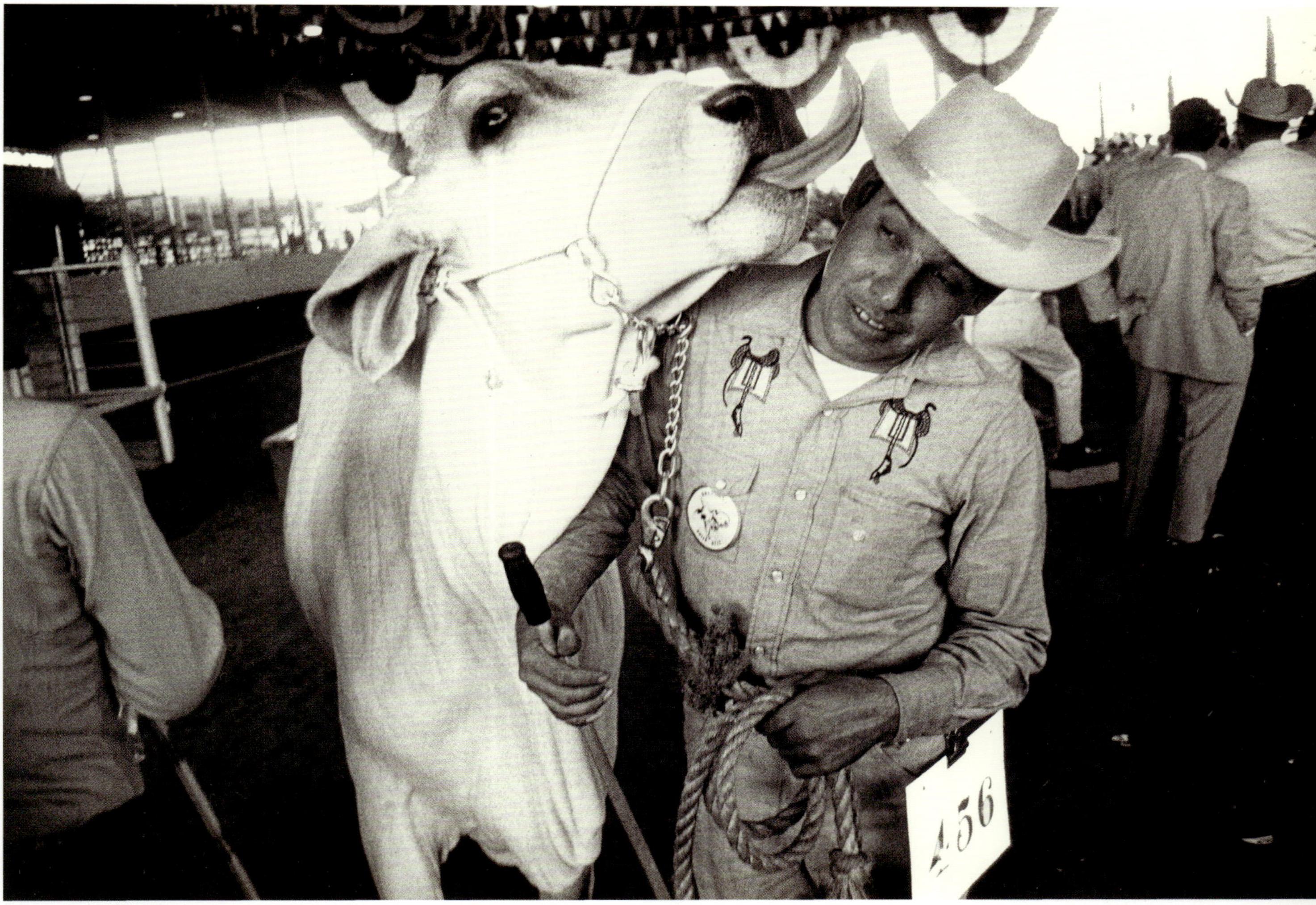

15
Garry Winogrand
Feria del Estado de Texas / Texas State Fair, 1964

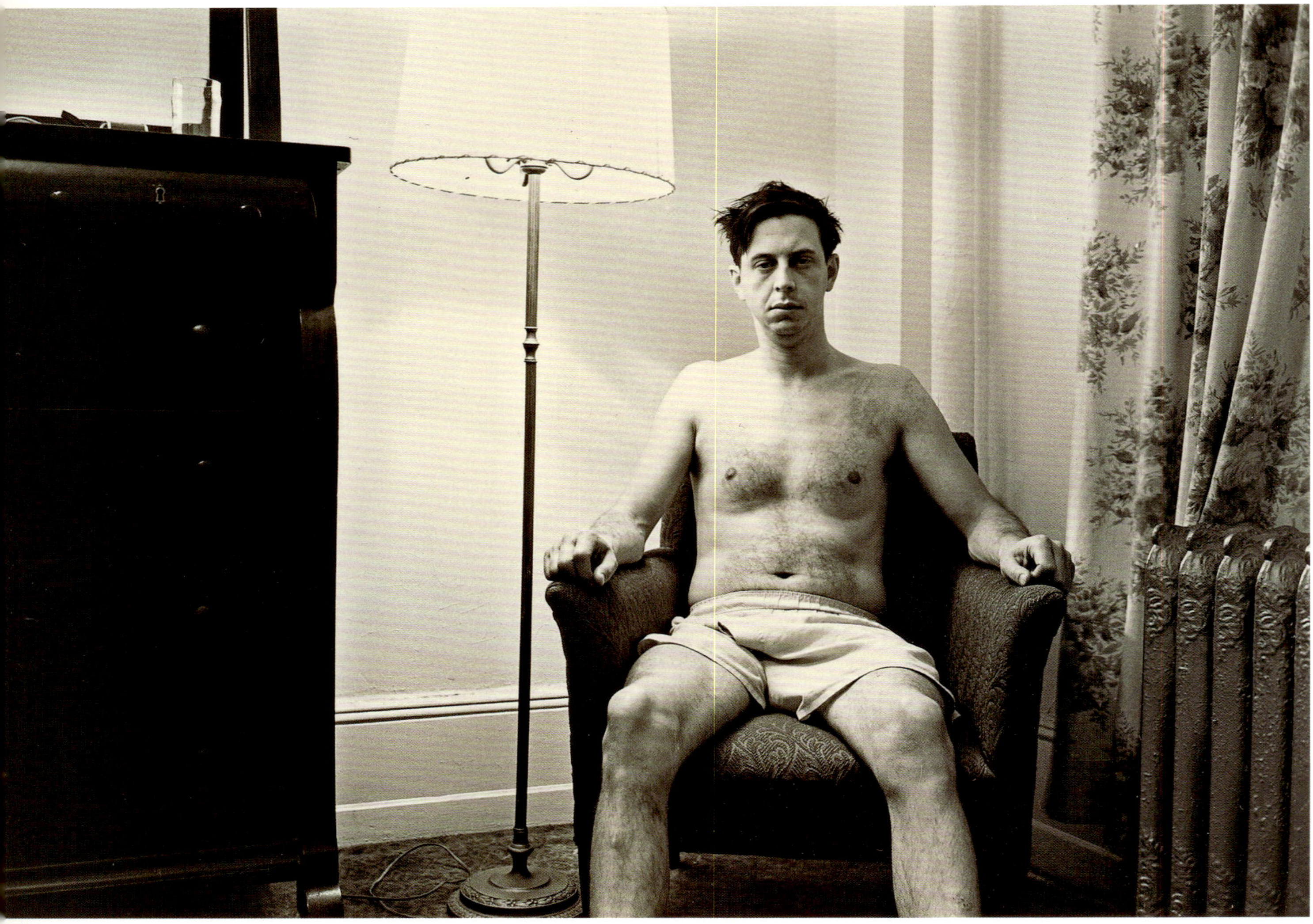

16
Lee Friedlander
Pensilvania, Filadelfia / Pennsylvania, Philadelphia, 1965

17
Nan Goldin
Mark Dirt, Nueva York / Mark Dirt, New York, 1998

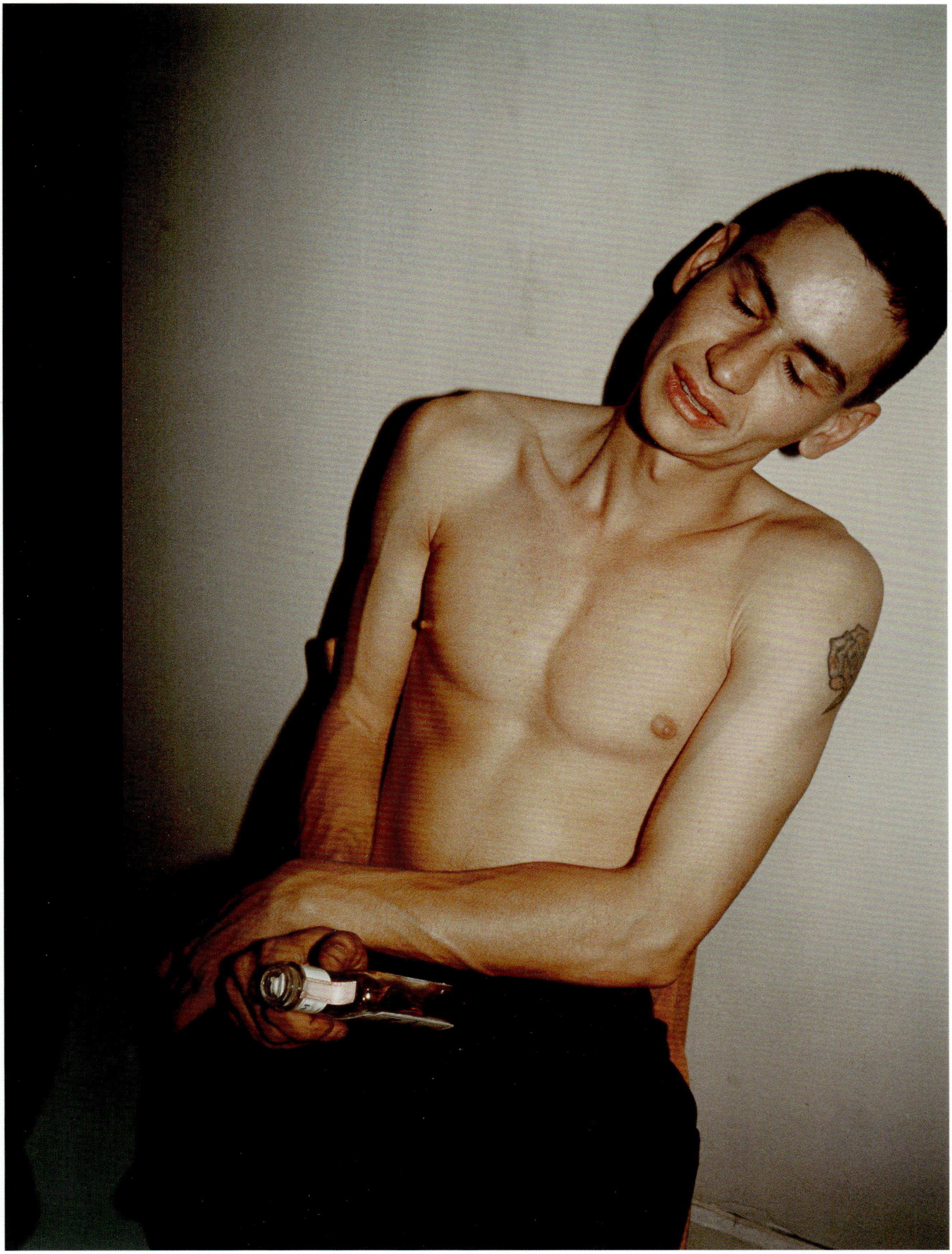

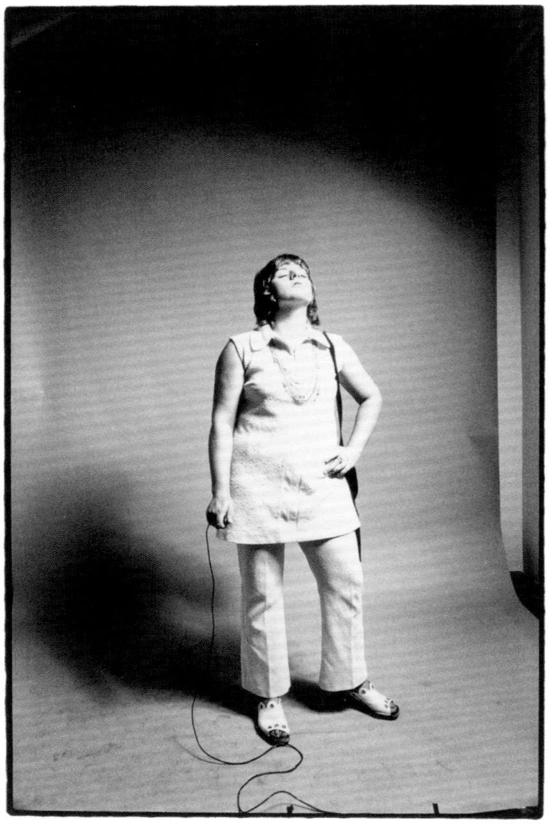

18
Heinrich Riebesehl
Autorretrato / Self-Portrait, 1972

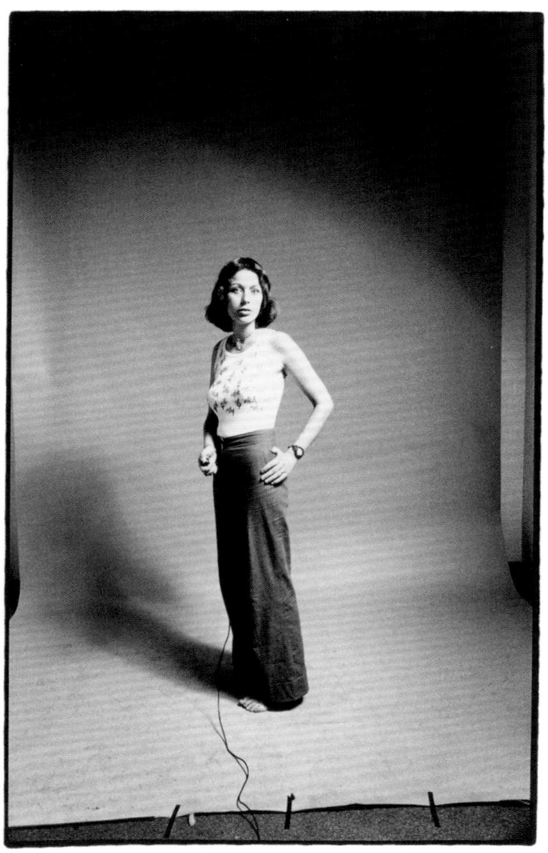

19
Heinrich Riebesehl
Autorretrato / Self-Portrait, 1972

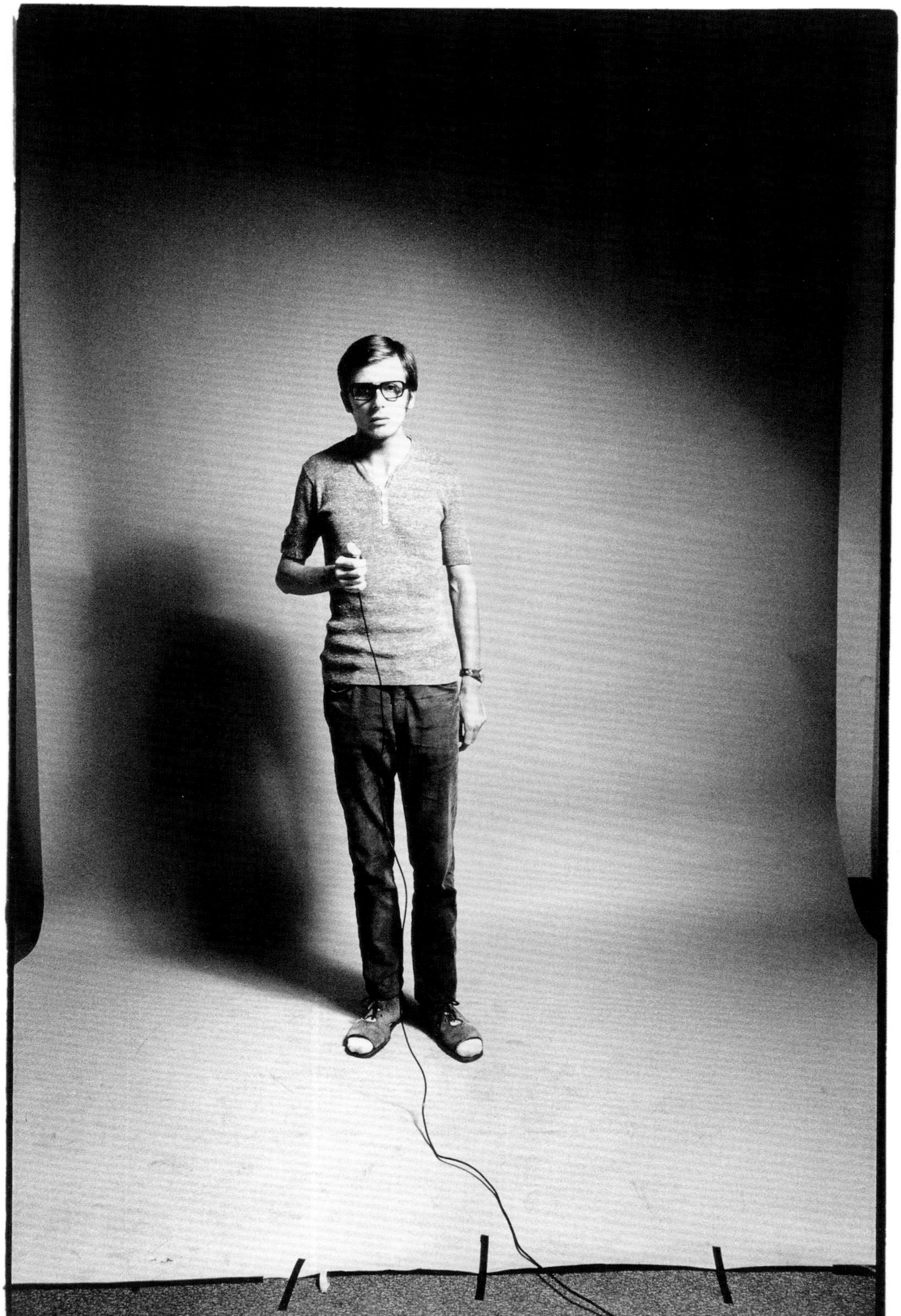

20
Heinrich Riebesehl
Autorretrato / Self-Portrait, 1972

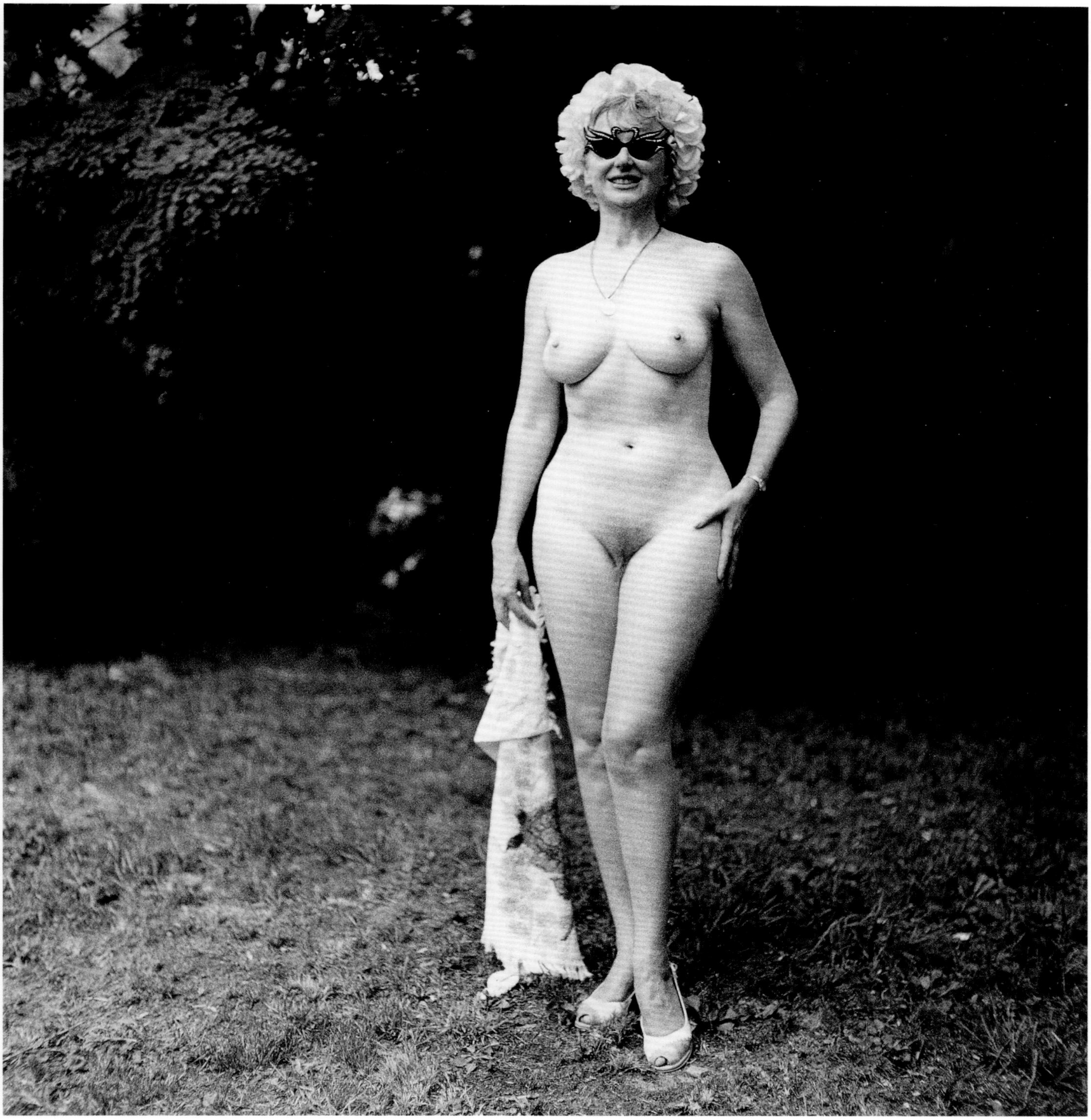

21
Diane Arbus
Mujer desnuda con gafas de sol cisne / Nudist Lady with Swan Sunglasses, 1965

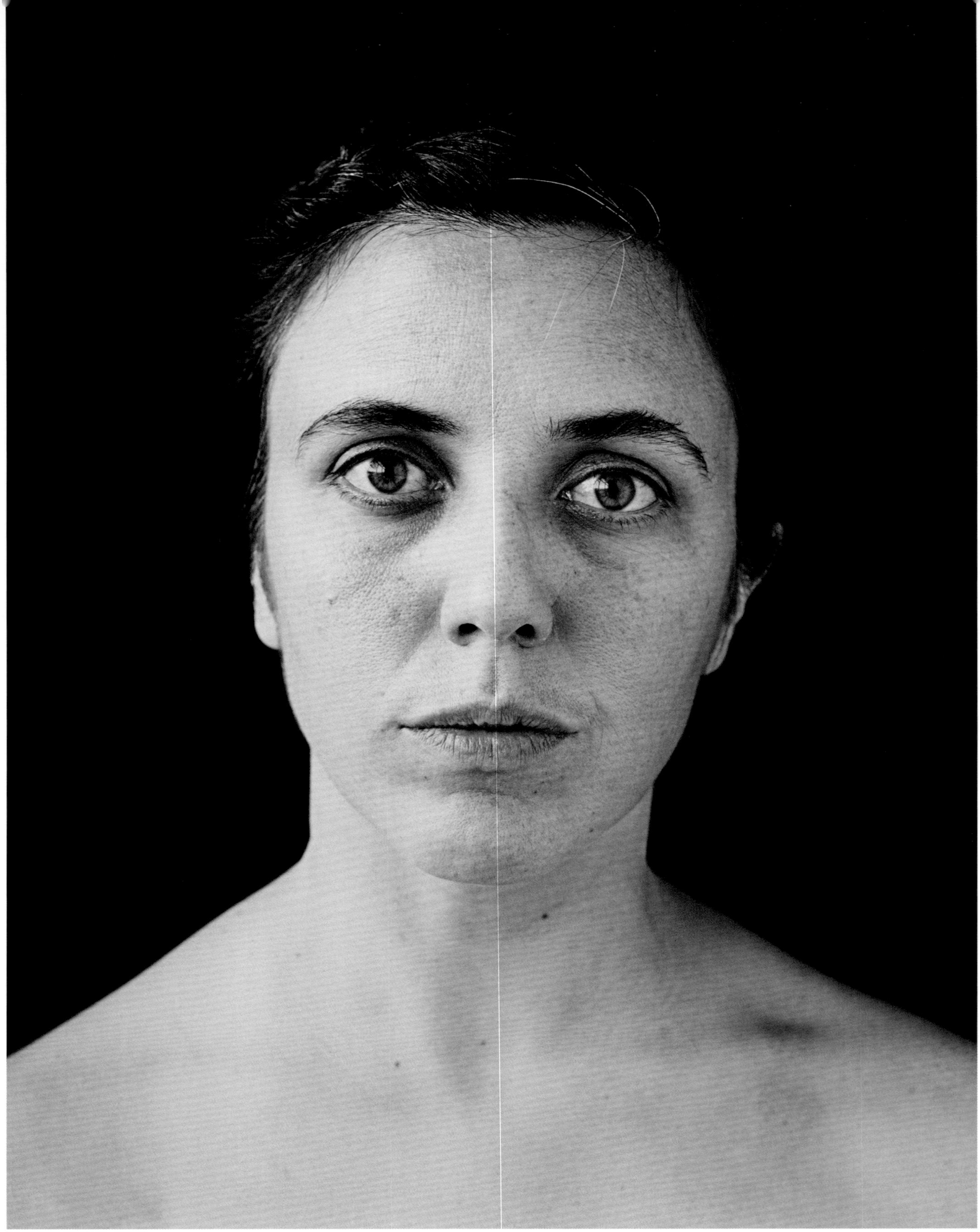

22
Humberto Rivas
María, 1979

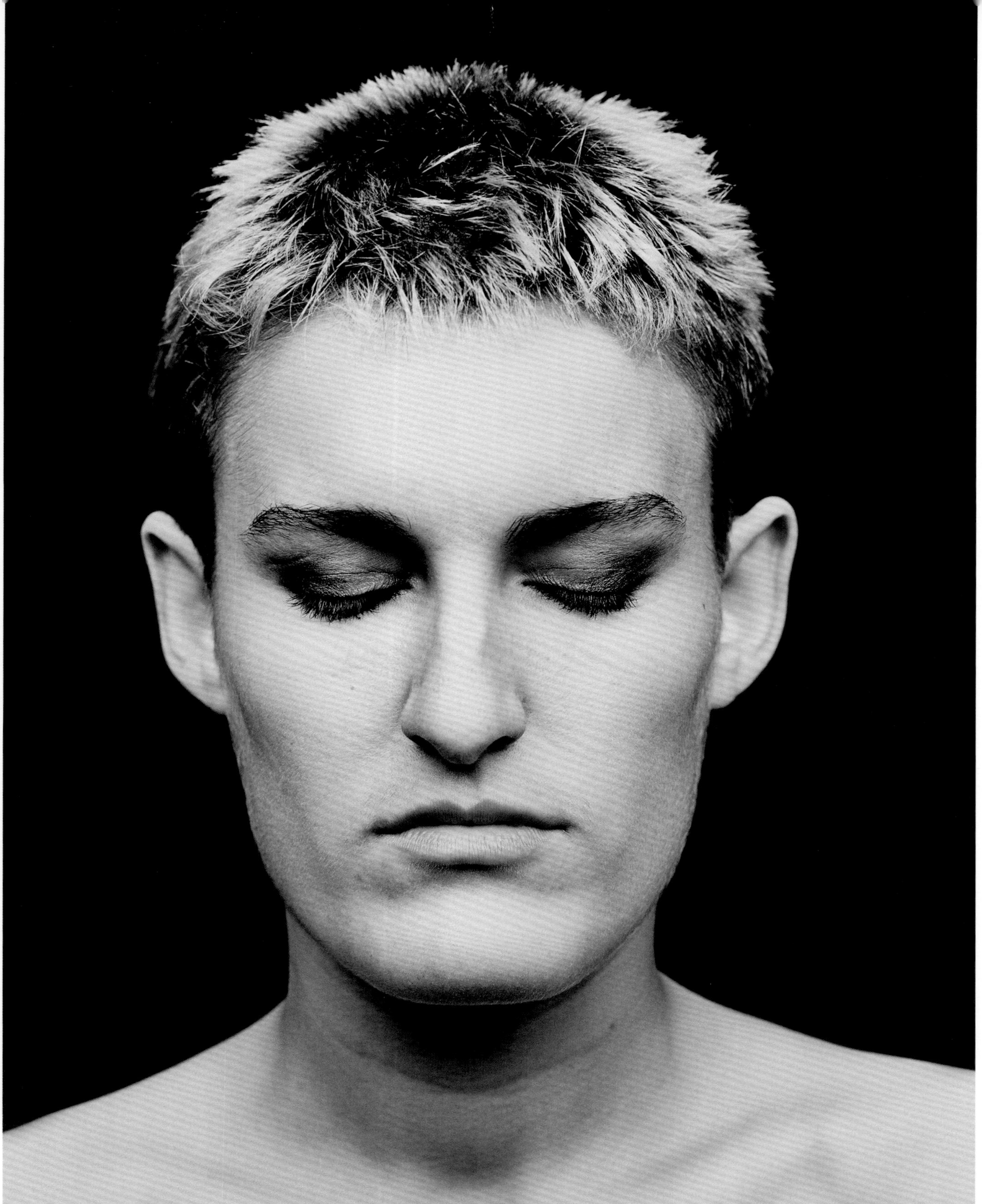

23
Humberto Rivas
Mercé, 1986

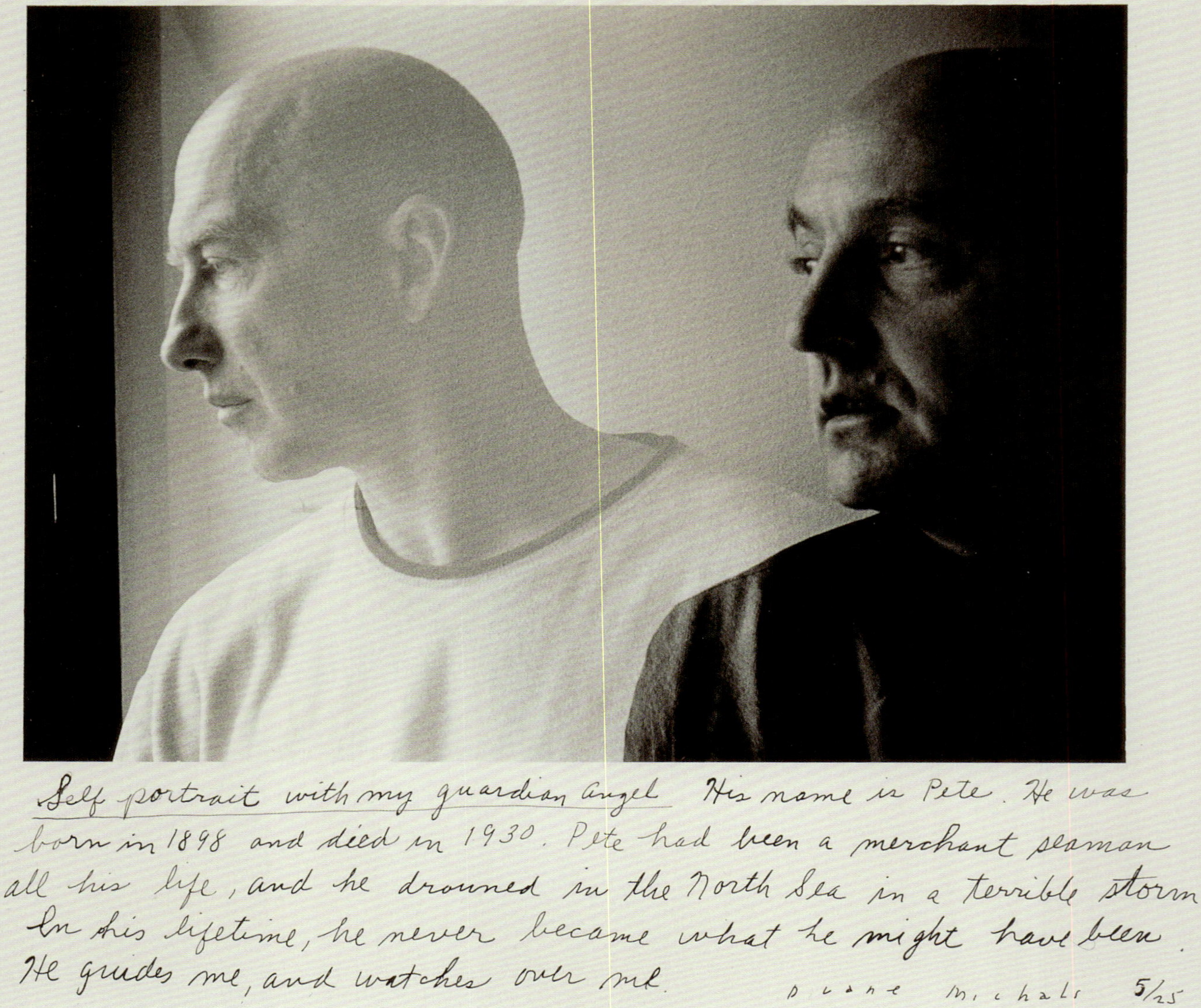

24
Duane Michals
Autorretrato con mi ángel guardián. Serie nº 5 / *Self-Portrait with my Guardian Angel*. Series No. 5, 1974

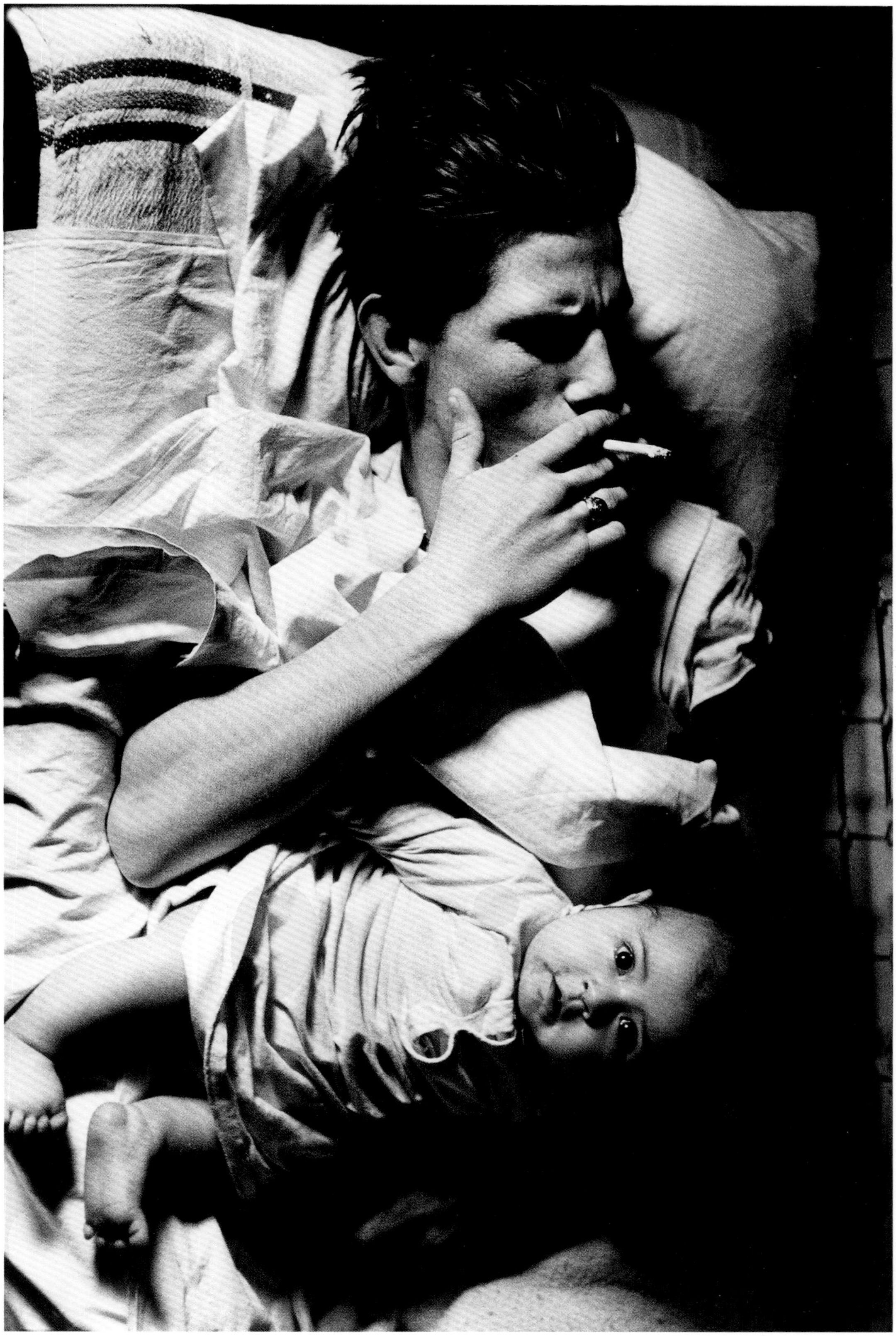

25
Larry Clark
Desde Tusla 1963 / From Tusla 1963, 1963

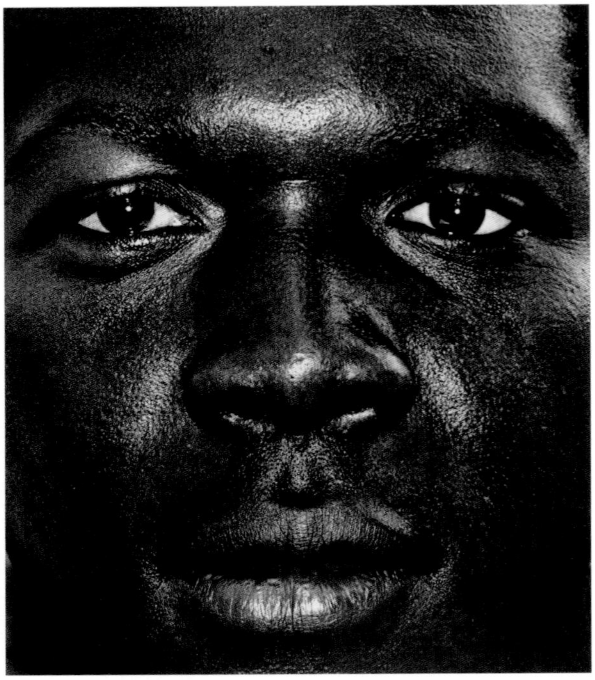

26
Ken Ohara
UNO / ONE, 1970

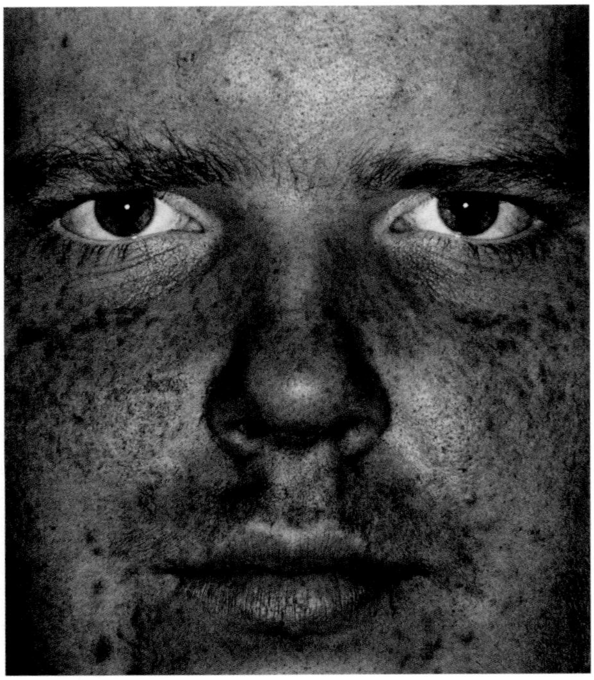

27
Ken Ohara
UNO / ONE, 1970

28
Ken Ohara
UNO / ONE, 1970

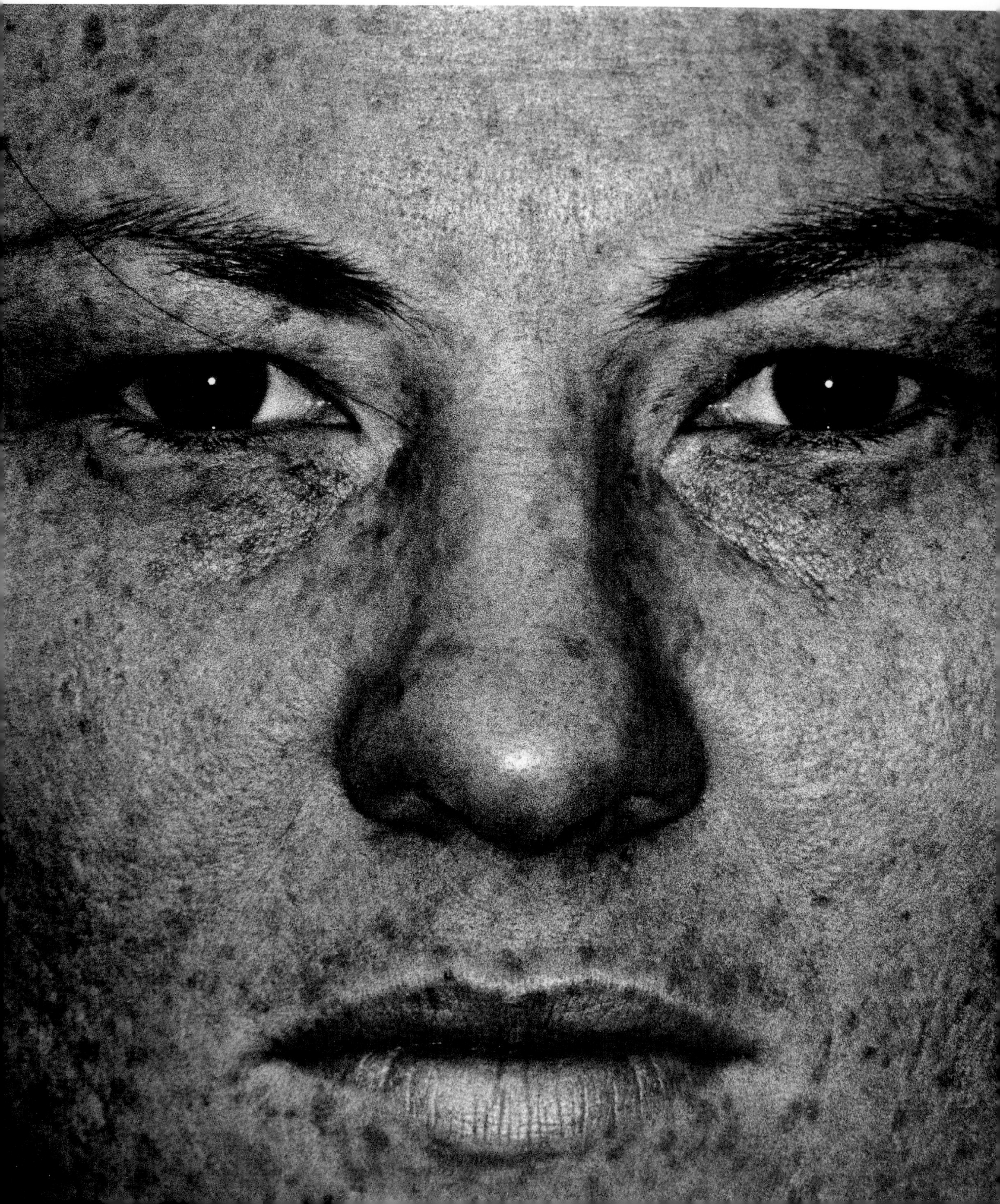

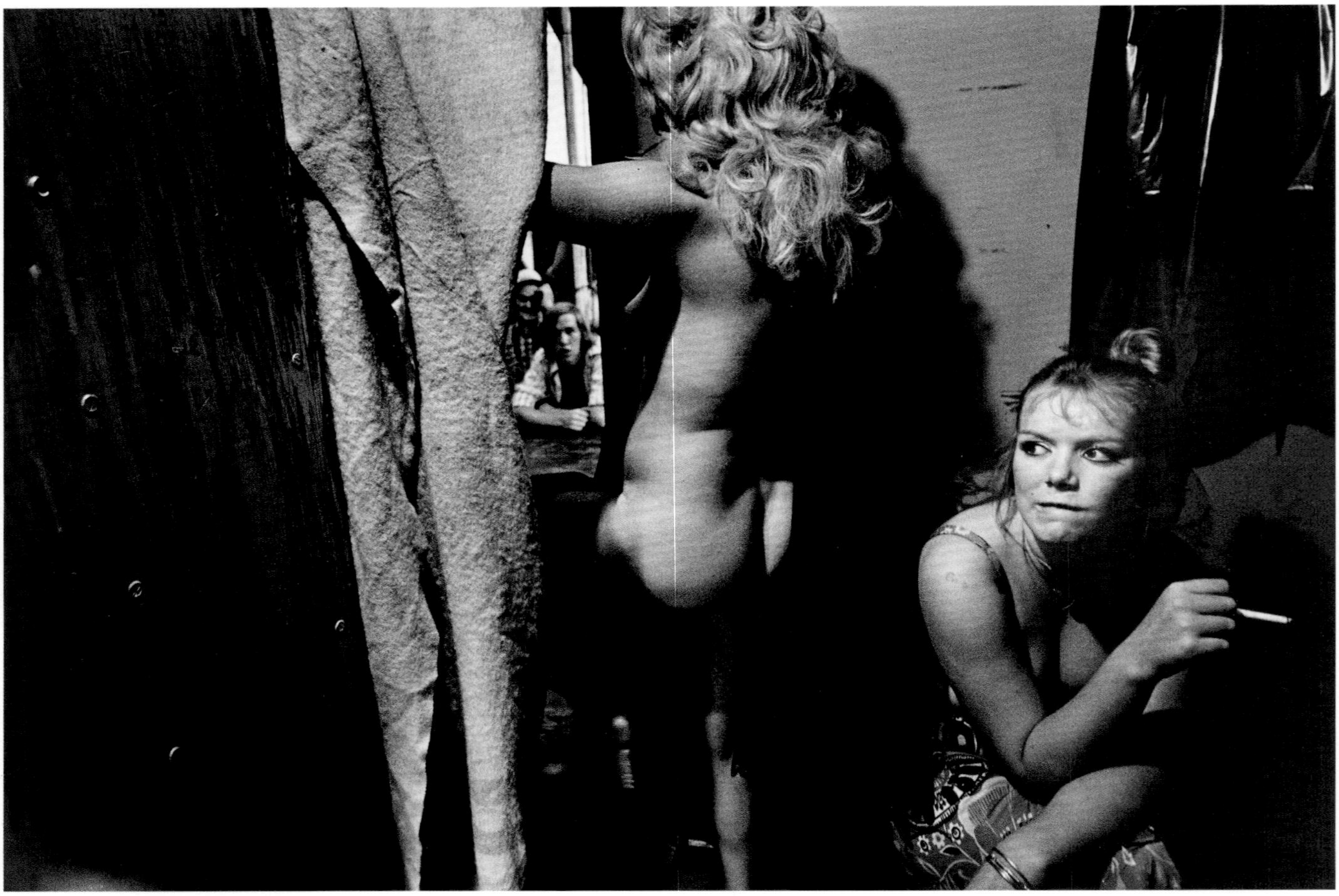

29
Susan Meiselas
Serie *Carnival Strippers*, 1973-1975

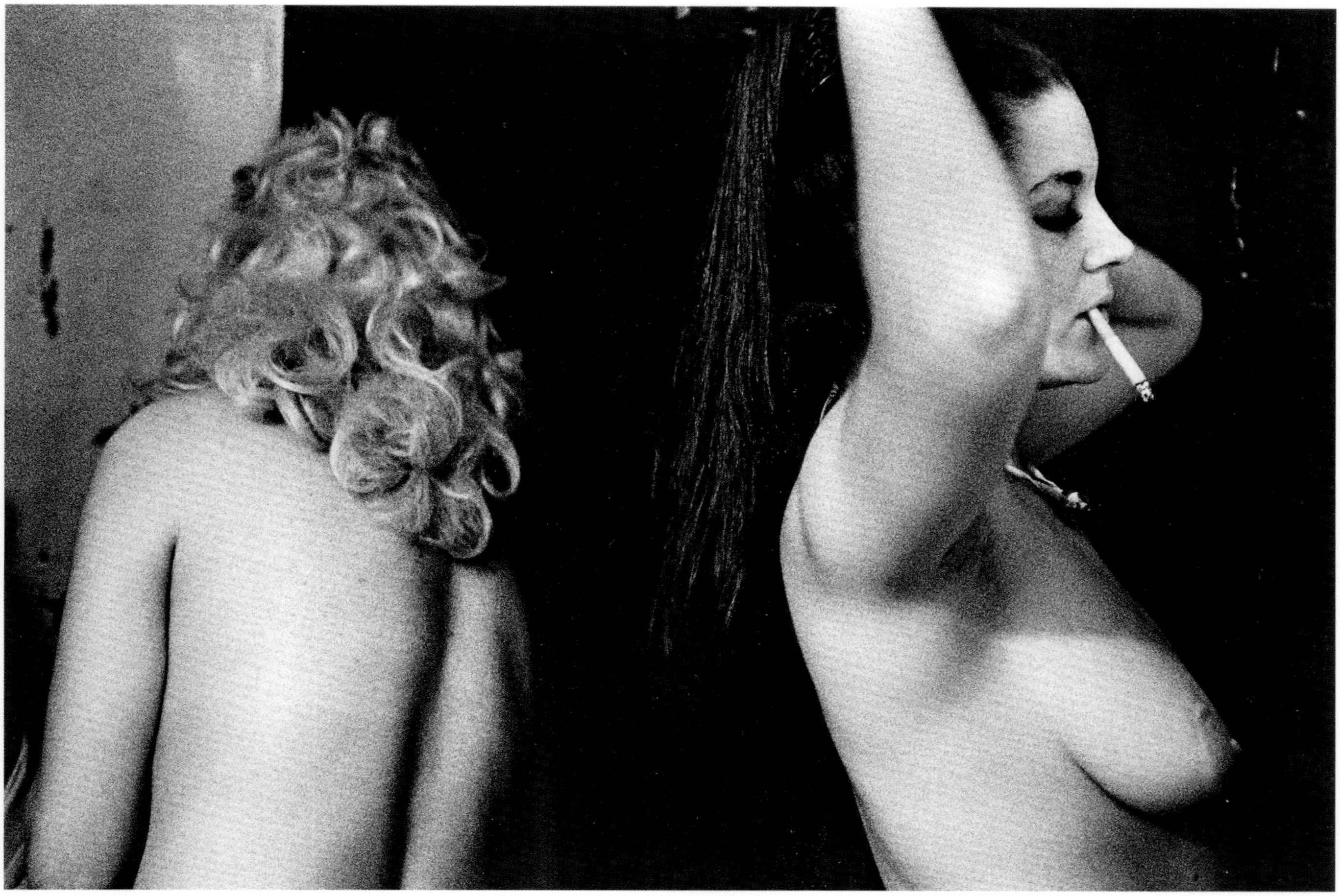

30
Susan Meiselas
Serie *Carnival Strippers*, 1973-1975

31
Cindy Sherman
Sin título. Fotograma nº 23 / Untitled. Film Still no. 23, 1978

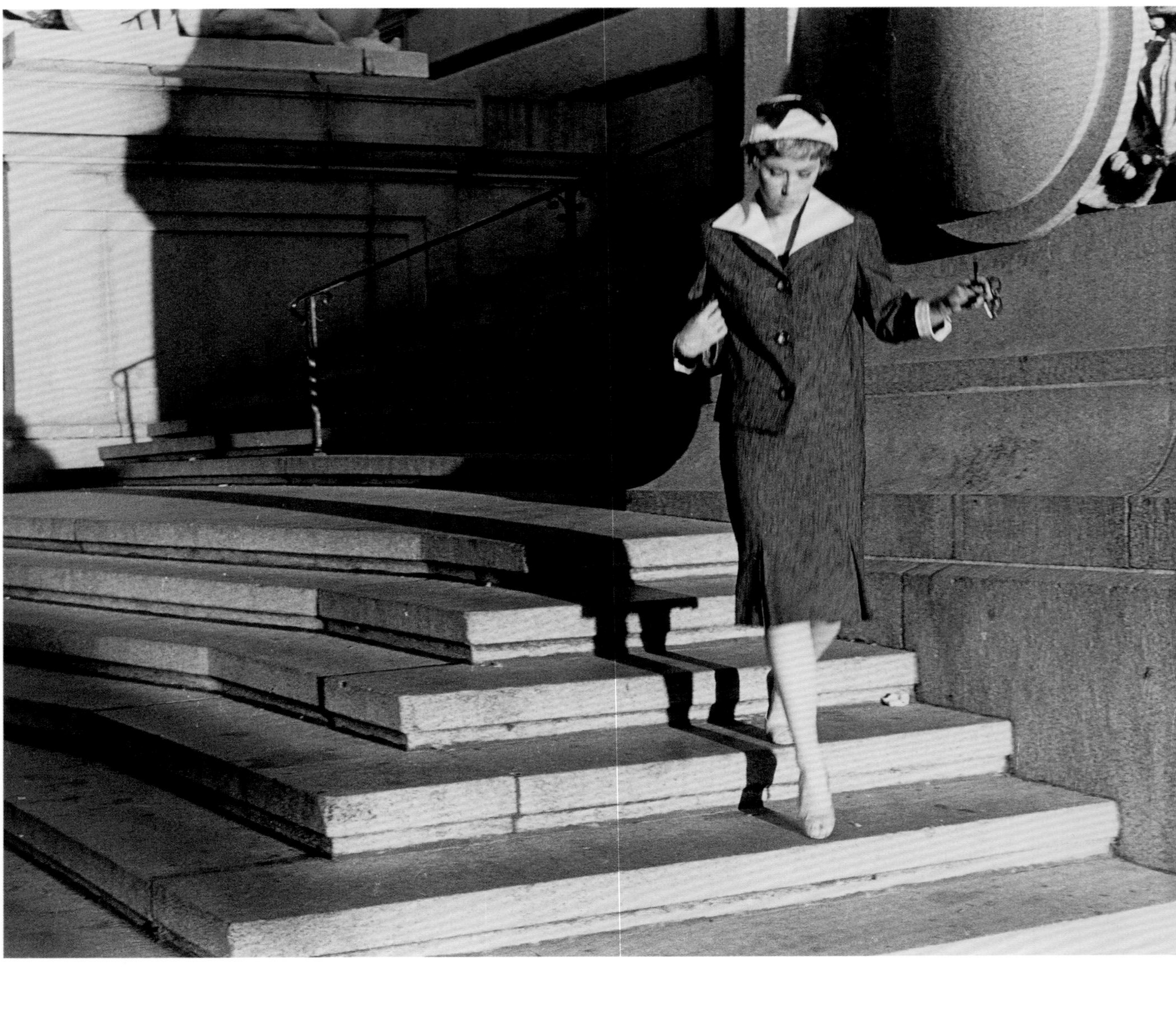

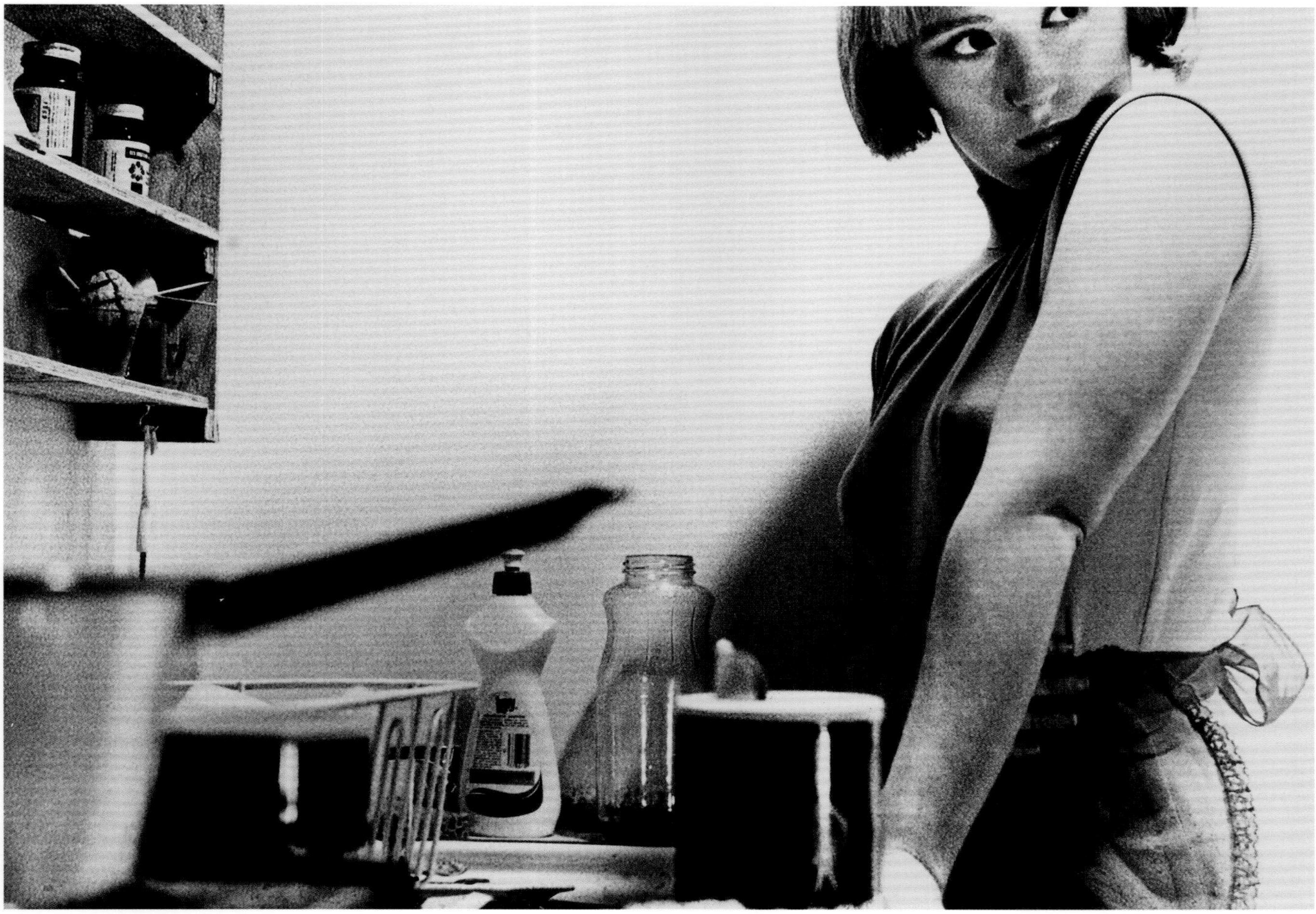

32
Cindy Sherman
Sin título. Fotograma nº 3 / Untitled. Film Still no. 3, 1977

33
Richard Avedon
Robert Frank, fotógrafo, Minas de Mabou, Nueva Escocia, 17 julio, 1975 / Robert Frank, Photographer, Mabou Mines, Nova Scotia, July 17, 1975

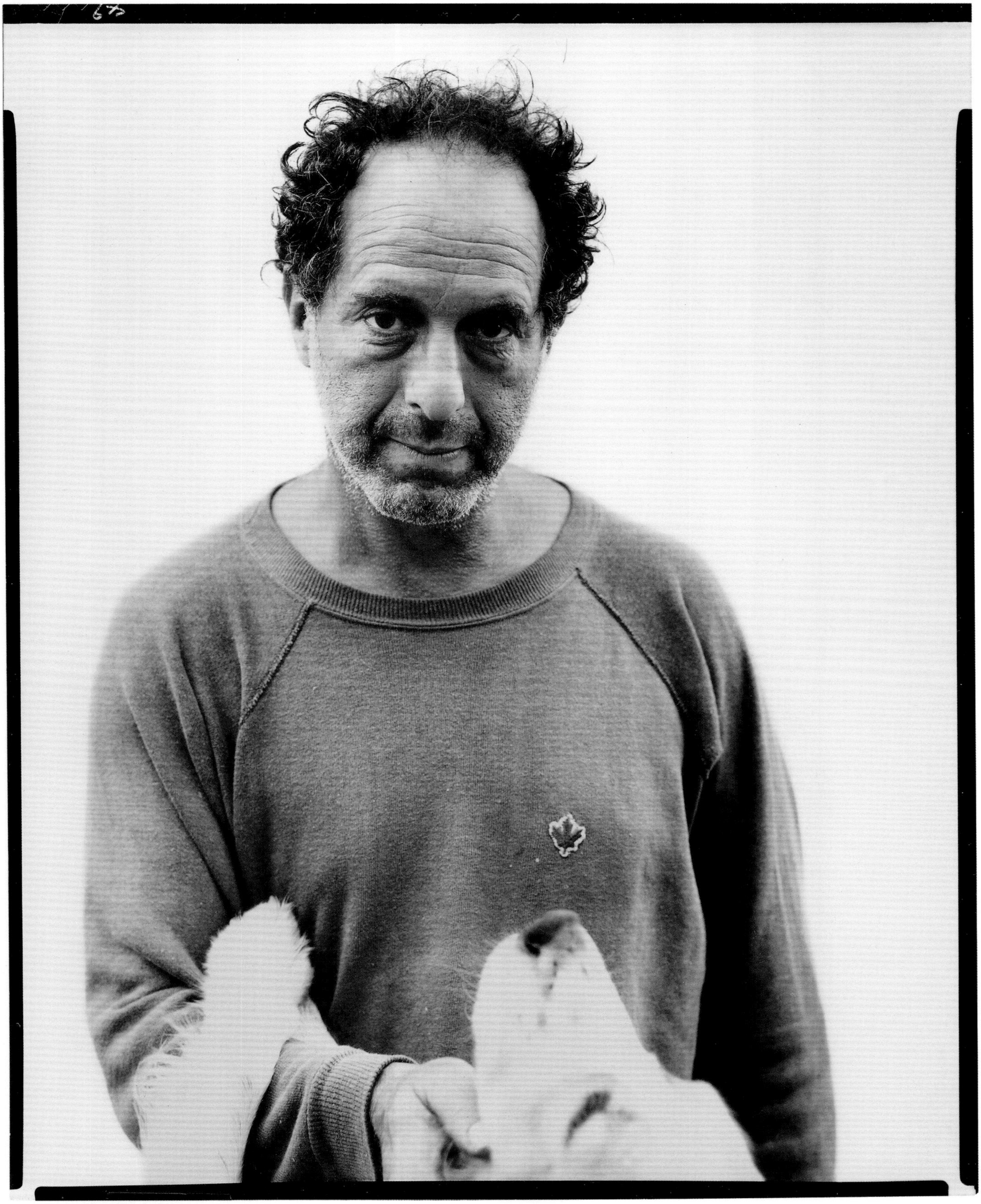

34
Juergen Teller
William Eggleston 2, Memphis, 2004

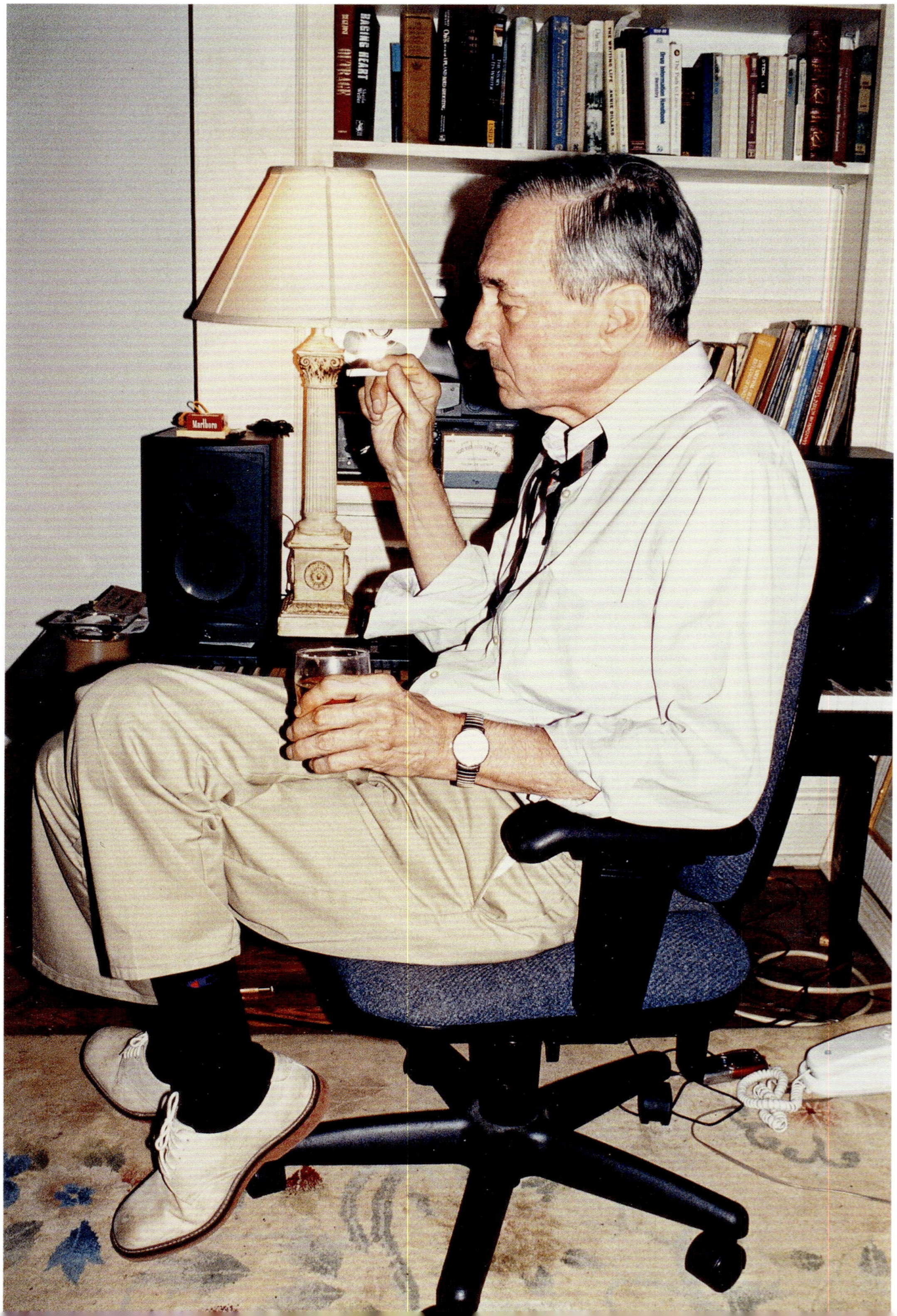

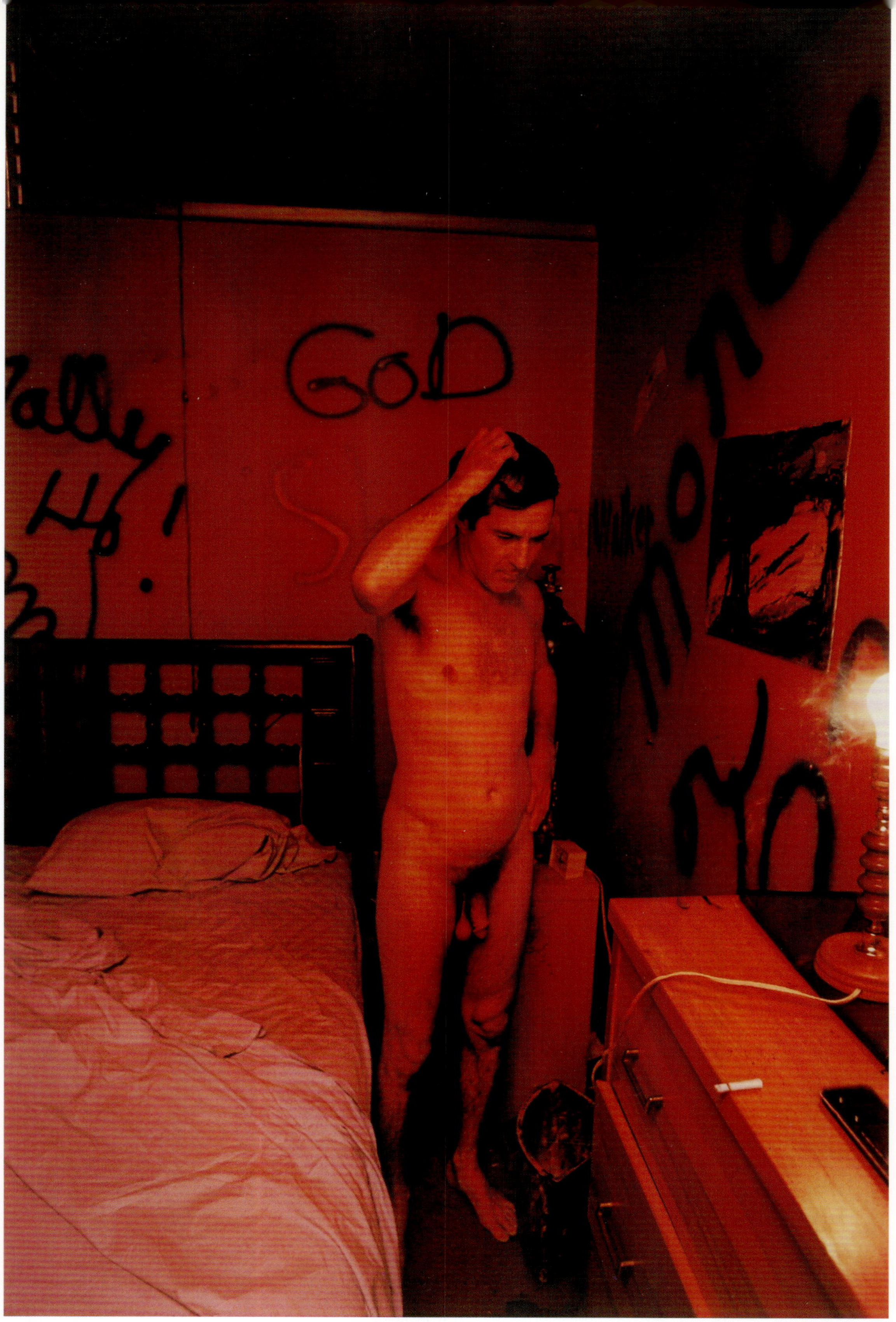

35
William Eggleston
Greenwood, Misisipi / Greenwood, Mississippi, 1970

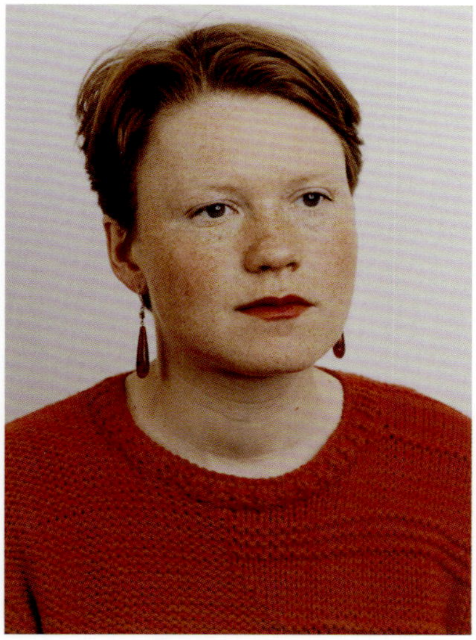

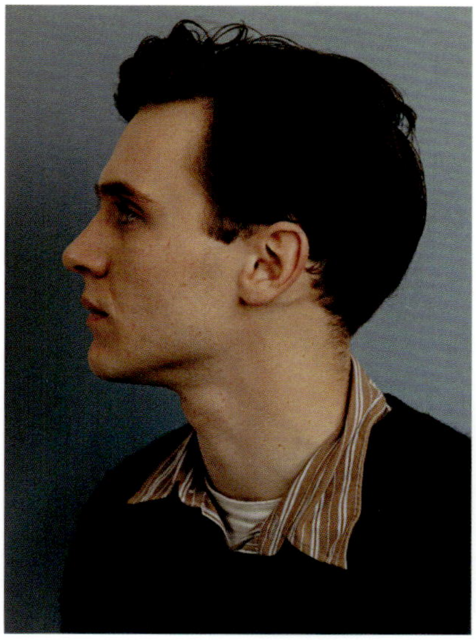

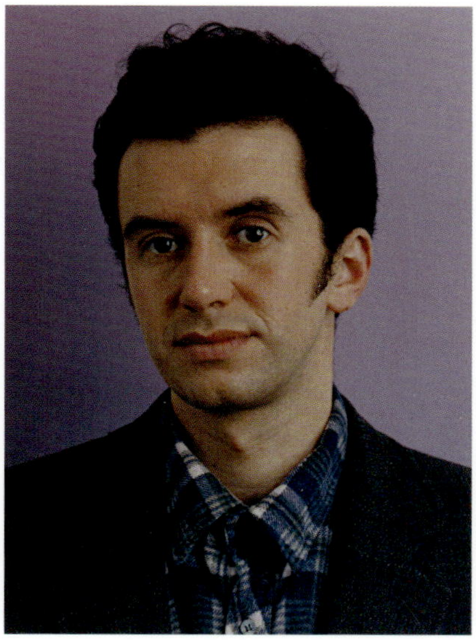

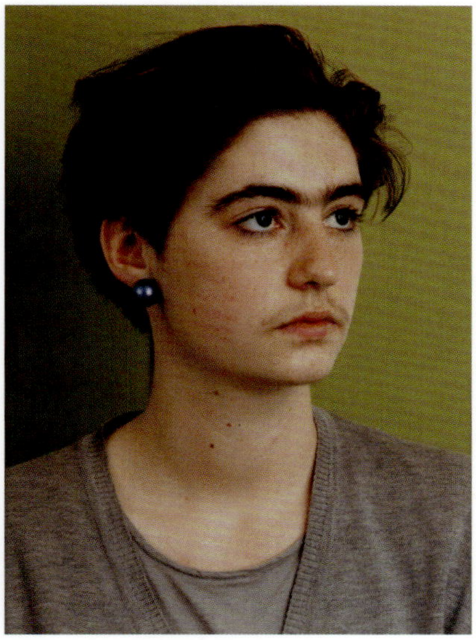

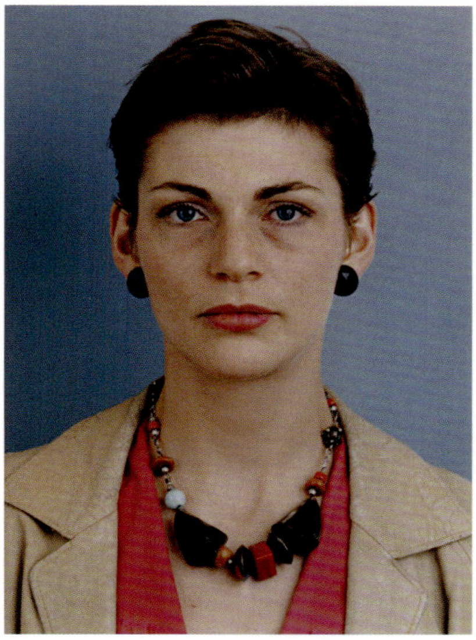

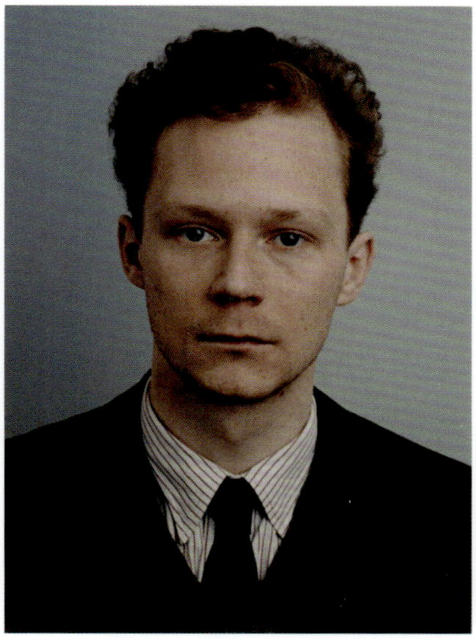

36
Thomas Ruff
Retrato (P. Fries) / Portrait (P. Fries), 1983

37
Thomas Ruff
Retrato (H. Tillmann) / Portrait (H. Tillmann), 1983

38
Thomas Ruff
Retrato (A. Brenner) / Portrait (A. Brenner), 1983

39
Thomas Ruff
Retrato (M. Pfeiffer) / Portrait (M. Pfeiffer), 1983

40
Thomas Ruff
Retrato (B. Elmpt) / Portrait (B. Elmpt), 1983

41
Thomas Ruff
Retrato (M. van Hofen) / Portrait (M. van Hofen), 1983

42
Thomas Ruff
Stoya, 1986

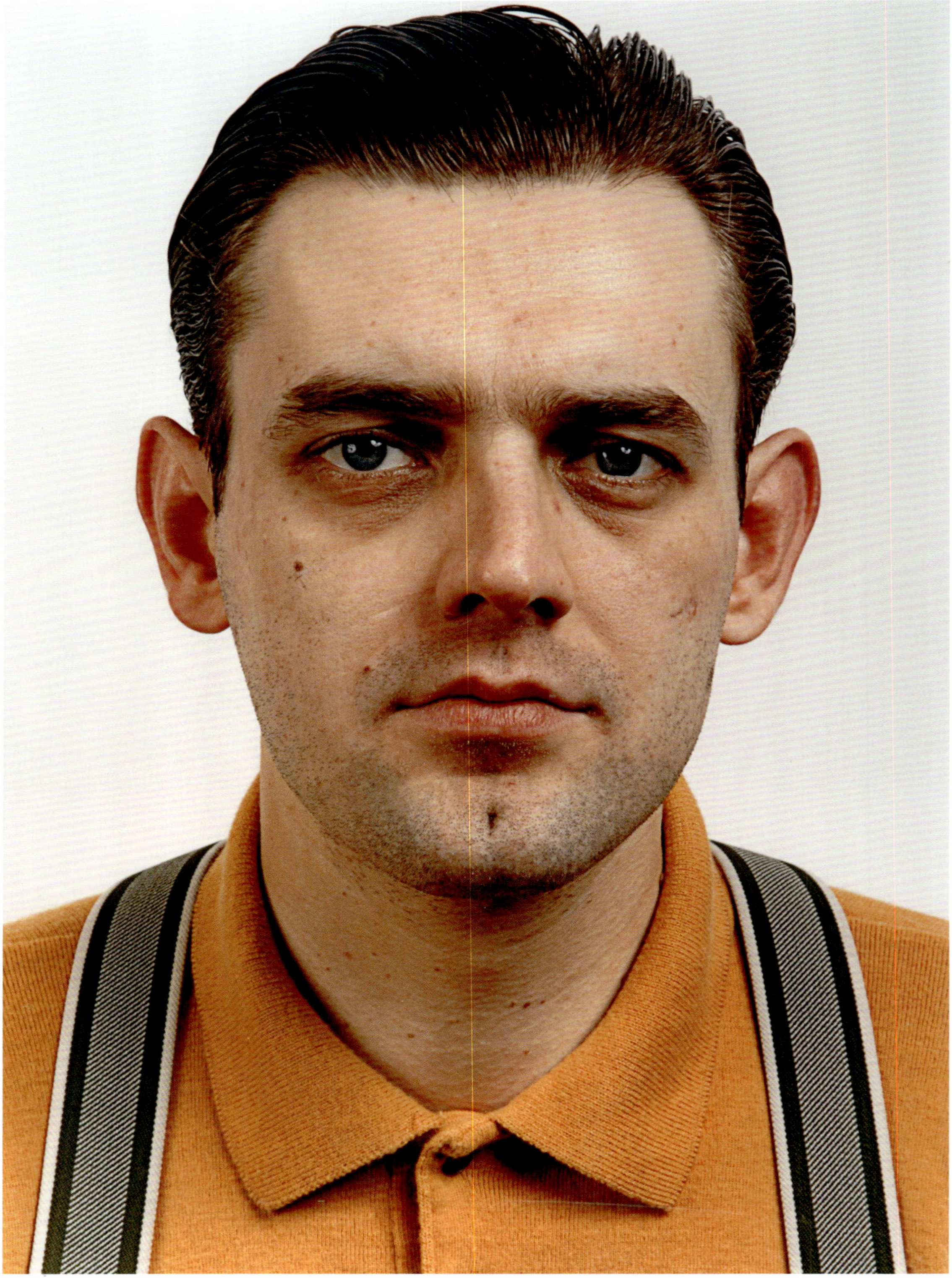

43
Thomas Ruff
Siegfried Michael Syniuga, 1986

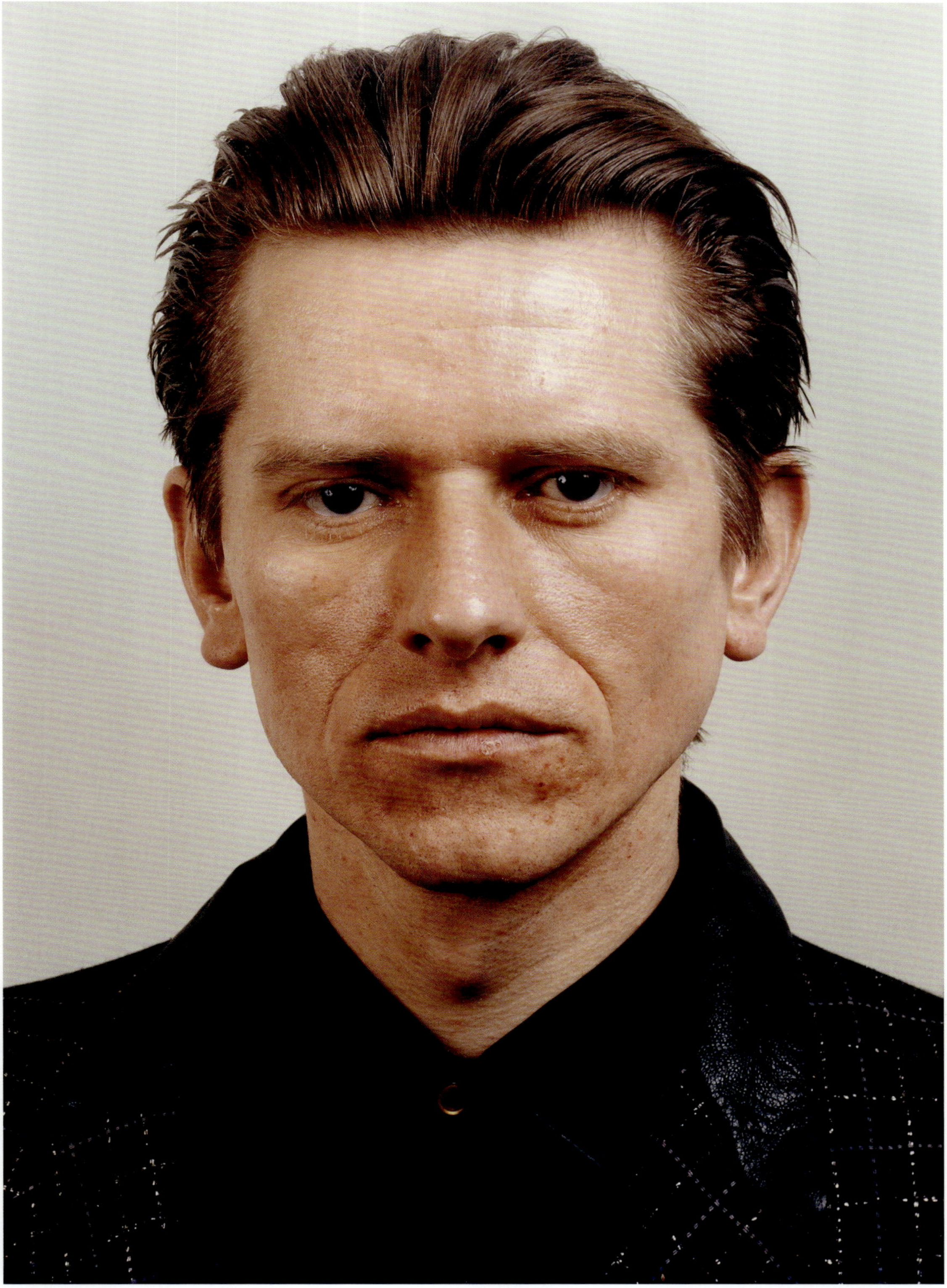

44
Michael Schmidt
Sin título. Serie *Alto el fuego* / *Untitled*. Series *Ceasefire*, 1985-1987

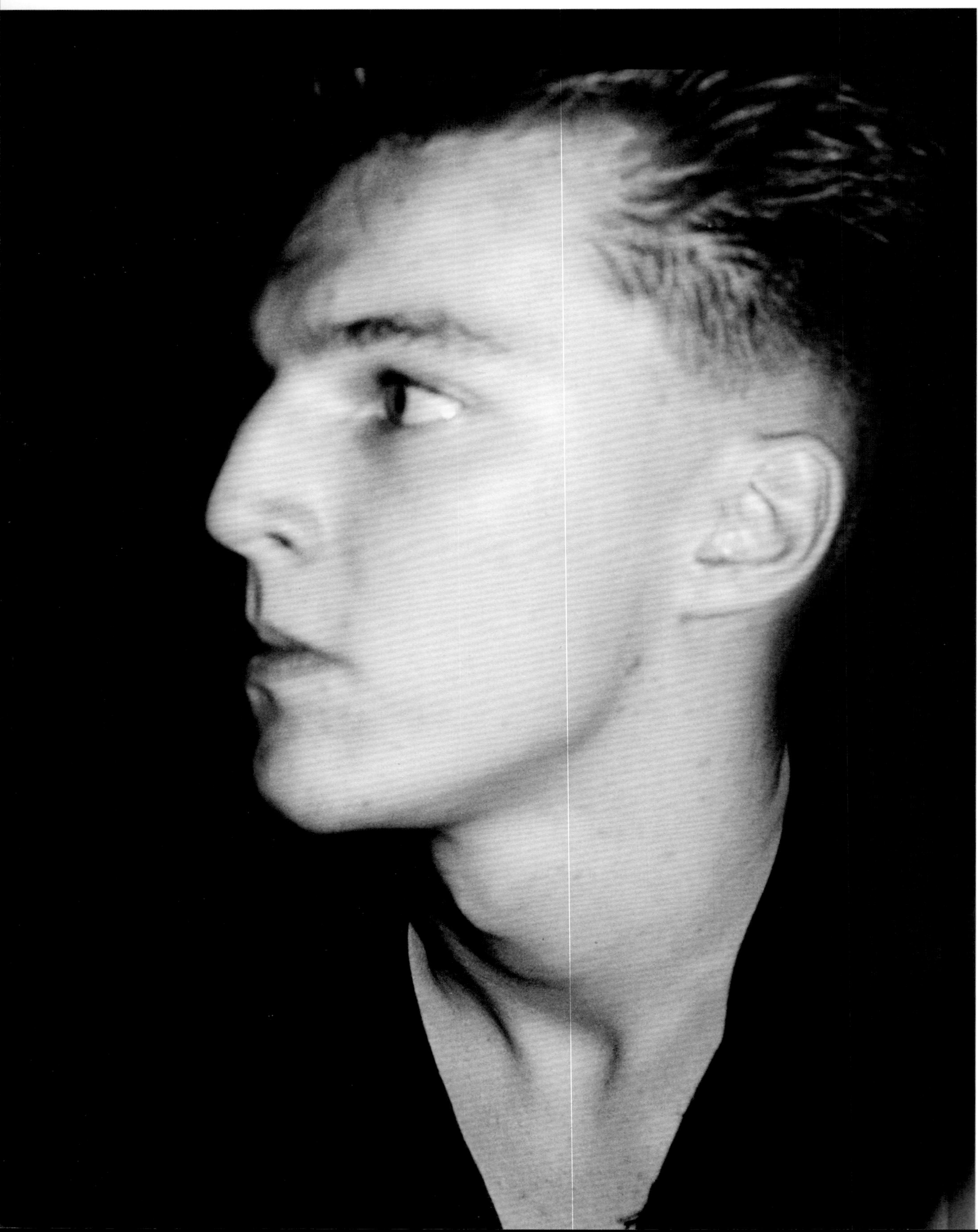

45
Michael Schmidt
Sin título. Serie Alto el fuego / Untitled. Series *Ceasefire*, 1985-1987

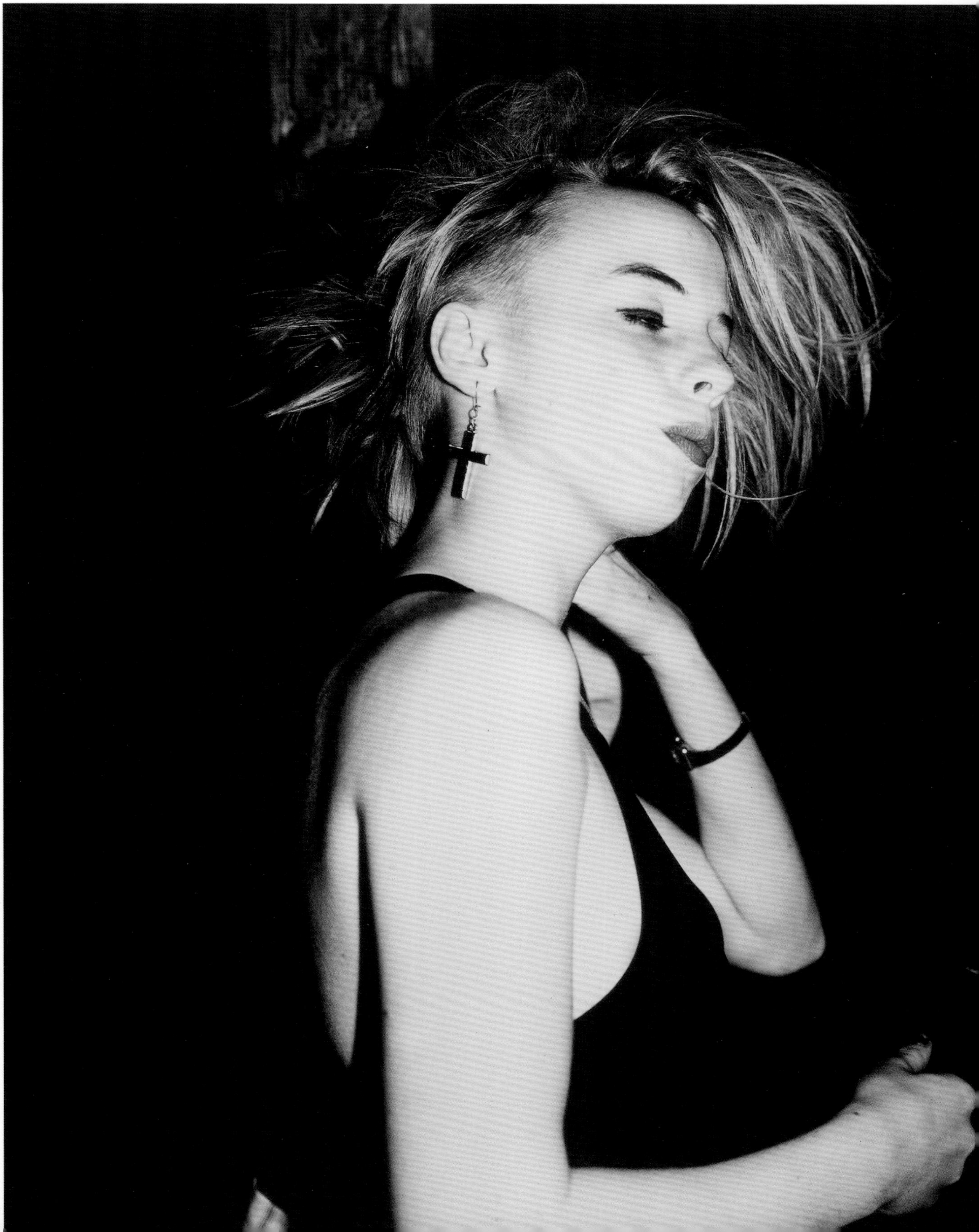

46
Eugene Richards
Subidón de crack, Brooklyn / High on Crack, Brooklyn, 1988

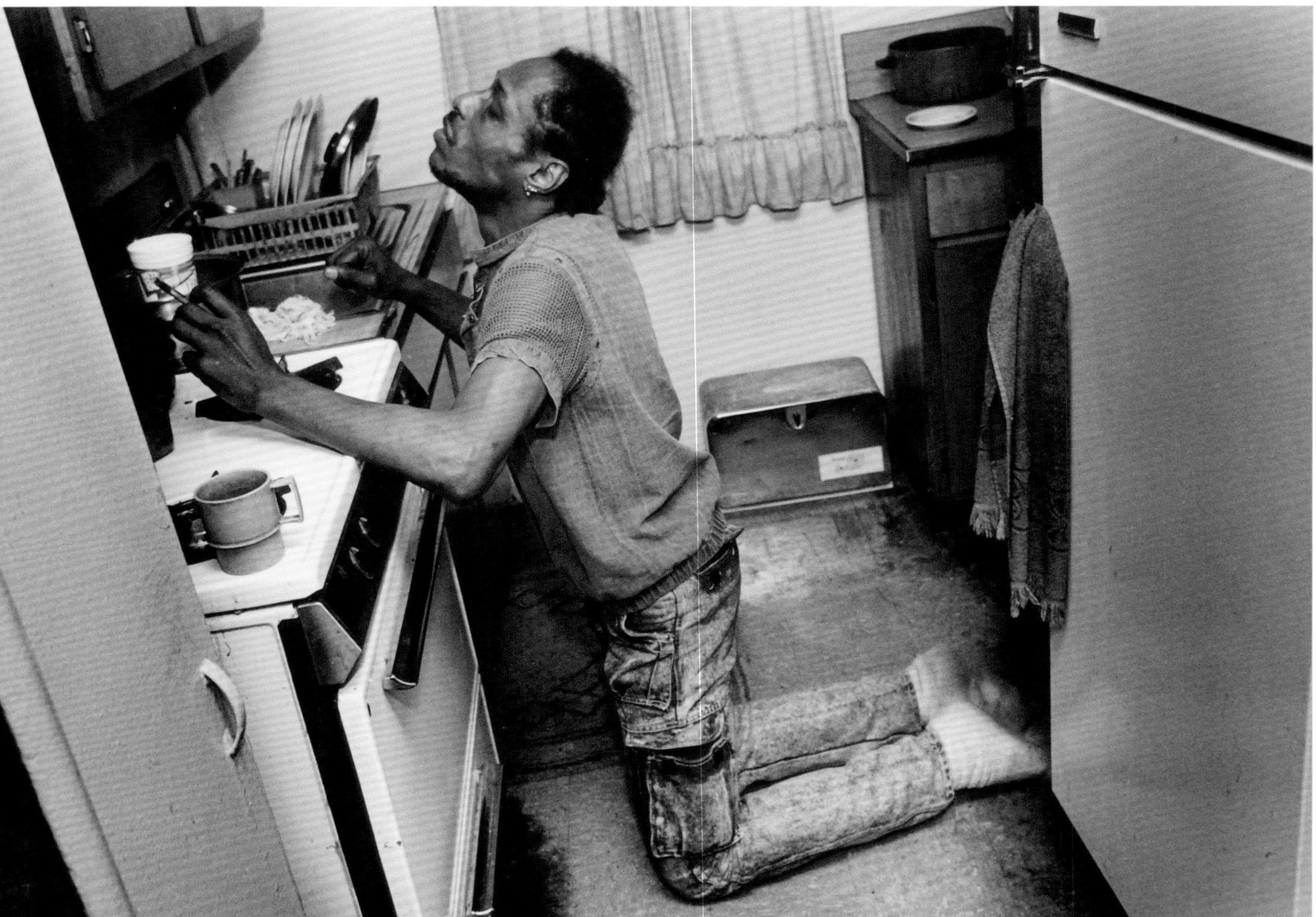

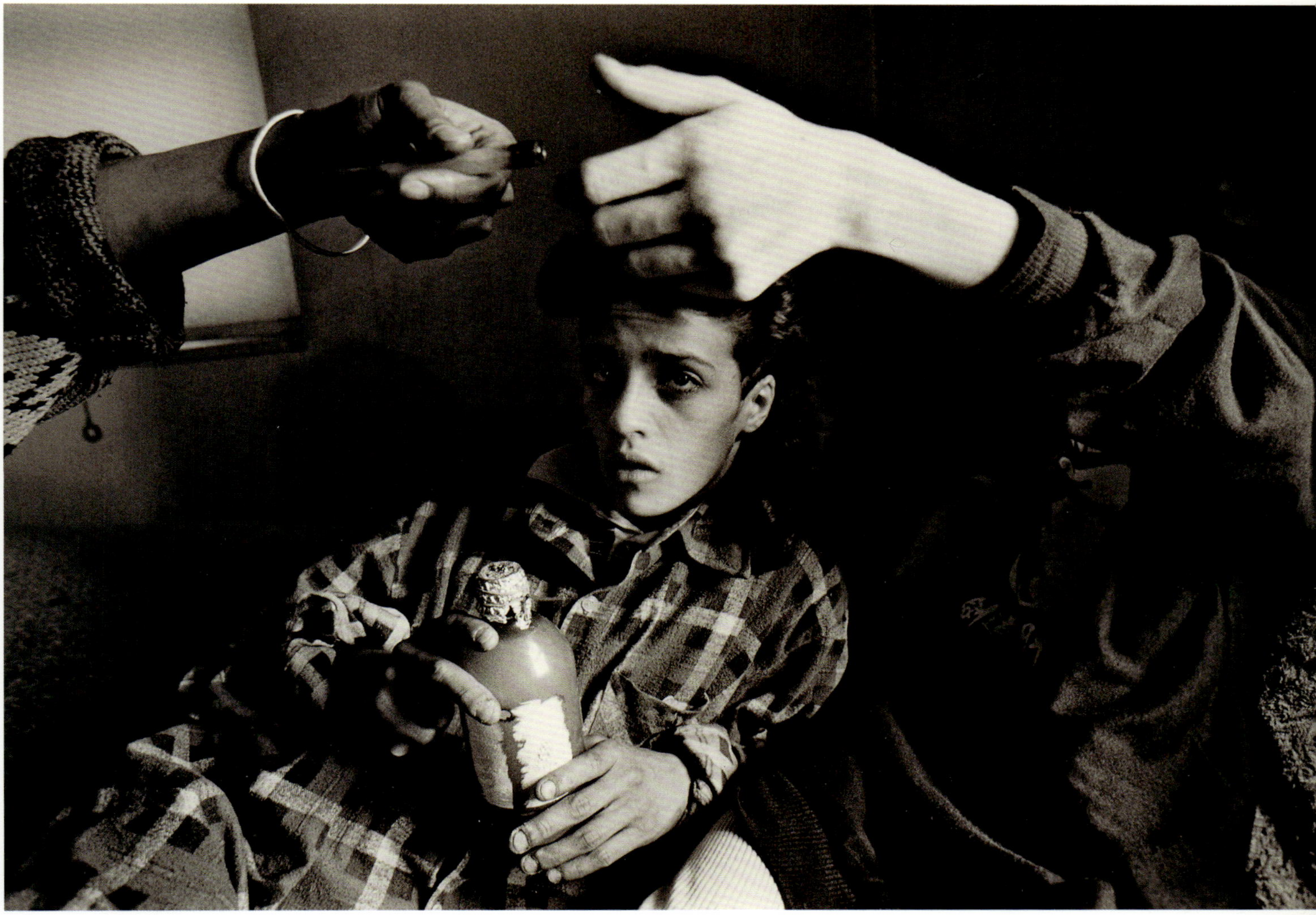

47
Eugene Richards
Crack Annie, Brooklyn, 1988

48
William Klein
Fin de curso en Dakar / Dakar School Out, 1963

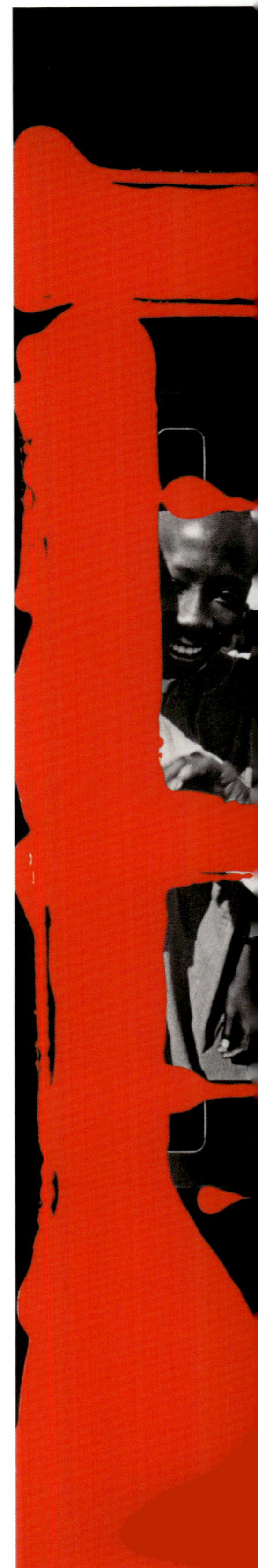

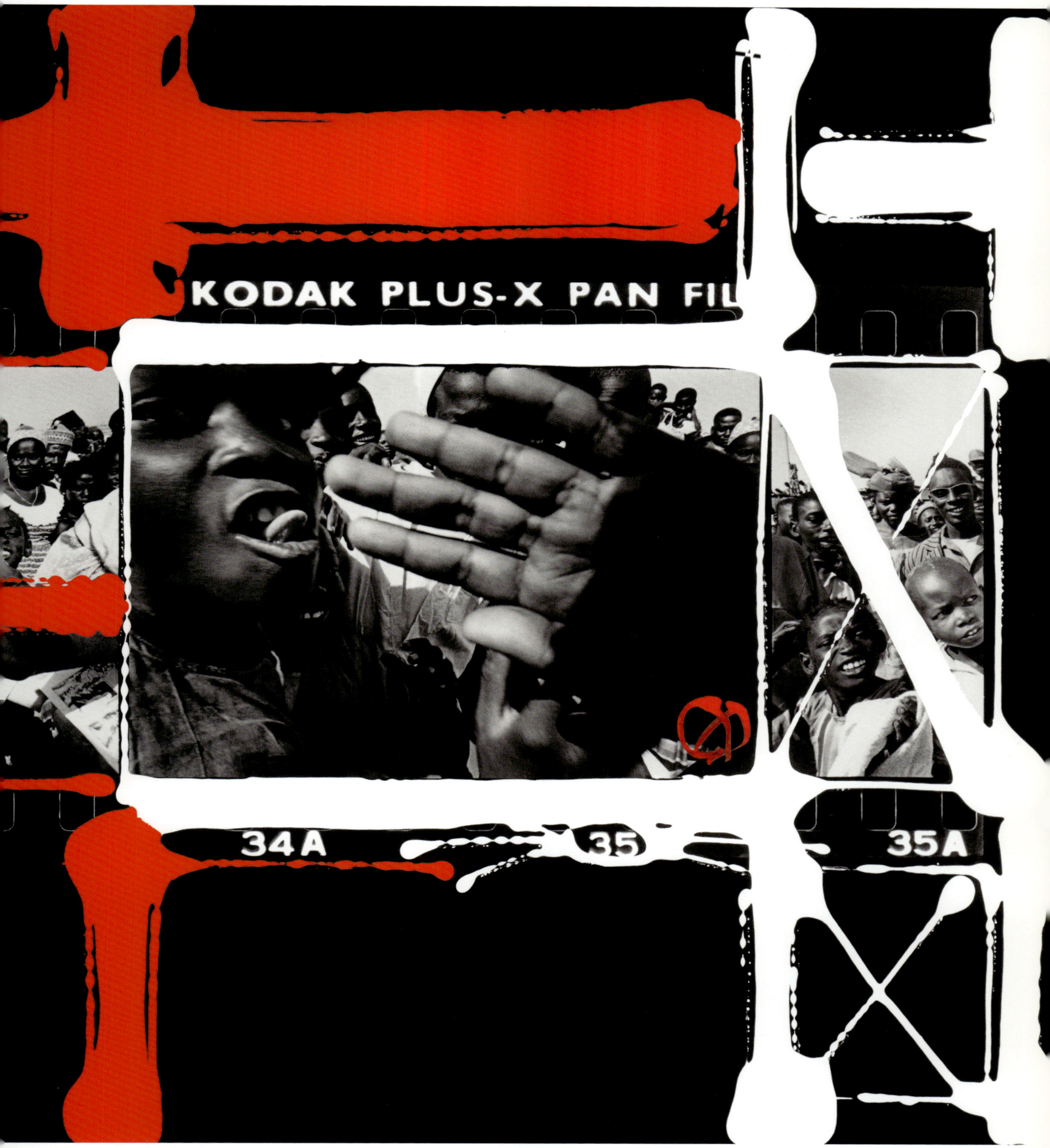
KODAK PLUS-X PAN FIL
34A
35
35A

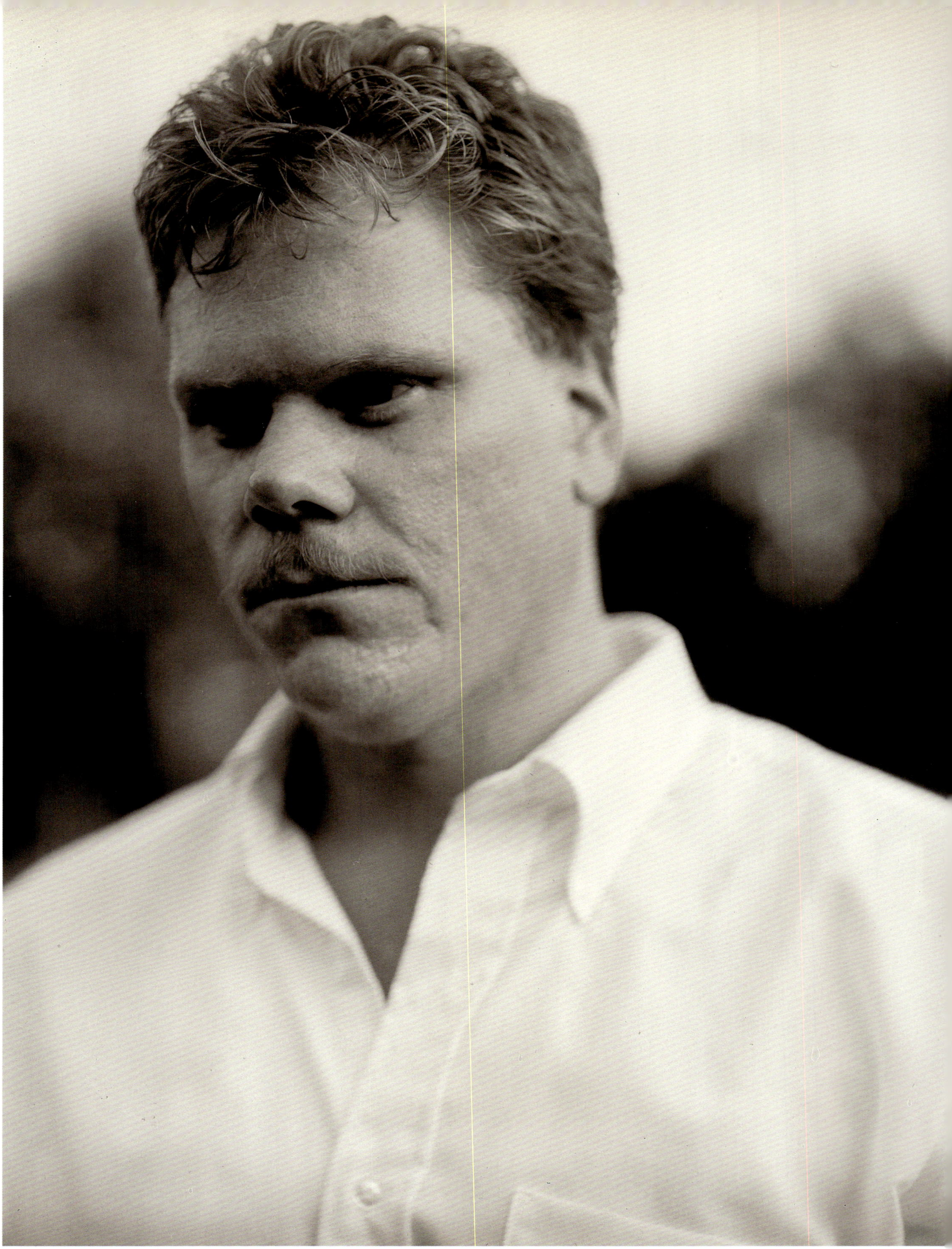

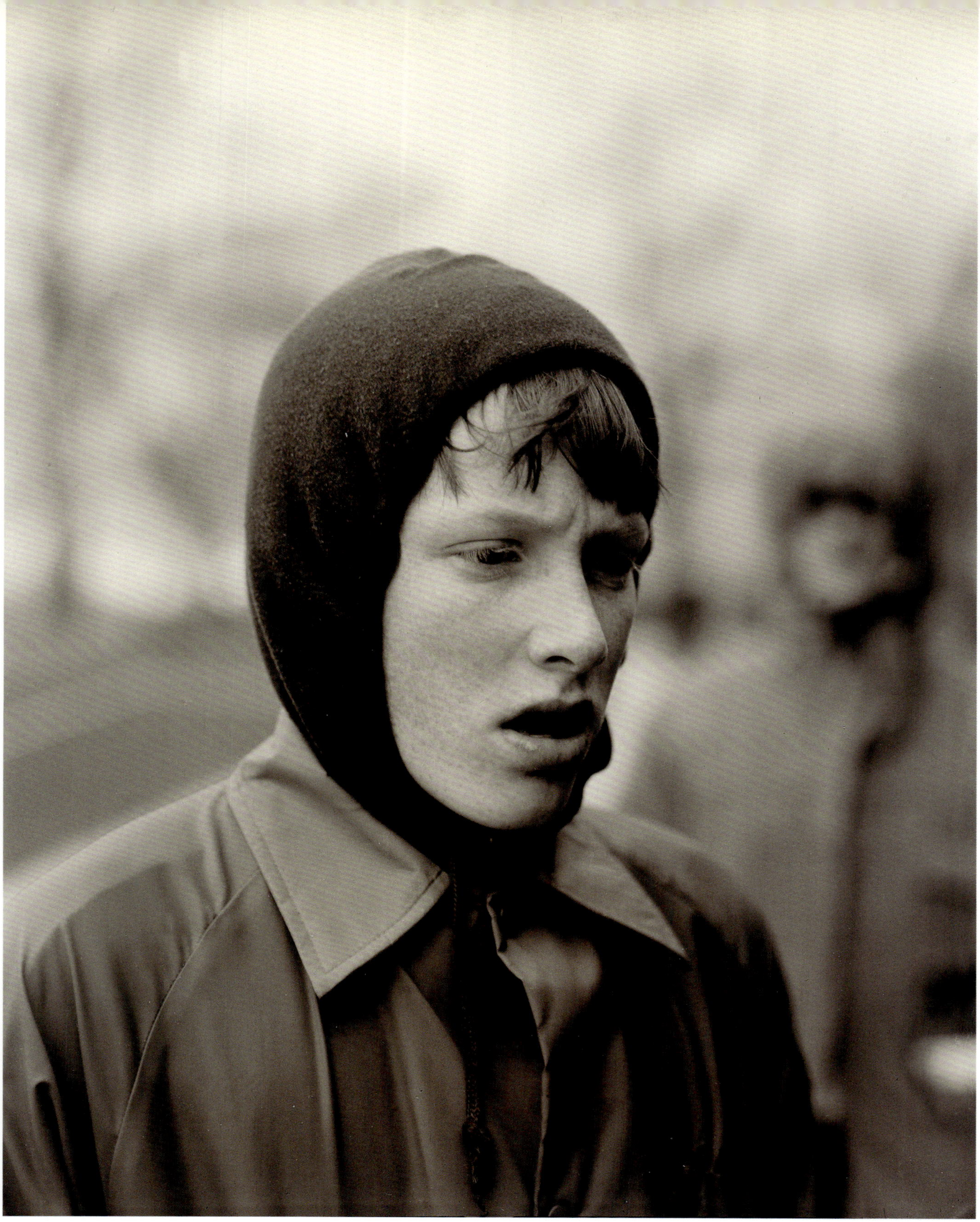

49
Judith Joy-Ross
Serie *Retratos en el Vietnam Veterans Memorial, Washington D. C. /*
Series *Portraits at the Vietnam Veterans Memorial, Washington D.C.*, 1983-1984

50
Judith Joy-Ross
Serie *Retratos en el Vietnam Veterans Memorial, Washington D. C. /* Series *Portraits at the Vietnam Veterans Memorial, Washington D.C.*, 1983-1984

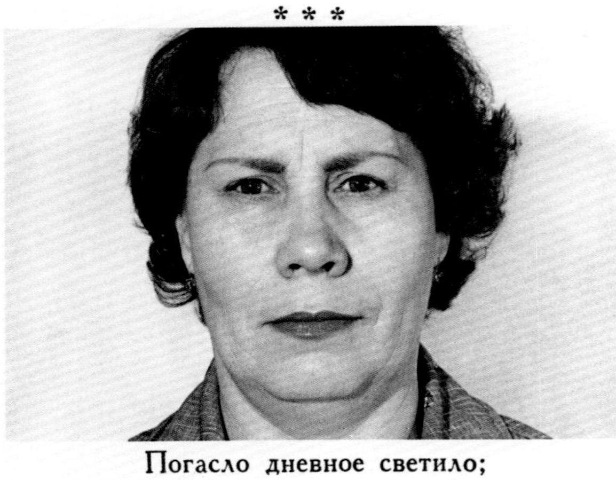

51
Vladimir Kupriyanov
Nº 1, Extinguidas las brasas del día. Serie *En memoria a Pushkin* / *No. 1, Have vanished of the day glows.* Series *In Pushkin's Memory*, 1985

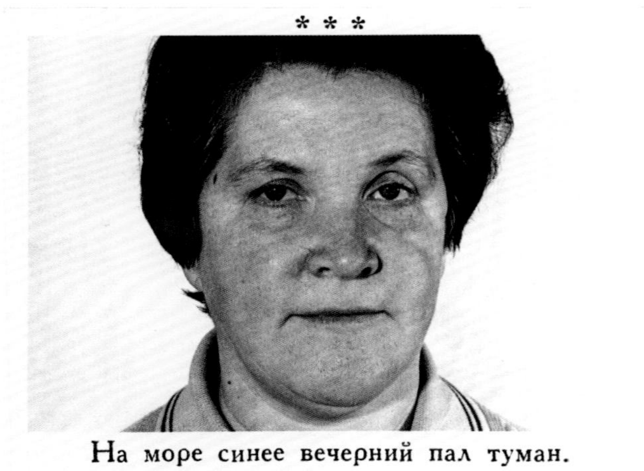

52
Vladimir Kupriyanov
Nº 2, En la bruma del ocaso desapareció la superficie del mar. Serie *En memoria a Pushkin* / *No. 2, In the evening fog dwindled the blue sea plan.* Series *In Pushkin's Memory*, 1985

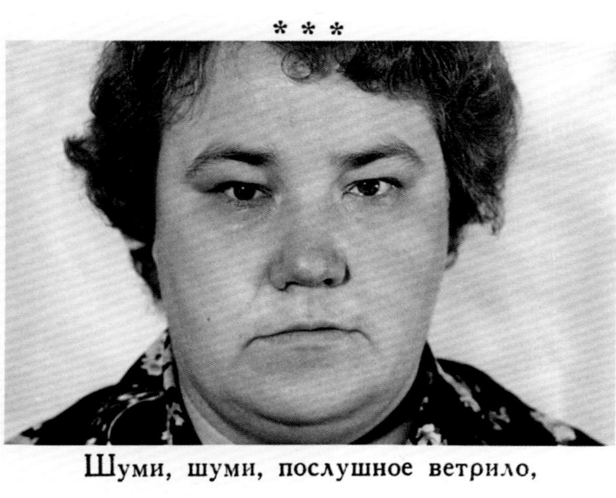

53
Vladimir Kupriyanov
Nº 3, La obediente vela, susurra sobre las mareas. Serie *En memoria a Pushkin* / *No. 3, Obedient sail, rushes whether to the high tides.* Series *In Pushkin's Memory*, 1985

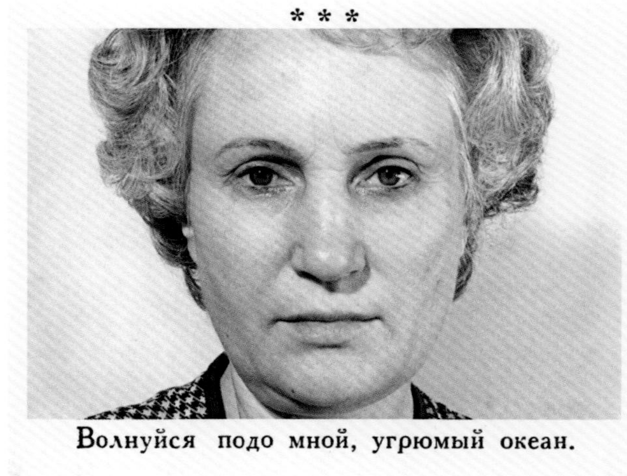

54
Vladimir Kupriyanov
Nº 4, Álzate por debajo de mí, oscuro océano mío! Serie *En memoria a Pushkin / No. 4, Spark below me, gloomy ocean!* Series *In Pushkin's Memory*, 1985

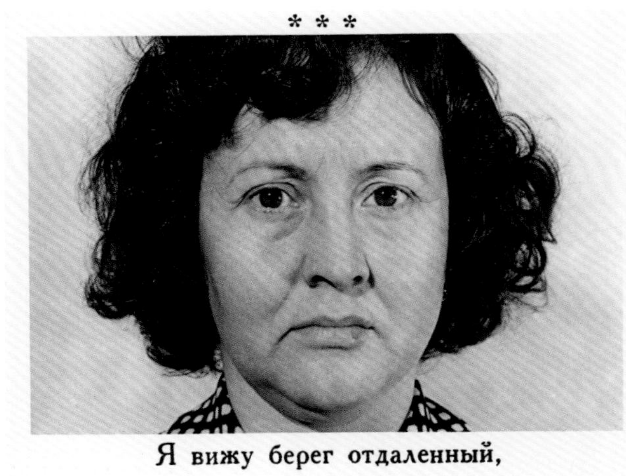

55
Vladimir Kupriyanov
Nº 5, La costa lejana flotando ante mis ojos. Serie *En memoria a Pushkin / No. 5, The distant coast floating before my eyes.* Series *In Pushkin's Memory*, 1985

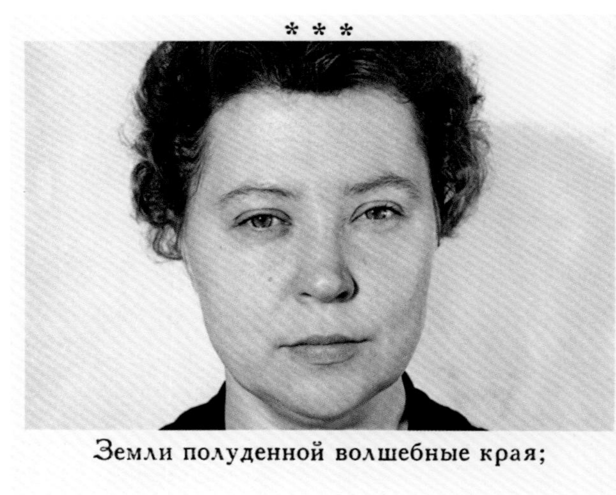

56
Vladimir Kupriyanov
Nº 6, El terreno encantado del país de mediodía. Serie *En memoria a Pushkin / No. 6, Midday's enchanted domain.* Series *In Pushkin's Memory*, 1985

57
Helmut Newton
Anita Ekberg mirando más allá de su jardín / Anita Ekberg looking beyond her garden, 1988

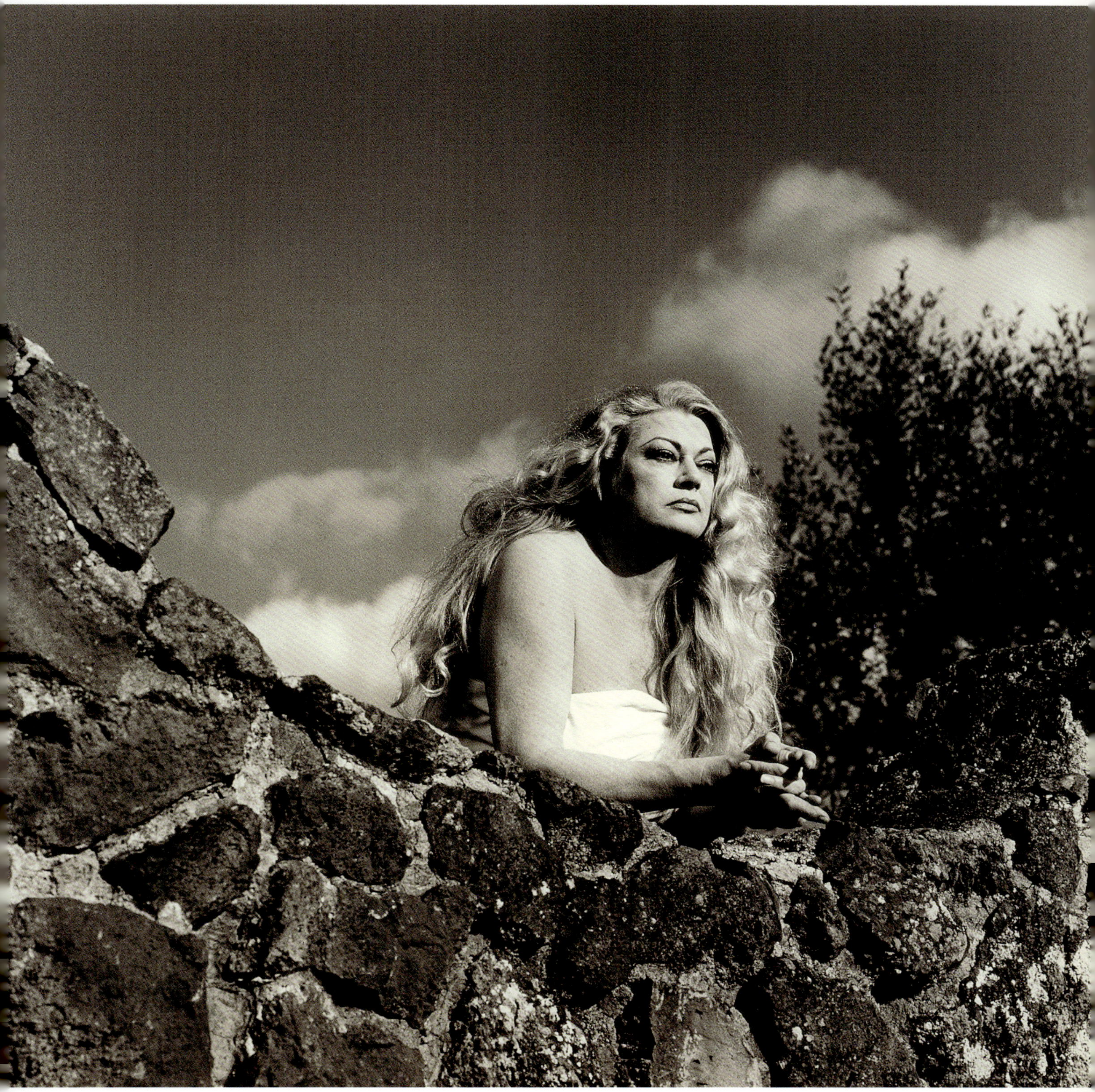

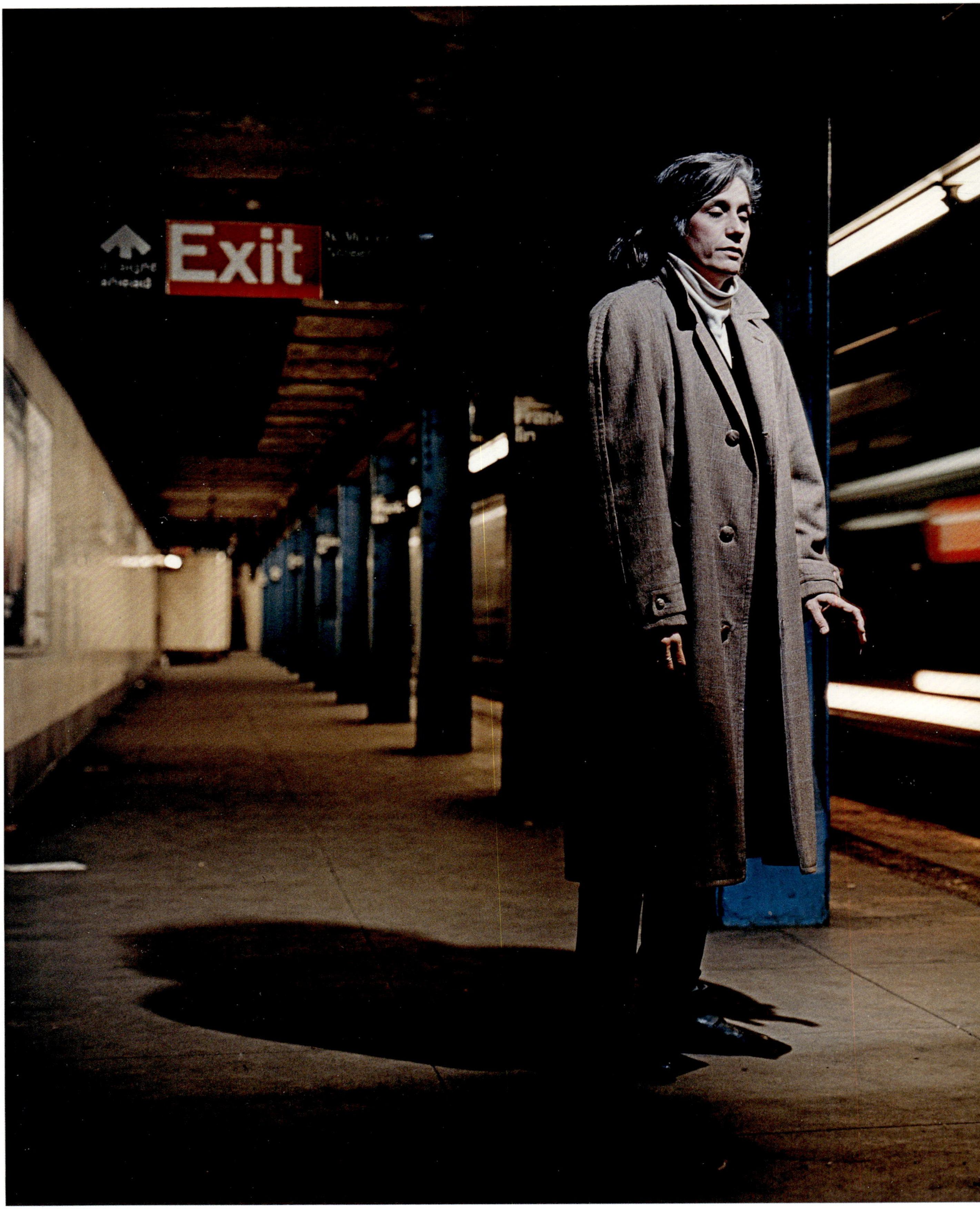
Exit

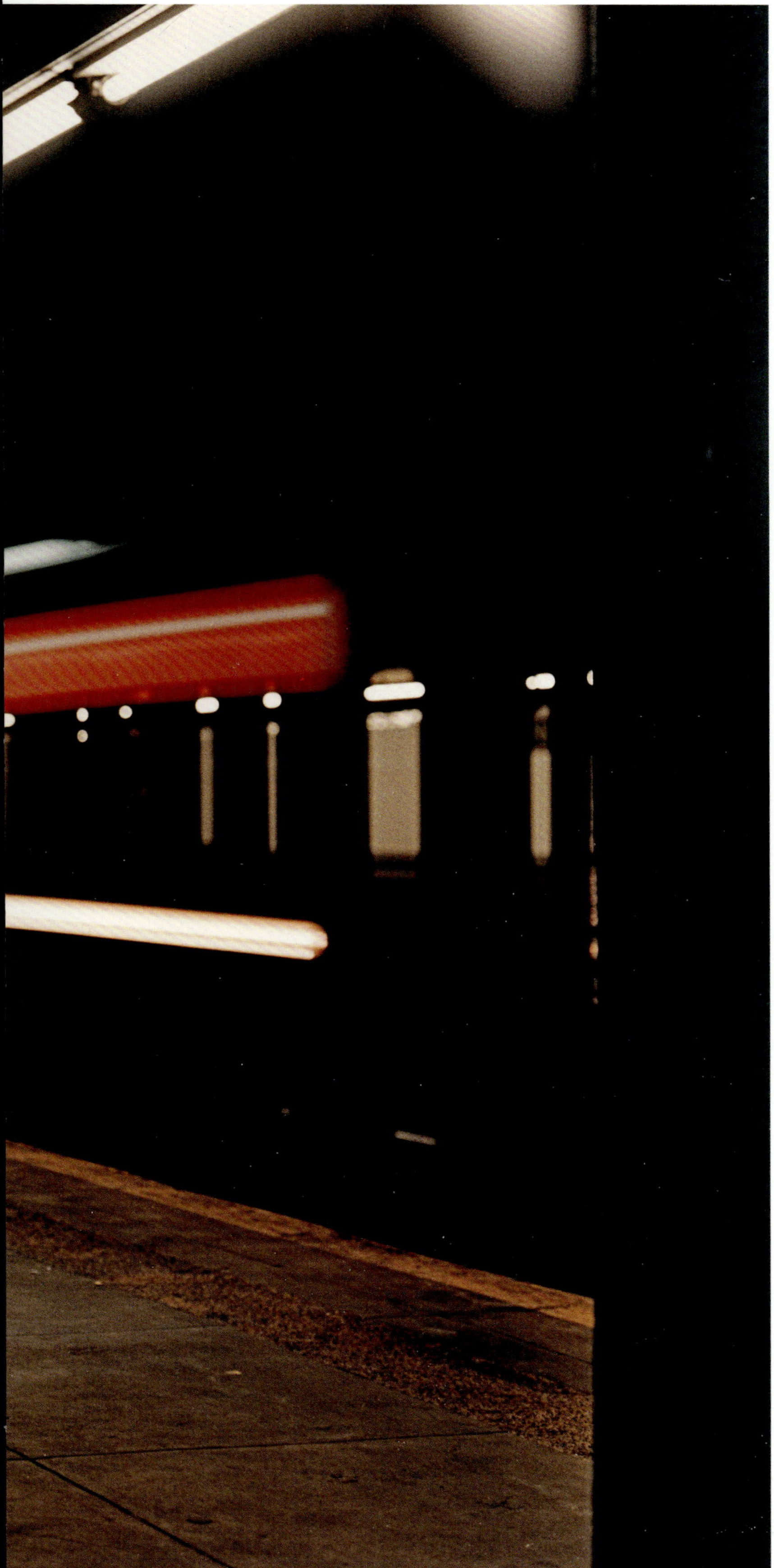

58
Philip-Lorca diCorcia
Alice, 1988

59-60
Thomas Florschuetz
Sin título (Díptico nº 9) / Untitled (Diptich no. 9), 1989

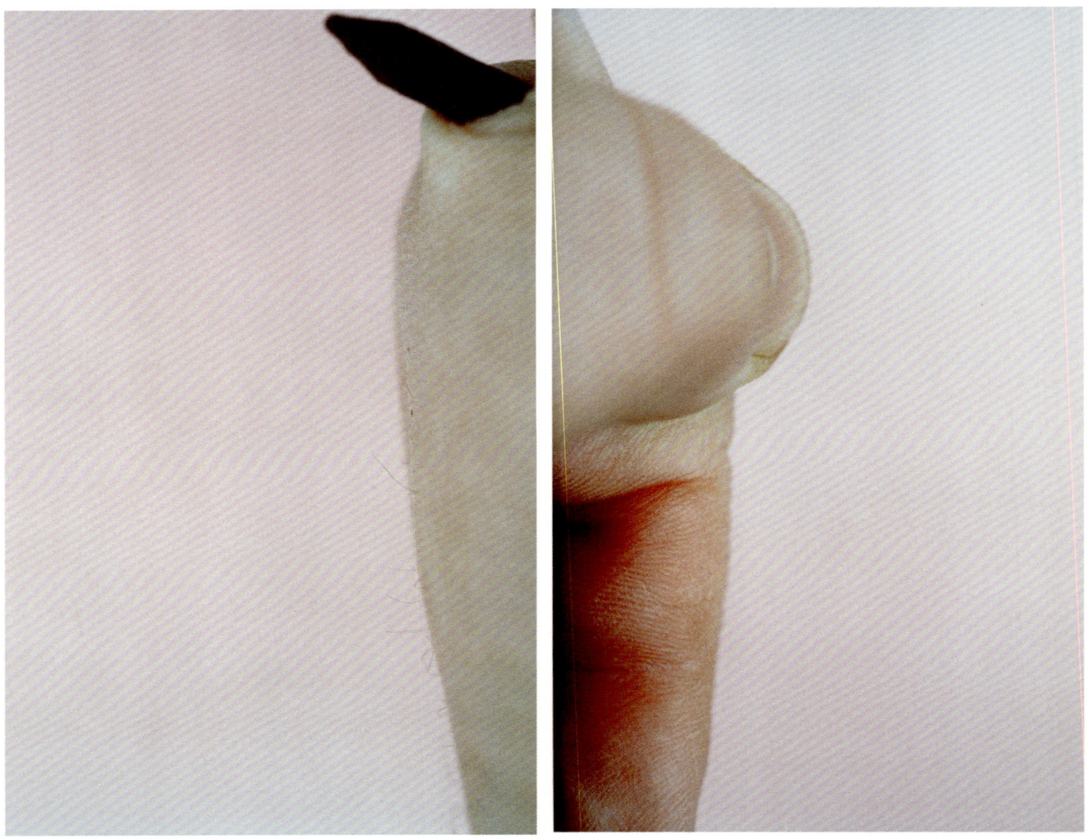

61
Boris Mikhailov
Autobiografía / Autobiography, 1983

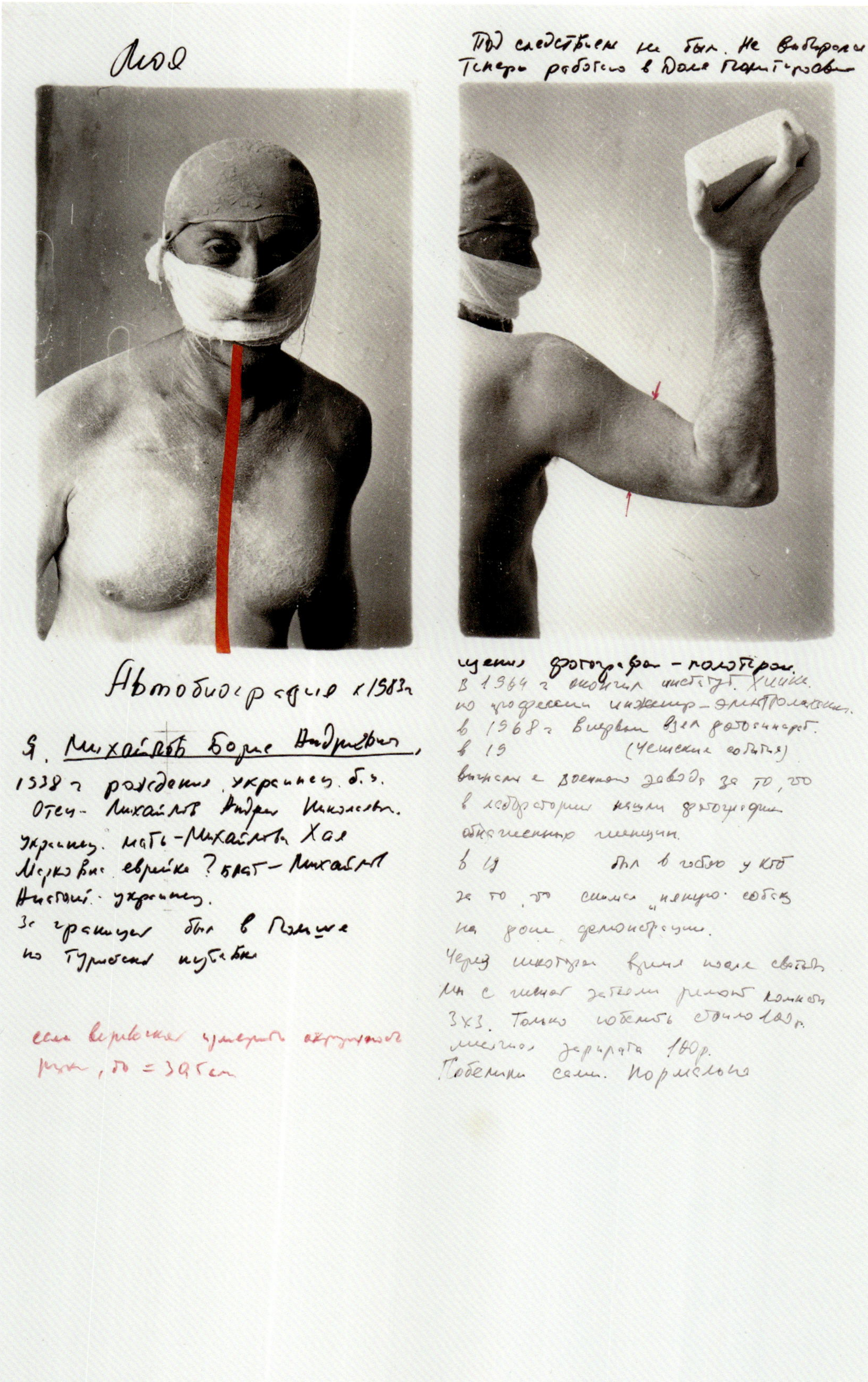
Моя
Под следствием не был. Не выбирали
Теперь работаю в Доме политпросве-
щения фотографом-лаборантом.
Автобиография к 1983г
Я, Михайлов Борис Андреевич,
1938 г рождения, украинец. б.п.
Отец - Михайлов Андрей Николаевич.
украинец. мать - Михайлова Хая
Марковна еврейка? брат - Михайлов
Анатолий - украинец.
За границей был в Польше
по туристской путевке
если веревкой измерить окружность
руки, то = 39,5 см
В 1964 г окончил институт. Химик.
по профессии инженер-электромеханик.
в 1968 г впервые взял фотоаппарат.
в 19 (чешские события)
выгнали с военного завода за то, что
в лаборатории нашли фотографии
обнаженной женщины.
в 19 был в гостях у КГБ
за то, что снимал нищую собаку
на фоне демонстрации.
3х3. Только побелить стоило 100р.
месячная зарплата 100р.
Побелили сами. Нормально

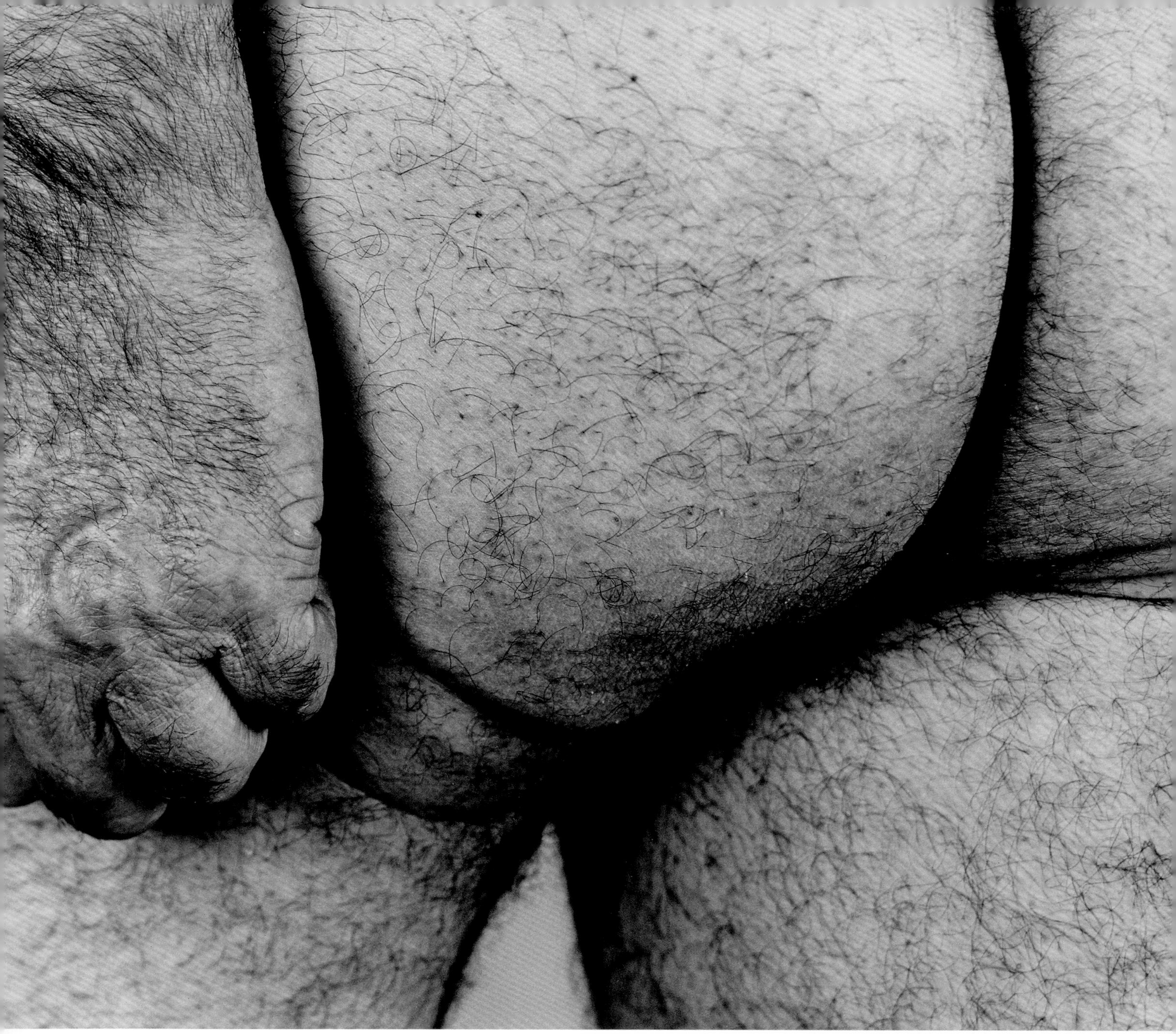

62
John Coplans
Autorretrato (Mano con nalgas) / Self-Portrait (Hand with Buttocks), 1987

63
Hans-Peter Feldmann
Serie *100 Años* / Series *100 Years*, 1998-2000

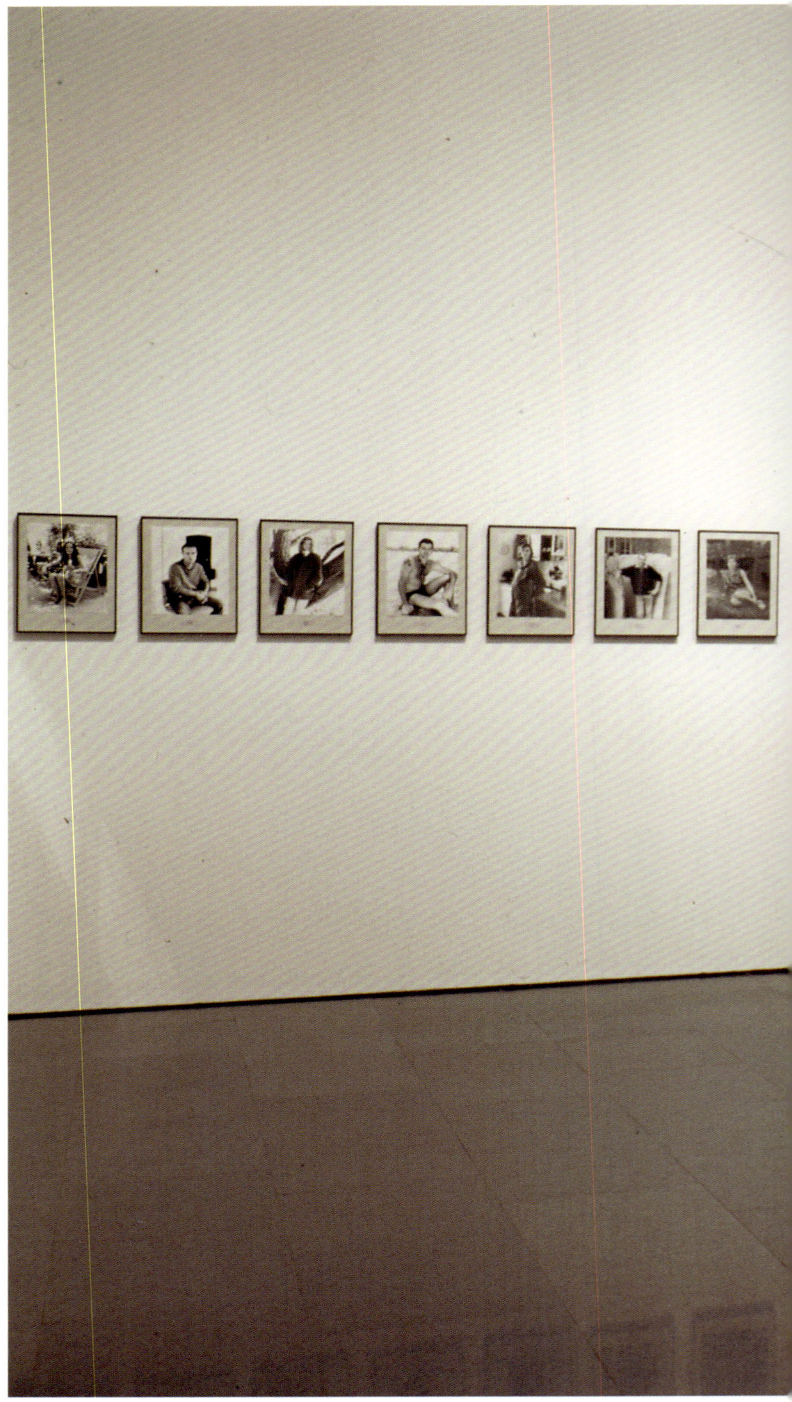

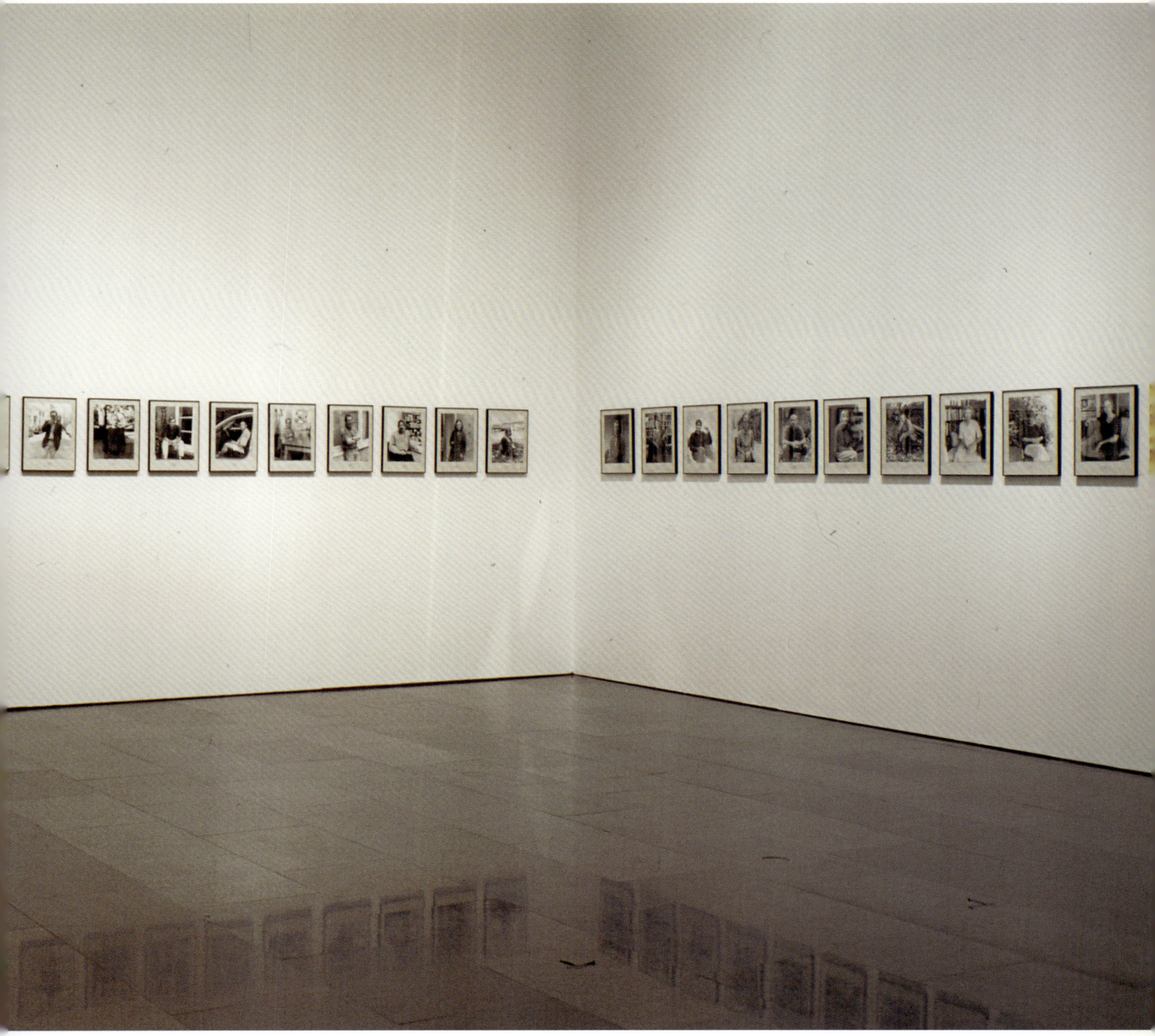

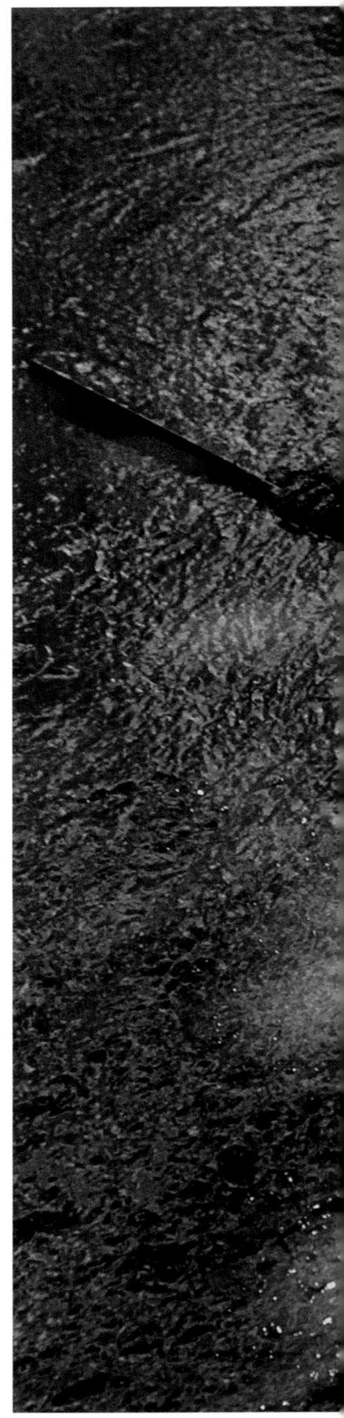

64
Cristina García Rodero
Sacrificio para Ogu II. Peregrinación a Saint Jacques /
Sacrifice to Ogu II. Pilgrimage to Saint Jacques, 2000

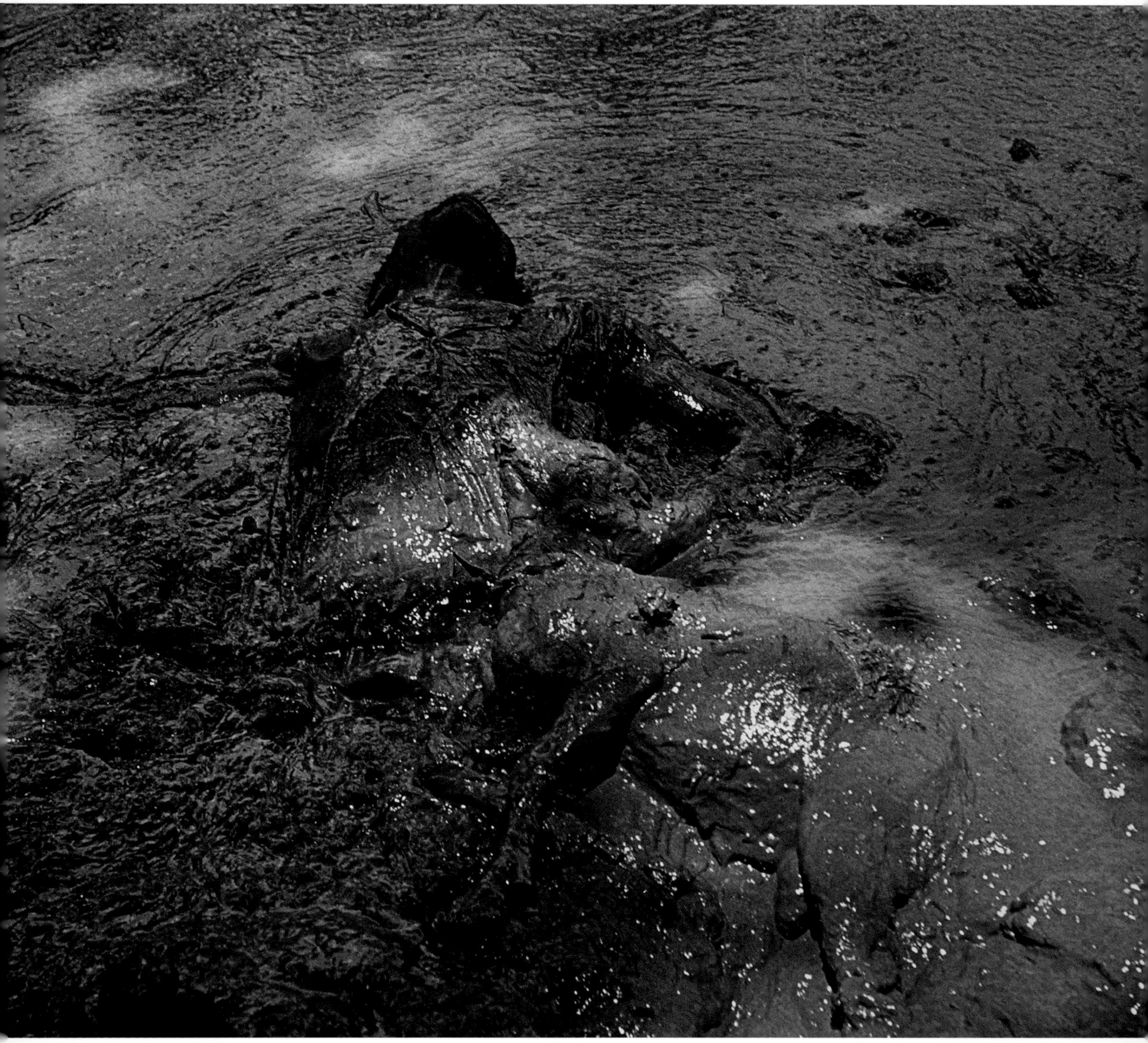

65
Astrid Klein
Cambio de valores / Change of values, 1983

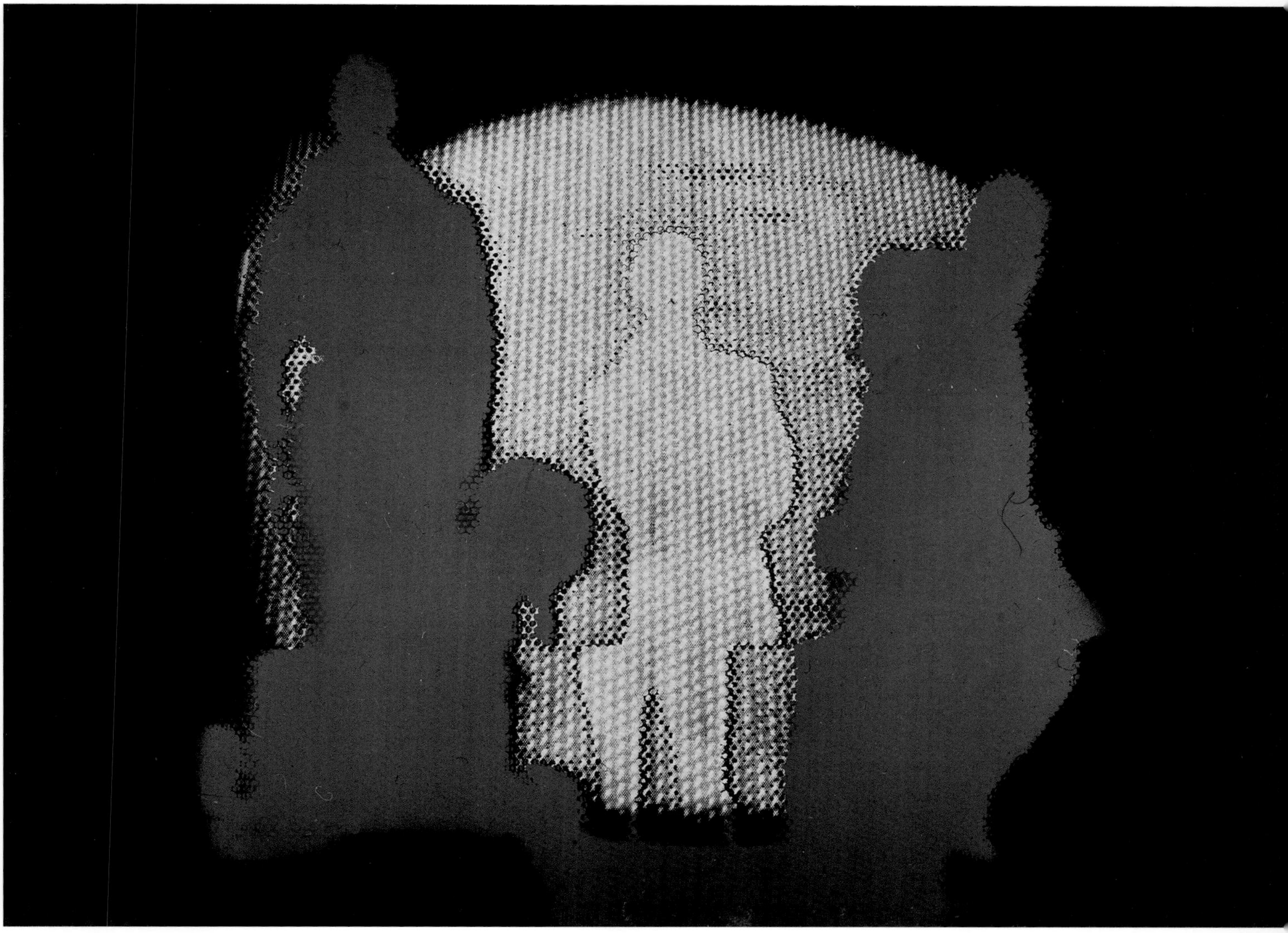

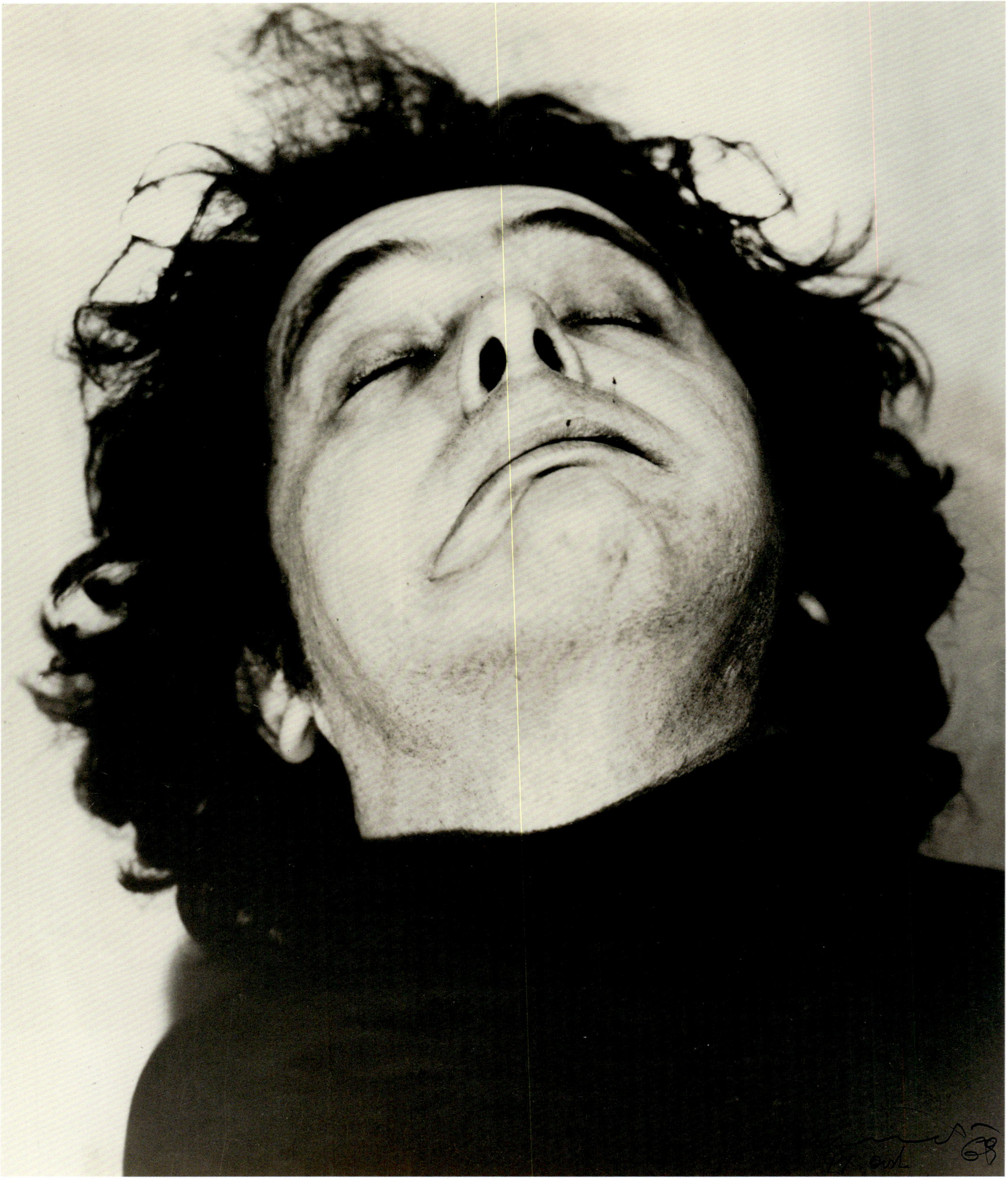

66
Arnulf Rainer
Serie *Cara de farsas* / Series *Face Farces*, 1969

67
Irving Penn
Máscara de belleza de plástico claro, Nueva York / Clear Plastic Beauty Mask, New York, 1996

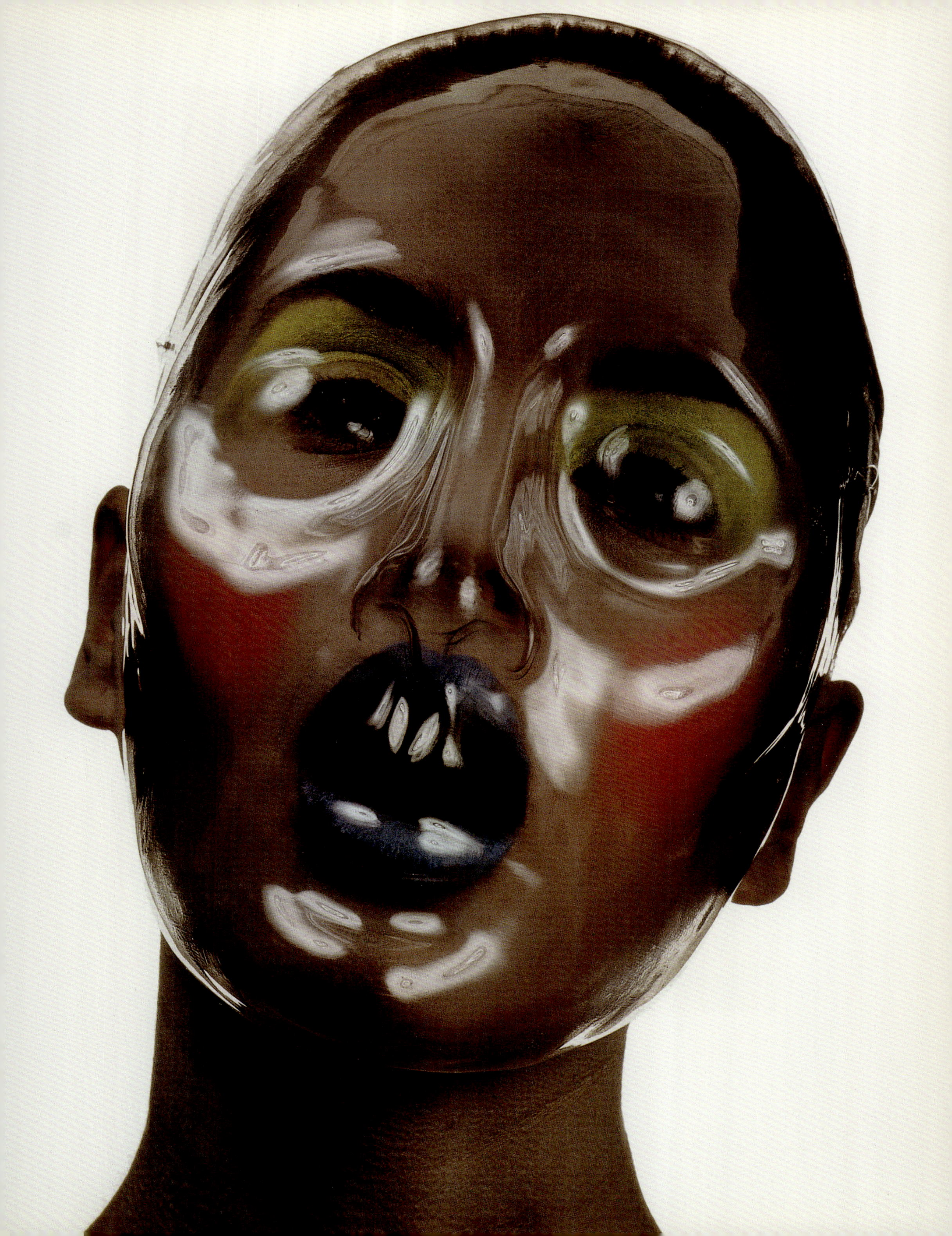

68
Axel Grünewald
Ojana Lok, 1990-1992

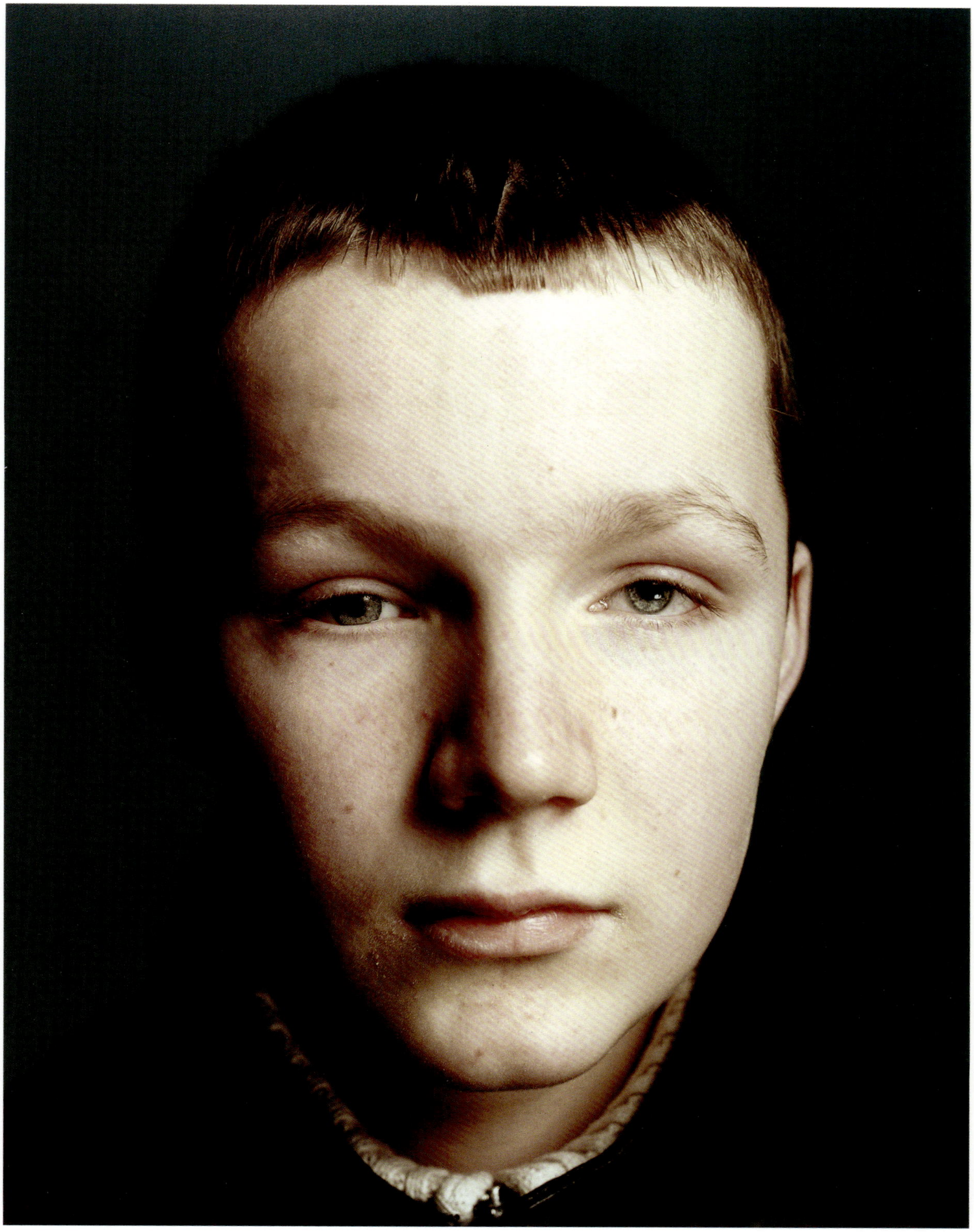

69
Koos Breukel
Visión cosmética / Cosmetic view, 2005

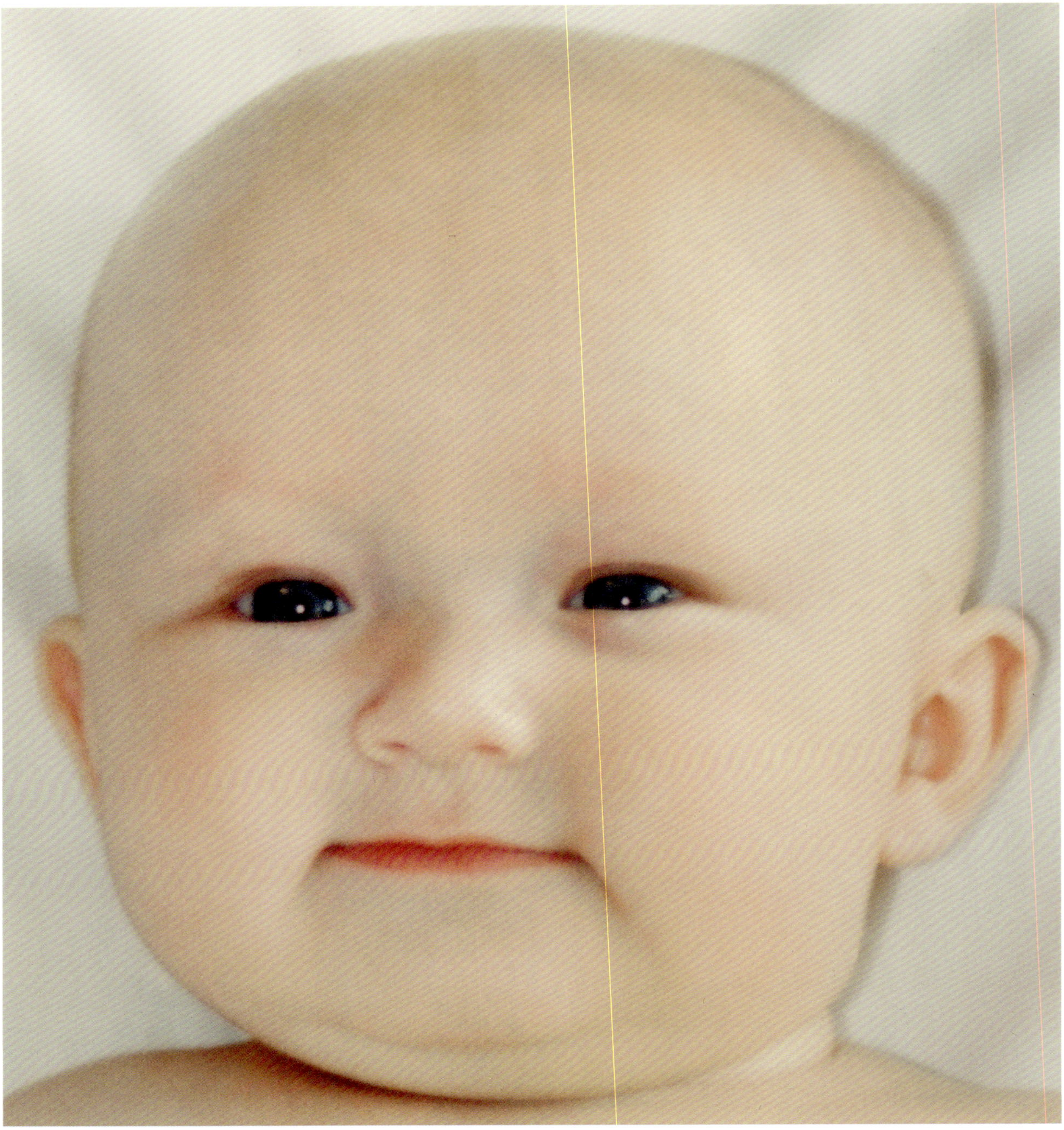

70
Jo Ann Callis
Sin título (C.W.S.) / Untitled (C.W.S.), 2001

71
Thomas Schütte
Paul. Serie *Viejos Amigos / Paul*. Series *Old friends*, 1993

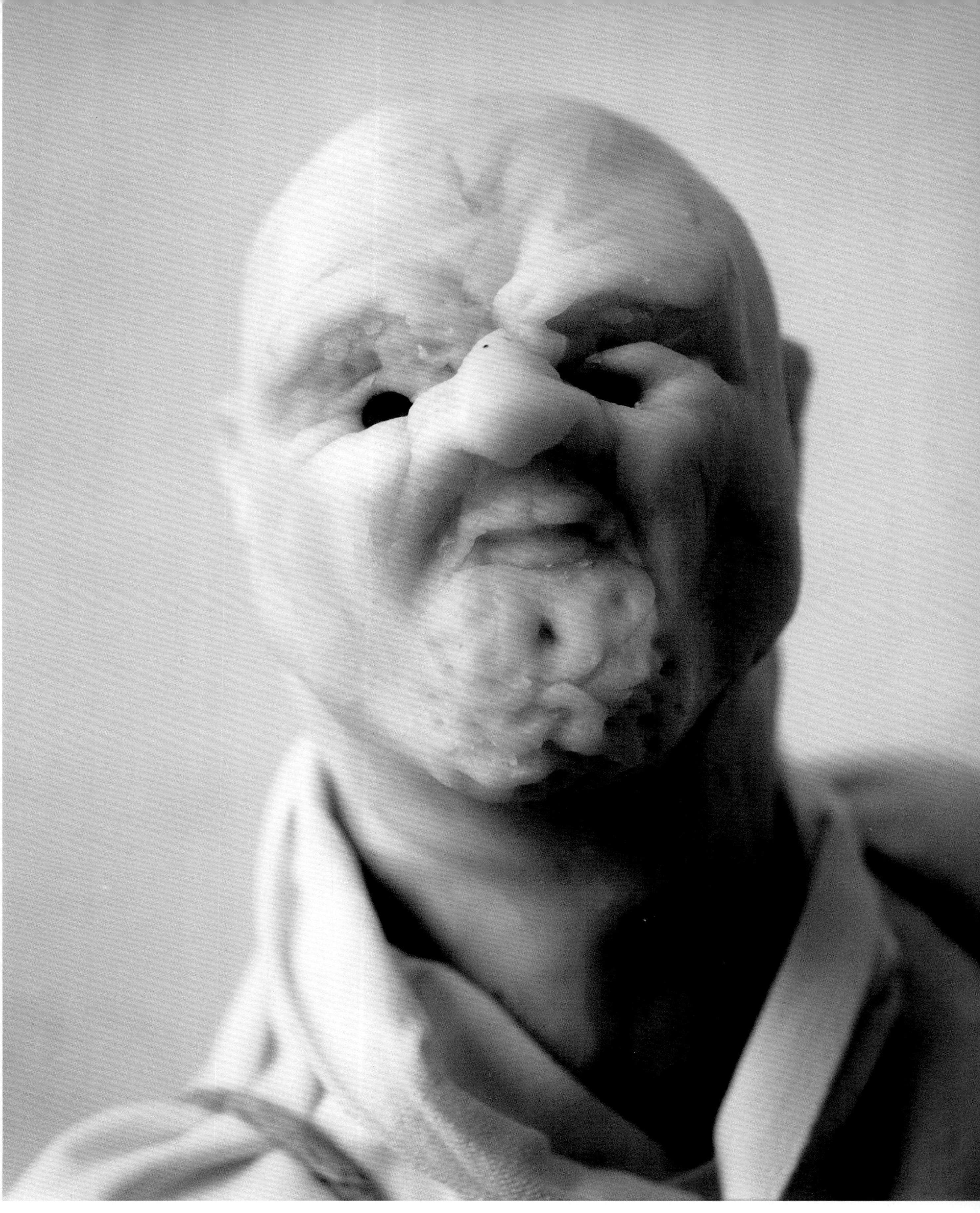

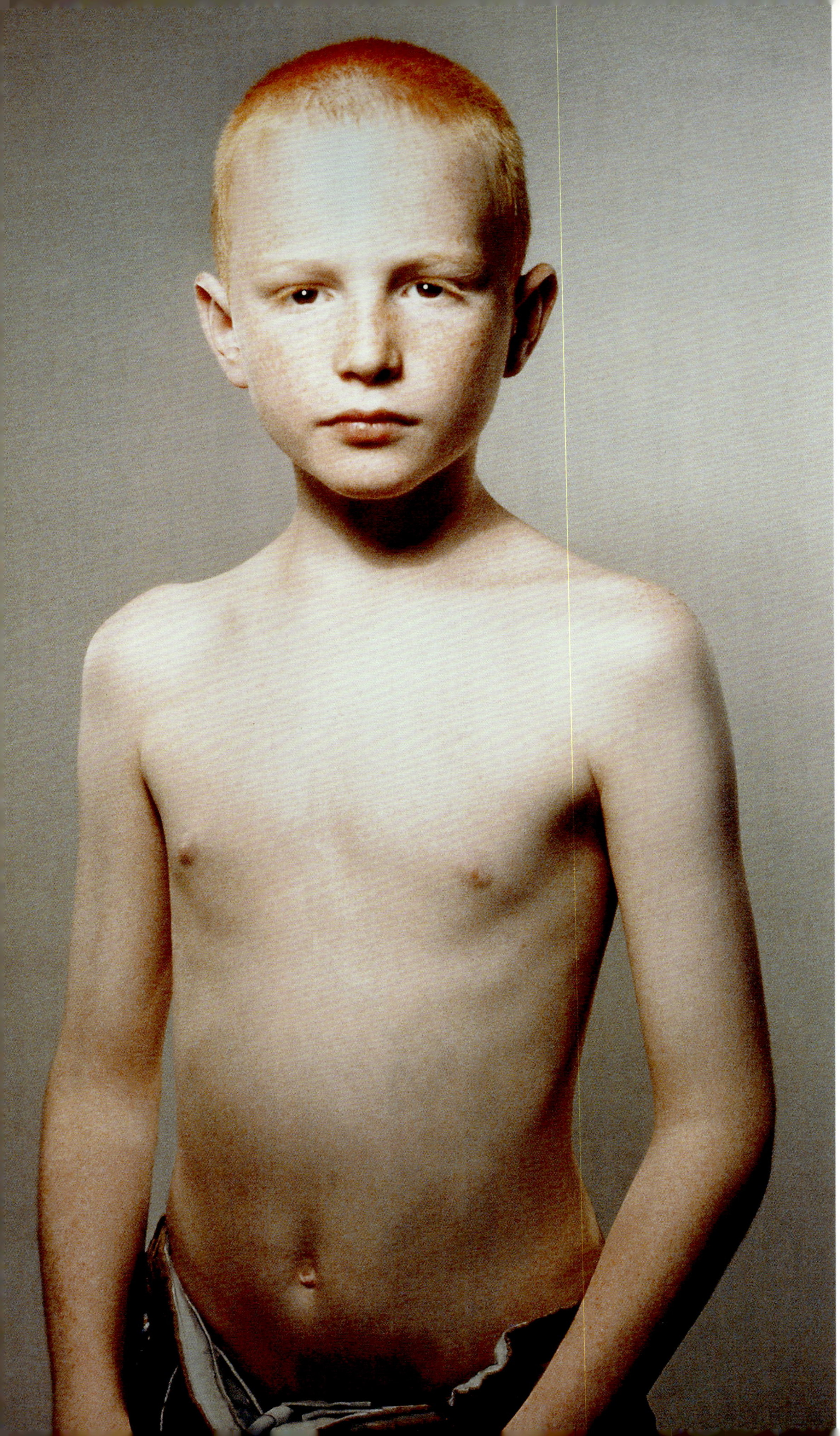

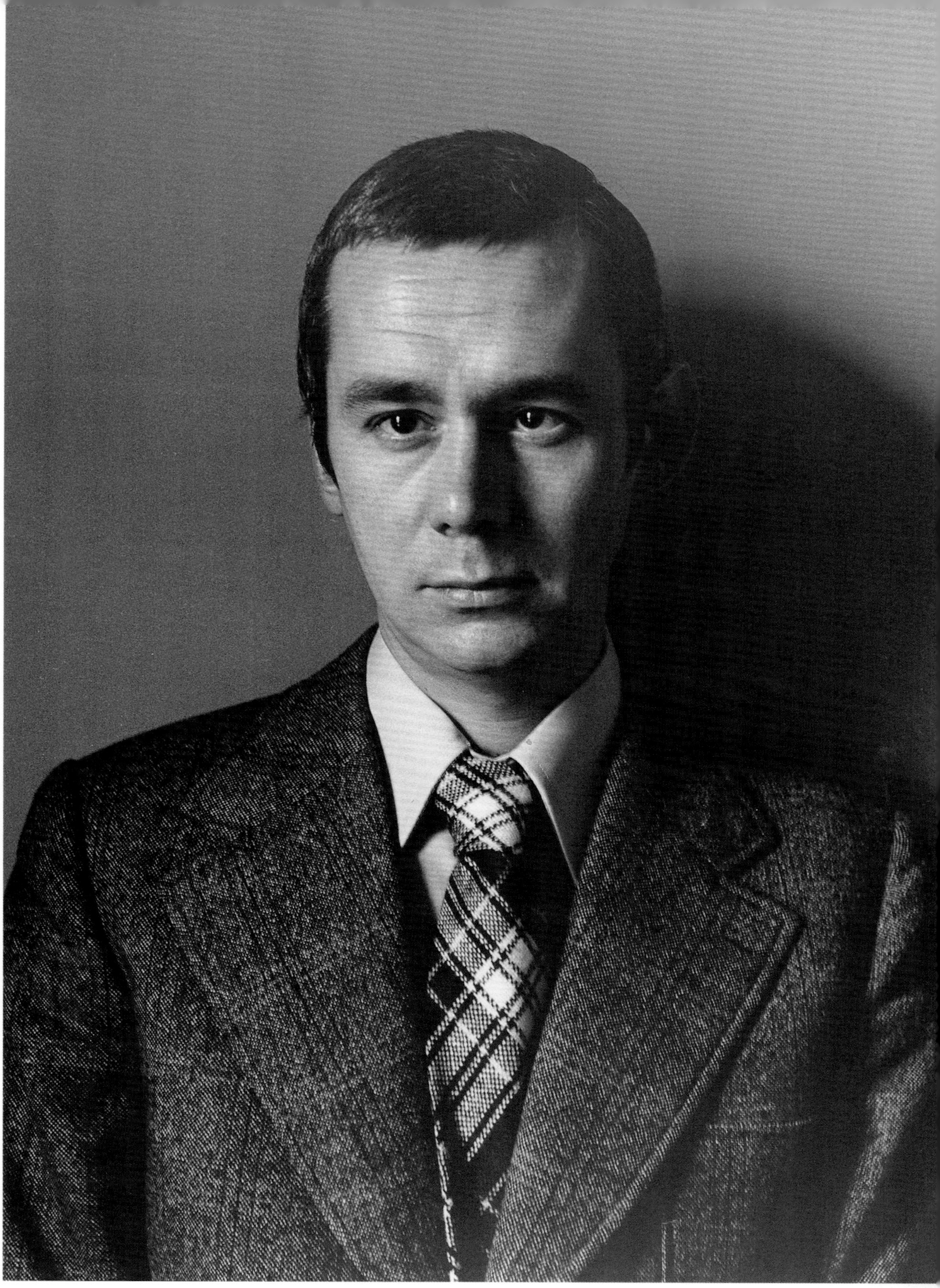

72
Bernhard Prinz
Gordon. Serie Krux, 1997

73
Craigie Horsfield
Michael Ronikier, Cracovia / Michael Ronikier, Cracow, 1976

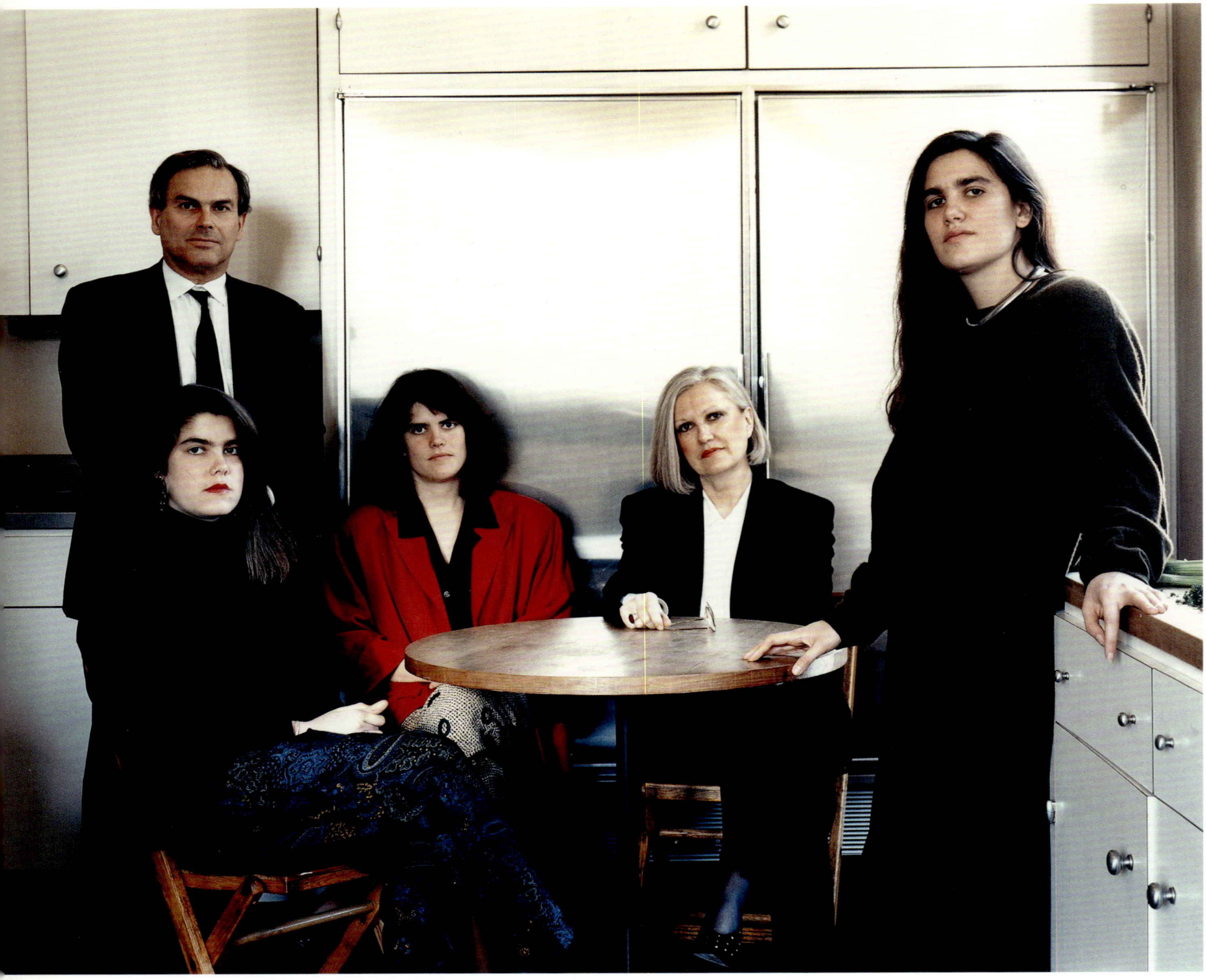

74
Thomas Struth
La familia Ghez, Chicago / The Ghez Family, Chicago, 1990

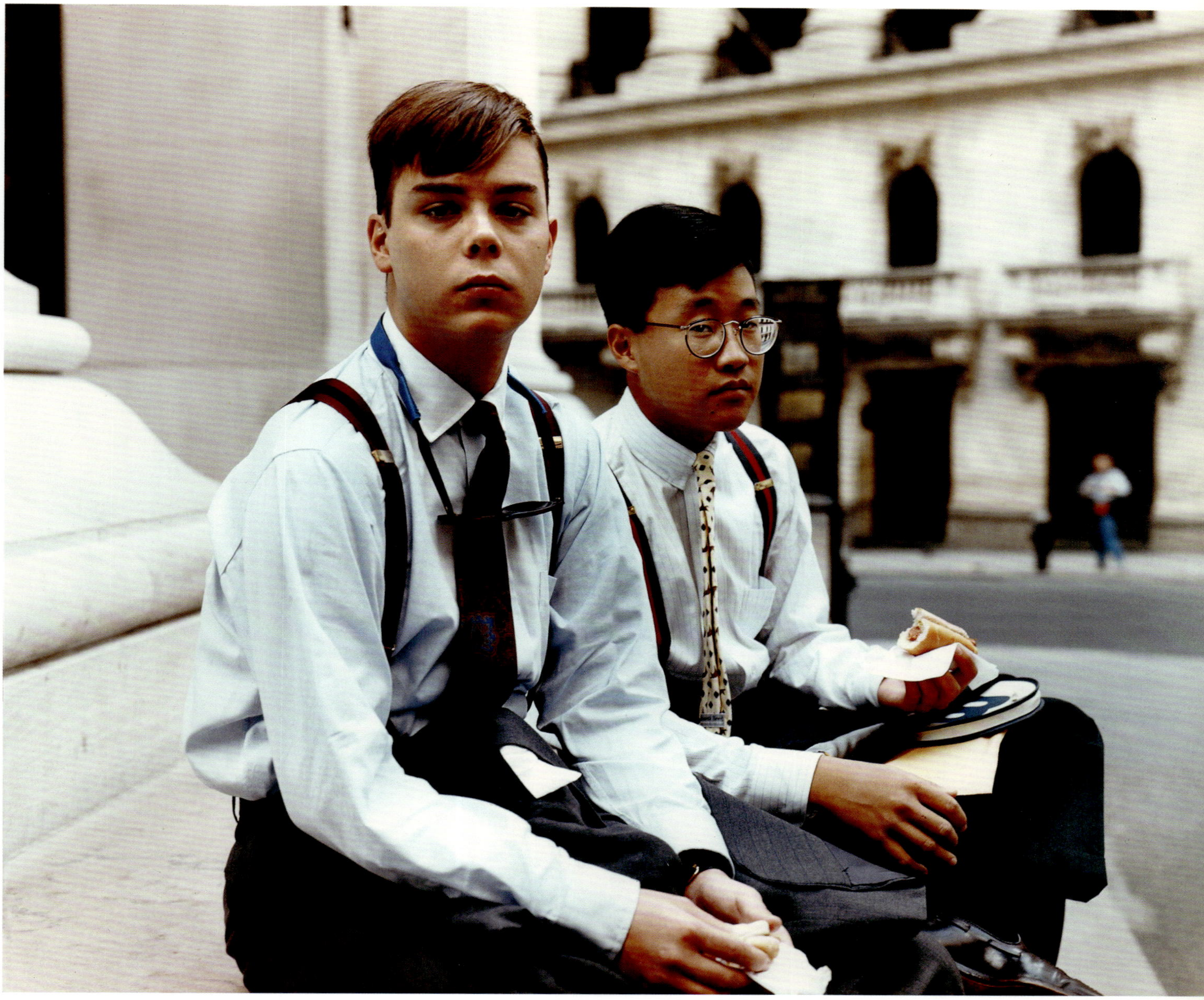

75
Joel Sternfeld
Becarios de verano almorzando, Wall Street, Nueva York / Summer Interns Having Lunch, Wall Street, New York, 1987

76
Esko Männikkö
Kuhmo, 1994

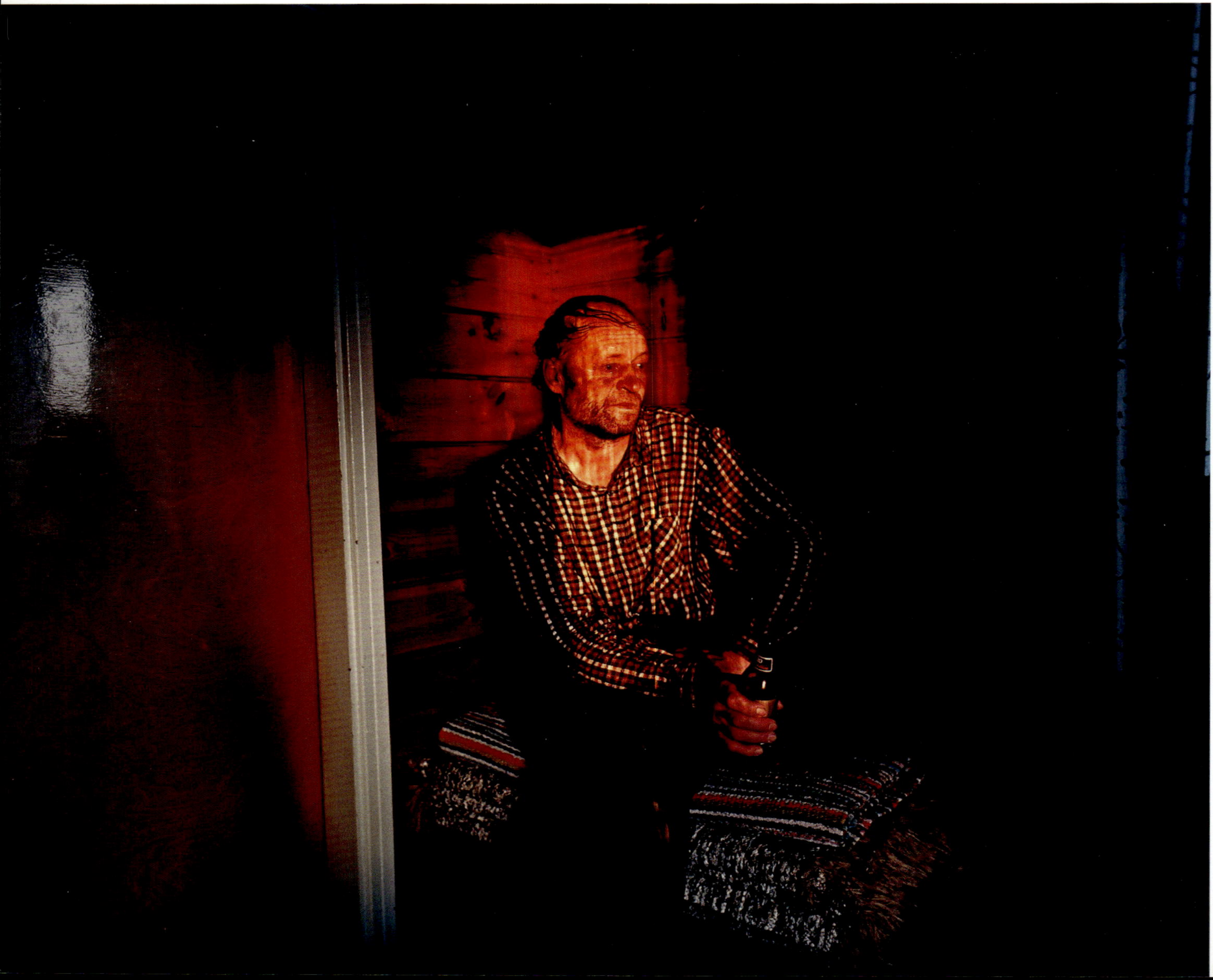

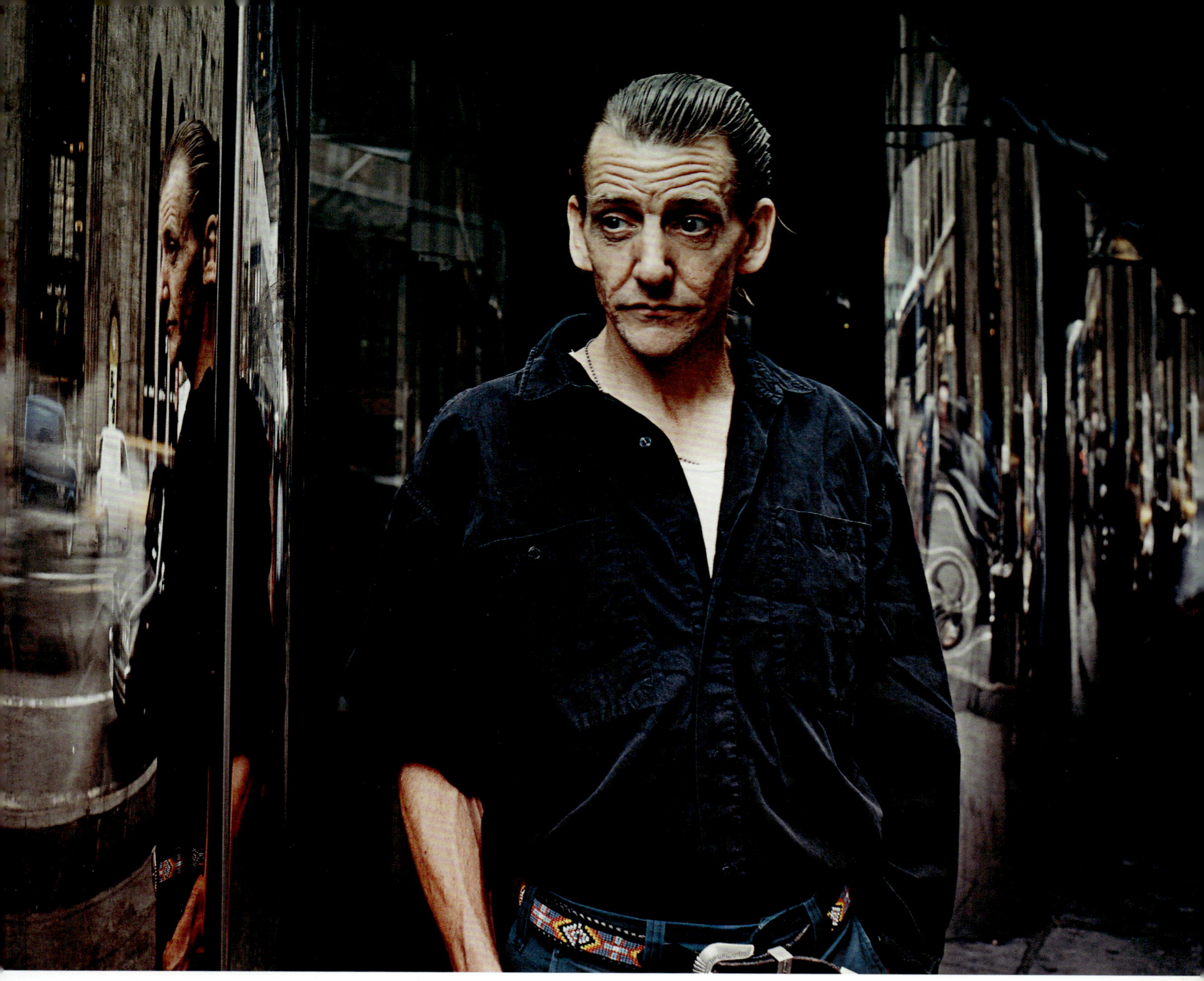

77
Valérie Jouve
Sin título n° 54 (Personajes) / Untitled no. 54 (Characters), 1998

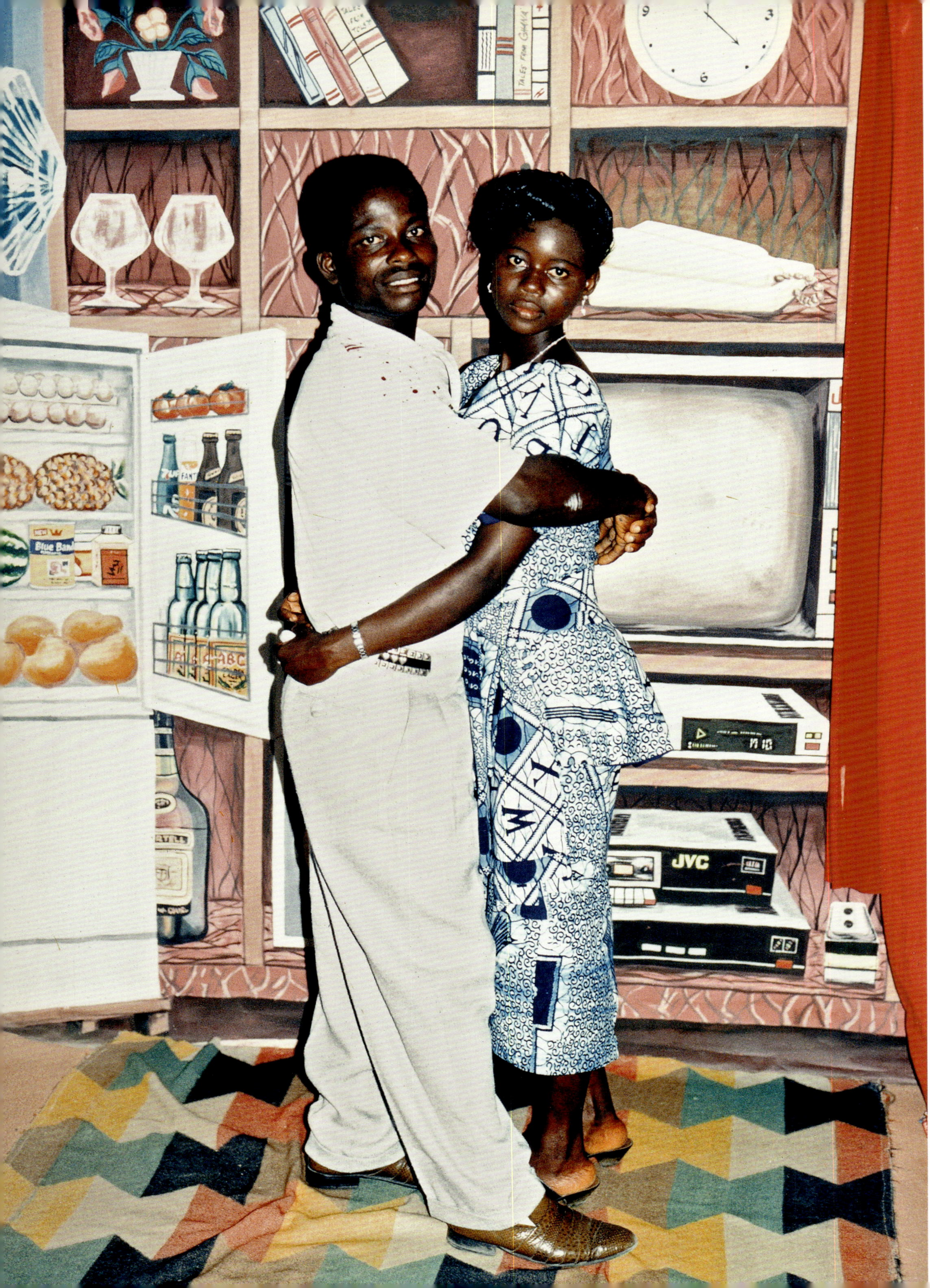
Blue Band
JVC

78
Philip Kwame Apagya
Amor joven / Young love, 1996

79
Anders Petersen
Lilly y la Rosa / Lilly and the Rose, 1970

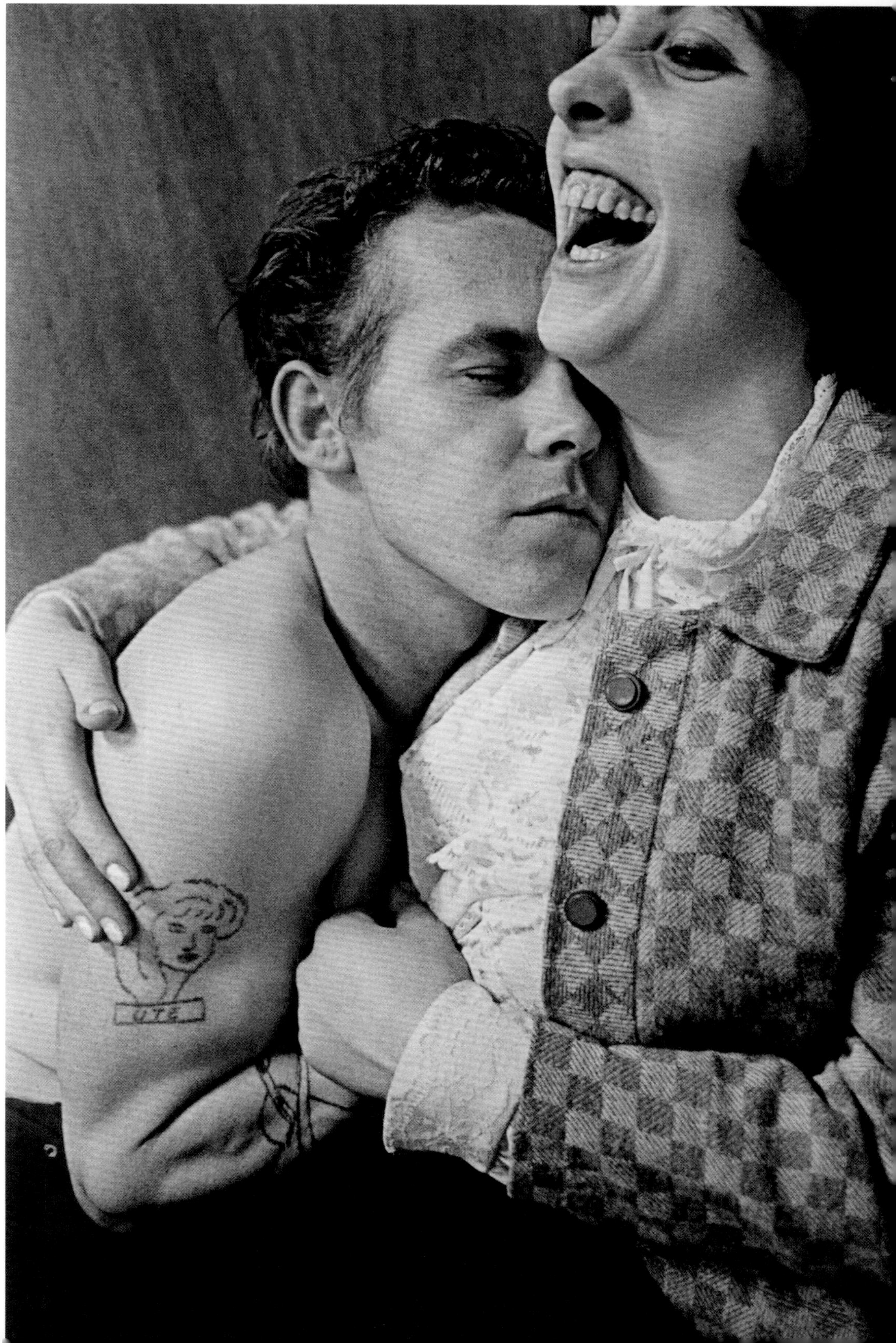

80
Valérie Jouve
Sin título nº 2 (Personajes) / Untitled no. 2 (Characters), 1994-1995

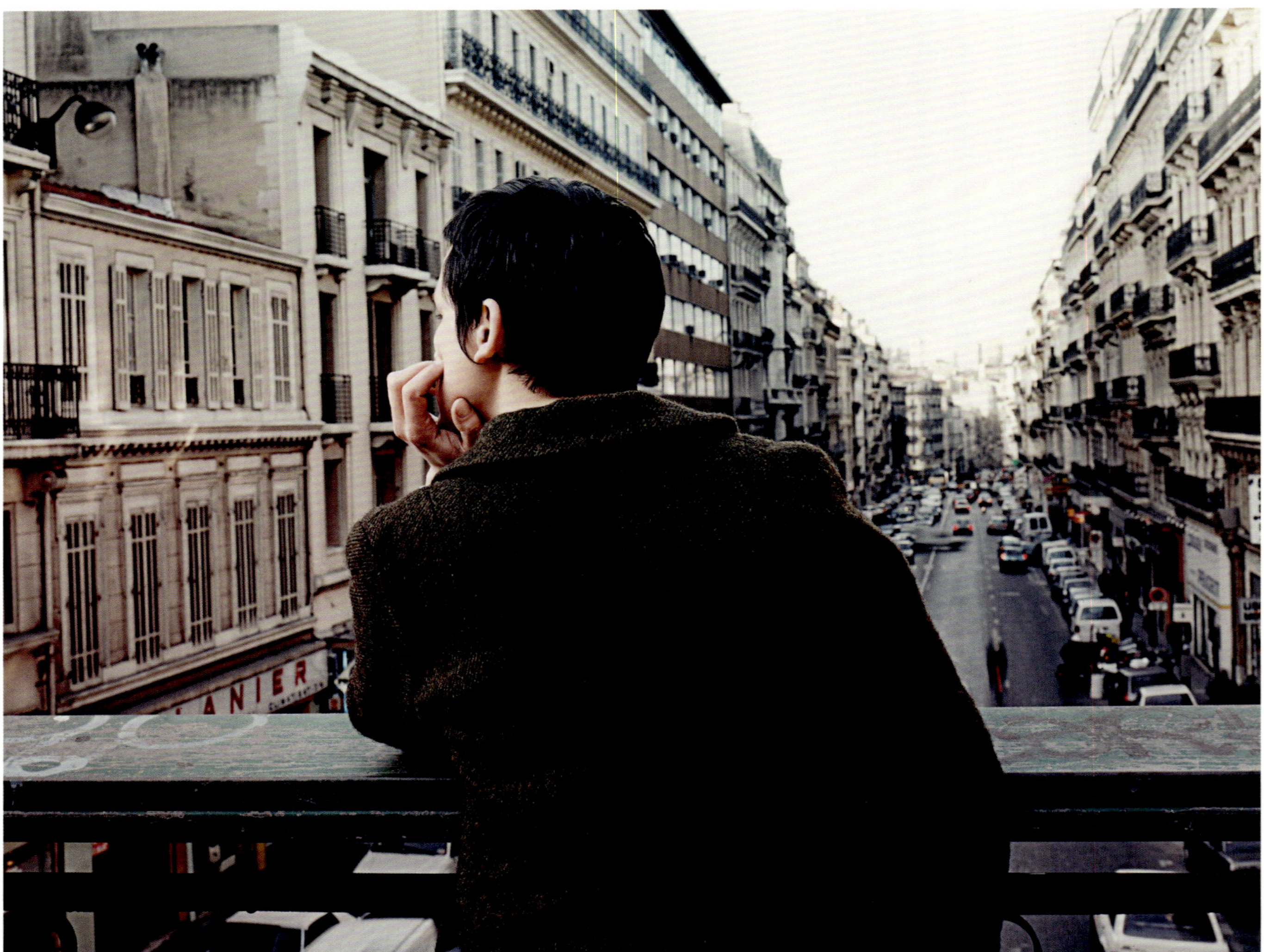

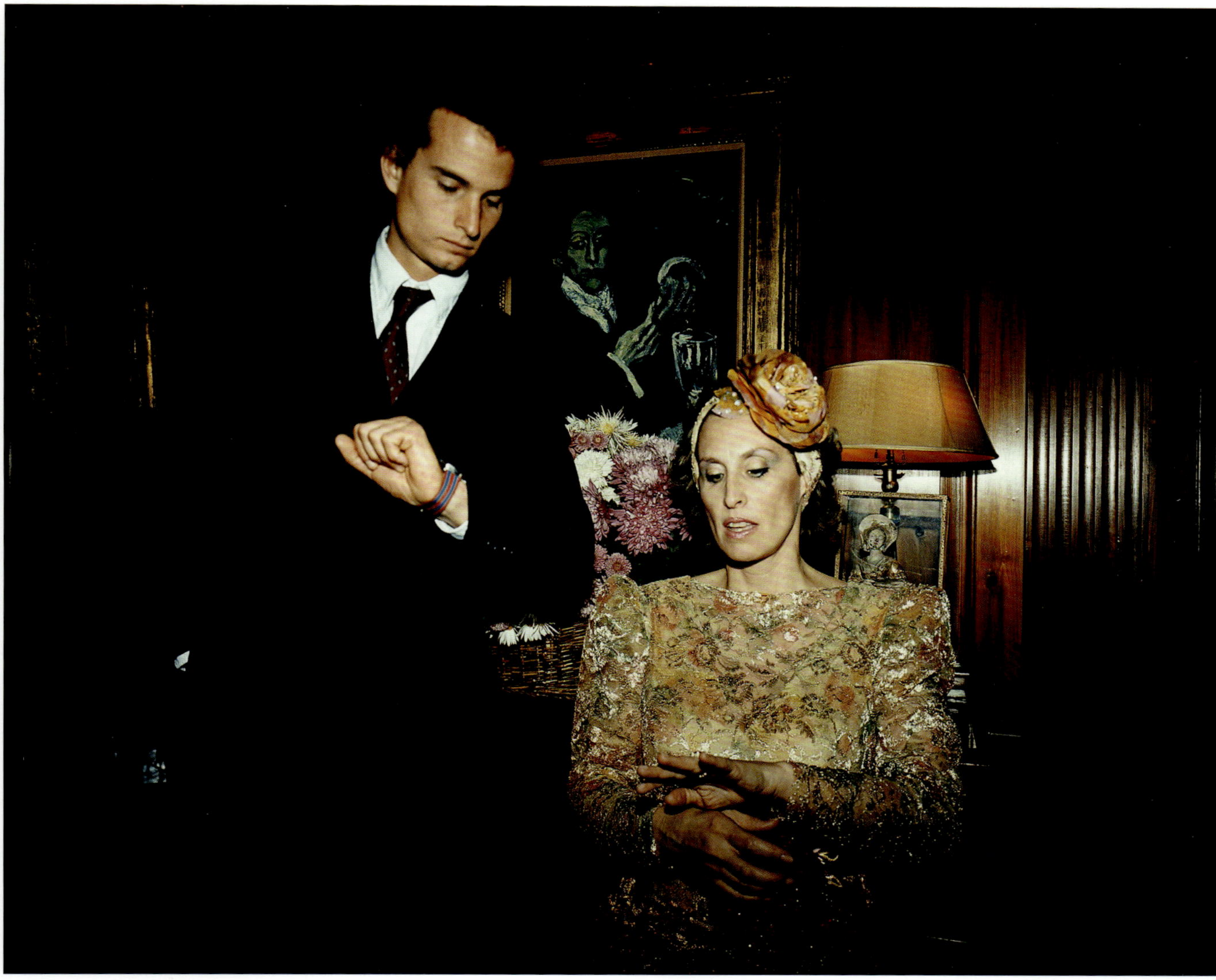

81
Tina Barney
El reloj / The Watch, 1985

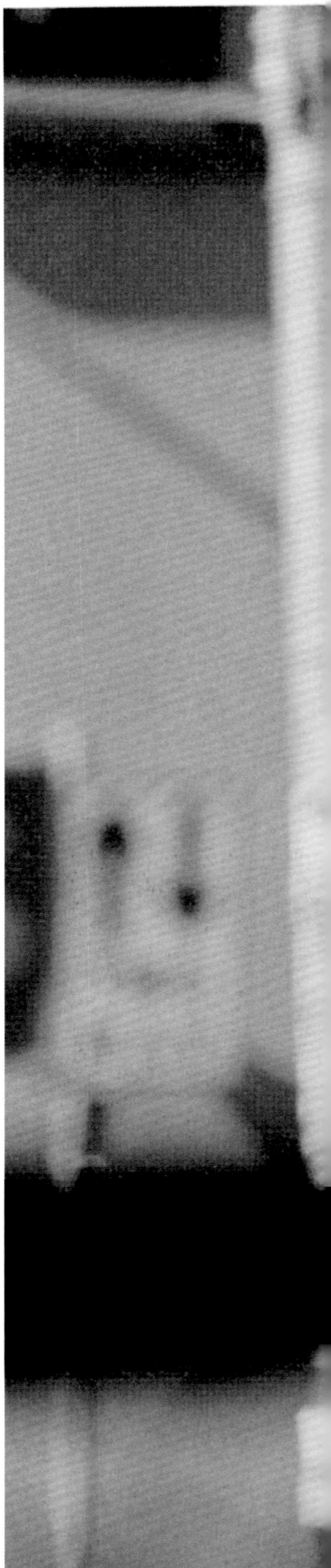

82
Beat Streuli
Sydney / Melbourne 97/98, 1998

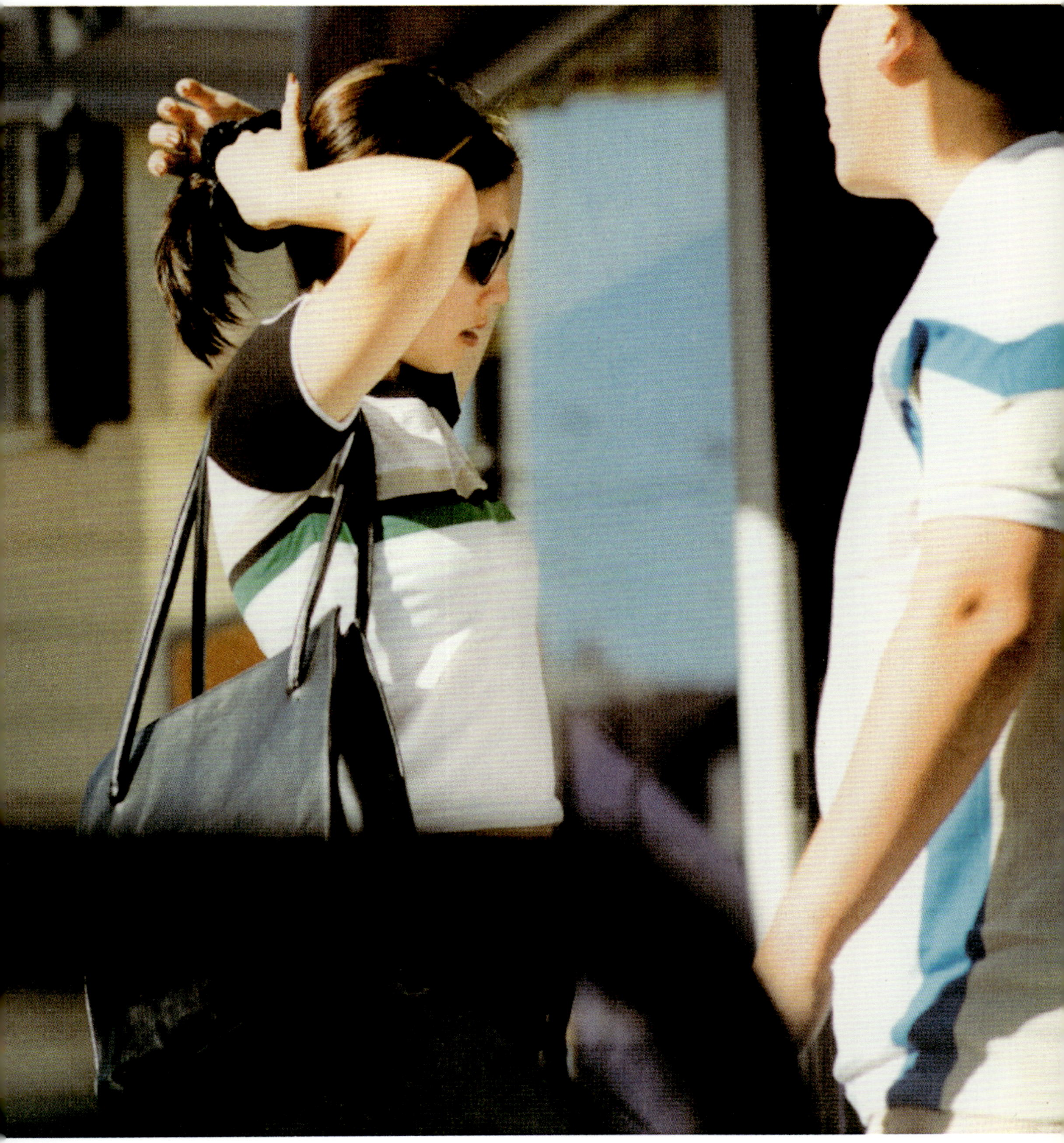

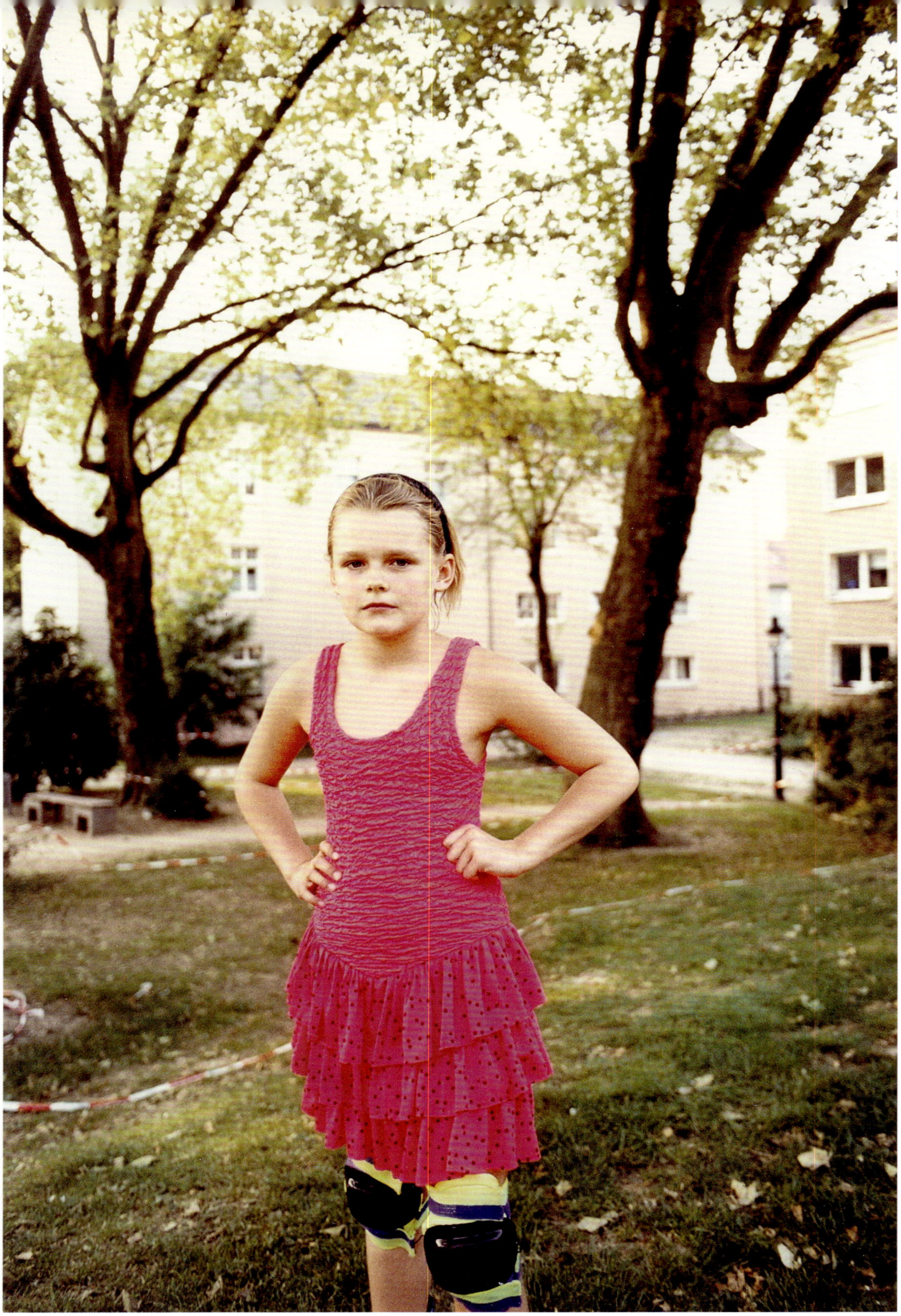

83
Jitka Hanzlová
Sin título. Serie *Habitante* /
Untitled. Series *Inhabitant*, 1996

84
Martin Parr
Resto del mundo. Serie *Agenda de teléfonos* /
Rest of the World. Series *Phone Book*, 2002

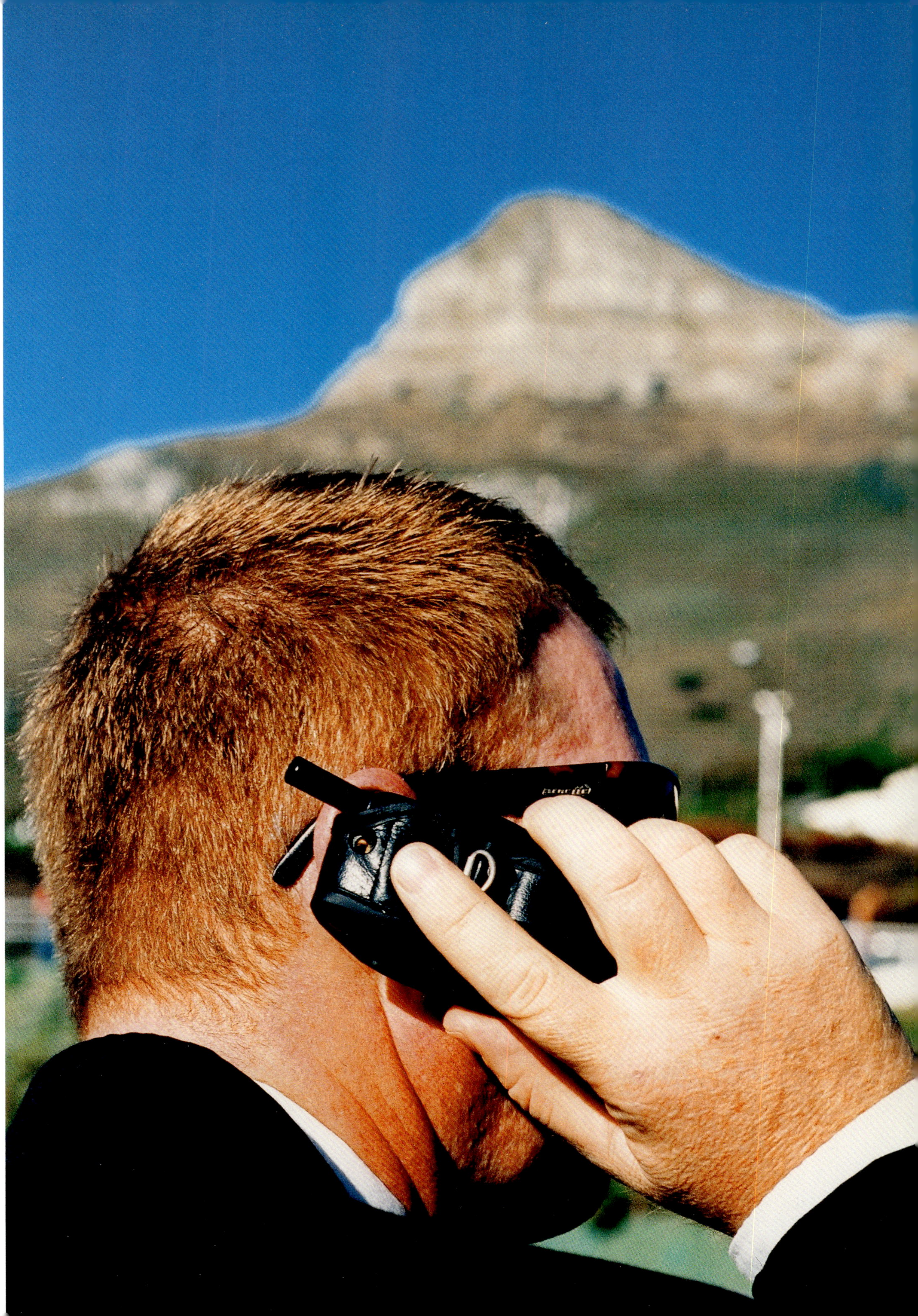

85
Rineke Dijkstra
Julie, La Haya, Países Bajos, 6 de marzo 1994 / Julie, The Hague, Netherlands, March 6th 1994

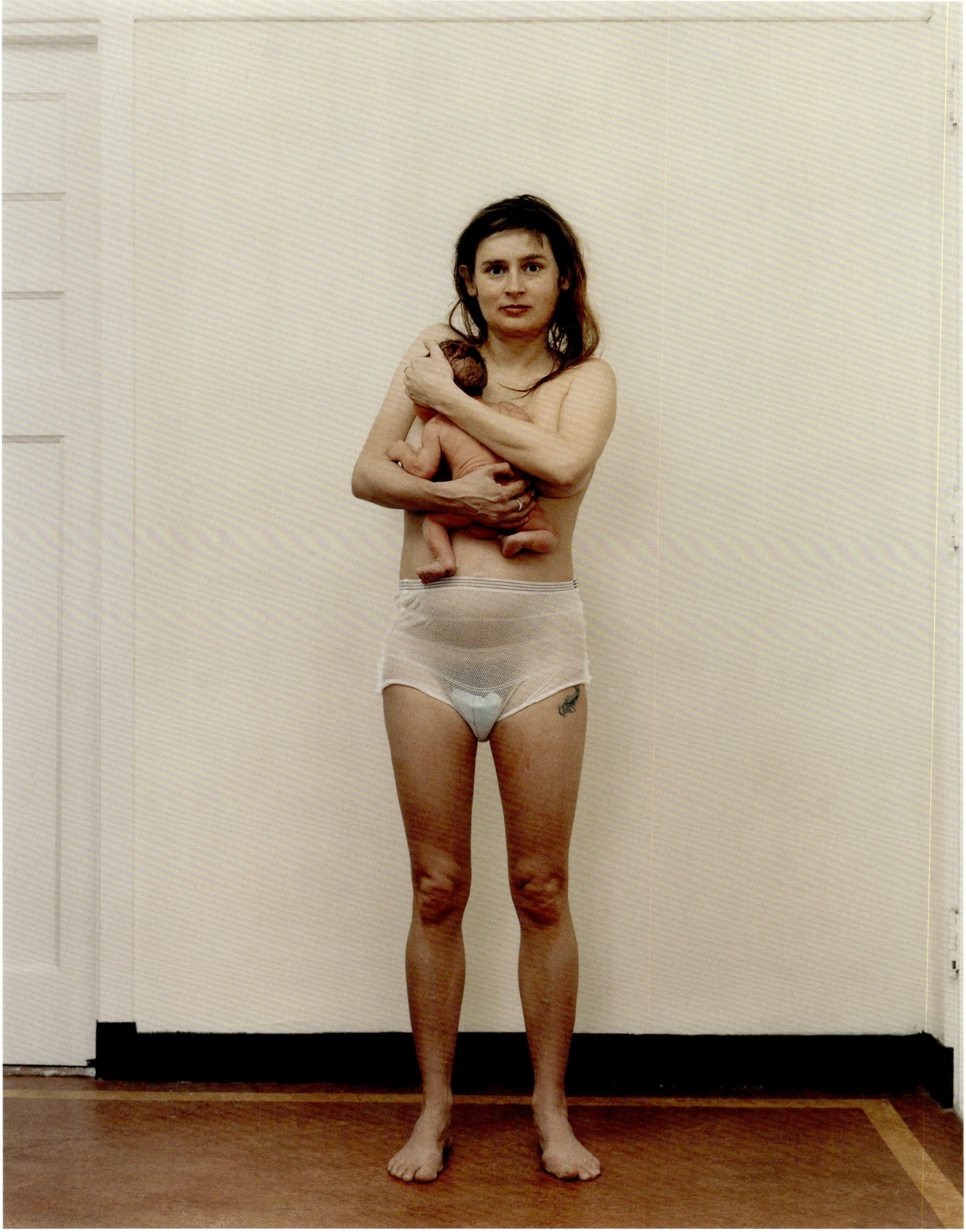

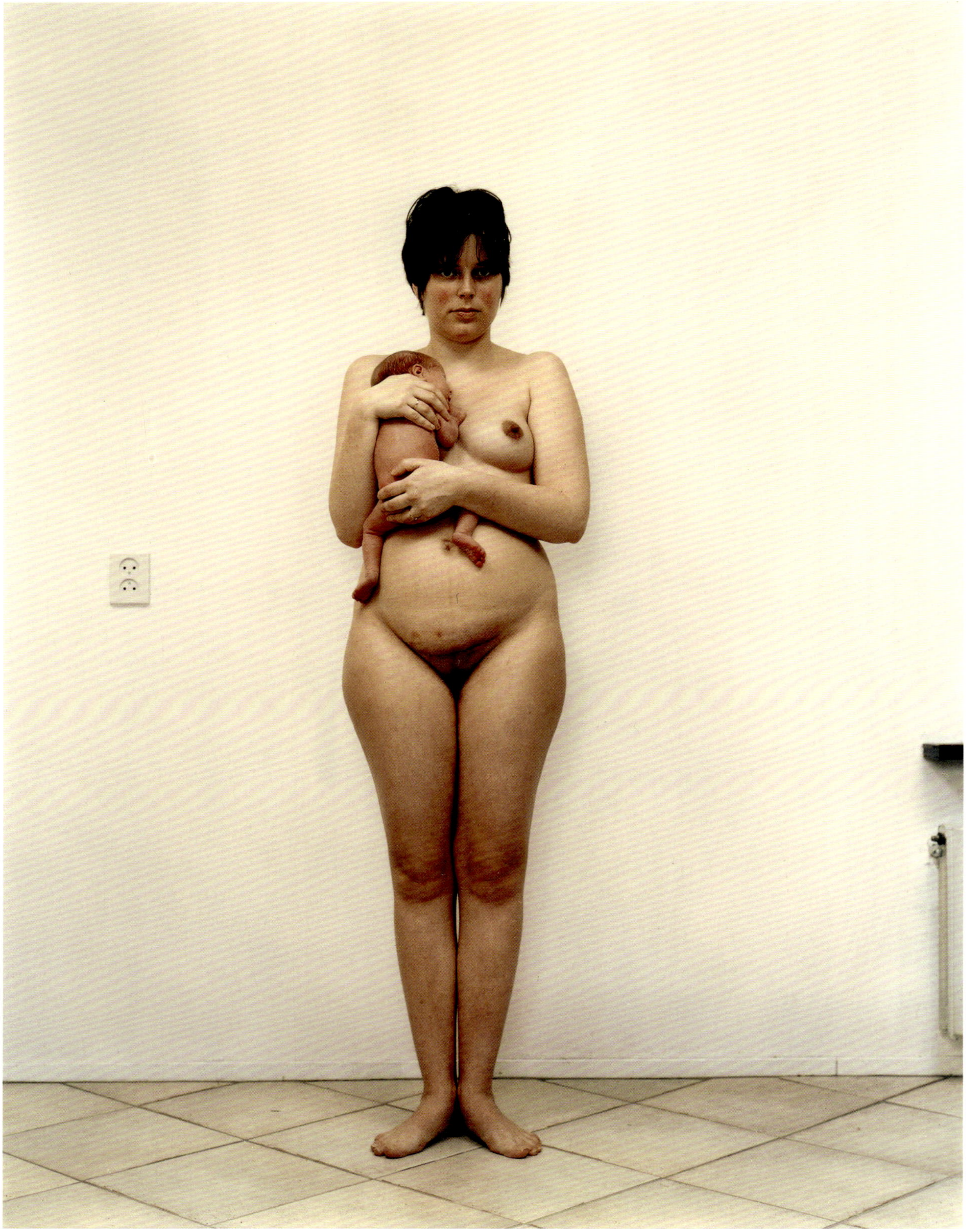

86
Rineke Dijkstra
Tecla, Amsterdam, Países Bajos, 16 de mayo 1994 / *Tecla, Amsterdam, Netherlands, May 16th 1994*

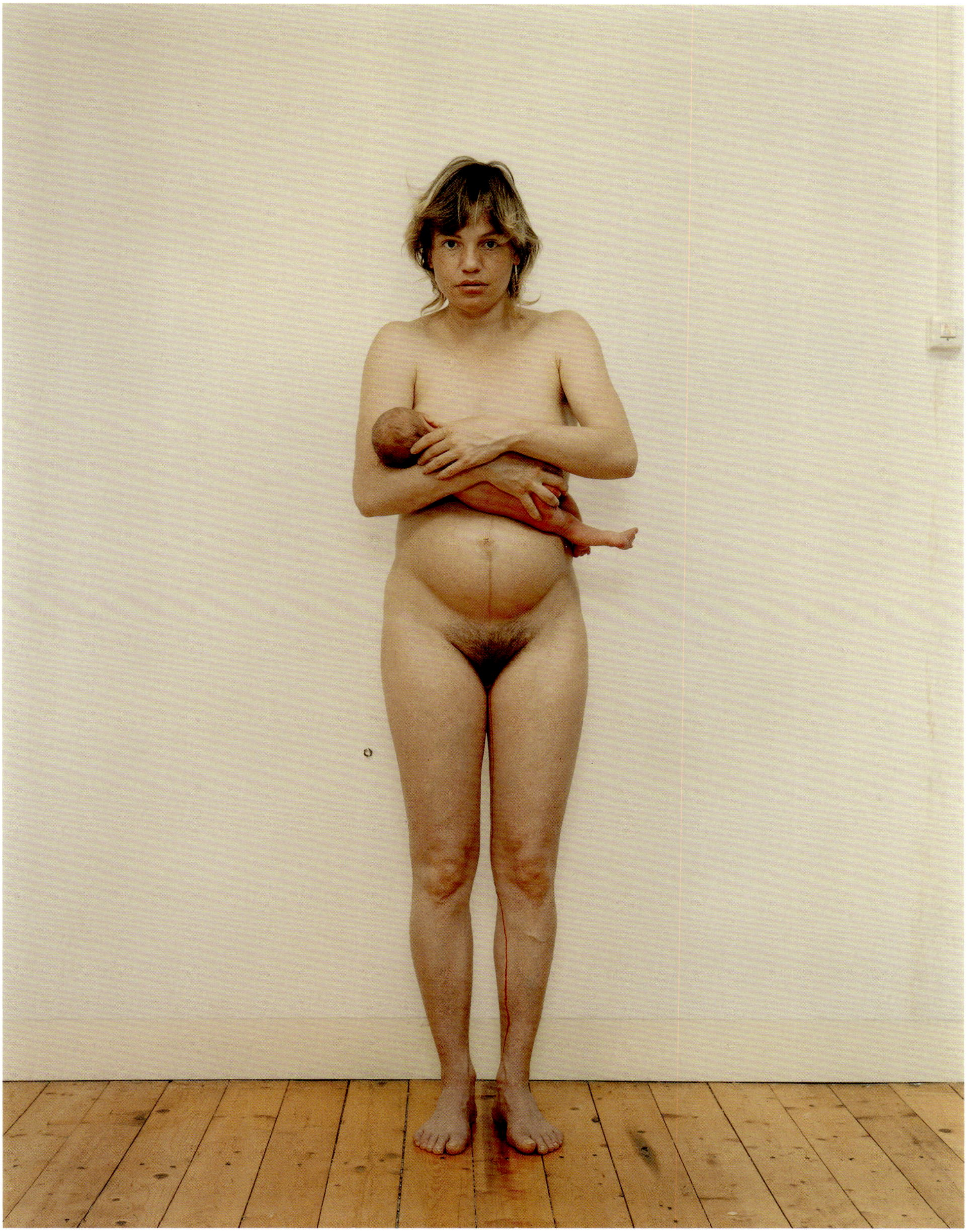

87
Rineke Dijkstra
Saskia, Hardewijk, Países Bajos, 16 de marzo 1994 / *Saskia, Hardewijk, Netherlands, March 16th 1994*

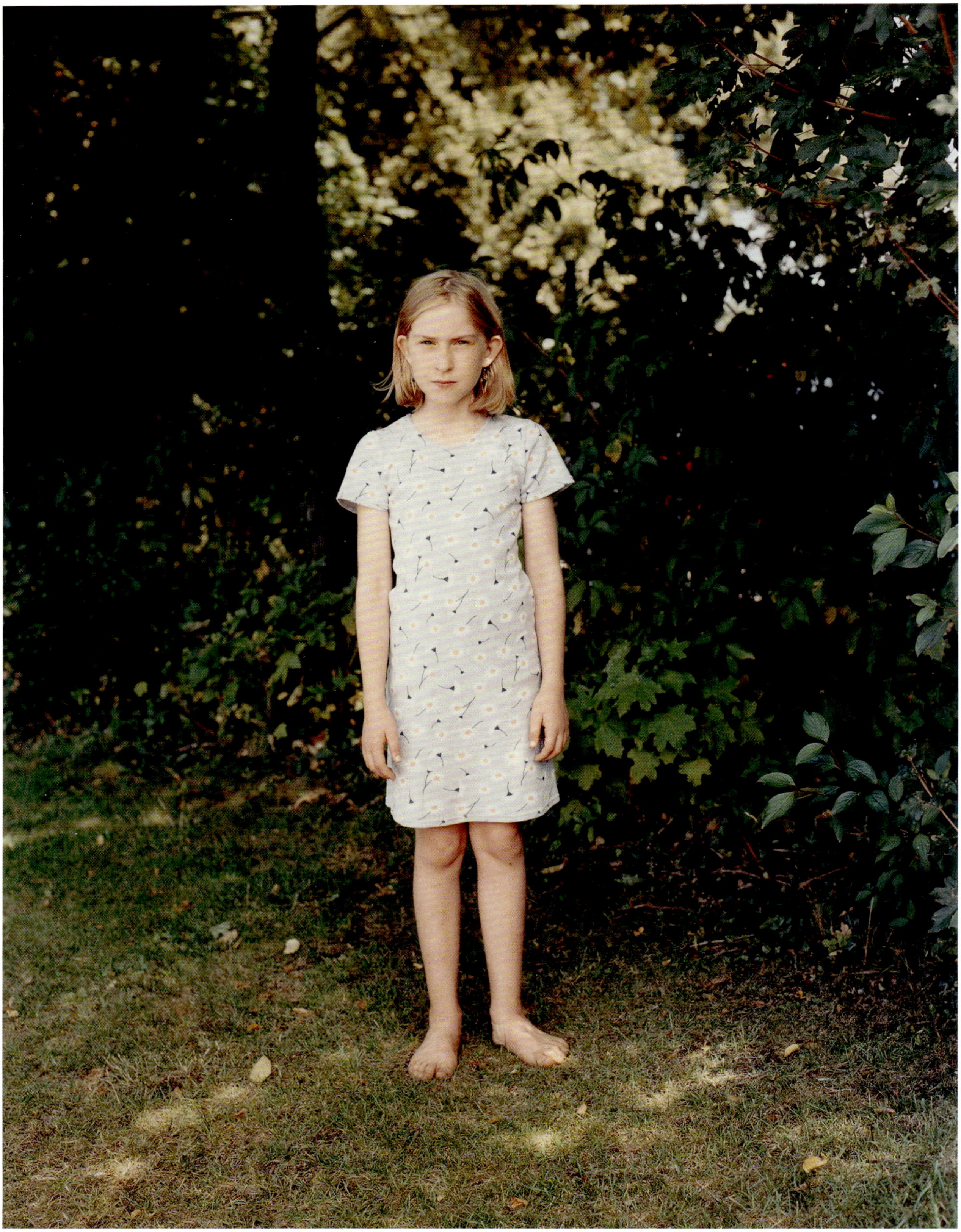

88
Bernhard Fuchs
Laura, Munich, 1998

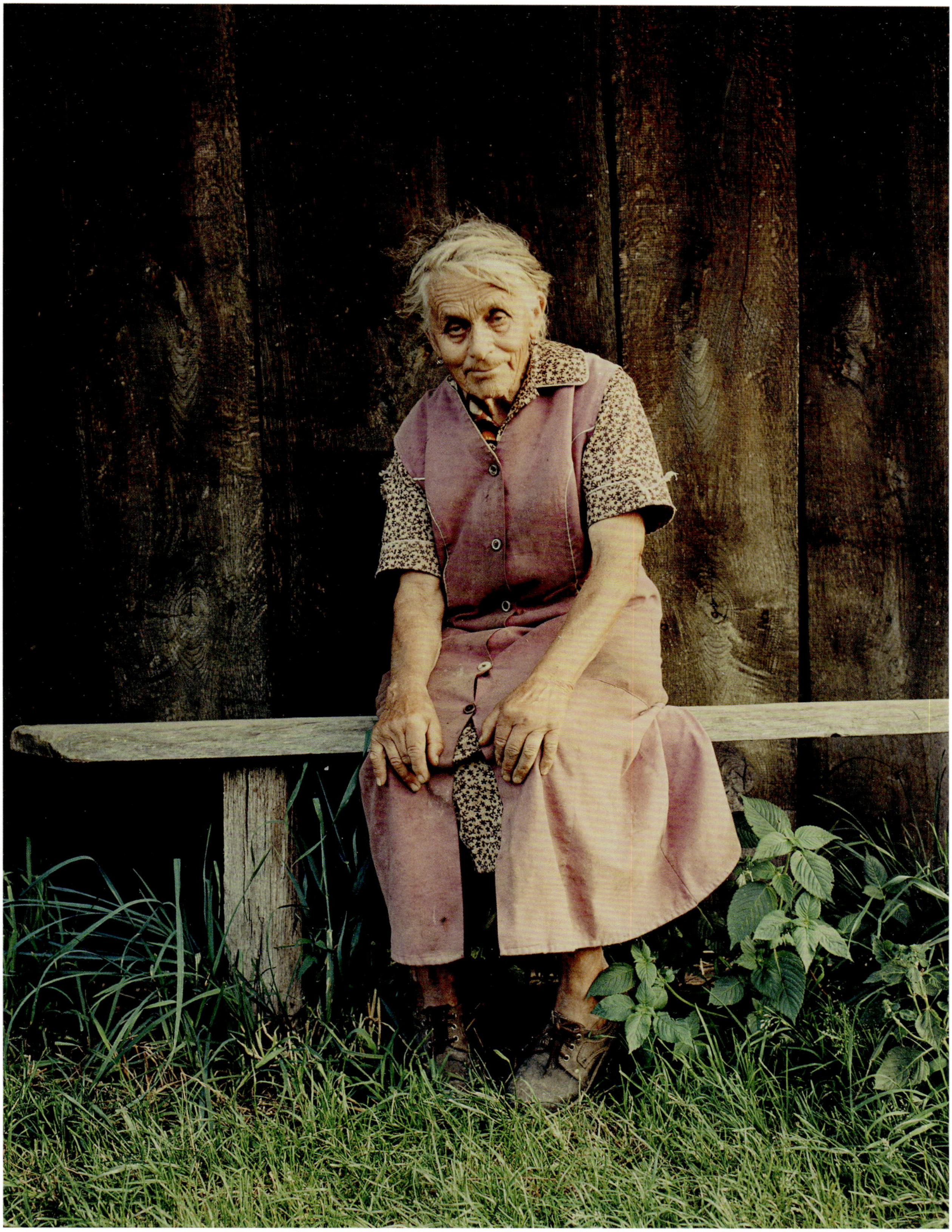

89
Bernhard Fuchs
Señora K., St. Magareten / Lady K., St Magareten, 1999

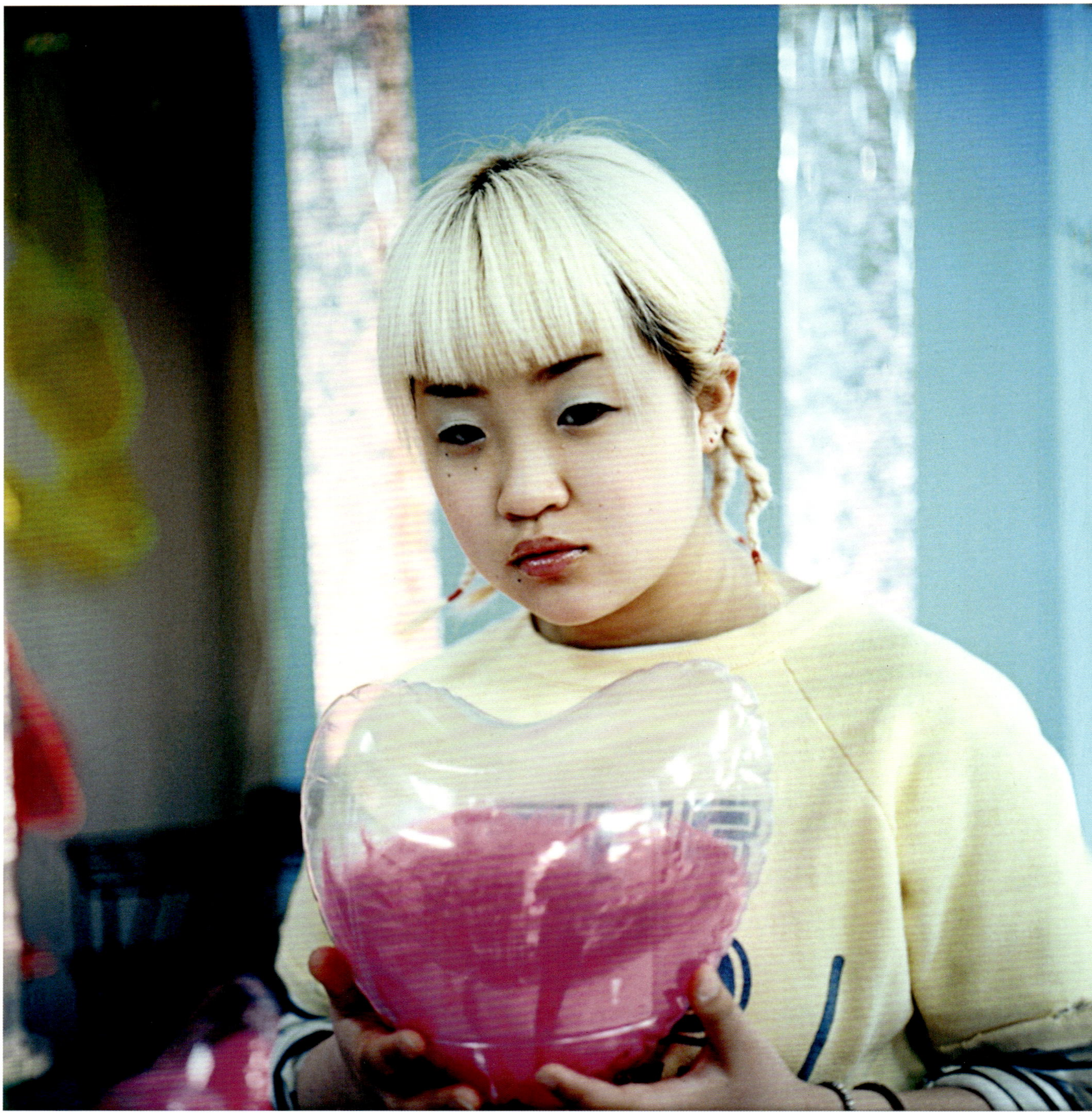

90
Helen van Meene
Sin título, Tokio / Untitled, Tokyo, 2000

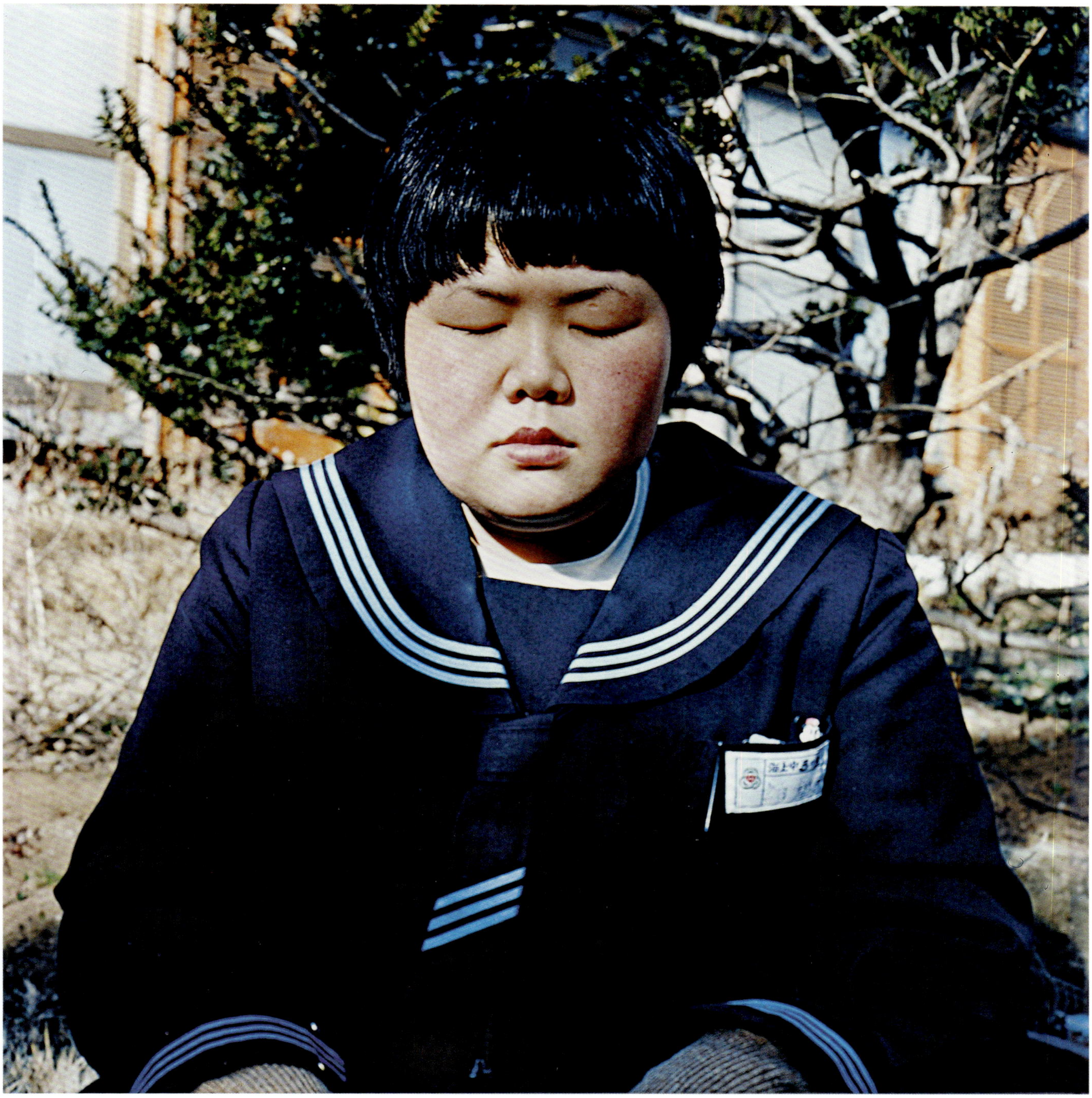

91
Hellen van Meene
Sin título, Tokio / Untitled, Tokyo, 2000

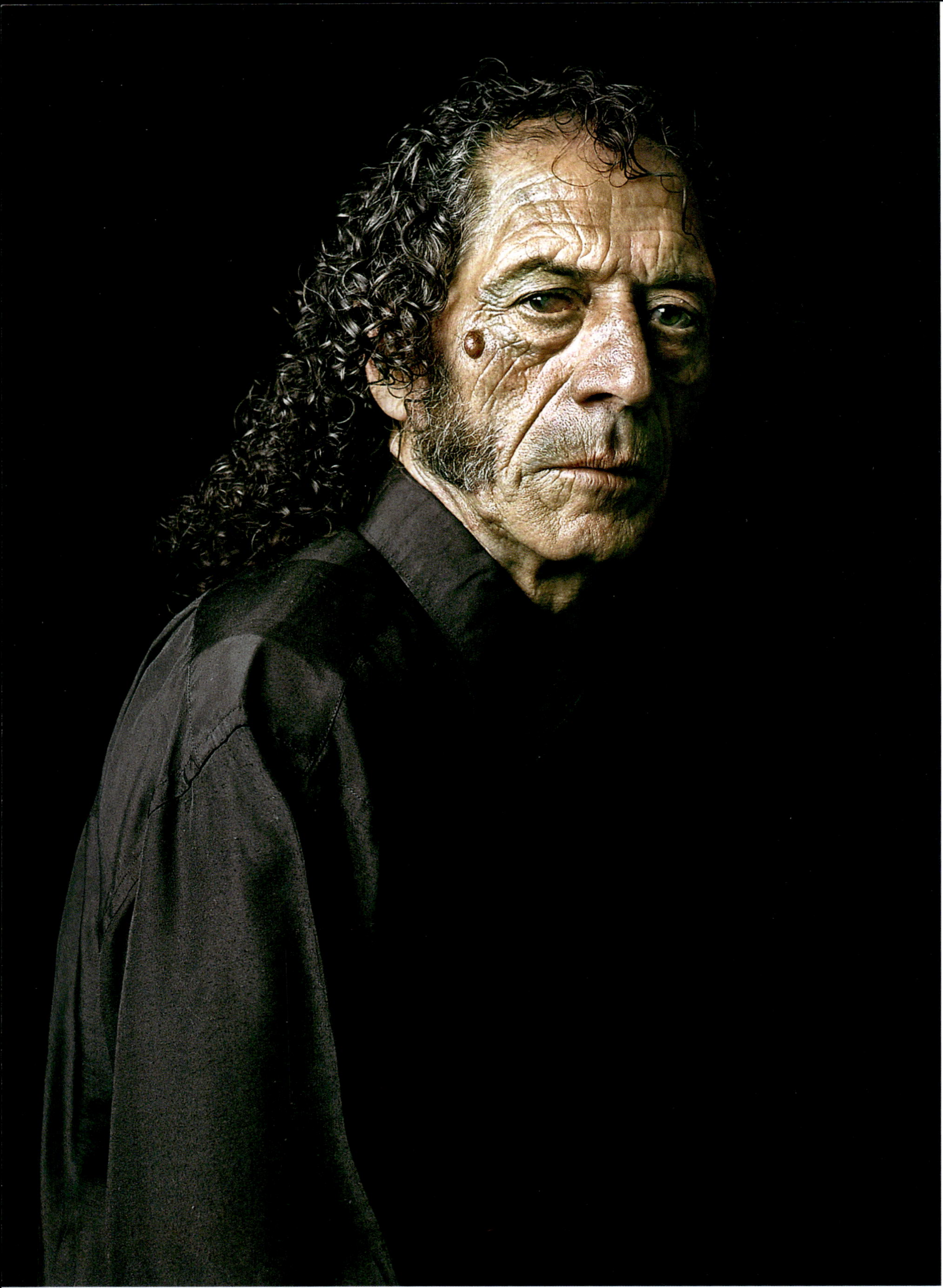

92
Pierre Gonnord
Bernardo I, 2006

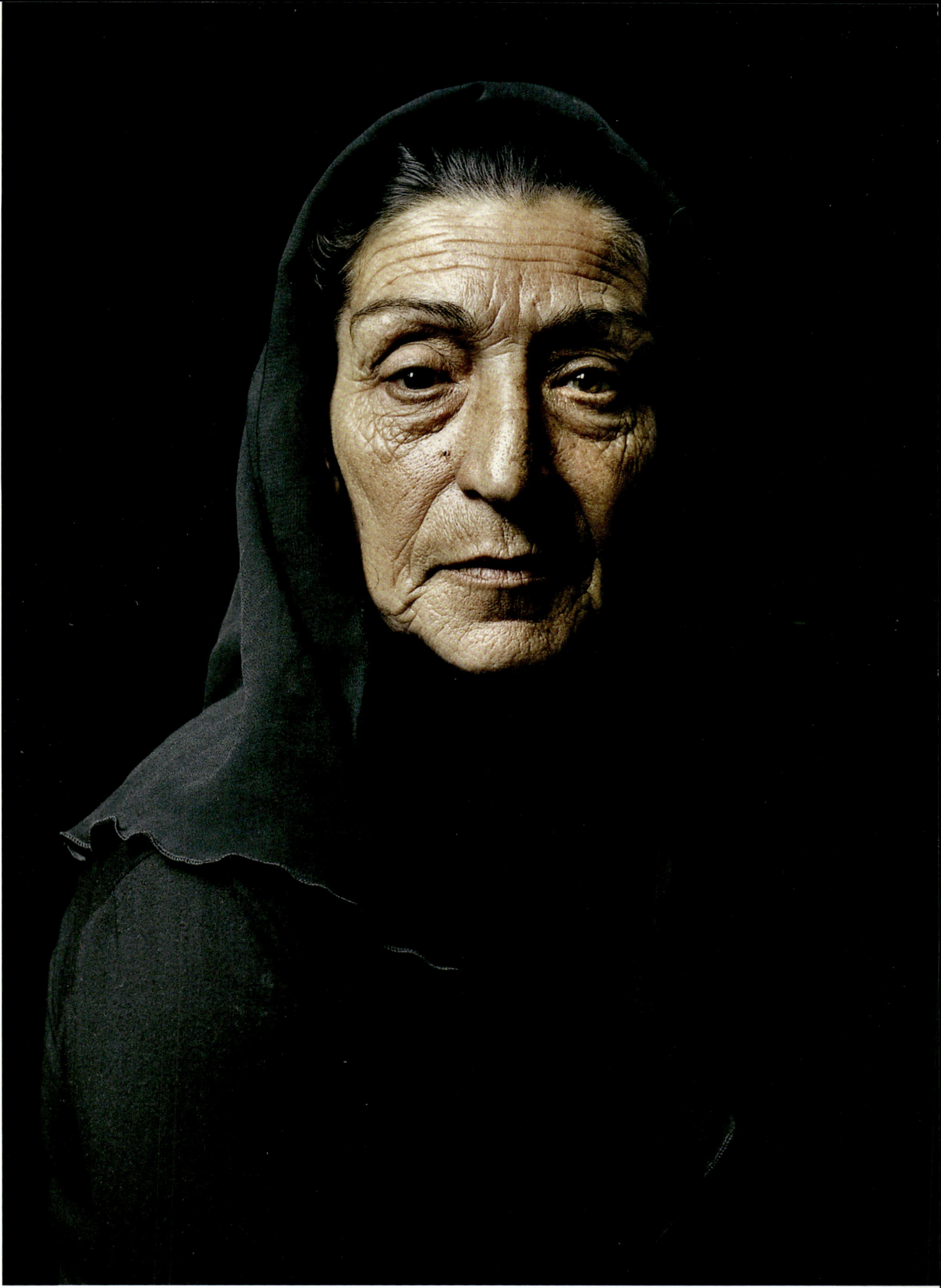

93
Pierre Gonnord
María, 2006

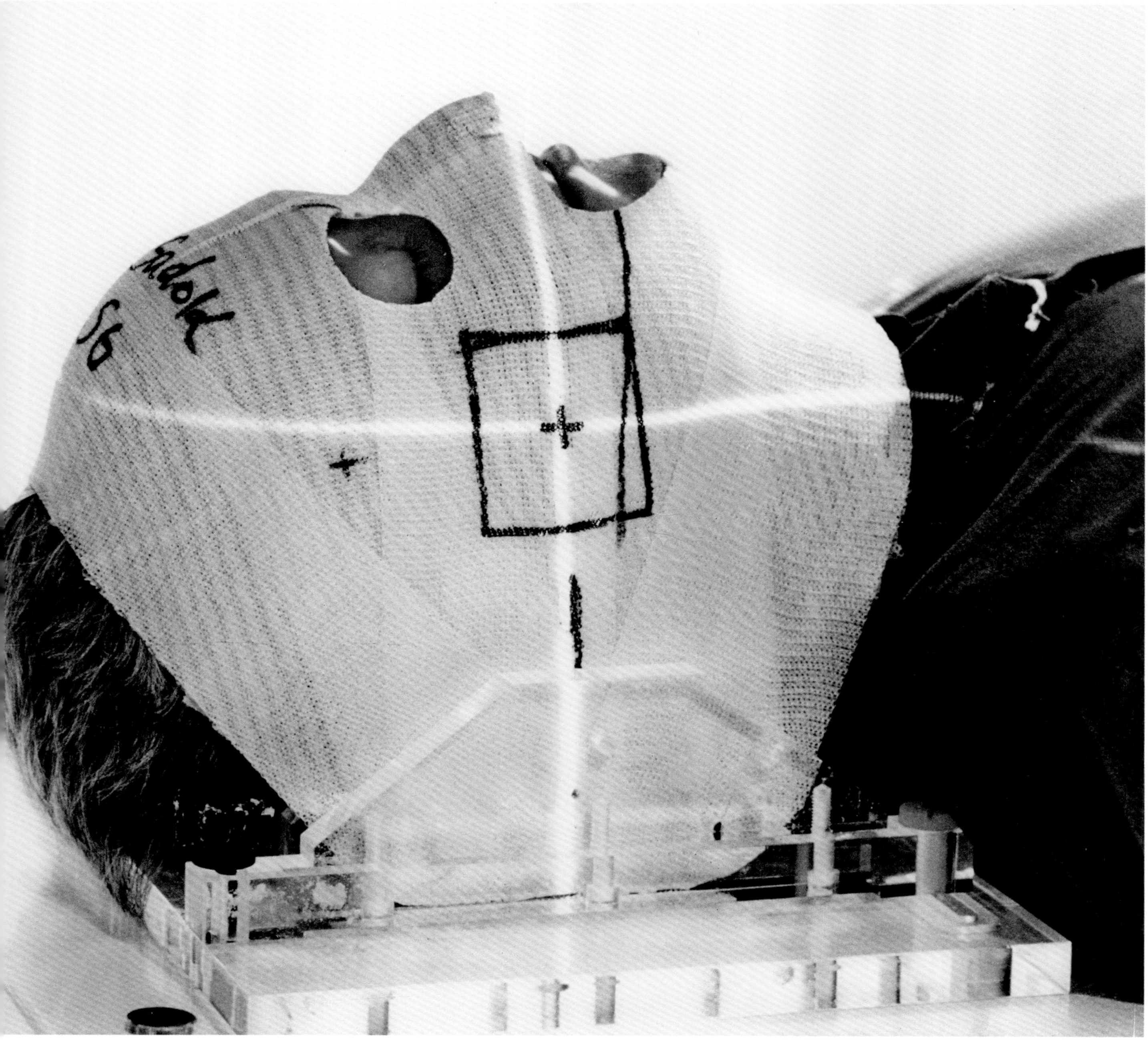

94
Timm Rautert
Coordenada 2 / Coordinate 2, 1998

95
Andres Serrano
La interpretación de los sueños (Papa Noel Negro) / The Interpretation of Dreams (Black Santa), 2001

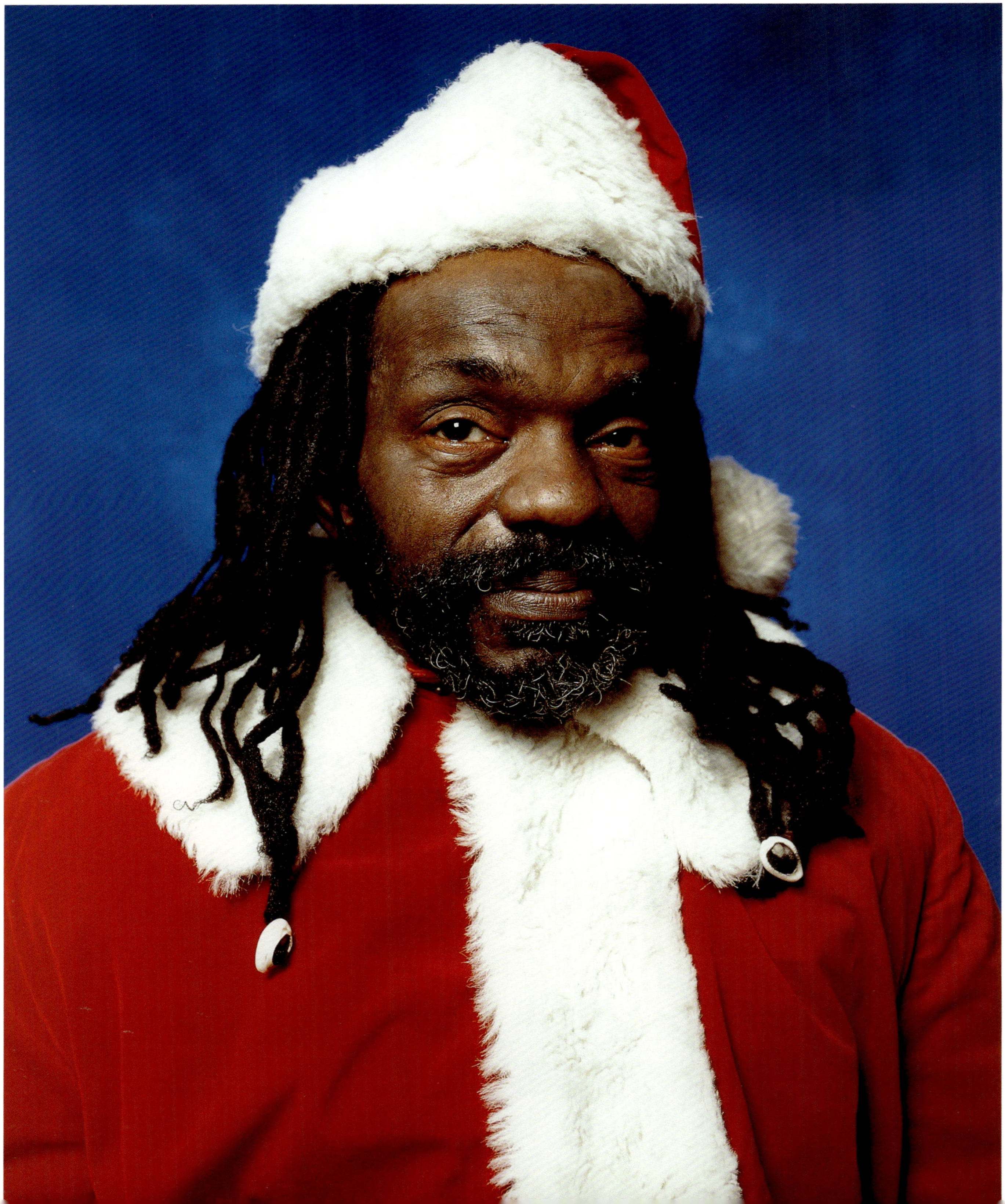

96
Nobuyoshi Araki
Serie *Tokio* / Series *Tokyo*, 1996-1997

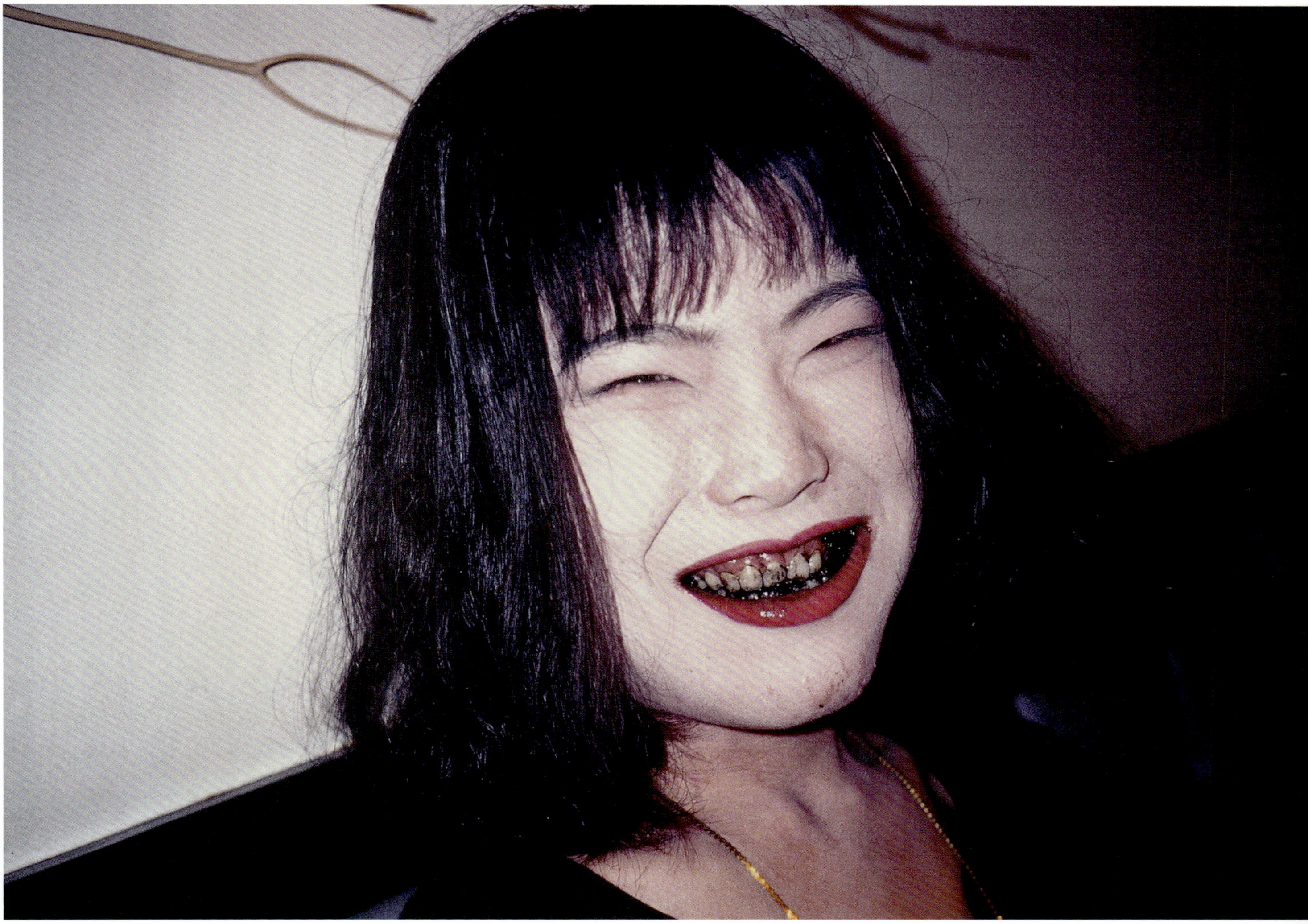

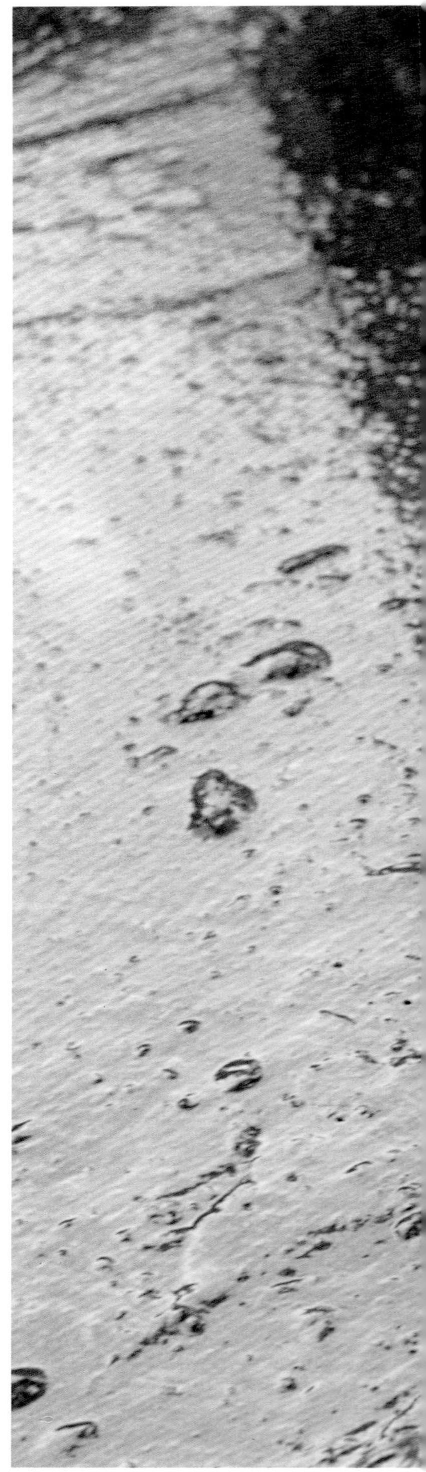

97
Cristina García Rodero
Arqueología / Archeology, 2000

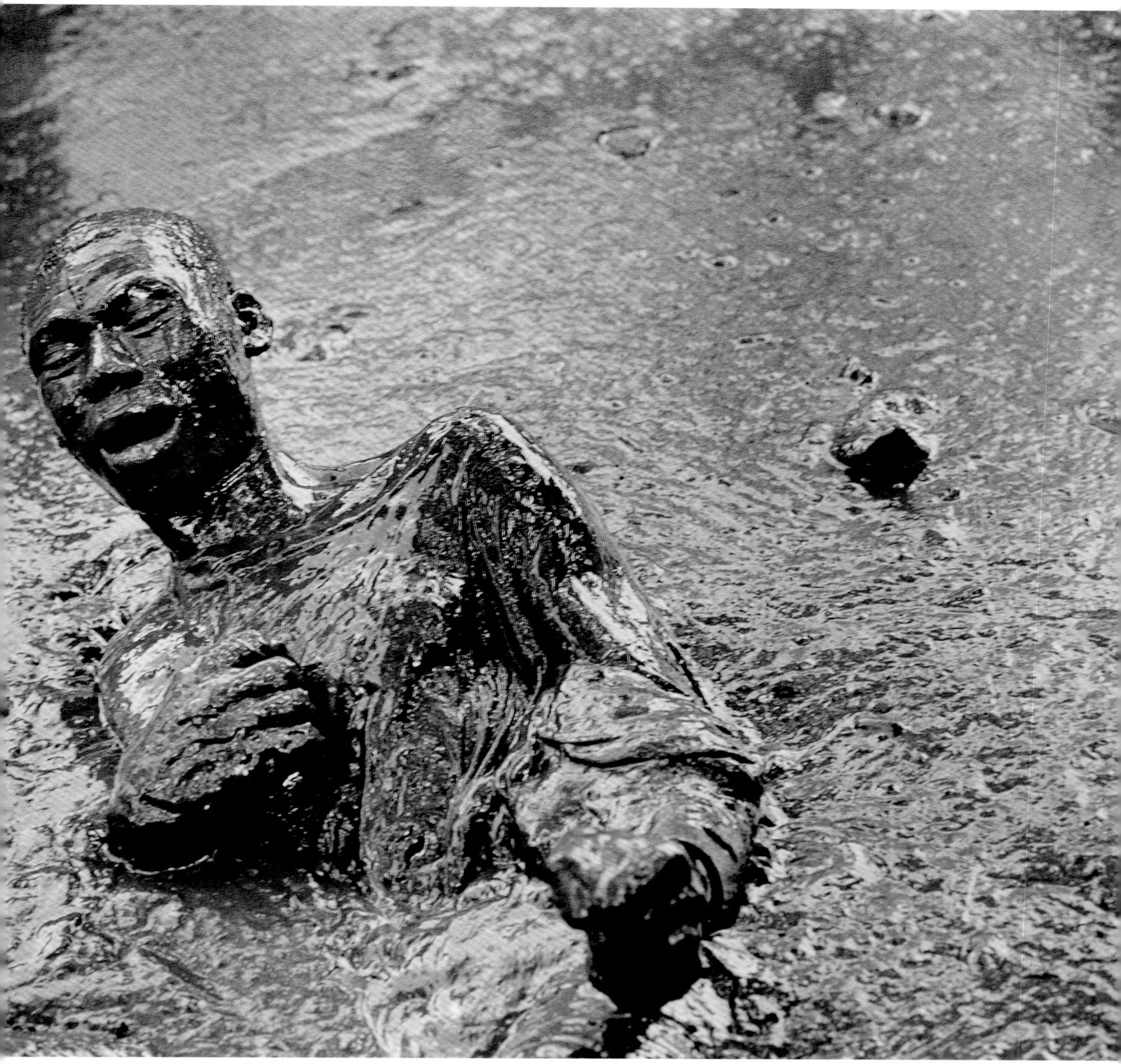

ESSAYS

ENSAYOS

THE PORTRAIT'S DISPERSAL: CONCEPTS OF REPRESENTATION AND SUBJECTIVITY IN CONTEMPORARY PORTRAITURE.

ERNST VAN ALPHEN

The pictorial genre of the portrait doubly cherishes the cornerstone of bourgeois western culture. The uniqueness of the individual and his or her accomplishments is central in that culture. And in the portrait, originality comes in twice. The portrait is highly esteemed as a genre because, according to the standard view, in a successful portrait the viewer is not only confronted with the "original", "unique" subjectivity of the portrayer, but also of that of a portrayed. Linda Nochlin has expressed this abundance of originality tersely: in the portrait we watch "the meeting of two subjectivities".[1]

Such a characterisation of the genre immediately foregrounds those aspects of the portrait that heavily depend on specific notions of the human subject and of representation. As for the represented object, this view implies that subjectivity can be equated with notions like the self or individuality. Somebody's subjectivity is defined in its uniqueness rather than in its social connections; it is someone's interior essence rather than a moment of short duration in a differential process. Somebody's continuity or discontinuity with others is denied in order to present the subject as personality. One may ask if this view does justice even to the tradicional portrait.

As for the representation itself the kind of notion we get from this view is equally specific. It implies that the portrait *refers* to a human being which is (was) present outside the portrait. A recent book on portraiture makes this notion of the portrait explicit on its first page: "Fundamental to portraits as a distinct genre in the vast repertoire of artistic representation is the necessity of expressing this intended relationship between the portrait image and the human original".[2]

The artistic portrait differs, however, from the photographic portrait as used in legal and medical institutions, by doing a bit more than just referring to somebody. It is more than documentation.[3] The portrayer proves her/his artistic originality by *consolidating* the self of the portrayed. Although the portrait refers to an original self already present, this self needs its portrayal in order to secure its own being. The portrayer has enriched the interiority of the portrayed's self by best owing exterior form on it. For, without outer form the uniqueness of the subject's essence could be doubted. The portrayer proves her/his own uniqueness by providing this proof. The traditional portrait in this equally traditional view seems to embody a dual project. Two interests are

LA DISPERSIÓN DEL RETRATO: LOS CONCEPTOS DE REPRESENTACIÓN Y SUBJETIVIDAD EN EL RETRATO CONTEMPORÁNEO.

ERNST VAN ALPHEN

El género pictórico del retrato refuerza por partida doble la piedra angular de la cultura burguesa occidental. En ésta, la singularidad del individuo y sus realizaciones ocupan un lugar central. Y en el retrato la originalidad se produce doblemente. Goza de tan alta estima como género porque, según la opinión general, en un buen retrato el espectador, no sólo se enfrenta con la subjetividad "original" y "única" del retratista, sino también con la del retratado. Linda Nochlin ha expresado con claridad esta plenitud de originalidad: en el retrato contemplamos "el encuentro de dos subjetividades".[1]

Tal caracterización del género pone inmediatamente en primer plano aquellos aspectos del retrato que dependen particularmente de determinadas nociones del sujeto humano y de su representación. En cuanto al objeto representado, este enfoque implica que la subjetividad puede equipararse con nociones como la del yo interior o la individualidad. La subjetividad de una persona se define por su singularidad más que por sus relaciones sociales; es su esencia interior más que un momento de breve duración en un proceso diferencial. La continuidad o discontinuidad de alguien con los demás es negada para presentar al sujeto como personalidad. Cabe preguntarse si este enfoque hace justicia al retrato tradicional.

En lo tocante a la representación, el tipo de noción que nos brinda este enfoque es igualmente concreto. Consiste en que el retrato se refiere a un ser humano que está (estaba) presente fuera del mismo. Un libro reciente sobre el retrato destaca esta noción en la primera página: "La necesidad de expresar la relación entre la imagen retratada y el original humano es fundamental en el retrato como género diferenciado del vasto repertorio de la representación artística".[2]

Ahora bien, el retrato artístico difiere del retrato fotográfico utilizado por instituciones legales y sanitarias, en que aporta algo más que una mera referencia a determinada persona; desborda la mera documentación[3]. El retratista demuestra su originalidad artística *consolidando* el yo interior del retratado. El retrato se refiere a un yo interior original que ya está presente y que, sin embargo, necesita del retrato para asegurar su propia existencia. El retratista ha enriquecido el interior del retratado otorgándole una forma exterior, puesto que cabría albergar dudas de la singularidad de la esencia

intertwined in this genre. The first interest is quite obvious: the portrait's investment in the authority of the portrayed. The most innocent reading of portraits would be that the sitters were portrayed because they had authority in the first place, in whatever field of society. But since our insight into the past distribution of authority is mediated among other things through portraits of historical figures on which we bestow authority because they have been worthy of portrayal, this intuitive acceptance of the "real" authority of the sitter is actually the reverse of that other activity, namely placing authority in them through the function of the portrait. From the perspective of the viewer this innocent reading is a case of analepsis, of chronological reversal. It is because we see a portrait of somebody that we presume that the portrayed person was important and the portrayed becomes the embodiment of authority in whatever way. Thus, authority is not so much the object of portrayal, but its effect. It is the portrait which bestows authority on an individual self. The portrait, especially when it is framed by its place in the National Portrait Gallery or a comparable institution, expects us viewers to stand in awe, not so much of the portrait but of the portrayed.

The portrait, however, does more than this. Not only does it give authority to the self portrayed, but also to the mimetic conception of artistic representation that produces that increase of authority. Since no pictorial genre depends as much on mimetic referentiality as the traditional portrait, it becomes the emblem of that conception. The German philosopher Hans-Georg Gadamer is a clear spokesman for this exemplary status of the portrait:

"The portrait is only an intensified form of the general nature of a picture. Every picture is an increase of being and is essentially determined as representation, as coming-to-presentation. In the special case of the portrait this representation acquires a personal significance, in that here an individual is presented in a representative way. For this means that the man represented represents himself in his portrait and is represented by his portrait. The portrait is not only a picture and certainly not only a copy, it belongs to the present or to the present memory of the man represented. This is its real nature. To this extent the portrait is a special case of the general ontological value assigned to the picture as such. What comes into being in it is not already contained in what his acquaintances see in the sitter."[4]

In the portrait, Gadamer claims, an individual is not represented idealised, nor in an incidental moment, but in "the essential quality of his true appearance".

This description of the portrait as exemplum of the (artistic) picture reveals the contradictory nature of mimetic representation. It shows how the traditional notion of the portrait depends on the rhetorical strategy of mimesis. According to Gadamer, in the portrait, more than in any other kind of picture, an "increase of being" comes about. This increase turns out to be the essential quality of the true appearance of the sitter. The portrait refers to this sitter who exists outside the work. Since the sitter exists outside the work, we may assume that also her/his essence exists outside the work.[5]

This implies that the portrait brings with it two referents. The first is the portrayed as body, as material form. The second is the essence of the sitter, her/his unique authenticity.[6] Within the traditional notion of the portrait, it is a truism to say that the strength of a portrait is being judged in relation to this supposed essence, not in relation to the looks of a person. This explains the possibility of negative judgements on photographic portraits. Although a camera captures the appearance of a person maximally, the photographer has as many problems in capturing a sitter's "essence" as a painter does. Camera work is not the traditional portrayer's ideal but its failure, because the essential quality of the sitter can only be caught by the artist, not by the camera.

But in Gadamer's text we don't read about an essential quality wich has been *captured.* The essential quality of the sitter is the increase of being that seems to be *produced* by the portayer in the portrait. "What comes into being in its not already contained in what his acquaitances see in the sitter." The portrayer makes visible the inner essence of the sitter and this visualising act is creative and productive. It is more than a passive rendering of what was presumed to be already there, although interior and hence invisible. The portrayer

del sujeto sin esa forma exterior. El retratista demuestra su propia originalidad aportando esta prueba.

El retrato tradicional en este enfoque igualmente tradicional parece abarcar un doble proyecto. En este género confluyen dos intereses. El primero salta a la vista: el reconocimiento de la autoridad del retratado. La interpretación más inocente de los retratos sería que los modelos fueron retratados antes que nada por su autoridad en cualquier esfera de la sociedad. Ahora bien, como nuestra propensión a la atribución de autoridad está mediatizada, entre otras cosas, por los retratos de figuras históricas cuya autoridad deriva de haber sido merecedores de un retrato, esta aceptación intuitiva de la autoridad "real" del modelo es en realidad el reverso de otra actividad, en concreto, del reconocimiento de dicha autoridad a través de la función del retrato. Desde el punto de vista del espectador, esta interpretación inocente es un caso de analepsis, de inversión temporal. Suponemos que la persona retratada era importante porque vemos su retrato, de tal forma que así se convierte en encarnación de autoridad. Por lo tanto, la autoridad no es tanto el objeto sino el efecto del retrato. Es el retrato el que confiere autoridad a un determinado individuo. El retrato, especialmente cuando lo contemplamos en el marco de la National Portrait Gallery u otra institución comparable, espera de nosotros los observadores una actitud de asombro, no tanto por sí mismo como por la persona retratada.

Sin embargo, el retrato hace más que esto. No sólo da autoridad a la persona retratada, sino también a la concepción mimética de la representación artística responsable de ese acrecimiento de autoridad. El retrato se convierte así en emblema de dicha concepción, toda vez que ningún género pictórico depende tanto como él de la referencia mimética. El filósofo alemán Hans-Georg Gadamer es un atinado portavoz de este estatus ejemplar del retrato:

"El retrato no es más que una forma intensificada de la naturaleza general de una imagen. Toda imagen es un acrecimiento del ser y está determinada esencialmente como representación, como presentación que se actualiza. En el caso especial del retrato adquiere una significación personal, por cuanto en él un individuo se presenta precisamente en forma de representación. Esto quiere decir que la persona representada se representa a sí misma en el retrato y es representada por el retrato. El retrato no es una mera imagen, ni mucho menos una copia, pertenece al presente o a la memoria del presente de la persona representada. Ésta es su verdadera naturaleza. En este sentido el retrato es un caso especial del valor ontológico general asignado a la imagen como tal. Lo que en él adviene al ser no está contenido en lo que sus conocidos ven en el modelo."[4]

Gadamer sostiene que en el retrato el individuo no se representa idealizado, ni en un momento fortuito, sino en la "cualidad esencial de su verdadera apariencia".

La descripción del retrato como ejemplo de la imagen (artística) revela la naturaleza contradictoria de la representación mimética. Demuestra que la noción tradicional de retrato depende de la estrategia retórica de la mímesis. Según Gadamer, en el retrato se produce un "acrecimiento del ser" más que en ningún otro tipo de imagen. Dicho acrecimiento resulta ser la cualidad esencial de la verdadera apariencia del modelo. El retrato remite al modelo que existe fuera de la obra. Siendo así, podemos suponer que su esencia también existe fuera de la obra.[5]

Esto implica que el retrato conlleva dos referentes. El primero es la persona retratada como cuerpo, como forma material. El segundo es la esencia del modelo, su singular autenticidad.[6] Dentro de la noción tradicional del retrato es un lugar común afirmar que su fuerza se juzga en relación con esta supuesta esencia y no con el aspecto de la persona. Lo que explica la posibilidad de juicios negativos sobre retratos fotográficos. El fotógrafo tiene tantos problemas como el pintor en captar la "esencia" del modelo por mucho que la cámara capte al máximo el aspecto de una persona. La acción de la cámara no es el ideal del retratista tradicional sino su fracaso, debido a que la esencia particular del modelo sólo la puede captar el artista, no aquella.

Pero en el texto de Gadamer no leemos que se haya captado ninguna esencia particular. La esencia particular del modelo es un acrecimiento del ser que parece *producido* por el retratista en el retrato. "Lo que en él

gives this supposed interiority an outer form so that we viewers can see it. This outer form is then the signifier (expression) of the signified (the sitter's inner essence).

What to do with the surplus of the increase of being? It is clear that Gadamer does not use the term "increase of being" for the portrait's "likeness" with the sitter's material form. He indicates the second referent of the portrait: the sitter's essential quality. Gadamer *makes us believe*[7] that what comes into being in the portrait is the same as the referent of the painting. He presumes *a unity* between increase in being and the essential quality of the sitter, or semiotically speaking, between signifier and signified. By presuming that unity, he denies that the increase of being is a surplus. By doing that, Gadamer exemplifies the semiotic economy of mimetic representation. This economy involves a straightforward relationship of identity between signifier and signified.

This identity between signifier and signified is not inevitable. Andrew Benjamin historicises the kind of semiotic conception which also undelies Gadamer's view in the following terms:

"The signifier can be viewed as representing the signified. Their unity is then the sign. The possibility of unity is based on the assumed essential homogeneity of the signified. The sign in its unity must represent the singularity of the signified. It is thus that authenticity is interpolated into the relationship between the elements of the sign. Even though the signifier and the signified can never be the same, there is, none the less, a boundary which transgressed would render the relationship inauthentic."[8]

Most surprisingly Benjamin attributes authenticity neither to the signifier nor to the signified, but to the special relationship between the two. In the case of the portrait this semiotic economy implies that the qualifications "authenticity", "uniqueness" or "originality" do not belong to the portrayed subject or to the portrait or portrayer, but to the mode of representation which makes us believe that signifier and signified form a unity. In connection with the issue of authority, this entails a socially embedded conception: the bourgeois self depends on a specific mode of representation for its authenticity.

Now my earlier remark becomes clearer, because more specific, that the portrait embodies a dual project: it gaves authority to the portrayed as well as to mimetic representation. The ilusion of the uniqueness of the portrayed subject presupposes, however, belief in the unity of signifier and signified. As soon as this unity is challenged, the homogeneity and the authenticity of the portrayed subject fall apart.

In the following pages I will argue that in twentieth-century art the portrait has become such a problematic genre, marginal as well as central in a subversive way, because from a semiotic point of view the crisis of modernity can be seen as the recognition of the irreconcilable split between signified and signifier. At the moment that artists stop seeing the sign as a unity, the portrait loses its exemplary status for mimetic representation. But artists who have made it their project to challenge the originality and homogeneity of human subjectivity or the authority of mimetic representation, often choose the portrait as the genre to make their point. The portrait returns, but with a difference; now exemplifying a critique of the bourgeois self instead of its authority; showing a loss of self instead of its consolidation; shaping the subject as simulacrum instead of as origin.

SUBJECTED SUBJECTS

In an article on the ends of portraiture, Buchloh sees the portraits Picasso made in 1910 of his dealers, Kahnweiler, Vollard and Uhde, as pronouncements of the death of the genre: These anti-portraits fuse the sitter's subjectivity in a continuous network of phenomenological interdependence between pictural surface and virtual space, between bodily volume and painterly texture, as all physiognomic features merge instantly with their persistent negation in a pictorial erasure of efforts at mimetic resemblance.[9]

In these Cubist paintings Picasso has not only explored a new representational mode, but at the same

adviene al ser no está contenido en lo que sus conocidos ven en el modelo". El retrato hace visible la esencia interior del modelo y este acto de visualización es creativo y productivo a la vez. Es más que una traducción pasiva de lo que suponía que ya había allí, aunque fuera en el interior y, por lo tanto, invisible. El retratista da a esta supuesta interioridad una forma exterior para que los observadores puedan verla. Por lo tanto, esta forma exterior es el significante (expresión) de lo significado (la esencia interior del modelo).

¿Qué hacer con el excedente de acrecimiento del ser? Está claro que Gadamer no emplea el término "acrecimiento del ser" para la "semejanza" del retrato con la forma material del modelo. Indica el segundo referente del retrato: la esencia particular del modelo. Gadamer *nos hace creer*[7] que lo que adviene al ser en el retrato es lo mismo que en el referente de la pintura. Presupone una *unidad* entre acrecimiento del ser y la esencia particular del modelo o, hablando semióticamente, entre significante y significado. Al presuponer dicha unidad, niega que el acrecimiento del ser sea un excedente. Y con esto ejemplifica la economía semiótica de la representación mimética. Economía que implica una relación directa de identidad entre significante y significado.

La identidad entre significante y significado no es inevitable. Andrew Benjamin explica el tipo de concepción semiótica subyacente en la opinión de Gadamer:

"El significante puede verse como representante de lo significado. Su unidad es por tanto el signo. La posibilidad de la unidad se basa en la suposición de la homogeneidad esencial de lo significado. El signo en su unidad debe representar la singularidad de lo significado. Es así como la autenticidad se interpola en la relación entre los elementos del signo. Aun cuando significante y significado nunca puedan ser lo mismo, hay en todo caso una barrera que, de traspasarse, tornaría inauténtica la relación."[8]

Lo más sorprendente es que Benjamin no atribuye autenticidad al significante ni a lo significado, sino a la especial relación entre ambos. En el caso del retrato esta economía semiótica implica que la cualidad de "autenticidad", "singularidad" u "originalidad" no pertenecen al sujeto retratado, ni al retrato, ni al retratista, sino al modo de representación que nos hace creer que significante y significado forman una unidad. Esto conlleva una concepción arraigada socialmente con respecto al tema de la autoridad: el yo interior de la burguesía depende para su autenticidad de un modo concreto de representación.

Ahora puede comprenderse mejor, porque se ha concretado más, mi observación previa de que el retrato encarna un proyecto doble: confiere autoridad al retratado y a su representación mimética. Sin embargo, la ilusión de singularidad del sujeto retratado presupone la creencia en la unidad de significante y significado. La homogeneidad y autenticidad del sujeto retratado queda hecha añicos en cuanto dicha unidad se pone en entredicho.

En las páginas que siguen expondré cómo en el siglo XX el retrato se ha convertido en un género tan problemático y marginal como capital en un sentido subversivo porque, desde el punto de vista semiótico, puede considerarse la crisis de la modernidad, como separación irreconciliable entre significante y significado. En cuanto los artistas dejan de ver el signo como una unidad, el retrato pierde su estatus de ejemplaridad de la representación mimética. Sin embargo, los artistas empeñados en poner en tela de juicio la originalidad y homogeneidad de la subjetividad humana o la autoridad de la representación mimética, a menudo, suelen elegir el retrato como el género donde realizar su proyecto. El retrato retorna pero con una diferencia, ejemplificando ahora una crítica del yo interior burgués en vez de su autoridad; mostrando la pérdida del yo interior en vez de su consolidación; moldeando al sujeto como un simulacro en vez de como su origen.

SUJETOS DOMINADOS

En un artículo sobre los fines del retrato, Buchloh interpreta los retratos que Picasso hizo de sus marchantes, Kahnweiler, Volard y Uhde en 1910, como declaraciones de la muerte del género: estos anti-retratos diluyen la subjetividad del sujeto en una continua red de interdependencia fenomenológica entre la superficie pictórica

Figure A
Cindy Sherman
Untitled. Film Still, 1978
Black and white photograph, ed. of 10 copies. What we see is a photograph of a subject which is constructed in the image of representation

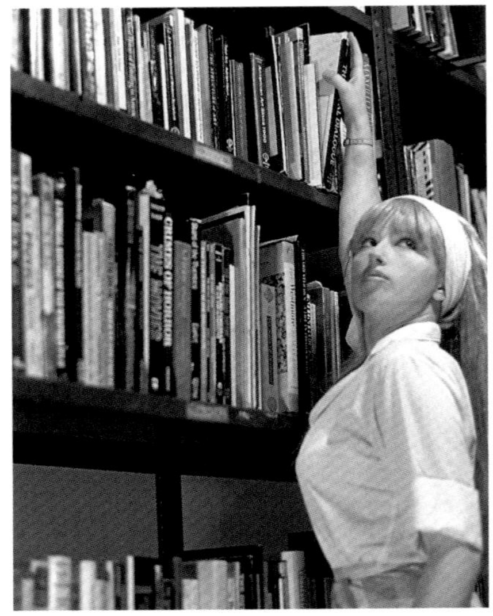

time articulated a new conception of subjectivity. What kind of subjects emerge from these portraits, and how?

Picasso no longer makes use of a plastic system of signs which refer iconically to referents, fictional or not. His representational mode is no longer mimetic. He uses a small number of forms which signify in relation to each other, differentially. This new mode of representation is based on an economy in which no signifier forms a fixed unity with a signified. Yves-Alain Bois has described this Cubist mode of signification in detail in his article "Kahnweiler's lesson". He writes: "A form can sometimes be seen as 'nose' and sometimes as 'mouth', a group of forms can sometimes be seen as 'head' and sometimes as a 'guitar'".[10] The signs Picasso uses in these portraits are entirely "virtual, or nonsubstantial" and can no longer be assumed to relate mimetically to the object of representation: parts of the sitters, faces for instance. The portrayed subjects are shaped mainly as a result of a differential process *between* the signifiers used.

But does this signifying model based on structural difference also give rise to a new conception of subjectivity? Because of rny earlier claim about the intertwinement of these two kinds of conceptions, one should expect so. There are remnants of the mimetic model in so far as the portrayed dealers "look" different. They can be distinguished from each other. But as we have seen, a "good" portrait claims more than physical recognisability and it would be ludicrous to claim that Kahnweiler is depicted here in his full presence or essence. Here, the process of constructing the illusion of subjectivity with forms which are *arbitrary and exchangeable* has become predominant. To differentiate subjects from each other, to depict them as individuals, is not the same as bestowing authenticity on them.[11]

Andy Warhol's portraits have played a major role in posing questions concerning the social and public dimension of subjectivity. In his work the subject has acquired explicit mythical and incredible proportions. This ironic mythification leads to a disappearance of all subjectivity on both sides of the portrait: that of the portrayer and the portrayed. Warhol's individuality, his painter's performance, is systematically absent. His photographic, mechanically produced portraits leave no room for the illusion of the unique self of the portrayer. But the portrayed sitters are also bereft of their interiority. They are exhibited as public substitutes for subjectivity. We, viewers, see not a unique self, but a subject in the image of the star, totally modelled on this public fantasy of "stardom".

The avant-garde opposition: to the portrait by pop-artists like Warhol stems from an uncanny insight into the formative dimension of the mass-media. In the 1980s feminism gave a new and more fundamental dimension

Figura A
Cindy Sherman
Sin título. Fotograma, 1978
Fotografía en blanco y negro, edición de diez. Lo que vemos es una fotografía de un sujeto construido según la imagen de su representación

y el espacio virtual, entre el volumen corporal y la textura elegida, dado que todos los rasgos fisionómicos se funden al instante con su persistente negación en una pictórica tachadura de los esfuerzos por lograr un parecido mimético.[9]

En estas obras cubistas Picasso no sólo ha explorado un nuevo modo de representación, sino que al mismo tiempo ha articulado una nueva concepción de la subjetividad. ¿Qué clase de sujetos surgen de esos retratos y cómo lo hacen?

Picasso ya no emplea el sistema plástico de signos que se refieren icónicamente a los referentes, ficticios o no. Su modo de representación ya no es mimético. Recurre a un reducido número de formas con significación unas en relación con otras, diferencialmente. Este nuevo modo de expresión se basa en una economía en la que el significante no forma una unidad rígida con el significado. Yves-Alan Bois ha descrito con detalle este modo cubista de significación en su artículo "La lección de Kahnweiler": "Una forma puede verse unas veces como una 'nariz' y otras como una 'boca' y un grupo de formas unas veces como una 'cabeza' y otras como una 'guitarra'"[10]. Los signos que utiliza Picasso en estos retratos son enteramente "virtuales o no sustanciales" y ya no se puede dar por supuesto que se relacionen miméticamente con el objeto de la representación: ciertas partes de los modelos, por ejemplo, la cara. Los sujetos retratados se constituyen principalmente como resultado de un proceso diferencial *entre* los significantes utilizados.

Ahora bien, este modelo de significación basado en la diferencia estructural ¿da lugar a una concepción de la subjetividad? Cabría esperar una respuesta afirmativa, a juzgar por mi afirmación anterior de la interrelación de ambos tipos de concepciones. Quedan restos del modelo mimético en la medida en que los marchantes retratados "parecen" diferentes. Pueden distinguirse unos de otros. Pero, como hemos visto, un "buen" retrato exige más que el mero reconocimiento físico y sería una ridiculez pretender que Kahnweiler esté representado aquí en toda su presencia o esencia. En este caso, el proceso de construcción de la ilusión de subjetividad mediante formas *arbitrarias e intercambiables* llega a ser dominante. Distinguir unos sujetos de otros, representarlos como individuos, no es lo mismo que otorgarles autenticidad.[11]

Los retratos de Andy Warhol han desempeñado un importante papel a la hora de plantear cuestiones relativas a la dimensión social y pública de la subjetividad. El sujeto ha adquirido unas proporciones explícitamente míticas y fabulosas. Esta mitificación desemboca en la desaparición de toda subjetividad en ambas vertientes del retrato: la del retratista y la del retratado. La individualidad de Warhol, su labor pictórica, está

to the conviction that identity is not authentic but socially constructed. It is not the domain of the mass-media which is foregrounded in its effect of making, or rather emptying out, the subject, but rather representation in the most general way. The *Untitled Film Stills* (Figure A) by Cindy Sherman address this issue most disturbingly. These famous black-and-white photographs show female characters (always Sherman herself) in situations which remind us of Hollywood films of the 1950s. The *Untitled Film Stills* give the illusion that they are based on original shots from existing films and that Sherman has re-enacted such an original still. Each effort to point out the original film that the photographs are based on is, however, frustrated. There is no "original" of a Sherman *Untitled Film Still*. As Krauss writes:

"Not in the 'actual film' nor in a publicity shot or 'ad', nor in any other published 'picture'. The condition of Sherman's work in the *Film Stills*—and part of their point, we would say—is the simulacral nature of what they contain, the condition of being a copy *without an original*."[12]

It is not by accident that Sherman "made her point" within the genre of the self-portrait, because it is exactly the relation between subjectivity and representation which is scrutinised in her work. The standard relation between subject and representation is now reversed. We don't see a transparent representation of a "full" subjectivity, instead we see a photograph of a subject which is constructed in the image of representation. The traditional portrait, or rather the standard view of the traditional portrait, is turned inside out.[13]

In all her *Untitled Film Stills* we are impelled to recognise a visual style and a type of femininity: "The images suggest that there is a particular kind of femininity in the *woman*, whereas in fact the femininity is in the image itself, it *is* the image."[14] This conclusion could give the impression that there is little difference between the notion of the subject in pop-art portraiture and in Sherman's *Untitled Film Stills*. For, both oeuvres shortcircuit the idea that the portrait provides a representation of a subject which is authentic and original.

There is, however, a major difference between the pop-art portraits of the 1960s and the feminist photographs of Sherman of the late 1970s. This difference gives a new edge to the deconstruction of the portrait by twentieth-century artists. In the words of Rosalind Krauss: "Indeed, almost two decades of work on the place of woman within representation has put this shift into effect, so that a whole domain of discourse no longer conceives of stereotype as a kind of mass-media mistake, a set of cheap costumes women might put on or cast aside. Rather stereotype—itself baptised now as 'masquerade' and here understood as a psychoanalytic term—is thought of as the phenomenon to which all women are submitted both inside and outside representation, so that as far as femininity goes, there is nothing *but* costume."[15]

This implies that representations in the restricted sense—films, advertisements, novels, paintings—are part of a far more absolute set of mechanisms; of representation in the broader sense, called the symbolic order in Lacanian psychoanalysis.[16] Subjectivities are shaped, are constructed by this symbolic order.

The portrait receives a new significance in the light of this feminist, psychoanalytically informed conception of subjectivity. In Sherman's case the portrait is not used as a critique of the mass-media, but as the framework which explores and exposes modes of femininity. This had to be done within the genre of the portrait exactly because according to the standard view of the traditional portrait that was the place were we could watch femininity as an essential quality, as beauty that is. If the portrait has been one of the main frameworks in which the notion of "real" femininity had been advocated, it is of course the most relevant space for a deconstruction of that notion.

SUBJECTING POWERS OF REPRESENTATION

Although I have assumed an intertwinement in the portrait between the conception of subjectivity and that of representation, I have so far focused on twentieth-century portraiture whose main point it is to propose new notions of the subject. Not all twentieth-century artists who have challenged portraiture began by reflecting on subjectivity. Some of them gave rise to new conceptions of subjectivity as a result of their challenging

prácticamente ausente. Sus retratos fotográficos, producidos mecánicamente, no dejan margen a la ilusión del yo interior singular del retratista. Pero los modelos retratados también están desposeídos de su yo interior. Se exhiben como sucedáneos públicos de la subjetividad. Los observadores no vemos un yo interior singular, sino un sujeto bajo la forma de estrella, modelado totalmente sobre la fantasía pública del "estrellato".

La oposición vanguardista al retrato por parte de artistas pop como Warhol parte de una curiosa percepción de la dimensión formativa de los medios de comunicación de masas. En la década de los ochenta del siglo XX el feminismo dio una dimensión nueva y fundamental a la convicción de que la identidad no es auténtica sino construida socialmente. No es el dominio de los medios de comunicación de masas lo que más incide en hacer o, mejor dicho, en vaciar al sujeto, sino más bien la representación en su sentido más general. *Sin título. Fotograma* (Figura A), de Cindy Sherman, aborda este asunto de la manera más inquietante. Estas famosas fotografías en blanco y negro muestran personajes femeninos (siempre aparece la propia Sherman) en situaciones que nos recuerdan las películas de Hollywood de los años cincuenta del siglo XX. *Sin título. Fotogramas* ofrecen la ilusión de estar basadas en fotogramas de películas reales rescatados por Sherman. Sin embargo, se frustran todos los esfuerzos de remitirse a la película original en la que están basadas las fotografías. No remiten a ningún "original". Como escribe Krauss:

"Ni en la 'película real', ni en la foto publicitaria o 'anuncio', ni en ninguna otra 'imagen' publicada. La condición de la obra de Sherman en sus *Fotogramas* –y parte de su objetivo, diríamos– es la naturaleza de simulacro de lo que contienen, la condición de ser una copia *sin original*."[12]

No es casual que Sherman se centrara en el género del (auto)retrato porque es exactamente la relación entre subjetividad y representación la que se somete a examen en su obra. Se invierte la relación estándar entre sujeto y representación. No vemos una representación transparente de una subjetividad "plena", sino una fotografía de un sujeto construido en la imagen de la representación. Se da la vuelta al retrato tradicional o, mejor dicho, al punto de vista estándar sobre el retrato tradicional.[13]

En todos los *Sin título. Fotograma* nos vemos abocados a reconocer un estilo visual y un tipo de femineidad. Las imágenes sugieren que hay un tipo particular de femineidad en la *mujer*, aunque en realidad dicha femineidad está en la imagen: es la imagen.[14] Esta conclusión podría dar la impresión de que hay poca diferencia entre la noción de sujeto en el retrato pop y los *Sin título. Fotograma*, ya que ambas obras dan al traste con la idea de que el retrato proporciona una representación auténtica y original del sujeto.

Sin embargo, hay una notable diferencia entre los retratos pop de los años sesenta del siglo XX y las fotografías feministas de Sherman de finales de los años setenta. Dicha diferencia da un nuevo cariz a la reconstrucción del retrato por los artistas del siglo XX. En palabras de Rosalind Krauss:

"En realidad, casi dos décadas de trabajo sobre el lugar de la mujer en el ámbito de la representación han desembocado en un cambio tal que el ámbito general del discurso ya no concibe el estereotipo como una especie de error de los medios de comunicación de masas, un grupo de disfraces baratos que las mujeres podrían ponerse o rechazar. Por el contrario, el estereotipo –ahora denominado *mascarada* y entendido aquí como término psicoanalítico– se concibe como el fenómeno al que están sometidas todas las mujeres tanto dentro como fuera de la representación, de modo que por lo que al feminismo se refiere no hay *más que* disfraz."[15]

Esto implica que las representaciones en sentido estricto –películas, anuncios, novelas, cuadros– forman parte de un conjunto más absoluto de mecanismos; de la representación en sentido lato, denominado orden simbólico en el psicoanálisis lacaniano.[16] Las subjetividades vienen moldeadas y construidas por este orden simbólico.

El retrato recibe una nueva significación a la luz de esta concepción de la subjetividad feminista y psicoanalíticamente informada. En el caso de Sherman, el retrato no se utiliza como crítica de los medios de comunicación de masas, sino como marco donde explorar y exponer

reflections on the effects and powers of representation, especially of the representation of human subjects. Because of the intertwinement of the two conceptions, the difference is often hard to discern. Challenging the notion of subjectivity has immediate consequences for the notion of representation; and the other way round. But emphases shift. Therefore, I will now focus on artists who have changed portraiture by their reflections on representation.

In his *Camera Lucida* the French critic and semiotician Roland Barthes has written about the nature of the relation between portrait and portrayed. In his view the image has a strong hold on the subject through the ability to represent the body of the subject as a whole, an ability that the subject itself lacks. For the subject has only transient bodily experiences and partial views of its own body. To transform these fragmented experiences and views into a whole, the subject needs an image of itself.

Barthes, however, does not see the dependence on the unity bestowing relation with the image as desirable, but as mortifying. "I feel that the photograph creates my body or mortifies it, according to its caprice." Barthes' remark about the effect of photographic portraiture can be read as a characterisation of discourse and representation in the most general sense.[17] The subject loses itself when it is objectified in representation. This loss of self is brought about because the objectification of the subject that bestows the experience of wholeness on it is a discursive transformation that translates the subject into the terms of the *doxa*, the platitudes of public opinion. The subject falls prey to a representation that constructs in terms of stereotypes. So, according to Barthes, in the portrait the subject is not confronted with itself in its essential quality, but by becoming an image it is alienated from itself, because assimilated into the *doxa*.

Barthes' view on the portrait is highly ambivalent. One depends on portraiture for the illusion of wholeness, but at the same time one has to pay for that by a loss of self. One's image is always cast in terms of the already represented. Barthes needs the portrait and resists it, which makes the portrait into a space of conflict. Barthes' view of the alienating effect of representation enables me to discuss the disturbing quality of the portraits of Francis Bacon. Barthes' account of the relationship between representation and subjectivity as a discursive conflict enables Bacon's portraits to be seen as efforts to unsettle the kinds of representations of the self that mortify any self-experience. In his interviews with David Sylvester, Bacon's emphasis on the need for distortion in order to represent the "real" appearance of somebody can be understood as a fight against stereotypical representations of the subject.

"FB: What I want to do is to distort the thing far beyond the appearance, but in the distortion to bring it back to a recording of the appearance.
DS: Are you saying that painting is almost a way of bringing somebody back, that the process of painting is almost like the process of recalling?
FB: I am saying it. And I think that the methods by which this is done are so artificial that the model before you, in my case, inhibits the artificiality by which this thing can be brought about."[18]

Bacon talks about his portrayals as conflicts between the artificiality of representation and the resistance of the model to that artificiality. That which Bacon depicts is exactly the fight between subject and representation. He folds the subject back onto itself, endorsing the resulting fragmentation as the inevitable consequence of this denial of the unity-bestowing power of representation.

There are many motifs in Bacon's portraits which give rise consistently to this view of the mortifying effects of representation on the portrayed subject.[19] Let me digress for a moment on one motif which strickingly and literally substantiates the power of the portrait to threaten subjectivity.[20] The painting *Three Studies of Isabel Rawsthorne*, 1967 (Figure B) is not only a portrait, it is also a work about the portrait. Isabel Rawsthorne is portrayed on different ontological levels. We see her in the primal space of the painting, but also as the subject of a portrait nailed to the wall. In this painting the distinction, or tension, between inside (subjectivity) and outside (representation) is first of all thematised literally. We see the figure opening or closing a door.[21] But she does this with her back turned to the act she

modos de femineidad. Lo que debía hacerse precisamente dentro del género del retrato, porque, según el punto de vista estándar del retrato tradicional, era donde podíamos contemplar la femineidad como una cualidad esencial, como belleza que es. Si el retrato es uno de los marcos principales donde se ha propugnado la noción de femineidad "real", es desde luego el espacio más relevante para la deconstrucción de tal noción.

LA REPRESENTACIÓN, FORJADORA DEL SUJETO

Si bien he asumido la interrelación entre los conceptos de subjetividad y representación en el retrato, hasta ahora me he centrado en el retrato del siglo XX, cuya principal aspiración es proponer nuevas nociones de sujeto. No todos los autores de este siglo que han puesto en entredicho el retrato comenzaron reflexionando sobre la subjetividad. Algunos dieron origen a nuevas concepciones de la subjetividad como resultado de sus reflexiones críticas acerca de los efectos y poderes de la representación, especialmente de la representación de sujetos humanos. Como se trata de dos concepciones estrechamente relacionadas, a menudo es difícil captar la diferencia. Cuestionar la noción de subjetividad acarrea consecuencias inmediatas para la noción de representación y viceversa. Lo que cambia es la intensidad. Por lo tanto, ahora voy a centrarme en los artistas que han modificado el retrato a raíz de sus reflexiones sobre la representación.

El crítico y semiólogo francés Roland Barthes escribió en *La cámara lúcida* acerca de la naturaleza de la relación entre el retrato y el retratado. Según este autor, la imagen influye decisivamente sobre el sujeto por su capacidad de representar el cuerpo del sujeto como totalidad. Capacidad de la que el sujeto carece, puesto que sólo tiene experiencias corporales transitorias y visiones parciales de su propio cuerpo. El sujeto necesita una imagen de sí mismo para transformar estas experiencias y visiones fragmentarias en un todo.

No obstante, Barthes no ve deseable, sino mortificante, la dependencia de esa relación armonizadora. "Creo que la fotografía crea mi cuerpo o lo mortifica, según su capricho". La observación de Barthes sobre el efecto del retrato puede interpretarse como una caracterización del discurso y la representación en su sentido más general.[17] El sujeto se pierde cuando se le objetualiza en la representación. Esta pérdida obedece a que la objetualización del sujeto, que confiere la experiencia de totalidad en sí mismo, es una transformación discursiva que traslada al sujeto a la *doxa*, los lugares comunes de la opinión pública. El sujeto es presa de una representación que lo construye como estereotipo. Por lo tanto, según Barthes, en el retrato el sujeto no se encara consigo mismo en su esencia singular, sino que queda alienado de sí mismo por haberse convertido en una imagen, por haberse asimilado a la *doxa*.

La opinión de Barthes sobre el retrato es muy ambigua. Se depende del retrato por la ilusión de totalidad y, al mismo tiempo, ello se paga con una pérdida del yo interior. La imagen propia siempre se proyecta como ya-representada. Simultáneamente, Barthes necesita el retrato y se resiste a él, convirtiéndolo en un espacio de conflicto. La opinión de Barthes sobre el efecto alienante me permite comentar la inquietante naturaleza de los retratos de Francis Bacon. La tesis de Barthes de la relación entre representación y subjetividad como conflicto discursivo permite contemplar los retratos de Bacon como esfuerzos por descabalar los tipos de representación del yo interior, que matan cualquier experiencia del mismo. La insistencia de Bacon en su entrevista con David Sylvester en la necesidad de distorsionar para representar la apariencia "real" de alguien puede interpretarse como un combate contra las representaciones estereotipadas del sujeto.

"FB: Lo que quiero hacer es distorsionar las cosas más allá de su apariencia para devolvérsela mediante esa distorsión.
DS: ¿Me está usted diciendo que pintar es como evocar a alguien, que el proceso de pintar es semejante al de recordar?
FB: Eso es. Además, creo que los métodos por los que se hace son tan artificiales que, en mi caso, el modelo que tengo delante impide la artificialidad, por lo que el proceso puede producirse."[18]

Bacon se refiere a sus retratos como conflictos entre la artificialidad de la representación y la resistencia del

Figure B
Francis Bacon
Three studies of Isabel Rawsthorne, 1967
Oil on canvas, 119 x 152,5 cm
The nail suggests that any attempt to represent mimetically may be regarded literally as an attempt to nail down the subject

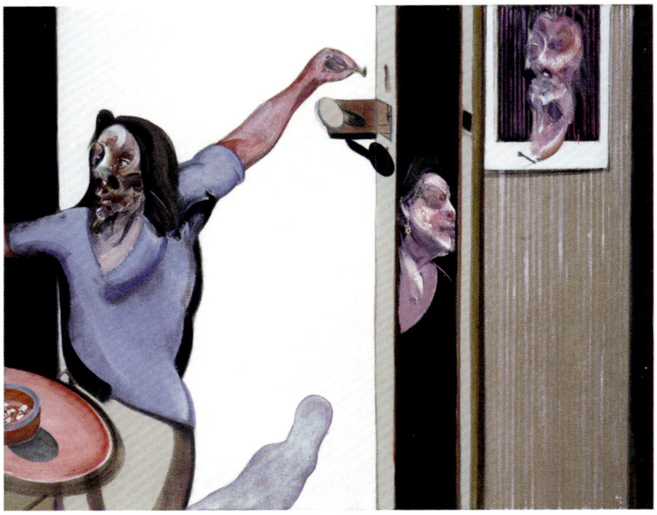

is executing. This suggests that there is danger or revulsion involved in this act, a reading supported by *Painting,* 1978, in which we see a naked figure locking or unlocking a door. The extremely artificial pose in this second painting expresses even more unambiguously the anxiety involved in this simple act. But the ambiguity between inside and outside, and the ambivalence of the distinction as such, is repeated in the relationship between reality and representation, here thematised as the distinction between literal, primary space and figural, represented space. We see the female figure not only inside and outside the door; we see her as a shadow on the white door and in a painting nailed on the wall (thus represented indexically as well as iconically). This image on the wall encapsulates the tensions produced by the painting that it is part of. As in many Bacon portraits, it is as if the represented figure is coming out of the image; or perhaps it is the other way around and a figure is being sucked into an image. The figure is both inside and outside the image.

Bacon's representational logic also manifests itself in *Three Studies of Isabel Rawsthorne* in the form of another motif recurrent in his oeuvre. The portrait within the portrait is pinned down to the wall by a nail. This nail evokes immediately other Bacon paintings: his *Crucifixions.*[22] In the context of Bacon's allegorical polemic with the western tradition of mimetic representation, the motif of the crucifixion signifies more than just bodily suffering and sacrifice. Within Bacon's consistent reflection on the effects of representation the crucifixion betokens the inevitable consequence of representation, the tearing apart of the subject, the destructive effect of reproductive mimesis. And this is even more obvious in those works where the crucifixion is not represented by the cross or by slaughter, but subtly and microscopically by nails. As indexes of the immense suffering and the total mortification of the body, the nails suggest that any attempt to represent mimetically may be regarded literally as an attempt to *nail the subject down*. Bacon accuses mimetic representation, by foregrounding its mortifying effects on the subject.[23]

PORTRAITS REFERRING DIFFERENTLY

The portraits of Sherman and Warhol undermine the idea that the portrait is able to refer to somebody outside the portrait. Portraits are caught up in the realm of representation. They refer to mass-media-produced stereotypes or simulacra which function as screens that block a transparent view of reality. Does this mean that reference is a *passé* notion in contemporary portraiture?

I don't think so. Instead, referentiality has become an object of intense scrutiny. The work of the French Jewish artist Christian Boltanski explores the concept of reference in a fundamental way and he does that mainly

Figura B
Francis Bacon
Tres estudios de Isabel Rawsthorne, 1967
Óleo sobre lienzo, 119 x 152,5 cm
El clavo sugiere que cualquier intento de representar miméticamente puede considerarse literalmente como un intento de constreñir al sujeto

modelo a dicha artificialidad. Lo que Bacon representa es exactamente la lucha entre el sujeto y su representación. Repliega al sujeto sobre sí mismo, dejando constancia de la fragmentación resultante como consecuencia inevitable de la negación del poder armonizador de la representación.

Hay muchos motivos en los retratos de Bacon que abundan en la opinión de los efectos mortificadores de la representación del sujeto retratado.[19] Permítaseme una breve digresión sobre un motivo que resume con claridad meridiana el poder del retrato para amenazar la subjetividad.[20] El cuadro *Tres estudios de Isabel Rawsthorne*, 1967 (Figura B) no sólo es un retrato, sino una obra sobre el retrato. Isabel Rawsthorne está retratada a diferentes niveles ontológicos. La vemos en el espacio propio del cuadro, pero también como sujeto de un retrato colgado de la pared. En este cuadro está tematizada literalmente la distinción o tensión entre el interior (subjetividad) y el exterior (representación). Vemos la figura que abre o cierra la puerta.[21] Ahora bien, lo está haciendo de espaldas al acto que está ejecutando. Esto sugiere que en dicho acto hay peligro o repugnancia, interpretación avalada por *Pintura*, 1978, en la que vemos una figura desnuda cerrando o abriendo con llave una puerta. La pose extraordinariamente artificial de este segundo cuadro expresa sin ambages la inquietud que inspira un acto tan sencillo. Pero la ambigüedad entre interior y exterior y la ambivalencia de semejante distinción se repiten en la relación entre espacio literal, primario, y espacio figurativo, representado. Vemos la figura femenina no sólo dentro y fuera de la puerta, sino también como una sombra en la puerta blanca y en el cuadro colgado en la pared (representada, por lo tanto, a manera de indicio además de icónicamente). La imagen de la pared alberga las tensiones producidas por el cuadro del que forma parte. Igual que en muchos otros retratos de Bacon, es como si la figura representada estuviera saliendo de la imagen. O quizás ocurra justamente todo lo contrario y la figura esté siendo absorbida por la imagen. La figura está tanto dentro como fuera de la imagen.

La lógica de la representación elegida por Bacon se manifiesta también en *Tres estudios de Isabel Rawsthorne*, 1967 bajo la forma de otro motivo recurrente en toda su obra. El retrato dentro del retrato está clavado en la pared. El clavo evoca de inmediato otros cuadros de Bacon: las *Crucifixiones*[22]. En el contexto de polémica alegórica con la tradición occidental de representación mimética, el motivo de la crucifixión tiene mayor significación que el de mero sufrimiento y sacrificio corporal. En la profunda reflexión baconiana de los efectos de la representación, la crucifixión presagia la consecuencia inevitable de la fragmentación del sujeto, el efecto destructivo de la mimesis reproductiva. Esto se hace aún más patente en las obras donde la crucifixión no

within the genre of the portrait. He is very outspoken in his desire to "capture reality". Many of his works consist of re-photographed "found" snapshots. He incorporates these photographs in larger installations. In his *The 62 Members of the Micky Mouse Club* (1972), for instance, he presents re-photographed pictures of children which he had collected when he was eleven years old. The original photos were pictured in the children's magazine *Micky Mouse Club*. The children had sent in a picture about which represented them best. Looking at these pictures seventeen years after he collected them, Boltanski is confronted with the incapacity of these images to refer. "Today they must all be about my age, but I can't learn what has become of them. The picture that remains of them does not correspond anymore with reality, and all these children's faces have disappeared."[24] These portraits don't signify "presence", but exactly the opposite: absence. If there were "interiority" or "essence" in a portrait, these photographs should still enable Boltanski to get in touch with the represented children. But they don't. They only evoke absence.

In some of his later works he intensifies this effect by enlarging the photos so much that most details disappear. The eyes, noses and mouths become dark holes, the faces white sheets. These blow-ups remind us of pictures of survivors of the holocaust just after they were released. This allusion to the holocaust, which I will call Boltanski's "holocaust-effect", is not caused by choosing images of Jewish children. He has always avoided using actual photographs from the deathcamps and in only two of his works used images of specifically Jewish children.[25]

The "holocaust-effect" undercuts two elements of the standard view of the portrait. By representing these people as (almost) dead, Boltanski foregrounds the idea that these photographs have no referent. And by representing these human beings without any individual features, he undermines the idea of "presence" in the portrait of an individual. All the portraits are exchangeable: the portrayed have become anonymous, they all evoke absence. Absence of a referent outside the image, as well as absence of "presence" in the image. About his *Monuments* (1986), for which he used a photograph of himself and of seventeen classmates, he says the following:

"Of all these children, among whom I found myself, one of whom was probably the girl I loved, I don't remember any of their names, I don't remember anything more than the faces on the photograph. It could be said that they disappeared from my memory, that this period of time was dead. Because now these children must be adults, about whom I know nothing. This is why I felt the need to pay homage to these 'dead', who in this image, all look more or less the same, like cadavers."[26]

The photographs don't help him to bring back the memories of his classmates. He calls his classmates "cadavers", because the portraits of them are dead. The portraits are dead because they don't provide presence or reference. He only remembers what the picture offers in its plain materiality as a signifier: faces.

The dead portraits are in tension with another element of his installations. The installations are always framed as monuments, as memorials or as shrines. The portraits are often lightened by naked bulbs as if to represent candles, to emphasise their status as memorial or shrine, These framings make the intention of the installation explicit. These works want to memorialise or to keep in touch with the subjects portrayed. The photographs produce, however, an effect which is in conflict with this intention. They are not able to make the portrayed subject present. They evoke absence. That is why the memorials are not so much memorials of a dead person, but of a dead pictorial genre. The portrait is commemorated in its failure to fulfil its traditional promises.

But Boltanski has made other kinds of work which are closer to fulfilling the standard claims of portraiture. In 1973 and 1974 he made several installations, generically called *Inventories,* which consisted of the belongings of an arbitrary person. In his *Inventory of Objects that Belonged to a Woman of New York,* he presented the furniture of a woman who had just died. The function of these belongings was to witness the existence of the woman who had passed away. Semiotically speaking these *Inventories* are fundamentally different from the installations with photographs. While the photographs refer iconically (or better, fail to do that), the inventories refer indexically. The pieces of furniture

se representa por la cruz ni el crucificado sino sutil y alusivamente a través de los clavos. Los clavos son indicio del inmenso sufrimiento y total mortificación del cuerpo y, en calidad de tales, sugieren que todo intento de representación mimética debe considerarse literalmente como un intento de constreñir al sujeto. Bacon acusa a la representación mimética mostrando sus efectos mortificantes en el sujeto.[23]

DISTINTAS REFERENCIAS DEL RETRATO

Los retratos de Sherman y Warhol socavan la idea de que el retrato es capaz de referirse a alguien fuera de él. Los retratos están atrapados en el ámbito de la representación. Se refieren a los estereotipos o simulacros producidos por los medios de comunicación de masas que funcionan como pantallas que impiden una visión transparente de la realidad. ¿Significa esto que la referencia es una noción desfasada en el retrato contemporáneo?

No creo. Al contrario, la referencialidad ha sido profusamente estudiada. La obra del artista judío francés Christian Boltanski explora exhaustivamente el concepto de referencia, particularmente dentro del género del retrato. Es muy directo en su deseo de "captar la realidad". Muchas de sus obras consisten en instantáneas "encontradas" refotografiadas. Incorpora estas fotografías en grandes instalaciones. Por ejemplo, *The 62 Members of the Mickey Mouse Club* (1972) presenta imágenes refotografiadas de niños, coleccionadas cuando tenía once años. Las fotografías originales aparecieron en la revista infantil *Mickey Mouse Club*. Los niños habían enviado las fotografías en que mejor salían. Al mirarlas diecisiete años después de haberlas coleccionado, Boltanski se encuentra con que estas imágenes carecen de referencia. "Hoy día deben tener todos mi edad, pero no sé qué ha sido de ellos. Su imagen ya no se corresponde con ninguna realidad, todos estos rostros infantiles han desaparecido."[24] Estos retratos no significan "presencia" sino su antónimo: ausencia. Si en el retrato hubiera "interioridad" o "esencia", estas fotografías aún deberían permitir a Boltanski entrar en contacto con los niños representados. Pero no es así; lo único que evocan es ausencia.

En algunas obras posteriores intensifica este efecto aumentando las fotografías de tal modo que desaparecen muchos detalles. Ojos, narices y bocas se convierten en boquetes negros y los rostros en sábanas blancas. Estas ampliaciones nos recuerdan las fotografías de supervivientes del Holocausto en el momento de su liberación. Esta alusión al Holocausto, que denominaré "efecto Holocausto" de Boltanski, no obedece a haber elegido imágenes de niños judíos. Siempre se ha abstenido de utilizar fotografías reales de los campos de exterminio; únicamente en dos obras utilizó imágenes de niños judíos.[25]

El "efecto Holocausto" mina dos elementos de la opinión comúnmente extendida sobre el retrato. Representando a estas personas como (prácticamente) muertas, Boltanski adelanta la idea de que estas fotografías carecen de referente. Y representando a estos seres humanos sin rasgos individuales, socava la idea de "presencia" en el retrato de un individuo. Todos los retratos son intercambiables: los retratados han caído en el anonimato, todos ellos evocan ausencia. Ausencia de referente fuera de la imagen, así como ausencia de "presencia" en la imagen. Dice lo siguiente acerca de *Monuments* (1986), para la que utilizó una fotografía de sí mismo y otros diecisiete compañeros de clase:

"De todos aquellos niños, entre los que me encontraba yo mismo y probablemente la niña de la que estaba enamorado, no recuerdo ninguno de sus nombres, no recuerdo más que las caras en la fotografía. Podría decirse que han desaparecido de mi memoria, que esa época esta muerta. Porque ahora estos niños deben de ser adultos de los que no sé nada. Por eso sentí la necesidad de rendir homenaje a estos "muertos", que en esta imagen miran todos más o menos igual, como cadáveres."[26]

Las fotografías no le sirven para evocar el recuerdo de sus compañeros de clase. Los llama "cadáveres" porque sus retratos están muertos, dado que no aportan presencia ni referencia alguna. No recuerda más que lo que la imagen ofrece en su pura materialidad como significante: rostros.

Los retratos muertos se hallan en tensión con otro elemento de sus instalaciones. Instalaciones siempre

represent the woman, not by means of similarity or likeness, but by contiguity. The woman and her belongings have apparently been adjacent. [27]

The point here is the shift from icon to index.[28] The difference between the iconical and the indexical works is a matter of pretension. The photographic portraits claim, by convention, to refer to somebody and to make that person present. They fail, as I have argued, in both respects. The indexical works don't claim presence: they show somebody's belongings, not the person her/himself. And strangely enough, they are successful as acts of referring to the person to whom the objects belonged. This success is due to the fact that one of the traditional components of the portrait has been exchanged for another semiotic principle. Similarity has gone, contiguity is proposed as the new mode of portraiture. When we stay with the standard definition of the portrait, Boltanski's indexical works fit much better in the genre of the portrait than his photographic portraits.

Although referentiality is more successfully pursued in the indexical installations, the problem of presence in these works. is again foregrounded as a failure. In *The Clothes of François C.*, for instance, we see black-and-white, tin-framed photographs of children's clothing. The photographs of these clothes immediately raise the question of the identity and the whereabouts of their owner. This leads again to the "holocaust-effect". The clothes refer to the storage places in the death and concentration camps where all the belongings of the internees were sorted (thus depriving them of individual ownership) and stored. After the war some of these. storage places were found, and became symbols, or better indexical traces, of the millions who were put to death in the camps.[29]

Marlene Dumas, a Dutch artist of South African origin, also addresses the problem of reference in her oeuvre, which mainly consists of groups or individual portraits. This artist is even more explicitly concerned with the problems of reference. She has said about her work: "I want to be a referential artist. To refer is only possible to something which has already been named. (But names are not always given by you.)"[30] Like artists such as Warhol and Sherman, Dumas is aware of the screen of images and representation, which makes reference impossible, but she does not accept the situation. Instead of foregrounding the screen and the impossibility of plain reference, she fights, while referring, against the conventional "names", which were not given by her. How does she do this?

The portraits and group portraits of 1985-87 show faces which often look like masks. The faces are usually very light, they look like sheets or screens which are emptied out; black pupils surrounded by white, attract the attention in these bleached faces. The eyes are very ambiguous in an uncanny way. It is not clear if in their round darkness they should be read as remnants of subjectivity; as the eyes peeping through holes in the artificial mask; or that they are nothing other than stereotypical signs in a mask, indicating eyes. The mask, as well as the caricature, has had an important function in dismantling the traditional portrait in twentieth-century art. Buchloh describes this role of the mask and the caricature as follows:

"Both caricature and mask conceive of a person's physiognomy as fixed rather than a fluid field; in singling out particular traits, they reduce the infinity of differential facial expressions to a metonymic set. Thus, the fixity of mask and caricature deny outright the promise of fullness and the traditional aspirations toward an organic mediation of the essential characteristics of the differentiated bourgeois subject."[31]

The mask represents essential features of subjectivity as fixed, mechanical or grotesque. Although this is relevant for an understanding of Dumas's work, her mask like portraits evoke at the same time a very different quality. The faces in her work evoke emptiness and death. Subjectivity is not present, but rather absent. Like Boltanski's installations, these portraits give rise to a "holocaust-effect". In her group portraits it seems that the group as such is responsible for this. In *The Teacher (sub b)* (1987) she portrays a class of schoolchildren in uniform. Uniform is usual in South Africa, but this portrayal emphasises how apartheid culture fixed identities on the basis of the most superficial exteriority. As a consequence, the children's faces have the same empty,

concebidas como monumentos conmemorativos o santuarios. Los retratos suelen estar iluminados por bombillas a manera de velas, para recalcar su carácter de monumento conmemorativo o santuario. Estos aderezos dejan clara la intención de la instalación. Estas obras quieren conmemorar o mantenerse en contacto con los sujetos retratados. No obstante, las fotografías producen un efecto que entra en conflicto con su intención. No son capaces de hacer presente al sujeto retratado. Evocan ausencia. Por eso los retratos conmemorativos no lo son tanto de una persona muerta, sino de un género muerto. El retrato conmemora su incapacidad de cumplir las promesas tradicionales.

Pero Boltanski ha realizado otro tipo de obras más próximas al cumplimiento de los requisitos estándar del retrato. En 1973 y 1974 hizo varias instalaciones, llamadas genéricamente *Inventarios*, consistentes en una serie de pertenencias de una persona indeterminada. En su *Inventario de objetos pertenecientes a una mujer de Nueva York* presentó los muebles de una mujer recién fallecida. La función de estas pertenencias era testimoniar la existencia de la mujer fallecida. Los *Inventarios* son absolutamente distintos de las instalaciones con fotografías desde el punto de vista semiótico. En ellos la referencia tiene carácter de indicio, mientras que la referencia de las fotografías es icónica o, mejor dicho, un fracaso en este sentido. Los muebles representan a la mujer por contigüidad, no por similaridad o semejanza. La mujer y sus pertenencias han sido al parecer adyacentes.[27]

Lo principal aquí es el cambio de icono a indicio.[28] La diferencia entre obras de uno u otro signo es una cuestión de pretensiones. El retrato fotográfico pretende, por convención, referirse a alguien y hacerlo presente. Ya he expuesto cómo fracasan en ambos sentidos. Las obras a manera de indicio no pretenden esa presencia: muestran las pertenencias de una persona, pero no a la persona en sí. Y curiosamente logran ser un acto de referencia a la persona a quien pertenecían los objetos. Este logro se debe a que uno de los componentes tradicionales del retrato se ha intercambiado por otro principio semiótico. Ha desaparecido la similaridad y se postula la contigüidad como nuevo modo del retrato. Si nos atenemos a la definición estándar del retrato, las obras de Boltanski a manera de indicio encajan en el género del retrato mucho mejor que sus retratos fotográficos.

En este tipo de obras el problema de la presencia vuelve a aparecer como un fracaso, por mucho que se logre la referencialidad. Por ejemplo, en *Las ropas de François C.* vemos fotografías enmarcadas de ropa de niño en blanco y negro. Estas fotografías plantean de inmediato la cuestión de la identidad y el paradero de su propietario. Lo que lleva de nuevo al "efecto-Holocausto". Las ropas hacen referencia a los almacenes de los campos de concentración y exterminio donde las pertenencias de los prisioneros se agrupaban (privándoles así de la propiedad individual) y se almacenaban. Después de la guerra se encontraron algunos de estos almacenes y se convirtieron en símbolos o, mejor dicho, indicios de los millones de personas asesinadas en los campos de exterminio.[29]

Marlene Dumas, artista holandesa de origen sudafricano, también aborda el problema de la referencia en su obra, consistente sobre todo en retratos de grupo o individuales. Esta artista está aún más explícitamente preocupada por los problemas de la referencia. Ha dicho acerca de su obra: "Quiero ser una artista referencial. Sólo es posible la referencia a algo que ya ha sido nombrado. (Pero los nombres no siempre los pone el artista.)[30] Dumas, al igual que artistas como Warhol y Sherman, es consciente del obstáculo de las imágenes y representación que hacen imposible la referencia, pero no se resigna a esa situación. Al contrario, en vez de detenerse ante ese obstáculo y la imposibilidad de referencia, lucha, mientras va en busca de referencia, contra los "nombres" convencionales que ella no ha puesto. ¿Cómo lo hace?

Los retratos individuales y de grupo de 1985-1987 muestran rostros que a menudo parecen máscaras. Los rostros suelen ser muy pálidos, sugieren hojas o pantallas de las que se hubiera borrado todo; entre tantos rostros descoloridos llaman la atención el de alumnas negras rodeadas por otras blancas. Los ojos presentan una extraña ambigüedad. No está claro si los redondeles negros deberían interpretarse como un residuo de subjetividad, como ojos que miran a través de los

Figure C
Marlene Dumas
The first People (I-IV), 1991
Oil on canvas, each 180 x 90 cm
Depicted horizontally we would see these babies in all their vulnerability and powerlessness. But erected like this, these little creatures suddenly become monsters with grabbing claws

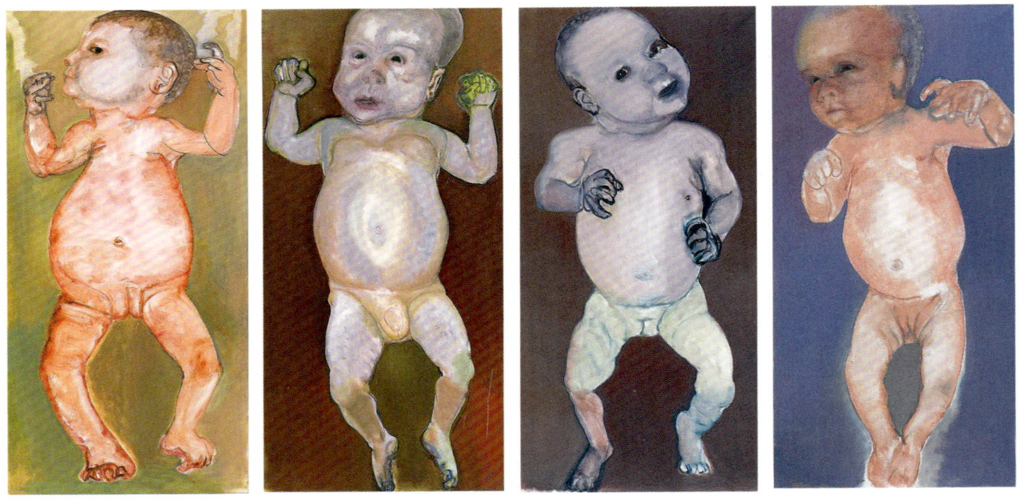

uniform expression as their clothes. In *The Teacher* we see that the uniform expression of the students is that of their teacher. This sameness is presented as death or absence. The question arises, then, whether it is the situation of the group as such, or the *portrayal of a group*, which causes this putting to death of subjectivity, this "holocaust-effect"? One cannot help remembering here that apartheid was quite literally the representation or "portrayal" of groups. But Dumas's work goes beyond such a political statement alone. She explores the intricate relationship between the political situation of apartheid and the representational consequences of mimetic portrayal, looking for essences.

For Dumas's later portraits suggest by their difference that these earlier works are part of an overall project to explore and challenge systematically the conventional characteristics of the traditional portrait as a politically invested genre. In the later works she continues to pursue the genre's conventions, but takes a different approach. She begins to experiment with format. While portraits are usually vertical (reflecting the human subject in its most respected posture: standing), an extreme horizontal format is also introduced. In such images the figures are stretched out in all their horizontality. It is as if they are pulled down, made powerless, by the format of the portrait.[32] There is a relation between being depicted horizontally and powerlessness, as opposed to the connection between the vertical format of the portrait and the authority of the portrayed person. This becomes provocatively clear when Dumas paints a male nude in this horizontal position in *The Particularity of Nakedness* (1987). Dumas tells about a museum director's response to this painting.[33] He considered it a failure, because it had too many horizontals *(sic)*. A successful painting needs verticals, he seemed to imply, without realising that Dumas had purposefully represented masculinity in this painting in such an unerect way.

Dumas's explorations of the relation between format and authority are shaped by contrasts. While representing masculinity horizontally, she depicts babies vertically in four vertical paintings: *The First People (I-IV)* (1991) (Figure C). When depicted horizontally, we would see babies in these poses in all their vulnerability and powerlessness (see *Warhol's Child)*. But erected these little creatures suddenly become monsters with grabbing claws. By enlarging this authority-effect of the vertical format, Dumas deconstructs this quality of the traditional portrait. She undoes the increase of being, namely the bestowing of authority on the portrayed, by giving it grotesque proportions and by attributing it to inappropriate exemplars.

In her work *Black Drawings* (1991-92) and the portraits she made for the mental institution Het Hooghuys, in Etten-Leur (1991), Dumas explored portrayal in yet another way. This time she made no individual portrait or

Figura C
Marlene Dumas
Las primeras personas (I-IV), 1991
Óleo sobre lienzo, cada uno 180 x 90 cm
Horizontalmente veríamos a estos bebés en toda su vulnerabilidad e indefensión. Pero en posición erecta se convierten de pronto en monstruos con zarpas

orificios de una máscara artificial o no son más que signos estereotipados en una máscara que indican los ojos. La máscara, al igual que la caricatura, ha desempeñado una importante función en el desmantelamiento del retrato tradicional en el arte del siglo XX. Buchloh describe así el papel de la máscara y la caricatura:

"Tanto la caricatura como la máscara conciben la fisionomía de la persona de un modo estático en vez de fluido; al realzar determinados rasgos, reducen la infinidad de diferentes expresiones faciales a una mera metonimia. De esta forma, la fijeza de la máscara y la caricatura niegan abiertamente la promesa de cumplimiento de las aspiraciones tradicionales a una mediación orgánica de las características esenciales del sujeto burgués diferenciado."[31]

La máscara representa rasgos esenciales de la subjetividad como si fueran algo fijo, mecánico o grotesco. Aunque esto es importante para comprender la obra de Dumas, sus retratos de tipo máscara evocan al mismo tiempo una cualidad bien diferente. Los rostros de su obra evocan vacío y muerte. La subjetividad no está presente sino ausente. Estos retratos dan pie a un "efecto Holocausto", igual que las instalaciones de Boltanski. En los retratos de grupo parece que el responsable de esto sea el propio grupo. En *La maestra (sub b)*, 1987 retrata de uniforme a un grupo de alumnas de un colegio. El uniforme es habitual en Sudáfrica, pero este retrato pone de relieve cómo la cultura del *apartheid* fijaba las identidades sobre la base de los aspectos externos más superficiales. En consecuencia, los rostros de las niñas tienen todos idéntica expresión vacía y uniforme que la ropa. En *La maestra* vemos que la expresión uniforme de las alumnas coincide con la de aquélla. Coincidencia presentada como muerte o ausencia. Se plantea la cuestión de si es la situación del grupo como tal o el *retrato de grupo* el causante de esta muerte de la subjetividad, este "efecto Holocausto". Es inevitable recordar aquí que el *apartheid* era literalmente la representación o "retrato" de grupos. Pero la obra de Dumas va más allá de ser una mera declaración política. Explora la intrincada relación entre la situación política del *apartheid* y las consecuencias del relato mimético en el plano de la representación, en busca de esencias.

Los retratos posteriores de Dumas sugieren por sus diferencias que los anteriores formaban parte de un proyecto general de exploración y cuestionamiento sistemático de las características convencionales del retrato tradicional como género con carga política. En obras posteriores sigue combatiendo las convenciones del género, pero utiliza un método diferente. Comienza por experimentar con el formato. Mientras que los retratos suelen ser normalmente verticales (reflejo del sujeto humano en su postura erecta, la más respetada), también introduce el formato totalmente horizontal. Es como si los retratos estuvieran

group portrait but a group of portraits. *Black Drawings* consists of 112 portraits of black people; the work made for Het Hooghuys consists of 35 paintings, with one panel having a poem by the Dutch poet Jan Arends. Most of the paintings are portraits of the people who are living in the mental institution, some are of animals.

These two groups of portraits are radically different from the earlier group portraits. They don't produce a holocaust-effect. Nor do they work as a collection of original subjectivities. Instead of promoting black subjects or mentally ill subjects to the status of bourgeois subjectivity, she constructs a conception of subjectivity based on variety and diversity but not on unique individuality. The portrayed models are not bestowed with subjectivity in terms of original presence, but in relation to each other. They are, because they are all different. That is why they all deserve their own panel within their collective portrayal.

The kinds of images I have discussed all suggest that the portrait has not at all become a dead genre in twentieth-century art, as some critics have claimed recently. Conceptions of subjectivity and identity have been challenged, mimetic conceptions of representation have been undermined in all kinds of ways. This has led to the implausibility of the intertwinement of bourgeois subjectivity with mimetic representation, but not to the death of the genre as such. Although genres are of course contaminated by their histories, it is not necessary to define a genre by its history. Artists like Warhol, Sherman and Dumas show how a genre can be liberated from its history so that it can become an arena for new significations. The project of "portraying somebody in her/his individual originality or quality of essence" has come to an end. But portraiture as genre has become the form of new conceptions of subjectivity and new notions of representation.

tumbados, desfallecidos a causa del formato del retrato.[32] Existe una relación entre la representación horizontal y el desfallecimiento, lo mismo que entre el formato vertical y la autoridad de la persona retratada. Esto queda provocativamente claro cuando Dumas pinta un desnudo masculino en posición horizontal en *La particularidad del desnudo* (1987). Dumas habla de la respuesta del director de un museo a este cuadro.[33] Lo consideró fallido porque tenía demasiadas horizontales (*sic*). Una pintura lograda, parecía decir, necesita verticales, sin darse cuenta de que Dumas había representado intencionadamente en este cuadro la masculinidad de modo no erecto.

Las exploraciones de Dumas acerca de la relación entre formato y autoridad están llenas de contrastes. Después de representar horizontalmente la masculinidad, presenta verticalmente a cuatro bebés en *Las primeras personas (I-IV)* (1991) (Figura C). De haberlos pintado horizontalmente veríamos a los bebés en toda su vulnerabilidad e indefensión (véase el *Niño de Warhol*), pero en posición erecta se convierten de pronto en monstruos con zarpas. Amplificando el efecto de autoridad del formato vertical, Dumas deconstruye esta cualidad del retrato tradicional. Anula el acrecimiento del ser, concretamente la concesión de autoridad al retratado, dándole proporciones grotescas y atribuyéndole ejemplaridades inadecuadas.

Dumas ensayó otra vía más de exploración del retrato en su obra *Dibujos de Negros* (1991-1992) y en los retratos realizados para la institución psiquiátrica Het Hooghuys de Etren-Leur (1991). Esta vez no hizo retratos individuales ni retratos de grupo, sino un grupo de retratos. *Dibujos de Negros* consta de ciento doce retratos de negros; la obra realizada para Het Hooghuys consta de treinta y cinco cuadros, con un panel del poeta holandés Jan Arends. La mayoría de los cuadros son de personas acogidas en la institución psiquiátrica, otros son de animales.

Estos dos grupos de retratos son radicalmente diferentes de los anteriores retratos de grupo. No producen "efecto Holocausto". Ni funcionan como una colección de subjetividades originales. En vez de elevar a los sujetos negros o enfermos mentales al estatus de la subjetividad burguesa, construye una concepción de la subjetividad basada en la variedad y la diversidad, no en una única individualidad. Los modelos retratados no obtienen la subjetividad de su presencia original, sino de su relación mutua. Son porque todos son diferentes. Por eso merecen su propio panel dentro del retrato colectivo.

La gran variedad de imágenes hasta ahora comentadas nos sugiere que el retrato no ha muerto ni mucho menos en el arte del siglo XX, como últimamente pretenden ciertos críticos. Las concepciones de subjetividad e identidad se han cuestionado y de igual modo se han socavado de múltiples formas las concepciones miméticas de la representación. Todo ello ha llevado a la conclusión de la imposibilidad de la interrelación entre subjetividad burguesa y representación mimética y no de la muerte del género del retrato como tal. Claro que los géneros están lastrados por sus respectivas historias, pero no se definen necesariamente por ellas. Artistas como Warhol, Sherman y Dumas demuestran que un género puede liberarse de su historia para convertirse en terreno abonado de nuevas significaciones. Ha tocado a su fin el proyecto de "retratar a alguien en su originalidad individual o esencia particular". Pero el retrato como género se ha convertido en receptáculo de nuevas concepciones de subjetividad y nuevas nociones de representación.

Notes

1. L. Nochlin, "Some women realists", *Arts Magazine* (May 1974), p. 29.

2. R. Brilliant, "Portraits: a recurrent genre in world art", in Jean M. Borattit and R. Brilliant, *Likeness and Beyond. Portraits from Africa and the World* (New York, Center for African Art, 1990), pp. 11-27, p. 7.

3. For the use of the photographic portrait in medical and legal institutions, see J. Tagg, *The Burden of Representation: Essays On Photography and Histories* (Amherst, University of Massachusetts Press, 1988): and A. Sekula, "The body and the archive", in Richard Bolton (ed.), *The Contest of Meaning. Critical Histories of Photography* (Cambridge, Mass., MIT Press, 1989), pp. 343-89. Sekula argues that the photographic portrait extends and degrades a traditional function of artistic portraiture, that is, of providing the ceremonial presentation of the bourgeois self "Photography came to establish and delimit the terrain of the *other,* to define both the *generalised look*—the typology—and the *contingent instance* of deviance and social pathology" (p. 345).

4. H.G. Gadamer, *Truth and Method* (New York, Continuum, 1975), p. 131.

5. Brilliant sees the portrait as a transcendent entity: "Portraits concentrate memory images into a single, transcendent entity; they consolidate many possible, even legitimate, representations into one, a constant image that captures the consistency of the person, portrayed over time but in one time, the present, and potentially forever" (Brilliant, "Portraits", p. 13). I contend that his transcendent entity, the result of the concentration of several images into one, is based on the same representational logic as Gadamer's "instance of being".

6. A. Benjamin, "Betraying faces: Lucien Frend's self-portraits", in *Art, Mimesis and the Avant-Garde* (London and New York, Routledge, 1991), pp. 61-74. He discusses the semantic economy of mimetic representation from a philosophical perspective. I follow here the main points of his argument.

7. See K.L. Walton, *Mimesis as Make-Believe. On the Foundation of the Representational Arts* (Cambridge, Mass., Harvard University Press, 1993).

8. Benjamin, "Betraying faces", p. 62.

9. B.H.D. Buchloh, "Residual resemblance: three notes on the ends of portraiture", in Melissa E. Feldmann (ed.), *Face-Of. The Portrait in Recent Art* (Philadelphia, Institute of Contemporary Art; 1994), pp. 53-69.

10. Y.A. Bois, *Painting as Model* (Cambridge, Mass.. MIT Press, 1990), p. 90.

11. Buchloh argues that postwar New York photographers like Diane Arbus, Richard Avedon and Irving Penn try to reassert the bourgeois concept of subjectivity. Photography is often the medium used to regressive reactions to new conceptions of the subject Buchloh sees their works as desperate efforts to hold on to unique individuality. Since the mythical dimension of this notion is increasingly exposed, they try to convince by representing extreme cases. They focus on forms of eccentricity and on sitters who are the "victims of their own attempt to shore up traditional bourgeois conceptions of originality and individuality" (Buchloh, "Residual resemblance", p. 59). When the notion of individual subjectivity is more and more contested, it is safeguarded as a spectacular sight. It is hard to deny "uniqueness" in the forms of the grotesque or in the life of freaks.

12. R. Krauss, *Cindy Sherman*, 1975-93 (New York, Rizzoli, 1993), p. 17.

13. For a brilliant Lacanian analysis of Sherrnan's *Untitled Film Stills*, see the last two chapters of Kaja Silverman's *The Threshold of the Visible World* (New York and London, Routledge, 1995).

14. J. Williamson, "Images of women", in *Screen*, 24 (November 1983), p. 102.

15. Krauss, *Cindy Sherman*, p. 44.

16. See J. Lacan, *The Four Fundamental Concepts of Psycho-Analysis*, ed. J.-A. Miller and trans. A. Sheridan (Harmondsworth, Penguin, 1979); and for a good introduction and critical discussion of Lacan, especially in its consequences and possibilities for such visual studies as art history and film studies, see K. Silverman, *Male Subjectivity at the Margin* (New York, Routledge, 1992).

17. For a relevant discussion of Barthes' view on the mortifying effect of discourse, see Ann Jefferson, "Bodymatters: self and other in Bakhtin, Sartre and Barthes", in Ken Hirschkop and David Shepherd (eds), *Bakhtin and Cultural Theory* (Manchester and New York, Manchester University Press, 1989).

18. D. Sylvester, *The Brutality of Fact: Interviews with Francis Bacon* (London, Thames and Hudson, 1982), p. 40.

19. See Ernst van Alphen, *Francis Bacon and the Loss of Self* (London, Reaktion Books, 1992).

20. In chapter 3 of van Alphen, *Francis Bacon and the Loss of Self,* I develop a view on the portrait and of Bacon's deconstructions of that view, by focusing on Bacon's famous "Pope paintings'. I discuss the pictorial genre of the portrait there in comparison with the literary genre of the detective.

21. This situation of a figure opening or closing a door is a current motif in Bacon's oeuvre. See, for instance, the central panel of *In Memory of George Dyer,* 1971, *Painting,* 1978, the outer panels of *Triptych,* 1981 and *Study of the Human Body,* 1983.

22. *See* his *Fragment of a Crucifixion,* 1950. *Three Studies for a Crucifixion,* 1962 and *Crucifixion,* 1965.

23. As often, Bacon also picks up a motif from the history of art to make his own point with it. In Vermeer's *Woman with a Balance* in the National Gallery of Art in Washington, D.C., a tiny nail in the wall on the left of the represented painting of the *Last Judgement* also suggests a critical note on the illusionary quality of realistic painting. See the opening pages of M. Bal, *Reading "Rembrandt': Beyond the Word-Image Opposition* (New York, Cambridge University Press, 1991).

24. Boltanski, quoted in L. Gumpert, *Christian Boltanski* (Paris, Flammarion, 1994).

25. In *Chases High School* (1987) and *Reserves: The Purim Holiday* (1989).

26. Interview with Christian Boltanski by Démosthènes Davvetas, quoted in Gumpert, *Christian Boltanski.*

Notas

1. L. Nochln, "Some women realists", en *Arts Magazine* (mayo 1974), p. 39.

2. R. Brilliant, "Portraits: a recurrent genre in world art", en Jean M. Borttit y R. Brilliant, *Likeness and Beyond, Portraits from Africa and he World,* Nueva York, Center for African Art, 1990, pp. 11-27, p. 7.

3. Sobre la utilización del retrato fotográfico en instituciones sanitarias y legales, véase J. Tagg, *El peso de la representación*, Barcelona, Gustavo Gili, 2005; y A. Sekula, "El cuerpo y el archivo", en *Indiferencia y singularidad*, Barcelona, MACBA, 1997, pp. 137-199. Sekula sostiene que el retrato fotográfico amplía y degrada una función tradicional del retrato artístico, es decir, proporcionar la presentación ceremonial del yo interior burgués. "La fotografía ha llegado a establecer y delimitar el terreno del *otro*, a definir tanto la *mirada general* –la tipología– como el *ejemplo contingente* de desviación y patología social".

4. H. G. Gadamer, *Verdad y método*, Salamanca, Sígueme, 1988, p. 131.

5. Brilliant considera el retrato como entidad trascendente: "Los retratos concentran las imágenes de la memoria en una sola entidad trascendente; consolidan muchas representaciones posibles, incluso legítimas, en una única imagen constante que capta la consistencia de la persona, retratada al margen del tiempo pero en un tiempo concreto, el presente, y potencialmente para siempre" (Brilliant, "Portraits", p. 13). Sostengo que esta entidad trascendente, resultado de la concentración de varias imágenes en una sola, se basa en la misma lógica de representación que la "instancia del ser" de Gadamer.

6. A. Benjamin, "Betraying faces: Lucien Freud's self-portraits", en *Art, Mimesis and the Avant-Garde*, Londres y Nueva York, Routledge, 1991, pp. 61-74. Analiza la economía semántica de la representación mimética desde una perspectiva filosófica. Aquí sigo los puntos fundamentales de su argumentación.

7. Véase K. L. Walton, *Mimesis as Make-Believe. On the Foundation of the Representational Arts*, Cambridge, Mass., Harvard University Press, 1993.

8. Benjamin, "Betraying faces", p. 62.

9. B. H. D. Buchloh, "Residual resemblance: three notes on the end of portraiture", en Melissa E. Feldmann (ed.), *Face-Off. The Portrait in Recent Art*, Philadelphia, Institute of Contemporary Art, 1994, pp. 53-69.

10. Y. A. Bois, *Painting as Model*, Cambridge, Mass., MIT Press, 1990, p. 90.

11. Buchloh sostiene que fotógrafos neoyorquinos de posguerra como Diane Arbus, Richard Avedon e Irving Penn tratan de reafirmar el concepto burgués de subjetividad. La fotografía es el medio utilizado a menudo para reacciones regresivas a nuevas concepciones del sujeto. Buchloh considera su obra como esfuerzos desesperados de aferrarse a una individualidad única. Procuran convencer representando casos extremos porque la dimensión mítica de esta noción estaba cada vez más desenmascarada. Se centran en excentricidades y en modelos que son "víctimas de su propio intento de esquivar las concepciones burguesas tradicionales de originalidad e individualidad" (Buchloh, "Residual resemblance", p. 59). Como la noción de subjetividad individual encuentra cada vez más detractores, se conserva bajo la forma de algo espectacular. Es difícil negar "singularidad" a formas grotescas o monstruosas.

12. R. Krauss, *Cindy Sherman, 1975-1993,* Nueva York, Rizzoli, 1993, p. 17.

13. Véase un brillante análisis lacaniano de los *Fotogramas sin título* de Sherman en los últimos capítulos de Silverman, Kaja, *The Threshold of the Visible World*, Nueva York y Londres, Routledge, 1995.

14. J. Williamson, "Images of women", en *Screen,* 24 (noviembre 1983), p. 102.

15. R. Krauss, *Cindy Sherman,* p. 44.

16. Véase J. Lacan, *The Four Fundamental Concepts of Psycho-Analysis*, ed. J-A Millar; traducción al inglés de A. Sheridan (Hardmondsworth, Penguin, 1979); y para una buena introducción y comentario crítico sobre Lacan, especialmente en sus consecuencias y posibilidades en estudios de artes visuales como la historia del arte y el cine, véase K. Silverman, *Male Subjectivity at the Margin*, Nueva York, Routledge, 1992.

17. Acerca del punto de vista de Barthes sobre el efecto mortificante del discurso, véase Ann Jefferson, "Bodymatters: self and other in Nakhtin, Satre y Barthes", en Ken Hirschkop y David Shepherd (eds.), *Bakhtin and Cultural Theory*, Manchester y Nueva York, Manchester University Press, 1989.

18. D. Sylvester, *The Brutality of Fact: Interviews with Francis Bacon*, Londres, Thames and Hudson, 1982, p. 42.

19. Véase Ernst van Alphen, *Francis Bacon and the Loss of Self*, Londres, Reaktion Books, 1992.

20. En el capítulo 3 de Ernst van Alphen, *Francis Bacon and the Loss of Self,* expongo mi visión sobre el retrato y su deconstrucción por Bacon, centrándome en los famosos "retratos papales" de Bacon. Comento el género pictórico del retrato comparándolo con el género literario detectivesco.

21. La figura que abre y cierra una puerta es un motivo recurrente en la obra de Bacon. Véanse, por ejemplo, el panel central de *In Memory of George Dyer, 1971, Painting,* 1978, paneles exteriores del *Tryptisch, 1981*, y un *Study of The Human Body*, 1983.

22. Véase su *Fragment of a Crucifixion, 1950, Three Studies for a Crucifixion, 1962* y *Crucifixion, 1962.*

23. Bacon toma a menudo un motivo de la historia del arte para expresar sus puntos de vista. En *Mujer con balanza*, National Gallery of Art, Washington, D. C., Vermeer sugiere una nota crítica sobre el carácter ilusorio de la pintura realista: el clavo en la pared a la izquierda del cuadro del *Juicio Final.* Véanse las primeras páginas de M. Bal, *Reading "Rembrandt": Beyond the Word-Image Opposition*, Nueva York, Cambridge University Press, 1991.

24. Boltanski, citado en L. Gumpert, *Christian Boltanski*, París, Flammarion, 1994.

25. En *Chases High School* (1987) y *Reserves: The Purim Holiday* (1989).

26. Entrevista a Christian Boltanski, realizada por Démosthènes Davvetas, citado en Gumpert, *Christian Boltanski.*

27. Or rather, these belongings pretend to, and thus represent the idea of, having been contiguous to the woman, because later Boltanski admitted that he had "cheated" the audience by exhibiting furniture which he had borrowed from personal acquaintances. But this only proves the semiotic status of his work. The sign, according to Umberto Eco's definition of it, is "everything which can be used in order to lie'. Urnberto Eco, *A Theory of Semiotics* (Bloomington, Indiana University Press, 1976), p. 10.

28. For a seminal discussion of the important role of the index in contemporary art, see R. Krauss, "Notes on the index: part 1 and Notes on the index: part 2", *The Originality of the Avant-Garde and Other Modernist Myths* (Cambridge, Mass., MIT Press, 1985), pp. 210-20.

29. In other indexical portraits, the holocaust-effect is even more directly pursued. Part of the installation *Storage Area of the Children's Museum* (1989), for instance, consisted of racks of clothing. The piles of clothes which were stored on the shelves referred to the incomprehensible numbers who died in the concentration camps.

30. M. Dumas, *Miss Interpreted* (Eindheven, Van Abbemuseum, 1992), p. 10.

31. B.H.D. Buchloh, "Residual resemblance", p. 54.

32. This is especially the case in *Warhol's Child* (1991), but also in those paintings which seem to comment on the tradition of the female nude: *Snow White and the Broken Art* (1988), *The Guilt of the Privileged* (1988), *Snow White in the Wrong Story* (1988), *Waiting (for Meaning)* (l988) and *Losing (her Meaning)* (1988).

33. Dumas, *Miss Interpreted*, p. 43.

27. O mejor dicho, estas pertenencias pretenden y, por lo tanto, representan esa idea, haber sido contiguas a la mujer, porque Boltanski reconocería más tarde que se había "burlado" del público exponiendo muebles que había pedido prestados a sus conocidos. Pero esto no demuestra más que el estatus semiótico de su obra. El signo, según la definición de Umberto Eco, es "todo lo que puede utilizarse para mentir". Umberto Eco, *Tratado de semiótica general*, Barcelona, Lumen, 1991, p. 10.

28. Acerca del papel clave del indicio en el arte contemporáneo, véase R. Krauss, "Notas sobre el índice. Parte I" y "Notas sobre el índice. Parte II", en *La originalidad de la Vanguardia y otros mitos modernos*, Alianza Forma, Madrid, 1996, pp. 209-223 y 225-235.

29. En otros retratos a manera de indicio el "efecto Holocausto" se persigue aún más claramente. Por ejemplo, parte de la instalación *Storage Area of the Children's Museum* (1989) consistía en montones de ropa. Montones almacenados en baldas en referencia al incalculable número de muertos en los campos de exterminio.

30. M. Dumas, *Miss Interpreted*, Eindhoven, Van Abbemuseum, 1992, p. 10.

31. B. H. D. Buchloh, "Residual resemblance", p. 54.

32. Éste es concretamente el caso del *Warhol's Child* (1991), pero también el de los cuadros inscritos en la tradición del desnudo femenino: *Snow White and the Broken Art* (1988), *The Guilt of the Privileged* (1988), *Snow White in the Wrong Story* (1988), *Waiting (for Meaning)* (1988), y *Losing (Her Meaning)* (1988).

33. M. Dumas, *op. cit.*, p. 43.

THE METAMORPHOSES OF THE FEMININE: ORLAN, CINDY SHERMAN, MARIKO MORI.

CHRISTINE BUCI-GLUCKSMANN

In this paper I hope to conduct an inquiry into the visual and political metamorphoses of the female body through the trajectory of three artists—Orlan, Cindy Sherman and Mariko Mori—who question the identity of the self. Since the Greeks—in whose myths Daphne turned into a laurel tree, and Leda into a swan—metamorphosis is a shifting of shape that bespeaks a body destined for radical instability, a mutant body. Metamorphosis explores a plural feminine made of transgressions and experiments, which takes the multiple form of an *ego body* that throws all boundaries into a state of crisis. The boundaries between the sexes, between cultures, between inside and outside, between the animate and the inanimate, and among all the "sex appeal of the inorganic".

To speak of metamorphosis is to treat identity as a game, to reject any kind of substantialism or "essence" of woman, in a search for what Julia Kristeva calls "a specifically feminine atheism". This plurality of the subject goes back, in fact, to the 1920s, the time of the first great liberation of women, with Claude Cahun dressed as a man and wearing a mask. But it was not until the 1960s that the *devenir-femme*, the becoming-woman, was asserted as a radical politics of the body. Four early testimonies:

Claude Cahun: "Under this mask, another mask. I shall never finish taking off all these masks."
Orlan: "I am pregnant with a thousand 'I's.'
Louise Bourgeois: "I have no ego. I am my work."
Cindy Sherman: "I am divided into many different parts."

Whether through too much identity or too little, the "I" is shattered, giving rise to what Mary-Ann Doane called "an inverse odyssey" of the subject, that questions femininity as sign and image and all established rules and conformities. To examine this becoming-woman, I shall set out from two concepts. One is borrowed from Michel Foucault—heterotopy—while the other is drawn from a 1920s psychoanalyst, Joan Rivière—the masquerade.

Michel Foucault never ceased to dream of a new science, "heterology", the ability to build in society "other" (*heteros*) "places" (*topoi*). These other places, "heterotopies", coupled with "heterochronies", consist of "the power to juxtapose different spaces, different sites, which are in themselves incompatible". In "heterotopies of deviation", which install "divisory practices" and

LAS METAMORFOSIS DE LO FEMENINO: ORLAN, CINDY SHERMAN, MARIKO MORI.

CHRISTINE BUCI-GLUCKSMANN

Me gustaría preguntarme sobre las metamorfosis plásticas y políticas del cuerpo femenino a través del itinerario de tres artistas –Orlan, Cindy Sherman y Mariko Mori– que han cuestionado la identidad del ego. Desde los griegos –Dafne transformada en laurel, Leda en cisne–, la metamorfosis es una alteración de la forma, que revela un cuerpo abocado a una inestabilidad radical, un cuerpo mutante. Explora pues un femenino plural, hecho de transgresiones y de experimentaciones, adoptando la forma múltiple de un *Ego Body* que pone en crisis todas las fronteras. Las de los sexos, las culturas, lo interior y lo exterior, lo animado y lo inanimado, y de todos los *sex appeal de lo inorgánico*.

Hablar de metamorfosis es pues instaurar un juego sobre la identidad, rechazar todo substancialismo y toda "esencia" de la mujer, en una búsqueda de lo que Julia Kristeva denomina un "ateísmo específicamente femenino". Si bien esta pluralidad del Sujeto se remonta en realidad a los años veinte, los de la primera gran emancipación de las mujeres, con Claude Cahun vestida de hombre y casi siempre enmascarada, no será hasta los años sesenta cuando el devenir-mujer se afirme como una política radical del cuerpo. Cuatro testimonios preliminares:

Claude Cahun: "Bajo esta máscara, otra máscara. No acabaría nunca de quitar todas esas máscaras".
Orlan: "Estoy encinta de mil yoes".
Louise Bourgeois: "No tengo ego. Soy mi trabajo".
Cindy Sherman: "Me divido en muchas partes diferentes".

Demasiada identidad o demasiado poca, el Yo se fragmenta, hasta el punto de dar lugar a lo que Mary-Ann Doane denomina *una odisea invertida* del sujeto, que cuestiona la femineidad como signo e imagen, y todas las normas y conformismos establecidos. Para abordar este devenir-mujer, me propongo partir de dos conceptos, uno tomado de Michel Foucault: la heterotopía, y el otro de una psicoanalista de los años veinte, Joan Rivière: la mascarada.

Michel Foucault nunca dejó de soñar con una nueva ciencia: la *heterología* o capacidad de construir en la sociedad unos "lugares" *(topos)* "otros" *(hetero)*. Estas heterotopías, que se acompañan de heterocronías, consisten en "el poder de yuxtaponer varios espacios, varios emplazamientos, que son incompatibles en sí mismos". En las "heterotopías de desviación",

bring about new "forms of subjectivisation", could the body itself, and its appearance, come into play? It is a fact that my body is "a pitiless *topos*". It is also a "great actor", which will create for itself a utopian and "atopical" body by all kinds of procedures and forms of *mise en scène*—masking, tattooing, dressing and undressing, using illusion and artifice. Briefly, then, between the mirror and the pitilessness of the corpse, "my body is always elsewhere. It is nowhere."[1]

It is precisely this nowhere, in the transaction between observed and observer, that Joan Rivière calls "masquerade", a concept later revived and developed in the feminism of Mary Ann Doane, Judith Williamson and Judith Butler. Every society since the emergence of humankind has used masks for its rites of passage—birth, puberty, death, the return of ghosts—but "masquerade" entails more than the mere bearing of a mask. Masquerade is a process and strategy for the breaking of the images and signs of the self. It explores, by a variety of devices, the self-representation of the self as a doubling and duplication of the feminine, as a sign and surface. In Cindy Sherman's words, "by representing herself, she shows that she is nothing other than a surface effect." It is a matter of doubling the effect of the feminine on the medium, so as the better to subject it to a critique. There is a whole arena of work here, on the surface—the skin and the second skin—which men have not been shy to practice: Duchamp as "Rrose Sélavy" (*Eros c'est la vie*), Warhol in women's clothing. Women artists, for their part, have designed, in the words of Judith Butler, "the very apparatus of production whereby the sexes themselves are established." Masquerade, then, disrupts the division of the sexes and the social codes of the feminine. Woman is treated as an image, and she turns images around by showing the elision of identities that they imply. In a game of presence/absence, creating a non-personal subjectivity, the body is caught up in a plurality of scenographies, multiplied all the more by technological virtuality.

The question is, how far can one take the masquerade? Up to the "ugly", vomit, the third sex, intersexual transvestitism, prostheses, cloning? Already in his analysis of the "heroic archetypes" of Baudelaire's modernity—prostitutes and lesbians—Walter Benjamin found the ties between an anthropological form of materialism and the transgressive utopias of the feminine. We might also wonder where to place the bounds, the extremes of the heterologies of masquerade. Is the body, being political, obsolete, as Sterlac would have it?

Orlan: from carnal art to hybridisations.

"I am a man and a woman": this is how Orlan was born, by inventing a name and using humour to unsettle the identities of the genre. As saint, as Proteus, as Harlequin, as Donkeyskin, as Kali, hybridised with all the standard Mexican or African "others" of beauty, she is an unceasing heterology of the self. In her career, beginning in the 1960s, one could point to four main sequences—Baroque folds, operations, hybridations and cinematographic fictions—in which she puts into play a mutant aesthetics that also operates as a politics of the feminine.

BAROQUE FOLDS

From her first photographs in 1964, she seeks to "escape the frame", whether naked or masked, and always smiling and playful. For almost ten years she worked with fabrics and folds, paying homage to the Baroque legacy of Bernini and his St Teresa. First, she worked with sheets, like the trousseau sheets on display here, stained with her lovers' semen and embroidered over. She questions the original opposition of the pure and the impure, of what one may show and what one must keep concealed, intimate. For the condition of women determines that the private can be political. On moving from sheets to draped cloths, she travesties herself as a saint—now a madonna, now a whore, the two roles of an unmasked Christianity. With one breast naked and the other swathed in a second skin of infinite folds, she makes her body the scene for a play of hiding and showing, of a dressing and undressing of textures. The period 1970-1980, marked by the notorious *Baiser de l'artiste* (Fiac 1977), were thus the years of an initial Baroque style of metamorphosis. The "birth" of Orlan was her *devenir-baroque*, her becoming-Baroque: a mode of thought and an aesthetic governed by the extreme, by code and ritual, inherent to all scenographies, installations,

que instauran "prácticas escindientes" y suscitan nuevas "formas de subjetivación", es el propio cuerpo en su apariencia lo que puede estar en juego. Porque mi cuerpo es "un topos despiadado". Por ello es un "gran actor", que va a crearse un cuerpo utópico y atópico mediante toda suerte de procedimientos y de puestas en escena: enmascararse, tatuarse, vestirse o desvestirse, sirviéndose de la ilusión y el artificio. Resumiendo, entre el espejo y lo despiadado del cadáver, "mi cuerpo siempre está en otra parte. No está en ninguna parte."

Es precisamente este *ninguna parte*, en la relación entre visible y vidente, lo que Joan Rivière denomina "mascarada", concepto retomado y desarrollado en el feminismo de Mary Ann Doane, Judith Williamson y Judith Butler. Si bien toda sociedad desde la aparición de los hombres ha utilizado máscaras para los distintos ritos de iniciación –nacimiento, pubertad, muerte o regreso de los fantasmas–, la "mascarada" es más que el mero portar la máscara. Es un proceso y una estrategia de ruptura de las imágenes y de los signos del Yo. Explora pues, mediante distintos dispositivos, la autorrepresentación de sí como duplicación y doblez de lo femenino, como signo y superficie. Como dice Cindy Sherman: "representándose a sí misma, demuestra que no es sino un efecto de superficie". Por ello, de lo que se trata es de reforzar el efecto de lo femenino en el propio medio, para criticarlo mejor. Nos encontramos pues con todo un trabajo sobre la superficie, la piel y la segunda piel, que los hombres no se han privado de practicar: Duchamp como "Rrose Sélavy", o Warhol vestido de mujer. En cuanto al proceder de las artistas, de lo que se trata es de designar "el dispositivo en sí de la producción por el cual se fundan los sexos", como escribe Judith Butler. La mascarada perturba la división de los sexos y los códigos de lo femenino; y porque la mujer es tratada como una imagen, da la vuelta a las imágenes mostrando la elisión de identidad que éstas implican. En un juego de presencia-ausencia, que crea una subjetividad no personal, el cuerpo está apresado en unas escenografías plurales, que lo virtual tecnológico multiplica aún más.

¿Pero cabe preguntarse hasta dónde puede practicarse la mascarada? ¿Lo "feo", el vómito, el tercer sexo, el travestismo intersexual, los clones? Walter Benjamin analizaba ya en los "arquetipos heroicos" de la modernidad de Baudelaire –prostitutas y lesbianas– los vínculos entre un materialismo antropológico y las utopías transgresivas de lo femenino. ¿Cabría asimismo preguntarse dónde situar los límites, los extremos de las heterologías de la mascarada? ¿El cuerpo, debido a su naturaleza política, está obsoleto, como defenderá Sterlac?

Orlan: del arte carnal a las hibridaciones.

"Soy un hombre y una mujer": así es como nace Orlan, inventándose un nombre y perturbando las identidades del género con su humor. Como santa, Proteo, Arlequín, Piel de Asno, Kali, hibridada con todos los patrones "otros" de la belleza, mexicanos o africanos, es una permanente heterología de sí. En este camino que se inicia en los años sesenta, podrían distinguirse cuatro secuencias principales: los pliegues del Barroco, las operaciones, las hibridaciones y las ficciones cinematográficas, donde se pone en juego una estética mutante que es también una política en femenino.

PLIEGUES BARROCOS

Desde las primeras fotografías de 1964, de lo que se trata es de "salirse del marco", desnuda o enmascarada, siempre sonriente y juguetona. Por ello, durante casi diez años, va a trabajar con paños y pliegues, siguiendo la lección barroca de Bernini y su *Santa Teresa*. Sábanas primero, como las sábanas del ajuar exhibidas, manchadas con el esperma de sus amantes y bordadas encima. Un modo de cuestionar la oposición inicial de lo puro y lo impuro, de lo que se ha de mostrar y lo que se ha de esconder, por privado e íntimo. Porque en lo que respecta al estatus de las mujeres, lo privado puede ser político. Al pasar de la sábana al drapeado, se traviste de santa –ora *madonna*, ora prostituta–, los dos roles de un cristianismo desenmascarado. Un seno al aire, el otro envuelto en la segunda piel de pliegues al infinito, escenifica su cuerpo en un esconderse-mostrarse, vestirse-desvertirse de texturas. Así, esos años 1970-1980, marcados por el famoso *Baiser de l'artiste* (Fiac, 1977), son los de un Barroco inicial de la metamorfosis. El *Nacimiento de Orlan* será su devenir-Barroco, este pensamiento y esta estética regulada por lo

sculptures and photographs. It was a second-order Baroque, a reinvented Baroque, and thus an initial form of the masquerade in the sense posited by Joan Rivière. To return here to my own account developed more fully in a book,[2] this "Baroque of the Baroque" recruits a certain range of devices and mannerisms. If, as Walter Benjamin showed, the Baroque signified the first slide from cultural value to display value, it entails stage art, deploying states of affect, effects and beings within an assumed theatricality and artificiality, which works towards de-sublimating religion for the sake of art. As a saint, bearing her cross and standing on her pedestal redoubling the sequence of video, with her gesture and her naked breast, Orlan offers us an intimate and yet social opera, a beckoning from the spirit-made-flesh. In sky white or black *skai* ("sky"), with her golden wings, she mocks glory, by a self-canonisation of herself and of art, and by a "governing of the soul by 'corporoscopy'" that, according to Lacan, is a distinctive feature of the Baroque. The artist offers a kiss, but for a fee...

She creates an "art of event" by casting doubt on the roles and standards of female beauty, using multimedia installations, photography and sculpture to reinvent this fall toward the heights of the Baroque. An art of singular multiplicities, which develops precisely by means of all the cross-breeding and mutations of a "carnal art"—to use her own terms—marked by a "madness of seeing", a seeing-not seeing, that she has gathered for us.

OPERATIONS

Her clothing of folds was a second skin, but, from 1990 to 1993 she underwent nine plastic surgery operations, using them as a visual tool, and shifted skin like one of her reworked myths, *Donkeyskin*. Broadcast live to galleries in New York and the Centre Pompidou, the operations let one see what lies "under" the skin, and portrays the time of scars. Well before Oedipus, the I-skin is made in the first exchanges with the mother, and the skin is at one and the same time both a protection and an abiding danger. To change skin, to have permanent implants inserted in one's face, implies being reincarnated as an "other", through the procedures of art. During her operations, Orlan read a passage from Eugénie Lemoine's *La Robe*, which declares a veritable manifesto: "I wear the skin of an angel, but I am a jackal; a crocodile skin, but I am a lapdog; a black skin, but I am white; a woman's skin, but I am a man. I never have the skin of what I am."

To transform one's skin, to show it transformed in one's own visage, this is a most daring and radical masquerade that mounts an attack on sacrosanct appearances. No hint of masochism or of an apologetics of pain, which Orlan kept well at bay. Rather, there emerges a metamorphosis of the self, in the reality of "the flesh", in its crudeness and cruelty. Here, the fold is un-folded, and the image becomes the reverse of beauty, taken under the charge of the media. Hence the operations—often misunderstood, and accounting for only three years of her long career—are Orlan's second birth, her re-birth, one could say. To change skin is to change face, and, more than ever, to display image as it is, between the real and the fictitious.

HYBRIDATIONS

Recent times have seen a shift from the culture of stabilities to the culture of flux, and to what I call *l'image flux*, "the flux image", with its aesthetic of the ephemeral.[3] Orlan seized on the opportunities offered by new technologies to change her face by the "morphing" technique. She "virtualised" herself through Mexican and African cultures, and now American Indian culture, to become a mutant of plural identity, between the real and virtual. An "assisted ready-made", Duchamp would have called it.

In a world in which cultural identities arouse violence and war, to work on self-portraiture using other cultures defines an aesthetic between two poles, "me" and the "other", which bears political significance. Cultural intermingling and exchange are now globalised phenomena. This power to multiply the self introduces what one might call a "cultural doubling", another way to shift skin by surgery—in this case, by a virtual operation. Unlike the mere double, doubling covers over and transforms the face into an artefact, an otherness. Hybridised as Mexican or African, she not only "wears" another culture but also other standards of beauty. Hence

extremo, el código y el ritual, propios de todas las escenografías, instalaciones, esculturas y fotografías.

Un Barroco de segundo grado, un Barroco reinventado, que es una primera mascarada en el sentido que le da Joan Rivière. Retomando aquí una serie de análisis desarrollados en uno de mis libros,[2] este Barroco del Barroco se caracteriza por una serie de dispositivos y maneras. Si, tal como mostró Walter Benjamin, el Barroco supone el primer deslizamiento del valor cultural hacia el valor de exposición, presupone escenografías, desplegando afectos, efectos y seres, en una teatralidad y una artificialidad asumidas, que tiende a des-sublimar la religión en beneficio del arte. Como santa, con su cruz y su pedestal redoblando la escena de vídeo, el gesto y el seno exhibidos, Orlan nos ofrece una ópera íntima y social, una cita del alma devenida cuerpo. En blanco celeste o en *skai* (sky) negro, con sus alas doradas, procede a una irrisión de la gloria, por la autocanonización de sí misma y del arte, y por la "regulación del alma por la escopia corporal" propia del Barroco según Lacan. Un beso de la artista, pero pagado...

De entrada, crea un arte del acontecimiento, cuestionando los roles y los criterios de la belleza femenina, mediante instalaciones multimedia, fotografías y esculturas, que reinventan esta caída hacia lo alto del Barroco. Un arte de las multiplicidades singulares, que no hará sino desarrollarse a través de todos los mestizajes y las mutaciones de un "arte carnal", por retomar sus palabras, marcado por una "locura del ver", un ver-no ver, que nos había reunido.

OPERACIONES

La vestidura de los pliegues era una segunda piel, pero con las operaciones de 1990 a 1993 (nueve en total), se sirve de la cirugía estética como herramienta plástica, y cambia de piel como uno de sus mitos retrabajados: *Piel de Asno.* Retransmitidas en directo en una galería de Nueva York y en el Centro Pompidou, estas operaciones dejan ver lo que hay "bajo" la piel, y los retratos del tiempo de las cicatrices. Mucho antes del Edipo, el Yo-piel está hecho de los primeros intercambios con la madre, y la piel es a la vez una protección y un peligro permanente. Cambiar de piel, hacerse implantes en el rostro que permanecen, implica reencarnarse "otra", gracias a los procedimientos del arte. Durante estas operaciones, Orlan leía un texto de *La robe* de Eugénie Lemoine, lo que es todo un programa: "Tengo piel de ángel, pero soy un chacal, piel de cocodrilo pero soy un perrito, piel negra pero soy un blanco, piel de mujer pero soy un hombre. Nunca tengo la piel de lo que soy".

Transformar la propia piel, mostrarla transformada en el propio rostro, he aquí una mascarada de las más osadas y radicales, que atenta contra las sacrosantas apariencias. Ni rastro de masoquismo ni de apología del dolor, a los que siempre mantenía a raya. Pero sí una metamorfosis del "Yo", en la realidad de "la carne", en su crudeza y su crueldad. Aquí, el pliegue se vuelve despliegue, y la imagen un envés de la belleza, que los medios de comunicación toman a su cargo. Por ello es por lo que las operaciones, a menudo mal entendidas, y que sólo duran tres años en su larga carrera, son el segundo nacimiento de Orlan, su "renacimiento" si se quiere. Porque cambiar de piel es cambiar de rostro, y escenificar más que nunca la imagen como tal, entre real y ficcional.

HIBRIDACIONES

Los últimos años han estado marcados por el paso de la cultura de las estabilidades a la cultura de los flujos, e incluso a lo que he dado en llamar la imagen-flujo, con su estética de lo efímero[3]. Orlan se apodera de las posibilidades ofrecidas por las nuevas tecnologías para cambiar su rostro con la técnica del *morphing.* Se "virtualiza" a través de las culturas mexicanas o africanas, y ahora indioamericanas, para convertirse en una mutante de la identidad plural, entre lo real y lo virtual. Un *ready-made* asistido, habría dicho Duchamp.

En un mundo en el que las identidades identitarias suscitan violencias y guerras, trabajar el autorretrato con otras culturas define una estética del "entre-dos", entre "Yo" y el "Otro", lo que tiene un alcance político. Porque el "entre-dos", cultural, el mestizaje ya han quedado globalizados. Este poder de desmultiplicación del Yo

the emergence of what Harald Szeemann has called "personal mythologies", which bring about a disturbing, almost fictional estrangement, a self-sculptural form of play with identity. The mask of the masquerade adheres to the skin, whether virtual or photographed.

A form of "skin art" where the other is me in a double and doubled gaze.

A CINEMA IN REVERSE

Between the real and the virtual, reality and illusion, inside and outside, one and many, Orlan's work gradually deconstructed the major oppositions of the western metaphysics of the One and of identity. More Being, and a becoming—even a multiple becoming—which comes into an inevitable encounter with the cinema. "A cinema in reverse", in her own words, because she started out with large backlit billboards displayed in the Forum des Halles, advertising well-known filmmakers—such as Cronenberg—actresses and screenwriters for a film that did not exist, or did not exist yet. The scheme for the film is as fictitious as its tagline, "Remember the future." It was even the subject of numerous scripts produced at a session at the Fondation Cartier.

Orlan's metamorphoses of "carnal art" and virtual art seem to me emblematic of a reality that every woman would recognise—birth is not a single event, but a repeated one, or, again, one is born as a single being and then becomes several after experiencing the new "forms of subjectivisation" postulated by Michel Foucault, and which other woman artists have also explored.

CINDY SHERMAN: THE NEUTRAL AND ARTIFICE

Unlike Orlan, Cindy Sherman creates her art in a world in which feminism has arrived and is present, an American world likewise ruled by a mass culture of image—in all its forms—including film. Her point of departure, then, is not so much the body as the image. "I believe in image," she says. Her work thus unfolds, first, an explicit "post-Warhol" dimension, and her *Film Stills* of the 1970s—photographs and representations of staged tableaux—create a game of multiple cinematographic roles. Here, metamorphosis entails the construction of archetypes of image and "type" portraits—the film heroine, the secretary or the librarian—always neutralised, stereotyped, even anonymous, pursuing a kind of "narrative snapshot".

From this first exploration, we see that Cindy Sherman's intention is to "deconstruct" the images, create second-order images, images of images, without depth, in which the female body is the flat surface of the photographic print across all the possible scenarios of the masquerade.

But such a production of the feminine, of its becoming apparent in the open vulvas of all these posed dummies and clothes-horses, involves a specific device of the artist's gaze which Amelia Jones has called "a projective eye".[4] Active and passive, observed and observer, violent and penetrative, such is the phallic gaze of the "masculine" on the feminine, and such was the eye of the camera in the *Film Stills* of 1977. Because "the camera sees for me." In the strict sense of a stage before a mirror, an "anti-stage". The question is no longer to be identified so as to be, but to dis-identify so as no longer to be a sensible, conformist or even seductive image. This is why she seeks the reverse of "the look"; she seeks the "ugly", or, in the terms of Hal Forster, the "artifice of abjection". In Cindy Sherman, artificiality is at once a distance, a pose, a dimension of neutrality, and an anonymity of the self which allows it all forms of masquerade and subverts the codes of "femininity".

In this, her art echoes the becoming-garment in Warhol—*Fashion* (1983) or *Pink Robes* (1992)—where fashion photography is turned in on itself. But likewise it is the opposite and the reverse, exploring bodily vomit, deformity, the grotesque, the body mechanised and made into a doll, as in *Vomit* and *Sex*. From close up, the eye penetrates these artificial vulvas, offered and open, as if reddened with disgust. There is a Sadian undercurrent here, that opens the way to sexed hybridations and all the materials and surrogates of a soiled inner body. But what is this eye that frontally gazes on these open vaginas, these prosthetic legs and expelled detritus of the edible, these veritable phantasmagorias of the female body?

introduce lo que podría denominarse un doblez cultural, otra forma de cambio de piel mediante operación, virtual en este caso. A diferencia de lo simple duplicado, el doblez recubre, transforma el rostro en artefacto, en alteridad. Porque hibridada en mexicana o africana, no sólo re-viste otra cultura sino también otros patrones de belleza. De ahí la constitución de lo que Harald Szeemann había denominado "mitologías personales", que producen una inquietante ajenidad cuasi ficcional, que es un juego auto-escultórico sobre la identidad. La máscara de la mascarada se pega a la piel, la de lo virtual y las fotografías. Un "arte de la piel", donde el otro soy yo, en una mirada doble y desdoblada.

UN CINE AL REVÉS

Entre real y virtual, verdad e ilusión, dentro y fuera, uno y múltiple, poco a poco el trabajo de Orlan ha deconstruido las grandes oposiciones de la metafísica occidental de lo Uno y la identidad. Más Ser, pero un devenir e incluso un devenir múltiple abocado a toparse con el cine. Un cine al revés, según sus palabras, puesto que empezó con grandes carteles luminosos expuestos en el Forum des Halles, en los que se mezclaban conocidos directores (como Cronenberg), estrellas o guionistas, para una película que no existe, o aún no. El plan fílmico es ficcional, como su lema: "Acuérdate del futuro". Fue incluso objeto de guiones múltiples durante una velada de la Fundación Cartier.

Las metamorfosis de Orlan, del arte carnal al arte virtual, me parecen emblemáticas de una verdad que toda mujer reconoce: el nacimiento no es uno sino repetido, o incluso: se nace uno y te conviertes en varios, tras haber experimentado las nuevas "formas de subjetivación" de las que hablaba Michel Foucault, y que otras artistas también han explorado.

CINDY SHERMAN: LO NEUTRO Y EL ARTIFICIO

A diferencia de Orlan, Cindy Sherman desarrolla su arte en un mundo en el que el feminismo ya es algo ocurrido y presente, un mundo americano dominado asimismo por una cultura de masas de las imágenes –bajo todas sus formas–, entre las que se cuenta el cine. Aunque su punto de partida está menos en el cuerpo que en la imagen: "Creo en la imagen", dice. Su trabajo desarrolla pues, de entrada, una dimensión "post-Warhol" explícita, y los *Fotogramas* de los años setenta, fotografías de puestas en escena, instituyen un juego de roles cinematográficos múltiples. La metamorfosis pasa por construir imágenes y retratos arquetípicos: heroína de película, secretaria o bibliotecaria, siempre neutralizados, estereotipados, incluso anónimos y que practican una especie de "instantáneo narrativo".

Ya desde esta primera apuesta, nos damos cuenta de que el propósito de Cindy Sherman es el de "deconstruir" las imágenes, crear imágenes de segundo grado, imágenes de imágenes, sin profundidad, en las que el cuerpo femenino será la superficie lisa de la imagen fotográfica, en todos los escenarios posibles de la mascarada. Pero una producción como ésta de lo femenino, de su aparentarse al sexo abierto en todos los maniquíes, implica un dispositivo de la mirada específico, que Amelia Jones ha denominado un "ojo proyectivo"[4]. Activo y pasivo, visible y vidente, violento y penetrante, tal sería la mirada fálica de lo masculino sobre lo femenino, y así era en un principio el ojo de la cámara de los *Fotogramas* de 1977. Porque "la cámara ve por mí". En el sentido estricto de un anti-estadio del espejo. Ya no se trata de identificarse para ser, sino de des-identificarse para dejar de ser una imagen sensata, conformista o incluso seductora. Por ello es por lo que buscará el envés del aspecto, lo "feo", más aún "el artificio de la abyección", en palabras de Hal Forster. Porque en Cindy Sherman, la artificialidad es a la vez una distancia, una postura, una dimensión de neutralidad, y un anonimato del Yo, que le permite todas las mascaradas, que la emprende con los códigos de la "femineidad".

La del devenir-vestidura como en Warhol: *Fashion* (1983) o *Pink Robes* (1992), donde la fotografía de moda está como dada la vuelta sobre sí misma. Pero también su contrario y su envés, que exploran el vómito del cuerpo, lo deforme, lo grotesco, el cuerpo mecanizado y convertido en muñeca, de las *Vomit Pictures* y de las *Sex Pictures*. Desde muy cerca, el ojo penetra en estos sexos artificiales, ofrecidos y abiertos, y como enrojecidos de asco.

If, as Baudrillard would have it, the obscene is the surface effect and generalised image that wrests all depth from the world and deprives it of any possibility of critique, then in Cindy Sherman the obscene is doubly so. It is played out on the surface, but exhibits a radical obscene, more Sadian than postmodern. "I had wanted to explore a violent misogynistic direction *à la* Sade." Any and every masquerade is possible, from life to death, like the superb "vanities" (*Untitled 272,* 1992, and *Untitled 315*) which I have discussed in my paper "Les Vanités secondes".[5] A frontal death, garnished with flowers and garlands, with eyes of precious stone, a death that attains to what Rilke called "the non-face". A death in the Baroque manner, a garish Baroque of defunct glory, or its own frozen death-mask emerging from a strange green "aperture".

Sewn up, deformed, outlandish or factitious, bodies and faces spreading out always on the surface. Manipulation, substitutes, as a series of famous portraits, as a clown or as a character from her *Fairy Tales*, the neutered and sometimes hallucinatory images of Cindy Sherman probe a world where the inorganic and the organic meld intimately into what Deleuze called "a body without organs". Carved up, dislocated, plugged in, a hybridated, obscene and grotesque artefact, all the states of the body that culminate in the *Disasters* speak to a "low materialism" that echoes Bataille, with no escape but a ubiquitous masquerade that unveils the voyeurism of the "others". In her self-portraits as "another", and in those bodies seen by others, the beauty of her photographs troubles us with their "political incorrectness", which makes us spectators of the extreme, oscillating between a pan-sexualism of the impersonal and cruel, and the lighter, more equivocal smile of a clown. Subverting every identity, she sends us on to other terrors and other fantasies, those of a world where life and death coexist daily with the images of a post-capitalist ontology.

MARIKO MORI: A CYBORG OF THE HYBRID

From New York, where she now lives, to Tokyo, that world-city and capital of all artefacts, screens, manga art and videogames, the modes of the masquerade multiply to the point that Mariko Mori sometimes seems to us an "electronic geisha".

I still remember the piece exhibited at the Lyon Biennale (*Still, from video Miko no Inan*, 1996) in which she appeared with her eyes artificially rendered silver-blue and wearing strange angel-cyborg wings, as incorporeal as the crystal ball she was holding. And when I again saw her work in Tokyo in 1998, where her videos were being screened at the *Spiral* show, I felt the same pleasure watching her as a traditional Japanese lady serving tea, as a Kabuki heroine, and as a purple-haired cyborg in *Kumano Alaya*. In her exploration of what she calls "the instability of identity", she blends a wide range of cultures, from Buddhism to pop culture, manga comics and cyborg, to become a kind of "techno-dream woman", on the frontier of beings, nature and as yet unseen technology, in a dream of beauty and transparency.

In the tradition of the *ukiyo-e*, the "pictures of the floating world", and, even more, echoing the ultramodern images of the "post-ephemeral" architectures of Toyo Ito, she ceaselessly places the world and herself in a state of suspense and weightlessness. In her video installation *Nirvana*, she floats in 3D, and in *Pure Land*, bearing the glass lotus or *hoju* and carrying her hand in a traditional pose, she uses a form of dance to embody—or, rather, dis-embody—an immaterial deity of a Buddhism to which she lays claim. In her 1998 text, *The Eternal Law*, she speaks of this "flow of primal energy", because "only spiritual energy is eternal".[6] She likewise touches on the major issues of philosophy. The integration of each thing and each being in the all, where "the universe is a living space-time".[7] Flows of energy regenerate and are at once ephemeral and eternal, such that life is ceaselessly reborn. In the same way, the masquerades of Mariko Mori traverse time in a dazzling "heterological" constellation, in which she can be a pop art figure at one moment, and, at another, an instantiation of the cyborg-sexy, or a floating deity.

The ephemeral and eternal time of Buddhism and, opposing it, the urban and utopian time of the virtual. Shut into her transparent egg-capsule, she floats down to earth at La Défense (*Beginning the End,* Paris, 1996), in front of Shibuya station in Tokyo or facing the pyramids

Hay en ello como un envés sadiano, que da paso a las hibridaciones sexuadas y a todas las materias y sustitutos de un cuerpo interior sucio. Pero, ¿cuál es el ojo que ve frontalmente estos sexos abiertos, estas piernas de prótesis y estos detritus de alimentos expulsados al exterior, en verdaderas fantasmagorías del cuerpo femenino?

Si, como dice Baudrillard, lo obsceno es el efecto de superficie e imagen generalizado que arrebata toda profundidad al mundo y lo priva de toda crítica, en el caso de Cindy Sherman éste es doble. Se mofa o ignora la superficie, pero para exhibir un *obsceno* radical, más sadiano que posmoderno. "A mi manera, había querido explorar una violenta misoginia en la línea de Sade". Toda mascarada es posible, de la vida a la muerte, como esas magníficas *Vanitas (Sin título 272,* 1992, y *Sin título 315)* que ya comenté en "Les Vanités secondes"[5]. Una muerte frontal, adornada con flores y collares, con ojos de piedras preciosas, una muerte que alcanza lo que Rilke llamaba "el no rostro". Una muerte *a la manera* del Barroco, un Barroco de pacotilla y de gloria difunta, cuando no su propia máscara congelada y que sale de una curiosa "abertura" verde. Cosidos, deformados, desmedidos o facticios, cuerpos y rostros se expanden siempre en superficie.

De la manipulación a los substitutos, en su galería de retratos históricos, como payaso o en *Cuentos de hadas,* las imágenes neutras y a veces alucinadas de Cindy Sherman exploran un mundo en el que lo inorgánico y lo orgánico se mezclan íntimamente, en lo que Deleuze llamaba un *cuerpo sin órgano*. Troceado, dislocado, conectado, artefacto hibridado, obsceno y grotesco, todos estos estados de cuerpo que culminan en los *Desastres* tienen que ver con un "bajo materialismo" a lo Bataille, sin otra salida que una mascarada generalizada, que saca a la luz el voyeurismo de los "otros". En sus autorretratos como "otra", y esos cuerpos vistos por los otros, la belleza de sus fotografías turba por lo que tiene de "políticamente incorrecto", con lo que nos convierte en espectadores de lo extremo, oscilando entre un pansexualismo de lo impersonal y la crueldad, y una sonrisa más equívoca y más ligera de payaso. Subvirtiendo toda identidad, nos reenvía a otros terrores y a otros fantasmas, los de un mundo en el que vida y muerte coexisten a diario en las imágenes de una ontología poscapitalista.

MARIKO MORI: UNA CYBORG DE LO HÍBRIDO

De Nueva York (donde ahora vive) a Tokio, esta ciudad-mundo, capital de todos los artefactos, pantallas, mangas y videojuegos, las modalidades de la mascarada se multiplican, hasta el punto de que Mariko Mori parece a veces una "geisha electrónica". Aún recuerdo el dispositivo de la Bienal de Lyon *(Still, from video Miko no Inan,* 1996) donde salía con sus ojos azul-plateados artificiales y sus curiosas alas de ángel-cyborg tan inmateriales como la bola de cristal que sujetaba. Y al volver a reencontrarme con su trabajo en Tokio (1998), donde proyectaban sus vídeos en *Spiral*, experimentaba el mismo placer al verla sucesivamente como mujer japonesa tradicional sirviendo el té, como heroína de Kabuki, o como Cyborg de pelo violeta en *Kumano Alaya*. Explorando lo que ella misma denomina *la inestabilidad de la identidad*, mezcla numerosas culturas, pasando del budismo al pop, a los mangas y al Cyborg, para ser una especie de *techno-dream woman,* en la frontera de los seres, de la naturaleza y de la tecnología del futuro, en un sueño de belleza y transparencia.

En la tradición de los *ukiyo-e,* estas "imágenes del mundo flotante", y aún más en las ultra-modernas de las arquitecturas "postefímeras" de Toyo Ito, pone una y otra vez el mundo, y a sí misma, en suspenso e ingravidez.

En la instalación de vídeo *Nirvana, flota en 3D*, y en *Pure Land con el hojû,* esa flor de loto de cristal, y la mano en una pose tradicional, encarna o más bien desencarna en su danza una deidad inmaterial de un budismo que reivindica. En su texto de 1998, *The Eternal Law,* alude a este "flujo de energía primaria", porque "sólo la energía espiritual es eterna"[6]. Retoma incluso sus grandes principios filosóficos. La integración de cada cosa y de cada ser en el todo, porque "el universo es un espacio-tiempo que está vivo"[7]. Al igual que los flujos de energía se regeneran y son a la vez efímeros y eternos, la vida no deja de renacer. Por ello las mascaradas de Mariko Mori atraviesan todos los tiempos, en una constelación *heterológica* apabullante, donde puede ser ora pop, ora cyborg sexy o deidad flotante.

Tiempo efímero y eterno del budismo, contrapuesto al tiempo urbano y el tiempo utópico de lo virtual.

of Egypt, where she resembles an unreal mummy. The "second skin" of the masquerade here becomes a Plexiglas capsule, a work with multiple echoes, with urban settings re-filmed and retold in diaporamas, photographs and installations. In *Entropy of Love*, she again floats, but in a twosome—as in love—in the setting of a surreal landscape and all possible reflections and transparencies. As a "surrealist cyborg", as a glam, futuristic mannequin in the image of Tokyo's young techno-pop teenagers, or as a sci-fi alien, she explores the virtual personas of the present, the past and the future in the cycle of giant photographs, *Beginning the End*, or the five videos of *Link*, exhibited in the circular space at Beaubourg. She reinvents the remote aesthetic of indifference that I encountered in Japan; she traverses all existing dualisms and boundaries—nature and artificiality, past and future, matter and spirit, Lolita-child and adult, burning desire and ethereal yearning, end and beginning. In her own words, "I reduce time," and seeks to "narrow the gap between East and West." From New York to Tokyo—a heterotopy *entre-deux*—the burning eye shimmers "in between", it is a Plexiglas capsule, a crystal ball, a ubiquitous and utopian virtual eye. But in all these transvestitisms, which are a fundamental given of Japanese culture, she is, wishes to be and reinvents herself as a "child of Warhol" ("We're all children of Andy Warhol") without ever gainsaying that Japanese beauty—*bi*—which she practices in the fullness of its polysemy and its thousand bursts of transparency and light.

A masquerade of deviation and reinvention, a masquerade straddling the real and the virtual, pop art and sci-fi: all these feminine heterotopies place us before one and the same question: what is the masquerade masking, as Judith Butler wrote? A feminine identification with the masculine? A repressed homosexuality? A melancholy of gender? An "inverse odyssey" of images, speaking of an eye that is "unfathomable, a black, multiple hole", "for failure of inhabiting a gaze which would draw together that which in the body is torn apart and fades away, childlike" (Monique Schneider). Perhaps even the repressed scene of psychoanalysis, a "specifically feminine atheism", which, when it plays that role, men borrow, from Duchamp to Warhol or Morimura. In any case, this plural and unstable identity of women in art is already our own, that of a world of flux and mutation, where creation borrows the gaze of others to become itself and design the post-human or pre-human utopias of the future.

Notes

1. Michel Foucault, *Dits et Écrits*, Paris, Gallimard, 1994.

2. Christine Buci-Glucksmann, *Triomphe du baroque*, Marseille, Images en mouvement, 2000.

3. Cf: nos livres: *La Folie du voir. Une esthétique du virtud*, Paris, Galilée, 2002, and *Esthétique de l'éphémère*, Paris, Galilée, 2004.

4. "Sur les traces du sujet avec Cindy Sherman", in *Cindy Sherman: Retrospective*, London, Thames and Hudson, 1998, p. 36.

5. In the book *Les Vanités dans l'art contemporain*, edited by Anne-Marie Charbonneaux. Paris, Flammarion, 2005, p. 52 ss.

6. Quoted in *Mariko Mori*, London, Serpentine Gallery, 1998, p. 41.

7. *Ibid.*, p. 22.

Encerrada en su cápsula-huevo transparente, flota en tierra en *La Défense* (*Comienzo del fin*, París, 1996), como ante la estación de Shibuya en Tokio o delante de las pirámides egipcias, donde parece una momia irreal. La "segunda piel" de la mascarada se convierte entonces en una cápsula de plexiglás, obra de resonancias múltiples, en todos los emplazamientos urbanos re-filmados y trasladados a diaporamas, fotografías o instalaciones. En *Entropy of love*, sigue flotando, pero siendo dos como en el amor, en medio de un paisaje surreal, y de todas las reflexiones y transparencias posibles. *Cyborg Surrealista*, maniquí glamurosa y futurista a imagen de las jóvenes "techno pop" de Tokio, o ser extraterrestre de ciencia-ficción, explora las personalidades virtuales del presente, del pasado y del futuro, en el ciclo de las gigantescas fotografías de *Comienzo del fin* o de los cinco vídeos de *Link*, presentados en Beaubourg en su espacio circular. Reinventando la estética distante de la indiferencia que vi en Japón, atraviesa todos los dualismos y fronteras existentes: entre naturaleza y artificialidad, pasado y futuro, materia y espíritu, niña-lolita y adulta, deseo ardiente o deseo etéreo, principio y fin. Tal como ella dice: "reduzco el tiempo"; y desea "reducir el espacio entre Oriente y Occidente". De Nueva York a Tokio, una heterotopía del *entre-dos*, el ojo ardiente oscila "entre", una cápsula de plexiglás, una bola de cristal y un ojo virtual utópico omnipresente.

Pero en todos estos travestismos, que son un dato fundamental de la cultura japonesa, ella es, se reivindica y se reinventa "hija de Warhol" ("somos todos hijos de Andy Warhol"), sin desprenderse nunca de esta belleza japonesa, el *bi*, que practica en toda su polisemia y sus mil estallidos de transparencia y de luz.

Mascarada de desviación y de reinvención, mascarada entre real y virtual, pop y ciencia ficción, todas estas heterotopías femeninas nos sitúan pues ante una misma pregunta: ¿qué es lo que está enmascarado en la mascarada, como escribía Judith Butler? ¿Una identificación femenina en masculino? ¿Una homosexualidad reprimida? ¿Una melancolía del género? ¿Una "odisea invertida" de las imágenes, que evidencia un ojo "insondable, agujero negro, múltiple, por no poder habitar una mirada en la que se reuniría lo que en el cuerpo se desgarra y fluye infantilmente" (Monique Schneider)? Quizá incluso la escena reprimida del psicoanálisis, la de un "ateísmo específicamente femenino" que los hombres toman prestado, cuando juega ese papel, desde Duchamp a Warhol o Morimura. En cualquier caso, esta identidad plural e inestable de las mujeres en el arte ya es la nuestra; la de un mundo de flujos en plena mutación, donde la creación opta por los otros para llegar a sí y dibujar las utopías post-humanas o pre-humanas del futuro.

Notas

1. Michel Foucault, *Dits et Écrits*, París, Gallimard, 1994.

2. Christine Buci-Glucksmann, *Triomphe du baroque*, Marseille, Images en mouvement, 2000.

3. Véase Christine Buci-Glucksmann, *La Folie du voir. Une esthétique du virtuel*, París, Galilée, 2002, y *Esthétique de l'éphémère*, París, Galilée, 2004.

4. "Sur les traces du sujet avec Cindy Sherman", en *Cindy Sherman, Rétrospective*, Londres, Thames and Hudson, 1998, p. 36.

5. En el libro *Les Vanités dans l'art contemporain*, bajo la dirección de Anne-Marie Charbonneaux, París, Flammarion, 2005, p. 52 *y ss.*

6. Citado en *Mariko Mori*, Londres, Serpentine Gallery, 1998, p. 41.

7. *Ibid.*, p. 22.

PORTRAITS / GENRE: THOMAS STRUTH.

BENJAMIN H.D. BUCHLOH

I

"For example, it is accepted as a certainty that Foucault, adhering in this to a certain conception of literary production, got rid of, purely and simply, the notion of the subject: no more oeuvre, no more author, no more creative unity. But things are not that simple. The subject does not disappear; rather, its excessively determined unity is put in question, what arouses interest and inquiry is its disappearance (that is, the new manner of being which disappearance is), or rather its dispersal, which does not annihilate it but offers us, out of it, no more than a plurality of positions and a discontinuity of functions (and here we reencounter the system of discontinuities, which, rightly or wrongly, seemed at one time to be a characteristic of serial music."[1]

Thomas Struth's color portraits—along with his color photographs of museum settings—constitute by now an almost equally numerous and important part of his work as his earlier, mostly black-and-white topographical photographs which had laid the foundations of his oeuvre from the mid 1970s onwards.

They confront their spectators and collectors with questions that could be phrased both from the perspective of social history as much as that of art history: these questions would address the historical necessity, and possibility, if not the legitimacy, of the desire to confide oneself again and again in the genre of portraiture, both as an author or as a subject.

We should remember that photography's initial promise to provide each subject with an iconic likeness—as much as the quest had been legitimate—had been proven to be fraudulent already by the mid-nineteenth century. Just at that moment when the representation of all subjects had become technically possible, it also became apparent that iconic representation alone would not suffice to recognize the collective participation in the processes of production. Quite to the contrary, to the very degree that photographic representation had been disseminated (for example in the discovery and industrial exploitation of Adolphe Disdéri's *carte de visite* principle), the democratic potential of portrait photography unleashed its dialectical counterpart: to provide a new image of the subject as star. Early theoreticians of photography like Walter Benjamin failed to recognize this dialectic: that

RETRATOS / GÉNERO: THOMAS STRUTH.

BENJAMIN H. D. BUCHLOH

I

"Por ejemplo, se da por cierto que Foucault, adhiriéndose en esto a una cierta concepción de la producción literaria, prescindió, lisa y llanamente, de la noción de sujeto: ya no hay obra, ni autor, ni unidad creativa. Pero las cosas no son tan sencillas. Más que desaparecer el sujeto, lo que se pone en cuestión es su unidad excesivamente determinada, lo que suscita interés e interrogantes es su desaparición (es decir, el nuevo modo de ser que constituye la desaparición) o más bien su dispersión, que lejos de aniquilarlo, nos lo ofrece, antes que nada, como una pluralidad de funciones y posiciones y una discontinuidad de funciones (donde nos reencontramos el sistema de discontinuidades que, con razón o sin ella, en un momento dado pareció un rasgo distintivo de la música serial)."[1]

Los retratos en color de Thomas Struth –junto con sus fotografías en color de ambientes de museos– constituyen por ahora una parte de su obra casi igual de abundante e importante que la anterior, compuesta mayoritariamente por fotografías topográficas en blanco y negro, que sentaron las bases de su obra a partir de mediados de la década de los setenta del pasado siglo. Proponen a espectadores y coleccionistas cuestiones que podrían formularse tanto desde la perspectiva de la historia social, como de la historia del arte. Cuestiones que plantean la necesidad y posibilidad históricas, cuando no la legitimidad, del deseo de confiar una y otra vez en el género del retrato, como autor y como sujeto.

No hay que olvidar que la promesa inicial de la fotografía de proporcionar a cada sujeto un semejante icónico –en la medida en que tal pretensión había sido legítima– ya había demostrado ser un fraude a mediados del siglo XIX. Desde el mismo momento en que fue técnicamente posible la representación de todos los sujetos, quedó también claro que dicha representación icónica no bastaba por sí sola para reconocer la participación colectiva en los procesos de producción. Al contrario, en la misma medida en que se había difundido la representación fotográfica (por ejemplo, mediante el descubrimiento y explotación industrial del principio de la *carte de visite* de Adolphe Disdéri), el potencial democrático de la fotografía de retratos dio pie a su contrapunto dialéctico: proporcionar una nueva imagen del sujeto como estrella. Los primeros teóricos de la fotografía, como Walter Benjamin, no

the seemingly emancipatory practice of the photographic dissemination of the image of subjectivity and the concomitant loss of the auratic uniqueness of the subject's individual features, would bring about its opposite: a hypertrophic representation of a lost subjectivity which could now be sold back as a substitute, as commodity and cult imagery to those who had never been given access to the subject's actual political realization. Thus we would confront the first of the major contradictions inherent in the genre of portraiture: that the photographic portrait has ultimately contributed as much to the prohibition of political representation of the subject as it has enabled its photographic one.

The second dialectic dimension of portrait photography originates from its class specificity, since any historical claim for self-determined subjectivity loses its credibility when it is neither universally accessible nor transcends the boundaries of class. Subject formations that depend on residual class privileges and their conventions of (self-)representation (for example in the manner that the painted portrait depended upon the aristocratic or high bourgeois conception of the self) appear as obsolete or grotesque if they make the claim not only to redeem a precarious model of subjectivity but also the genres of its representation. This dialectic demarcates the precarious survival of portraiture in the twentieth century, not just in its painterly, but also in its photographic epiphanies, which are only seemingly protected from these contradictions.

II

Among the many traditional pictorial (and sculptural) categories to be dismantled in the Cubist campaigns between 1907 and 1912, the portrait appears to have been the most formidable opponent. While at least temporarily sharing the fate of disappearance with the genres of the nude, the still life and the landscape, the portrait as a pictorial category seems to renew itself and rear its heads (like those of the Hydra) almost instantly after their inevitable decapitation. The conclusion of Cubism in Picasso's work was announced first of all by the return to the mimetic portrait, the neo-classical renderings of Max Jacob and Ambroise Vollard, executed in 1915: physiognomy functions here not just as the biological foundation of subjective identity, but also as the foundational guarantee of a mimetic model of artistic representation. Inevitably, a question arises: was the literal disappearance of the sitter from painting determined by a pictorial necessity as much as by an epistemic change in the conception of subjectivity? Answers to that question have to precede attempts to clarify why continually renewed claims for the validity of the portrait as a pictorial category and model of mimetic meaning are staged from the ruins of representation after Cubism.

If Cubism initiated the transition from that model to one of structural difference, it obviously argued for the end of a "motivated"[2] visual sign. Therefore, nothing had to be discredited as much as the portrait, the instantiation of the subject within a "natural" iconic resemblance. In portraiture, a seemingly guaranteed nexus between object and representation was particularly evident; in fact, mimetic resemblance had been one of the category's founding conditions. The desire for the lasting depiction of subjects took the possibilities for physiognomic truth as a natural given, limited, if at all, by the painter's hand, or, conversely, superbly enacted by the painter's mimetic skills.[3]

It cannot surprise us that, unlike the landscape, the still life and the nude—pictorial genres that have all but vanished since the moment of their Cubist deconstruction—the portrait has been resurrected again and again. It was to become, in fact, the site where the myth of a natural motivation of the sign, i.e. a mimetic model of representation, as much as the myth of a foundational subjectivity would be most avidly reaffirmed within every generation of twentieth-century modernity. Thus we can say that the correspondences between the pictorial and the epistemic attest to causal nexus between rapidly changing conceptions of the subject and the equally rapid disintegration of the traditional genre of portraiture.

However, before one embraces a theory of decentered subjectivity, one should equally consider those conditions that necessitate the incessant dismantling of the traditional concepts of a humanist bourgeois subjectivity.

acertaron a captar la dialéctica por la cual la práctica, en principio emancipatoria, de la difusión fotográfica de la imagen de la subjetividad, con la consiguiente pérdida del aura de singularidad de los rasgos individuales del sujeto, iba a dar lugar a su contrario: la representación hipertrófica de una subjetividad perdida que, a partir de ese momento, podría venderse como sucedáneo, como artículo e imagen de culto, a quienes nunca habían tenido acceso a la auténtica realización política del sujeto. Por lo tanto, nos hallamos ante la primera de las grandes contradicciones inherentes al género del retrato: el retrato fotográfico ha contribuido a la prohibición de la representación política del sujeto, en la misma medida en que ha hecho posible su representación fotográfica.

La segunda dimensión dialéctica de los retratos fotográficos se debe a su especificidad de clase, dado que cualquier aspiración histórica a una subjetividad autodeterminada deja de ser creíble cuando no es universalmente accesible ni trasciende las barreras de clase. La formación de sujetos dependientes de privilegios residuales de clase y sus convenciones de (auto) representación (al modo, por ejemplo, en que el retrato pintado dependía de la concepción del ser de la aristocracia o de la alta burguesía) parecen obsoletas o grotescas si pretenden rescatar no sólo un modelo precario de subjetividad, sino también los géneros de su representación. Esta dialéctica delimita la precaria supervivencia del retrato en el siglo XX no sólo en el ámbito pictórico sino también en sus epifanías fotográficas, que sólo aparentemente están protegidas de estas contradicciones.

II

El retrato debió de ser el adversario más formidable entre las muchas categorías pictóricas (y escultóricas) desmanteladas en las campañas cubistas entre 1907 y 1912. Aunque temporalmente llamado a desaparecer igual que los géneros del desnudo, la naturaleza muerta y el paisaje, el retrato como categoría pictórica parece renovarse y regenerar sus cabezas (igual que las de la Hidra) inmediatamente después de su inevitable decapitación. La conclusión del cubismo en la obra de Picasso fue anunciada, sobre todo, por el retorno al retrato mimético, las interpretaciones neoclásicas de Max Jacob y Ambroise Vollard, ejecutadas en 1915: funciones fisionómicas no sólo como fundamento biológico de identidad subjetiva, sino también como garantía fundacional de un modelo mimético de representación artística. Inevitablemente surge una pregunta: ¿estuvo determinada la desaparición literal del modelo en la pintura tanto por una necesidad pictórica como por un cambio epistémico en la concepción de la subjetividad? Hay que responder a esta pregunta antes de ponerse a dilucidar por qué de las ruinas de la representación posterior al cubismo surgen continuamente reivindicaciones de la validez del retrato como categoría pictórica y modelo de significación mimética.

Cuando el cubismo inicia la transición de ese modelo a otro de diferencia estructural, está claro que buscaba acabar con el signo visual "motivado".[2] Por lo tanto, nada estaba expuesto a mayor descrédito que el retrato, la instanciación del sujeto dentro de una similitud icónica "natural". En el retrato se consideraba normal la existencia de un nexo prácticamente evidente entre el objeto y su representación; de hecho, la similitud mimética había sido una de las condiciones fundacionales del género. El deseo de efectuar una representación duradera de sujetos dio por sentadas las posibilidades de la verdad fisionómica, limitada en todo caso por la mano del pintor, cuando no magistralmente realzada por sus habilidades miméticas.[3]

No puede sorprendernos que, a diferencia del paisaje, la naturaleza muerta y el desnudo –géneros pictóricos desaparecidos desde el momento de su deconstrucción cubista–, el retrato haya resurgido una y otra vez. De hecho, estaba llamado a ser el lugar donde el mito de una motivación natural del signo –es decir, un modelo mimético de representación– y el mito de una subjetividad fundamental habrían de reafirmarse con vehemencia a lo largo del siglo XX en cada una de las generaciones de la modernidad. Así pues, podemos decir que las correspondencias entre lo pictórico y lo epistémico certifican los nexos causales entre las concepciones en acelerado cambio del sujeto y la igualmente rápida desintegración del género tradicional del retrato.

After all, a complex historical interrelationship operates between the emerging structuralist and socialist models that aimed to dismantle bourgeois subjectivity, culminating in a late-capitalist agenda that aims to foil systematically the formation of subjectivity in the interests of an emerging, and increasingly enforced, consumer culture.

III

"So the Russian feature film was the first opportunity in decades to put people before the camera who had no use for their photographs. And immediately the human face appeared on film with new and immeasurable significance. But it was no longer a portrait. What was it?"

The reflection on portraiture turns inevitably to photography, certainly as lasting in its impact on the genre of portraiture as concepts of class identity and the psychoanalytic and structuralist theories of the subject would appear in their bearing on portraiture. When Walter Benjamin speaks in his essay in 1931 of the new, politically educated way of seeing that overcomes the cult of interiority of the centered bourgeois subject, he argues that it will dissolve the subject's privacy and intimacy in favor of a public illumination of social relations and material details. Yet he emphasizes at the same time that the genre of the photographic portrait would resist this transformation longer than any other, stating that "... to do without people is for photography the most impossible of renunciations."[4]

In the many roles that photography has played throughout the twentieth century, it has fulfilled one with particular persistence: to compensate for the losses that the agents of the avant-garde inflicted on traditional forms of visual experience. As to be expected, at every such moment, photography would deploy its arsenal of a seemingly guaranteed iconicity. Restoring physiognomic likeness in traditional single-frame imagery in 1915, however, amounted now to more than just redeeming mimetic representation, it reassured the spectator of the continued validity of essentialist and biologistic concepts of identity. This foundational—if not outright ideological—promise is a latent argument made in every photographic portrait of the twentieth century.

In an astonishing—and hardly examined—comparison between the work of August Sander, the eminent portrait photographer of German Neue Sachlichkeit,[5] and the works of the Soviet filmmakers Sergei Eisenstein and Vsevelod Pudovkin, Benjamin describes the historical predicaments of the photographic portrait and the necessary conditions for its ressurection. One of them, the systematicity of the investigation, the quasi-scientific approach to the physiognomic evidence of subjectivity is, according to Benjamin, enacted in Sander's project in an exemplary manner.

The comparison between what the essay calls Eisenstein's and Pudovkin's "tremendous physiognomic gallery" and Sander's project to document all the professions and trades of the Weimar Republic nevertheless astonishes the contemporary reader. First, given Benjamin's overall acuity in the observation and diagnosis of the specific characteristics and functions of different media, the apparently unproblematic equation of film and photography is all the more surprising. Second, only a few years before the publication of Benjamin's essay, a debate concerning the functions of photography in modern industrial (socialist) societies had emerged in the pages of *Novyi lef* among the artist Alexander Rodchenko and the critics Ossip Brik, Boris Kushner and Sergei Tretjakov.[6] This notorious photography debate of 1928 problematizes, in particular, the genre of the photographic portrait and poses the question of its possible continuation in the twentieth century.

The Soviet avant-garde now approached portraiture in explicit opposition to the traditional principles of pictorial isolation and the photographic image was defined as dynamic, contextual and contingent. The serial structuring of visual information emphasized open form and a potential infinity, not only of the photographic subjects eligible in a new social collective but, equally, an infinity of contingent, photographically recordable details that would indicate to what extent each individual subject is actually constituted within perpetually changing activities, social relations and object relationships. Ossip Brik argued, for example,

No obstante, antes de adoptar una teoría de la subjetividad descentrada deberían considerarse igualmente las condiciones necesarias para el continuo desmantelamiento de los conceptos tradicionales de la subjetividad humanista burguesa. Al fin y al cabo, existe una compleja interrelación histórica entre el surgimiento del modelo estructuralista y el socialista, orientados ambos al desmantelamiento de la subjetividad burguesa, y su culminación en la tendencia del tardocapitalismo a frustrar sistemáticamente la formación de la subjetividad en aras de la progresiva implantación forzosa de una cultura de consumidores.

III

"De modo que el cine ruso fue la primera oportunidad en décadas de poner personas delante de una cámara que no mostraba interés en fotografiarlas. E inmediatamente apareció en el cine el rostro humano con un significado nuevo e inconmensurable. Pero ya no se trataba de un retrato. ¿Qué era?"

La reflexión acerca del retrato lleva inevitablemente a la fotografía, que ha dejado ciertamente en el género del retrato una huella tan perdurable como los conceptos de identidad de clase y las teorías psicoanalítica y estructuralista del sujeto en su relación con el retrato en general. Cuando Walter Benjamin habla en su ensayo de 1931 de la manera nueva y políticamente educada de ver que triunfa sobre el culto a la interioridad del sujeto burgués centrado, argumenta que disolverá la privacidad e intimidad del sujeto en favor de una iluminación pública de las relaciones sociales y los detalles materiales. Sin embargo, al mismo tiempo pone de relieve que el género del retrato fotográfico resistirá esta transformación más tiempo que ningún otro cuando afirma que "...prescindir de las personas es la renuncia más imposible para la fotografía."[4]

Entre los numerosos papeles que ha desempeñado la fotografía en el siglo XX hay uno que destaca por su particular persistencia: compensar las pérdidas que los agentes de las vanguardias habían infligido a las formas tradicionales de la experiencia visual. Como cabía esperar en tales momentos, la fotografía desplegó su arsenal de iconicidad aparentemente garantizada. Ahora bien, la restauración de la semejanza fisionómica en las imágenes fotográficas tradicionales en 1915 no se limitaba al mero restablecimiento de la representación mimética, sino que reafirmaba en el espectador la validez de las nociones esencialistas y biológicas de identidad. Esta promesa fundamental, cuando no abiertamente ideológica, es un argumento latente en todos los retratos fotográficos del siglo XX.

En una sorprendente –y poco estudiada– comparación entre la obra de August Sander, el eminente fotógrafo de retratos de la Nueva Objetividad[5] alemana, y las obras de los cineastas soviéticos Sergei Eisenstein y Vsevelod Pudovkin, Benjamin describe los aprietos históricos del retrato fotográfico y las condiciones necesarias para su resurgimiento. Según Benjamin, una de ellas, la sistematicidad de la investigación, el enfoque cuasicientífico de la evidencia fisionómica de la subjetividad, está realzada de manera ejemplar en el proyecto de Sander.

No obstante, al lector contemporáneo le llama la atención la comparación entre la "tremenda galería fisionómica" de Eisenstein y Prudovkin y el proyecto de Sander de documentar todos los oficios y profesiones de la República de Weimar. En primer lugar, resulta de lo más sorprendente la equiparación, como si tal cosa, entre cine y fotografía, habida cuenta de la agudeza de Benjamin en la observación y diagnóstico de las características y funciones específicas de los diferentes medios de expresión. En segundo lugar, el artista Alexander Rodchenko y los críticos Ossip Brik, Boris Kushner y Sergei Tretjakov habían debatido en las páginas de *Novyi lef* acerca de las funciones de la fotografía en las sociedades industriales (socialistas) modernas pocos años antes de la publicación del ensayo de Benjamin.[6] Este famoso debate de 1928 sobre la fotografía problematiza en particular el género del retrato fotográfico y plantea la cuestión de sus posibilidades de continuidad en el siglo XX.

La vanguardia soviética abordó el retrato en abierta oposición con los principios tradicionales del aislamiento pictórico; la imagen fotográfica fue definida como dinámica, contextual y contingente. La estructuración en serie de la información visual favorecía la

that "... differentiating individual objects so as to make a pictorial record of them is not only a technical but also an ideological phenomenon. In the pre-Revolutionary (feudal and bourgeois) period, both painting and literature set themselves the aim of differentiating individual people and events from their general context and concentrating attention on them....To the contemporary consciousness, an individual person can be understood and assessed only in connection with all the other people—with those who used to be regarded by the pre-Revolutionary consciousness as background."[7]

The argument implies a radical redefinition of the photographic object itself. It is no longer conceived as a single-image print, carefully crafted by the artist-photographer in the studio, framed and presented as a pictorial substitute—rather, in Rodchenko's definition, it is precisely the cheaply and rapidly produced snapshot that will displace the traditional synthetic portrait. The organizational and distributional form will become the photo-file—a loosely organized archive, a more or less coherent accumulation of snapshots documenting one particular subject as, for example, Lenin. "Here is an example of the first big collision between art and photography, a battle between eternity and the moment. Moreover, in this instance, photographs were taken casually, but painting attacked photography with all its heavy and light artillery—and failed miserably... I mean Lenin... it should be stated firmly that with the appearance of photographs, there can be no question of a single immutable portrait. Moreover, a man is not just one sum total; he is many, and sometimes they are quite opposed."[8]

Rodchenko could of course not have made a more provocative choice to illustrate his ideas about the new photographic portrait than selecting the recently deceased Lenin as subject; here, cult and hero worship had assumed already quasi-religious dimensions. If at all, it was to be decided on this territory, in the memorialization of Lenin, whether the new socialist culture would succeed, in fact, not only in overcoming the bourgeois forms of commemoration (such as the bronze statue, the plaster bust and the oil portrait) but, more importantly, in developing forms of public representation that were non-hierarchical and anti-monumental, to allow viewers to disinvest themselves from the experience of power and domination that the category of the portrait had traditionally mediated.

To conceive of the subject as constituted within its social functions seems to have been in fact one of the principles of Sander's famous project *Das Antlitz der Zeit* (The Physiognomy of Our Time) which was begun in 1910 and published in 1929. Evidently, Sander constructed a historical archive of a highly differentiated subjectivity that he perceived as still being embedded in social relations and professional identities and his liberal, social-democratic political convictions attempted to rescue the remaining spaces of subjective self-determination, which soon would be foreclosed altogether.

At the same time one has to recognize to what extent such a model of subjectivity based on the definition of professional identity had already become obsolete by that time derived as it was in Sander's case from a nostalgic longing for the social order of the medieval guilds. This fact is all the more evident in the portraits of those marginal figures incorporated in Sander's *Übungsatlas* (an "instruction manual") who exemplify unwillingly perhaps if not the failure, then at least the irrelevance of that model of subject formation: the beggars, the unemployed, the circus people, the blind and the debilitated. This crisis of the traditional portrait reaches its clímax in Sander's photographs of Nazi soldiers, which he incorporates into his project as the times and the claims for a comprehensive survey demand: they seem to pose the question of what it is that we could call the historically founded and professionally anchored identity of the fascist?

But it must have been the serial approach to the traditionally unique, single-frame portrait that engendered Benjamin's enthusiastic response to the first publication of a small selection of Sander's work and this feature which would have generated his surprising comparison with the film of the Soviets.[9]

Abandoning the individual sitter, depicted in the unfathomable artificiality of the photographer's studio, Sander presented his subjects as both constituted within social relations and as determined by their professional identity. The formal organization of Sander's project

forma abierta y una infinidad de posibilidades, no sólo de sujetos fotografiables en un nuevo colectivo social, sino también de detalles contingentes, igualmente fotografiables, que indicarían hasta qué punto cada sujeto individual está constituido en realidad por actividades y relaciones en perpetuo cambio con las personas y los objetos. En palabras de Ossip Brik, "la diferenciación de objetos individuales para plasmarlos en imágenes no es un fenómeno meramente técnico, sino también ideológico. En la época prerrevolucionaria (feudal y burguesa) la pintura y la literatura se propusieron el objetivo de diferenciar personas y hechos de su contexto general y concentrar la atención en ambos... Para la conciencia contemporánea, una persona no puede entenderse y valorarse más que en relación con las demás personas, ésas que la conciencia prerrevolucionaria solía considerar como telón de fondo."[7]

Este argumento implica una redefinición radical del objeto fotográfico. Ya no se concibe como un grabado único, minuciosamente elaborado en su estudio por el artista-fotógrafo, enmarcado y presentado como sustituto pictórico; al contrario, en la definición de Rodchenko es precisamente la instantánea barata y sacada con rapidez la que desplazará al retrato sintético tradicional. La forma de organizarlas y distribuirlas se convertirá en el archivo fotográfico, un archivo poco organizado, una acumulación más o menos coherente de instantáneas a propósito de un determinado sujeto, por ejemplo, Lenin.

"Éste es un ejemplo de la primera gran colisión entre el arte y la fotografía, una batalla entre la eternidad y el momento. Además, en este ejemplo las fotografías se sacaron al azar, aun cuando la pintura atacó a la fotografía desplegando todas su artillería y fue un fracaso estrepitoso... Me refiero a Lenin... hay que afirmar tajantemente que, con la aparición de la fotografía, ya no puede hablarse del retrato único e inmutable. Es más, un hombre no es simplemente el total de una suma, sino de muchas, en ocasiones opuestas entre sí."[8]

Está claro que Rodchenko no podía haber elegido nada más provocador para ilustrar sus ideas sobre el nuevo retrato fotográfico que la figura del recién fallecido Lenin como sujeto, en quien la veneración y el culto al héroe habían adquirido ya dimensiones casi religiosas. En cualquier caso, estaría por decidir si, con respecto a la conmemoración de Lenin, triunfó la nueva cultura socialista no sólo por haber superado las formas burguesas tradicionales (estatua de bronce, busto de escayola y retrato al óleo) sino, sobre todo, por haber ideado formas de representación pública sin jerarquía ni monumentalidad, para que quienes las contemplen se libren de la sensación de poder y dominación que la categoría del retrato había adquirido tradicionalmente.

Uno de los principios del famoso proyecto de Sanders, *Das Antlitz der Zeit* (El rostro de la época), comenzado en 1910 y publicado en 1929, fue concebir al sujeto en el marco de sus trabajos sociales. Sander construyó un archivo histórico de una subjetividad muy diferenciada que él percibía inscrita todavía en relaciones sociales e identidades profesionales; movido por sus convicciones liberales y socialdemócratas, trató de rescatar los espacios restantes de autodeterminación subjetiva que, no obstante, no tardarían en quedar excluidos.

Al mismo tiempo, no hay que olvidar hasta qué punto semejante modelo de la subjetividad, basado en la definición de la identidad profesional, ya había quedado obsoleto para entonces; hecho evidente en el caso de Sander, por su deseo nostálgico del orden social de los gremios medievales. Donde mejor se aprecia es en los retratos de figuras marginales incorporados al *Übungsatlas* ("manual de instrucciones") de Sander, ejemplo –quizá involuntario–, si no del fracaso, sí de la irrelevancia de ese modelo de formación del sujeto: mendigos, desempleados, artistas circenses, ciegos y enfermos. La crisis del retrato tradicional alcanza su clímax en las fotografías de soldados nazis incluidas por Sander en su proyecto, tal como mandaban los tiempos, y su aspiración a una investigación exhaustiva. Parecen plantear la cuestión de qué es lo que podríamos denominar la identidad históricamente fundamentada y profesionalmente definida de un fascista.

Lo que provocó la respuesta entusiasta y la sorprendente comparación con el cine soviético en Benjamin, ante la primera publicación de una pequeña selección de la obra de Sander, debió de ser el acercamiento en serie al retrato singular tradicional.[9]

equally emphasized seriality and contextuality since *Antlitz der Zeit* was planned as a project of forty-five portfolios, each containing twelve photographic portraits. Although this clearly constituted a departure from both, the traditional portrait aesthetic as much as the aesthetic principles of German Neue Sachlichkeit photography that Benjamin had criticized so vehemently in the photography essay in his remarks on Albert Renger-Patzsch's book *Die Welt ist schön*, the equally evident conservative dimensions in Sander's project are ignored in Benjamin's discussion altogether. His is a model of portraiture that, while serial in its organization, nevertheless argues the case of a social determinism that of a preestablished social "ontology" so to speak where each individual finds his or her natural place and position in a hierarchically and cyclically structured preestablished order. In Sander's portraits, the statuary singularization of the sitter retains aspects of the traditional forms of representation, now transferred onto different social identities that have become eligible for hieratic depiction. Despite serial evidence, Sander's hierarchical and cyclical archive affirms foundational concepts of subjectivity as grounded in nature and religion, in the solid determinations of class, ethnicity and race. But the balance set up by Sander is fragile and tenuous. It shifts between a reactionary impulse to restore the credibility of essentialist notions of subject formation, along with a revision of the traditional hierarchical and mimetic models of representation, and a conservative doubt concerning the radical, immediate and universal applicability of an open stucture both in photographic and in socio-political terms. Sander's project seems to question whether any model of a radically non-hierarchical and anti-essentialist meaning in photography can, in fact, be enacted in the face of unchanging political and ideological subject formations with any greater credibility than the traditional forms of portraiture can be abolished. Like other counter-modernist gestures (such as de Chirico's and Picasso's, in 1915) emerging at the very moment of modernism's most radical articulation, Sander's project inscribes the mnemonic evidence of the loss of an earlier concept of subjectivity within the very instant when the structural and the psychoanalytic models of subjectivity are first articulated within the cultural systems of representation, if not necessarily within the political realities of that moment. That balance would inevitably become ever more tenuous with each attempt to rescue the vanishing categories and conventions of subject depiction by photographic or painterly means in the face of rapidly and dramatically increasing evidence of the destruction of all remnants of the model of an autonomous and self-determining subjectivity in the present.

Yet another discursive change in the portrait genre merits discussion here, if only in the form of an outline. In 1917 the American photographer Paul Strand developed technical methods that allowed him to record anonymous figures in the street with hidden cameras in order not to draw their attention (a strategy of hidden cameras that would be deployed again by Walker Evans in his *Subway Photographs* in the 1940s and in Helen Levitt's street photography at a slightly later point). Thus a new chapter is added to the history of portrait photography which formulates the genre's problematic in manifest opposition to Sander's approach.

This clandestine recording of anonymous figures acquires the qualities of an authentic depiction precisely because it articulates the actual condition of fragmentation and ephemerality of the subject's status and experience. Typically, the temporal structure of the portrait is now reversed: rather than attempting to familiarize himself/herself in numerous sessions with the sitter, presumably in order to reconcile the sitter's physiognomic appearance with the evident psychological complexity, the rapid and vicariously executed "snapshot" forfeits such claims from the start. By contrast, the "portrait session" now becomes an assault where the photographer robs the subject of its momentarily distracted physiognomic appearance in the service of a higher degree of authenticity. Only as an evident victim of increased fragmentation can the subject become the sitter and only under these circumstances can the genre of the "portrait" be redeemed.

Yet it is not just the temporality of the production of the portrait that allows us to recognize the structural changes occurring within the genre, but the changes of the spatial parameters appear with an equal, if not more persistent, evidence. If in Strand's work (and in Walker Evans') the subject still appears as embedded in the public urban spaces of sociality, that spatial dimension

Al prescindir del modelo individual, representado en la artificialidad impenetrable del estudio del fotógrafo, Sander presentaba a sus sujetos constituidos dentro de las relaciones sociales y determinados por su identidad profesional. La organización formal del proyecto de Sander ponía igualmente el acento en la serialidad y la contextualidad, desde el momento en que El rostro de la época estaba concebido como un proyecto de cuarenta y cinco carpetas, cada una de ellas con doce retratos fotográficos. Esto significaba un alejamiento tanto de la estética tradicional del retrato como de los principios estéticos de la fotografía alemana de la Nueva Objetividad que tan vehementemente había criticado Benjamin en su ensayo sobre la fotografía, concretamente en sus observaciones sobre el libro *El mundo es bello* de Albert Rengar-Patzsch. En el mencionado ensayo, el mismo Benjamin, sin embargo, pasa por alto las dimensiones igualmente conservadoras del proyecto de Sander. El suyo es un modelo de retrato que, por más serial que fuera su organización, defiende un determinismo social –el de una "ontología" social preestablecida, por así decirlo– en el que cada individuo halla su espacio y posición naturales en un orden preestablecido, estructurado jerárquica y cíclicamente.

En los retratos de Sander, la singularización estatuaria del modelo conserva aspectos de las formas tradicionales de representación, transferidas ahora a diferentes identidades sociales disponibles para su representación hierática. Pese a su organización serial, el archivo jerárquico y cíclico de Sander corrobora los principios fundamentales de la subjetividad basada en la naturaleza y la religión, en las sólidas determinaciones de clase, etnia y raza. Pero el equilibrio logrado por Sander es frágil y precario. Oscila entre un impulso reaccionario de restaurar la credibilidad de las nociones esencialistas de formación del sujeto –junto con una revisión de los tradicionales modelos de representación jerárquica y mimética– y una duda conservadora acerca de la posibilidad de aplicación radical, inmediata y universal de una estructura abierta, tanto fotográfica como sociopolíticamente.

El proyecto de Sander parece cuestionar si en fotografía existe algún modelo de significación, radicalmente no-jerárquica y antiesencialista aplicable a las formaciones inmutables del sujeto político e ideológico, más creíble que la posibilidad de abolición de las formas tradicionales del retrato. Al igual que otros gestos contramodernistas (como los de Chirico y Picasso en 1915) realizados en el preciso momento de la articulación más radical del modernismo, el proyecto de Sander inscribe la evidencia mnemotécnica de la pérdida de un concepto anterior de subjetividad, en el mismo instante en el que los modelos estructuralista y psicoanalítico de subjetividad se articulan, por vez primera, dentro de los sistemas culturales de representación, cuando no necesariamente dentro de las realidades políticas del momento. Ese equilibrio se haría inevitablemente, cada vez, más precario con cada intento de rescatar las desaparecidas categorías y convenciones de representación del sujeto por medios fotográficos o pictóricos ante la, cada vez, más palmaria evidencia de la destrucción de todos los restos del modelo de subjetividad autónoma y autodeterminante en la actualidad.

Merece la pena dejar constancia, aunque sea en pocas palabras, de otro cambio en el discurso del género del retrato. El fotógrafo norteamericano Paul Strand diseñó, en 1917, los medios técnicos que le permitían retratar figuras anónimas en la calle valiéndose de cámaras ocultas para no llamar su atención (estrategia aplicada asimismo por Walker Evans en las *Fotografías del metro* de los años cuarenta del siglo XX y poco tiempo después, en las fotografías callejeras de Helen Levitt). De esta manera, se añade a la historia de la fotografía un nuevo capítulo que formula la problemática del género en abierta contradicción con el enfoque de Sander.

La fotografía clandestina de figuras anónimas adquiere rango de auténtico retrato precisamente porque articula la condición actual de fragmentación y fugacidad de la situación y la experiencia del sujeto. Llama la atención la inversión de la estructura temporal del retrato: la "instantánea" sacada indirectamente a toda prisa, excluye desde el primer momento todo intento de familiarización con el modelo en varias sesiones, supuestamente para reconciliar su aspecto fisionómico con su complejidad psicológica. En cambio, la "sesión de retrato" se convierte ahora en un asalto en el que el fotógrafo despoja provisionalmente al sujeto de su aspecto fisionómico al servicio de un grado más alto de autenticidad. El sujeto sólo puede convertirse en modelo

will disappear altogether in the postwar portraits: from now on the conditions of portraiture will become spatial isolation as much as social fragmentation, anonymity and assault, often in terms of an intrusion into the privacy of an alienated existence, the space of the hidden victim. Both Sander's and Strand's radical transformations of portrait photography in the first decade of the twentieth century point towards the ever-increasing evidence of that genre's precarious survival. This becomes all the more evident if one compares their projects with those of the photographers of postwar portraits who seem to have operated under the assumption that they were to continue along the lines of Sander's and Strand's trajectory. But in the new portrait photography of the New York School in the 1950s, the subject will increasingly be presented as a grotesque figure, as the merely farcical residue of a lost opportunity for subjecthood (e.g. Diane Arbus). Or it will appear as the industrially produced hypertrophic image of the mythical subject, as the spectacle of the ostentatiously displayed substitute of subjectivity, the star (e.g. Richard Avedon). If the socially marginalized figures of the cripple, the destitute and the demented appeared in Sander's work still as integral elements of a social texture that—while strained—was still miraculously cohesive, these figures now take center stage in the representation of the social.

It is, however, never quite evident whether this new condition of the sitter as victim or as spectacularized substitute is the result of a desperate photographic genre that has to haunt its subjects in order to ascertain its precarious survival, or, whether the photographic genre can only find access to the subject as victim and spectacle because these are the solely evident states of the current formation of subjecthood.

Subject formation is socialized increasingly through the universally (and now globally) operative terms of production and consumption: if for no other reason, this fact alone should suffice to discredit if not render obscene any claim to represent individual subjectivity as a physiognomic phenomenon solely by photographic means. Under the regime of total reification, where subjectivity is increasingly constituted in the production of sign exchange value, the public (i.e. artistic) display of such a model of physiognomic subjectivity as the uniquely particular essence of a being can at best provide a purely compensatory function. The portrait as genre can legitimize itself as a witness to the historically grotesque claim of an adequate photographic subject representation. Or, as is evident in fashion and advertisement photography, it can function as a mere ideologeme of a failed and obsolete model of subjectivity and thus it can gloss over the photographic portrait's proper complicity in the current destruction of that model.

IV

"This fine word—the commonplace—has several meanings; it refers without doubt to the most hackneyed of thoughts, but the fact is that these thoughts have become a meeting place for the community. Everyone recognizes both themselves and others in them. The commonplace is everyone's and mine; it is the presence of everyone in me. It is, in essence, the generality; to appropriate it for myself I must perform an act, an act by which I divest myself of my particularity in order to attach myself to what is general, to become the generality. Not simply to resemble everyone, but to be precisely the incarnation of everyone. By this eminently social act of association, I identify myself with all other beings in the indistinctness of the universal."[10]

To the very extent that subjectivity is now universally socialized in the processes of collective production and social organization, the portrait's claim for a right of survival in depicting "the individual subject" borders on the obsolescent if not on the obscene. To the very extent that subjectivity is now universally transferred in the condition of reification onto the object itself, and that subjectivity is destroyed systematically in the daily practices of consumption, the portrait will have to become spectacular in its residual forms as grotesque or it will have to represent the subject in the radical metonymy of objecthood.[11]

Thus a drastic inversion of depicted figures occurs in the historical and mental distance that separates the photographic work of Sander from that of such postwar portrait photographers as Diane Arbus, Richard Avedon and Irving Penn. Their emphasis on the persistence of the

como víctima evidente de una creciente fragmentación, única circunstancia que permite también, por otra parte, la recuperación del género del "retrato".

Ahora bien, no es sólo el tiempo de producción del retrato lo que nos permite apreciar los cambios estructurales en el género, sino los cambios en los parámetros espaciales, cuya evidencia es tanto más persistente. Mientras que en la obra de Strand (y en la de Walker Evans) el sujeto sigue apareciendo inmerso en los espacios públicos urbanos de socialización, esta dimensión desaparece en los retratos de posguerra: a partir de entonces, las condiciones del retrato serán el aislamiento espacial así como la fragmentación social, el anonimato y el asalto, a menudo como invasión de la privacidad de una existencia alienada, el espacio de la víctima oculta.

Las transformaciones radicales de la fotografía de retratos llevadas a cabo por Sander y Strand en la primera década del siglo XX ponen en evidencia la frágil supervivencia del género. Esto queda patente al comparar sus proyectos con los de los fotógrafos de retratos de posguerra, que parecen haber trabajado dando por sentado que iban a seguir la trayectoria de aquellos. Pero en la nueva fotografía de retratos de la Escuela de Nueva York de la década de los cincuenta del siglo XX el sujeto aparecerá, cada vez más, como una figura grotesca, un ridículo residuo de la oportunidad perdida de la subjetividad (por ejemplo, Diane Arbus). O como imagen hipertrofiada producida industrialmente del sujeto mítico, como es el caso de la estrella (por ejemplo, Richard Avedon), el espectáculo de la ostentosa exhibición del sucedáneo de la subjetividad. Son estas figuras las que ahora monopolizan la representación de lo social, en contraste con las figuras socialmente marginadas de dementes, tullidos e indigentes que seguían apareciendo en la obra de Sander como elementos integrales de un tejido social que, a pesar de las tensiones, permanecía milagrosamente unido.

Sin embargo, no está del todo claro si esta nueva condición del modelo como víctima o como sucedáneo espectacularizado es consecuencia de un género fotográfico al acecho, ávido de sujetos con el fin de apuntalar su amenazada existencia, o si es que el género fotográfico sólo puede llegar al sujeto como víctima o espectáculo porque son los únicos estados actuales apreciables en la formación de la subjetividad.

La formación del sujeto está cada vez más socializada por la dinámica universal (y ahora global) de la producción y el consumo: a falta de otras razones, ésta sola bastaría para desacreditar y hacer parecer obscena cualquier pretensión de representar la subjetividad individual como fenómeno fisionómico, exclusivamente, por medios fotográficos. En unas condiciones de cosificación total, en las que la subjetividad consiste cada vez más en la producción de valor de signo, la exhibición pública (es decir, artística) de semejante modelo de subjetividad fisionómica, como única esencia particular del ser, no pasa de cumplir una función meramente compensatoria. El retrato como género puede legitimarse como testigo de la reivindicación históricamente grotesca de una adecuada representación fotográfica del sujeto. O, como queda de manifiesto en la fotografía de moda y publicitaria, puede funcionar como mero ideologema de un modelo fallido y obsoleto de subjetividad y disimular, de esta manera, la propia complicidad del retrato fotográfico en la destrucción de dicho modelo.

IV

"Este término tan acertado –el lugar común– posee varios significados; se refiere antes que nada a los pensamientos más manidos, pero lo cierto es que estos pensamientos se han convertido en un punto de encuentro de la sociedad. Todos se reconocen a sí mismos y a los demás en ellos. El lugar común es mío y de todos; es la presencia de todos en mí. En esencia, es la generalidad; para apropiarme de ella debo realizar un acto, un acto por el que me alejo de mi particularidad con el fin de acercarme a lo general y convertirme en la generalidad. No sólo parecerme a todos, sino ser precisamente la encarnación de todos. Mediante este acto eminentemente social de asociación me identifico con todos los demás seres en la indistinción de lo universal."[10]

La reivindicación del derecho a la supervivencia del retrato en la representación del "sujeto individual" linda con lo obsoleto, si no con lo obsceno, en la misma

photographic and pictorial category of the portrait is as desperate as that of the depicted "subjects" themselves. They retrieve the "subject" in its last forms of eccentricity and—in their attempt to shore up traditional bourgeois conceptions of originality—they spectacularize the subject as victim and freak. Yet, it is not immediately evident what drives such an enterprise: whether it is the reactionary impulse to salvage the obsolete genre of the photographic portrait or whether it is photography as an ideological handmaiden that articulates the mythical concepts of subjectivity (it is not even certain any longer that one can situate photography in such a parasitical relationship to ideology, or whether—in its habitualizing effects—photography actually operates as an ideological force itself). This is especially true in cases such as Avedon's, where a threshold between an artistic avant-garde practice and a visual enforcement of ideology never even existed; here, all operations (photography for fashion and advertisement and the "artistic" ambitions of the master) partake of the same logic of enforced subject mythification.

A comparison between these photographic practices and the artistic practices of the early 1960s reveals an astonishing discrepancy of attitudes toward the category of the portrait. While the photographers struggle to resurrect the category at all costs (and the costs of sustaining a historically inaccessible genre are, as one can see in the cases mentioned earlier, tremendous), the artists of this generation struggle to undo the category as definitively as possible. The signal gesture in this historical process was executed by Robert Rauschenberg in 1961 when he mailed a telegram with the following statement to his Paris dealer: "This Is a Portrait of Iris Clert if I say so. Robert Rauschenberg."[12]

Barring even the last trace of found-photographic representation from his definition of the portrait, Rauschenberg now fully shifts the representation of subjectivity into the register of the performative declaration, reenacting and reradicalizing, of course, the Duchampian principle operative in the readymade. Yet, in the process of doing so, Rauschenberg not only articulates one of the first instances of postwar Conceptual Art, but he also asserts that the very principle of subjectivity is one of instantiation and iteration. Rather than theorizing it as a status and a given, representable object condition, Rauschenberg's work conceives of the subject as a continuous performative process.

This complication of the concepts of subjectivity and its representation culminated in the late 1960s and early 1970s in the work of such Conceptual artists as Douglas Huebler and On Kawara. One of Huebler's proposals expressly addresses these questions and (unknowingly?) seems to fulfill Rodchenko's quests for an open photo-file as the archive of a truly non-hierarchical collective subjectivity: throughout the remainder of the artist's life he will photographically document, to the extent of his capacity, the existence of everyone alive in order to produce the most authentic and inclusive representation of the human species that may be assembled in that manner.[13]

The historical conflict between photographic reaction and avant-garde opposition was played out further in the early 1960s with the renewed attention that Pop Art paid to—found rather than fine—photography. Once again, it was precisely the "genre of the portrait" that had to be dismantled, if not systematically excluded from the iconic panorama that painting seemed to have opened up. In Pop Art's usage of the photographic image we can see most clearly what is at stake in the refusal of the genre: although exceptions occur, of course, in almost all of the works by Rauschenberg and Warhol, Lichtenstein and Richter, Ruscha and Boltanski, that reidentify the pictorial with the photographic, or reposition the two in an inextricable relationship, the traditional individual portrait—pictorial or photographic—is all but absent from their work. Thus, Edward Ruscha for example explains the "absence of people" from his photographic books:

"I have always tried to keep people out of my books... just to eliminate the unnecessary human aspect. The first thing Andy Warhol said when he saw my book—I gave him Twenty-six Gasoline Stations—was "How do you get all these pictures without people in them?" and I hadn't even thought about it before, but there aren't any people in them. Every once in a while you will spot one. I seem to unconsciously eliminate people from them and I've never... I don't like imagery of people. Instead of using people, I'll use something else."[14]

medida en que ahora la subjetividad está socializada universalmente en los procesos colectivos de producción y organización social. El retrato tendrá que convertirse en espectacular en sus formas residuales grotescas o representar al sujeto en la metonimia radical de su cosificación, en la misma medida en que la subjetividad está ahora transferida universalmente al objeto en las condiciones actuales de cosificación y es sistemáticamente destruida por la práctica cotidiana del consumo.[11]

Por lo tanto, en la distancia histórica y mental que separa la obra fotográfica de Sander y la de fotógrafos de retratos de posguerra, como Diane Arbus, Richard Avedon e Irving Penn, se observa una drástica inversión en la representación de figuras. Su insistencia en la continuidad de la categoría fotográfica y pictórica del retrato es tan desesperada como la de los propios "sujetos" representados. Recuperan al "sujeto" en sus últimas formas de excentricidad (ya ni siquiera es cierto que pueda ponerse la fotografía en relación tan parasitaria con la ideología, ni tampoco está claro si actúa verdaderamente como fuerza ideológica por efecto de la costumbre). Esto es particularmente cierto en casos como el de Avedon, en el que nunca llegó a existir límite alguno entre la práctica artística de vanguardia y la imposición visual de la ideología; aquí todas las operaciones (fotografía de moda y publicitaria y ambiciones "artísticas" del maestro) participan de la misma lógica de mitificación obligada del sujeto.

La comparación entre estas prácticas fotográficas y las prácticas artísticas de los primeros años sesenta del siglo XX revela una fuerte discrepancia en las actitudes ante la categoría del retrato. Los artistas de esta generación se esfuerzan por hacerla desaparecer al máximo posible, mientras que los fotógrafos se empeñan en resucitarla a toda costa (aunque, según va dicho en los ejemplos anteriormente expuestos, el precio de mantener un género históricamente inaccesible sea enorme). La señal de partida de este proceso histórico la dio Robert Rauschenberg en 1961 al enviar el siguiente telegrama a su marchante en París: "Esto es un retrato de Iris Clert si lo digo yo. Robert Rauschenberg."[12]

Al eliminar hasta el último vestigio de representación de raíz fotográfica en su definición del retrato, Rauschenberg transforma por completo la representación de la subjetividad en una declaración performativa, poniendo nuevamente en juego y radicalizándoloel principio operativo en los *Ready-made* de Duchamp. Ahora bien, al actuar así, Rauschenberg no sólo articula uno de los primeros ejemplos de arte conceptual de la posguerra, sino que afirma que el primer principio de la subjetividad es el de la instanciación y la iteración. En vez de teorizarlo como un estado o una determinada condición del objeto representable, en su obra, Rauschenberg concibe el sujeto como un *proceso* performativo continuo.

La complicación de los conceptos de subjetividad y su representación culminó a finales de los años sesenta y principios de los setenta del siglo XX en la obra de artistas conceptuales como Douglas Huebler y On Kawara. Una de las propuestas de Huebler plantea abiertamente estas cuestiones y parece responder (¿inconscientemente?) a la búsqueda de Rodchenko de un archivo-foto abierto como archivo de una subjetividad colectiva verdaderamente no jerárquica. "A lo largo de lo que le quede de vida el artista documentará fotográficamente, en la medida de su capacidad, la existencia de todas las personas vivas con vistas a producir la representación más auténtica y omnicomprensiva de la especie humana que pueda reunirse de ese modo."[13]

El conflicto histórico entre reacción fotográfica y oposición de vanguardia también se puso de relieve a principios de los años sesenta del siglo XX con la renovada atención, más inevitable que otra cosa, que el pop art prestó a la fotografía. Una vez más, era precisamente el "género del retrato" lo que había que desmantelar, si no excluir sistemáticamente del panorama icónico que parecía haber desplegado la pintura. En la utilización de la imagen fotográfica por el pop art podemos ver con toda claridad lo que está en juego en el rechazo del género: excepciones aparte, por supuesto, en casi todas las obras de Rauschenberg y Warhol, Lichtenstein y Richter, Ruscha y Boltanski, que vuelven a identificar lo pictórico con lo fotográfico o los resitúan en una relación inextricable, el retrato individual tradicional –pictórico o fotográfico– está prácticamente ausente. Por ejemplo, Edward Ruscha explica así la "ausencia de personas" en sus libros de fotografías:

"Siempre he procurado no sacar personas en mis libros... para eliminar el innecesario aspecto humano. Lo

Ruscha's statement confirms our assumption that the conscientious exclusion of figures and faces from representation has now become as signifcant a strategy as their traditional, seemingly "natural" inclusion had been. This decision to eliminate the representable subject altogether will make a reading of the resulting iconography all the more complex, since what is at stake in the exclusion of the figure seems to be precisely the fundamental and unresolvable dialectic: that at this point a subject is only to be recognized, in fact will be at its most visible, in the socially mediated forms of object production and exchange.

In their approach to the category of the portrait, the artists of that generation—in particular, Lichtenstein and Warhol—now share the ability to articulate that absence of subjectivity; it is as visibly absent from the technical execution of their works as from their iconography. In their hands, the genre now appears not only emptied of all individuality of painterly performance but of any remnants of interiority and privacy of the self as sitter. The subjects depicted are either, as in the case of Warhol, always already the public substitutes of subjectivity, the mere myths of the subject in the spectacular and substitutional appearance of the "star," or, in the case of Lichtenstein, the pathetic residue of subjectivity living on in the comic book and the cheap romance novel.

Warhol's intervention in the genre of the portrait has been discussed extensively, yet it is astonishing that Lichtenstein's equally subversive and persistent deconstructions have been all but ignored in this context. One can argue that the category of the portrait, with its traditional promises of likeness and identity, of the centrality of an integrated subjectivity, is played out almost continuously in Lichtenstein's farcical interventions within the genre. This position was announced in a statement almost as programmatical as Rauschenberg's telegram, when, in 1961, Lichtenstein painted a double portrait (rarely reproduced) in which the same sparkling young man (who seems to have stepped out of a dry cleaning advertisement) is painted twice; the first painting is entitled *Portrait of Allan Kaprow*, and the second, identical painting, *Portrait of Ivan Karp.*[15]

Too numerous to mention are the subsequent examples of Lichtenstein's paintings from 1962 onward, in which all the conventional figures and topoi of portraiture appear, yet they are always mediated through the mirror of mass culture, already estranged within the imagery of the comic strip or the advertisement. We encounter portraits of the artist (for example *Masterpiece*, 1962), the soldier/war hero (*Torpedo Los*, 1963), the tragic muse (*Drowning Girl*, 1963), the exotic beauty (Aloha, 1962) or even the historical figure (*George Washington*, 1962). The continuous reflection of this problem persists far into Lichtenstein's later work, and is approached with a similarly precise dissection: thus, in 1977, a "physiognomic figure," consisting of a rectangular mirror fragment, placed above the graphic shorthand for a substitute person (tie-shirt-suit), surfaces for the first time in a painting called *Reclining Nude*. It will reappear a year later, as an empty T-shirt, again carrying a small rectangular mirror in place of the head, entitled *Self-Portrait*, only to become a fixture in the subsequent iconographic program of the artist which will undergo even more hilarious variations in the substitution of the mirror by a piece of graphically textured plywood, as in *Razzmatazz* (1978), or perforated Swiss cheese in such drawings as *Study for Portrait* (1977).

In this regard the radical anonymity of Lichtentein's comic-book characters seems to complement the immediate and universal recognizability of Warhol's star imagery, since the traces of the personal and the private, the subjective and the psychological, are encoded in the grotesque exaggeration of the cartoon imagery that had persistently voided the validity of mimetic resemblance.[16]

V

Whenever a generation of artists has developed strategies within which structural transformations of social relations are anticipated or retroactively articulated, a younger generation will respond by developing counter-strategies. Rather than being merely reactionary, these will most often deny the radical implications of the work of their predecessors, perhaps in favor of a more conciliatory approach to the continuing viability of the genres, and they might opt for more moderate claims concerning the social

primero que dijo Andy Warhol al ver mi libro –le había dado Twenty-six Gasoline Station– fue: '¿Cómo sacas todas estas fotografías sin que haya personas?' Yo no lo había pensado, pero era verdad. Es raro encontrar alguna. Es como si las suprimiera inconscientemente... No me gustan las imágenes de personas. En vez de utilizar personas, utilizo otras cosas."[14]

La afirmación de Ruscha confirma nuestra suposición de que la exclusión consciente de figuras y rostros de la representación se ha convertido ahora en una estrategia tan significante como lo había sido su inclusión, aparentemente "natural". Esta decisión de eliminar el sujeto representable hará más compleja la lectura de la iconografía resultante, ya que lo que está en juego en la exclusión de la figura parece ser precisamente la dialéctica fundamental e irresoluble: que a estas alturas el sujeto sólo puede reconocerse, y de hecho, es cuando será más visible, en las formas socialmente existentes de producción e intercambio de objetos.

En su enfoque de la categoría de retrato los artistas de esta generación –Lichtenstein y Warhol en particular– comparten ahora la capacidad de articular esa ausencia de subjetividad; está tan visiblemente ausente de la ejecución técnica de sus trabajos como de su iconografía. El género aparece ahora en sus manos, no solo vaciado de toda individualidad de representación pictórica, sino de todo residuo de interioridad y privacidad del ser como modelo. Los sujetos representados, en el caso de Warhol, son ya siempre sucedáneos públicos de la subjetividad, meros mitos del sujeto en la aparición espectacular y sustitutiva de la "estrella" o, en el caso de Lichtenstein, el patético residuo de subjetividad que perdura en los cómics y las novelas rosa baratas.

Mientras que la intervención de Warhol en el género del retrato se ha estudiado a fondo, resulta chocante que las deconstrucciones igualmente subversivas y persistentes de Lichtenstein en este contexto hayan sido pasadas por alto. Puede decirse que la categoría de retrato, con sus tradicionales promesas de semejanza e identidad, de centralidad de una subjetividad integrada, aparece casi continuamente en las teatrales intervenciones de Lichtenstein en el género. Esta posición se anunció en una declaración, igual de programática que la de Rauschenberg, cuando Lichtenstein pintó en 1961 un retrato doble (reproducido raramente) en el que el mismo hombre reluciente (que parece salido de un anuncio de limpieza en seco) está pintado dos veces; la primera se titula *Retrato de Allan Kaprow* y la segunda, que es idéntica, *Retrato de Ivan Karp*.[15]

Sería prolijo enumerar los ejemplos de las obras de Lichtenstein a partir de 1962 en las que aparecen las figuras y *topoi* convencionales del retrato, si bien siempre mediatizados por el espejo de la cultura de masas, insertados en las imágenes de cómics o anuncios. Encontramos retratos del artista (por ejemplo, *Masterpiece*, 1962), el soldado / héroe de guerra (*Torpedo Los*, 1963), la musa trágica (*Niña ahogada*, 1963), la belleza exótica (*Aloha*, 1962) e incluso el personaje histórico (*George Washington*, 1962). El reflejo continuo de este problema persiste en la obra posterior de Lichtenstein, tratado con idéntico rigor: en 1977 aparece por primera vez en una pintura titulada *Desnudo reclinado* una "figura fisionómica" consistente en un fragmento rectangular de espejo, situado encima de la esquematización de una persona (corbata-camisa-traje). Reaparecerá un año después como una camiseta vacía, otra vez con un pequeño espejo rectangular en lugar de cabeza, titulada *Autorretrato*, un hito en el programa iconográfico subsiguiente del artista, que efectuará variaciones aún más curiosas al sustituir el espejo por un trozo de contrachapado de textura gráfica como en *Razzmatazz* (1978) o queso suizo con agujeros en dibujos como los de *Estudio para retrato* (1977).

A propósito de esto, el anonimato radical de los personajes de cómic de Lichtenstein parecen complementar las imágenes inmediata y universalmente reconocibles de estrellas de Warhol, puesto que los indicios de lo personal y lo privado, lo subjetivo y lo psicológico, están codificados en la grotesca exageración de las imágenes de dibujos animados que han minado persistentemente la validez del parecido mimético.[16]

V

Siempre que una generación de artistas ha puesto en pie estrategias en las que se anticipan o articulan retroactivamente transformaciones estructurales de las

consequences of artistic strategies at large. Such a reversal, with regard to the radical implications of Pop Art and Conceptual Art, occurred in the early 1980s in the work of numerous photographic artists, among them Thomas Ruff and Thomas Struth. They repositioned themselves not only within the trajectory of their teachers, Bernd and Hilla Becher, but through them also within the broader legacies of Neue Sachlichkeit photography, in particular that of August Sander.

The Bechers bequeathed an anti-modernist project of reskilling photography to their disciples, which brought about an even more manifest resistance to the conceptual radicality of the Pop artists and the Conceptualists (i.e. the Warhol-Ruscha-Graham positions). Along with this reconstitution of photographic skills emerges the recuperation of the photographic genres and once again we witness the rise of portraiture and the refiguration of individual subjectivity, be it isolated or in the group—or family portraits of Ruff and Struth in the mid 1980s. The selection of the sitters would at least initially be determined by an attempt to base the photograph either on already existing communicative relationships between photographer and sitter, or to make the photograph the result of an increasing communicative familiarity that resulted precisely from the preparatory sessions of the portrait project. Thus in Struth's work for example, the procedure of taking a portrait photograph depends upon a complex process of repetitions and revisions, a process that may well incorporate commentaries and criticisms by the sitter or that might not lead to a result at all.[17]

By placing emphasis on the portrait as a result of residual communicative relations, or by making the photograph the occasion to establish them, Struth's work opposes the presumed conditions of a universally governing social anomie and a fully deconstructed subjectivity that had been articulated within the work of the preceding conceptualist generation. In Struth's symbolic construction of protected social spaces the subject reappears at least as a reminder of its presumably long lost plenitude, and communicative relations appear as an actually accessible reality. And it is certainly not accidental that the most successful portraits in Struth's oeuvre are those which present subjects as either distinguished by their dignity and age (as for example in the the portraits of *Eleonor and Giles Robertson, Edinburgh*, 1987 or in *Anci and Harry Guy, Groby, Leicestershire*, 1989) or by the exceptional indication of their practices and profession (as for example in the outstanding image *The Restorers, San Lorenzo Maggiore, Naples*, 1988) or by the unusual geopolitical Location determining their identity (as for example in *The Shimada Family, Yamaguchi*, 1986): all of these images situate identity in a relative distance from the preestablished set of common characteristicas presently determining the subject's appearance.[18]

If this is occasionally not the case and the physiognomy and the attributes of the sitters are in every respect defined by their utter commonality and by their adaptation to the ruling standards of dress and physiognomy (as for example in the portrait of *The Schäfer Family, Düsseldorf*), the photograph itself becomes questionable and with it the enterprise of portraiture at large.

Such a project that attempts to construct a protective, if not a celebratory reservation of residual forms of bourgeois subjectivity, might at first appear as both artistically and politically precarious, if not as an outright cultural conservativism. It is precisely the protectionism of this operation that makes the portraits appear as images of a privileged subjectivity and of exempted forms of social solidarity, since these constructions claim that residual forms of sociability and subjectivity can still be detected within and against a universal regime of anomie. Inevitably, the question arises then whether it is only the melancholic image of a lost subjectivity that appears here in the obsolete genre of the portrait because the subject is de facto deprived of any access to the structures of its economic and political self-determination, or whether the actually existing residual forms of subjectivity necessitate the deployment of obsolete genres and representational conventions to claim credibility against the increasing evidence of anomic relations and the loss of the traditional forms of subjectivity.

Inevitably the resurrection of the subject with artistic means has a historical price to pay: as opposed to the exact focus on the professional and socio-political

relaciones sociales, una generación más joven contesta con sus propias contraestrategias. Más que meramente reaccionarias, suelen negar las implicaciones radicales del trabajo de sus predecesores, quizás a favor de un enfoque más conciliador de la viabilidad y continuidad de los géneros, y pueden optar por planteamientos más moderados sobre las consecuencias sociales de las estrategias artísticas en general. A principios de los años ochenta del siglo XX, se produjo una respuesta de estas características con respecto a las implicaciones radicales del arte conceptual y pop en la obra de numerosos artistas fotográficos, entre ellos Thomas Ruff y Thomas Struth. Se resituaron no sólo en relación con la trayectoria de sus maestros, Bernd y Hilla Becher, sino, a través de ellos, también en relación con el legado más vasto de la fotografía de la Nueva Objetividad, en particular el de August Sander.

Los Becher legaron a sus discípulos un proyecto antimodernista de revitalización de la fotografía que trajo consigo una resistencia aún mayor a la radicalidad conceptual de los artistas pop y conceptuales (por ejemplo, las posturas de Warhol o Ruscha-Graham). Junto con esta recuperación de las técnicas fotográficas vuelven a resurgir los géneros fotográficos, entre ellos, el retrato y la refiguración de de la subjetividad individual, ya sea aislada o en grupo o en los retratos de familia de Ruff y Struth de mediados de los años ochenta del siglo XX. La selección de los modelos vendría determinada, al menos al principio, por un intento, bien de basar la fotografía en las relaciones de comunicación ya existentes entre fotógrafo y modelo, bien de convertirla en resultado de una familiaridad comunicativa cada vez mayor, fruto precisamente de las sesiones preparatorias del proyecto de retrato. Por ejemplo, en la obra de Struth el procedimiento de obtención de un retrato depende de un complejo proceso de repeticiones y revisiones que bien podría incorporar comentarios y críticas del modelo o no dar absolutamente ningún resultado.[17]

Al hacer hincapié en el retrato como resultado de relaciones comunicativas residuales o convertir la fotografía en ocasión para establecerlas, la obra de Struth rechaza la premisa de la anomia social universalmente dominante y la subjetividad totalmente reconstruida, articuladas por la obra de la generación conceptual precedente. Cuando Struth construye simbólicamente espacios sociales protegidos, el sujeto reaparece, al menos, como recordatorio de su plenitud perdida hace mucho tiempo y las relaciones comunicativas se muestran como una realidad verdaderamente accesible. Y desde luego, no es casual que los retratos de mayor éxito en la obra de Struth sean los que presentan sujetos distinguidos por su dignidad o su edad y (por ejemplo, los retratos de *Eleanor y Giles Robertson, Edimburgo, 1987*, o *Anci y Harry Guy, Groby, Leicestershire, 1989*) o por su excepcional indicación de sus actividades profesionales (por ejemplo, la destacada imagen de *Los Restauradores, San Lorenzo Maggiore, Nápoles, 1988*) o por la insólita ubicación geopolítica determinante de su identidad (por ejemplo, *Familia Shimada, Yamaguchi, 1986*): todas estas imágenes sitúan la identidad a una relativa distancia del conjunto preestablecido de características comunes que determinan actualmente la aparición del sujeto.[18]

Cuando no es éste el caso y la fisionomía y los atributos de los modelos están presididos por su normalidad y su adaptación a los estándares imperantes de atuendo y fisionomía (por ejemplo, el retrato de la *Familia Schäfer, Düsseldorf*), la fotografía se torna cuestionable y, con ella, la empresa del retrato en general.

Un proyecto semejante que intenta construir una reserva protectora, si no conmemorativa, de las formas residuales de la subjetividad burguesa podría parecer, a primera vista, artística y políticamente precario, cuando no abiertamente conservador desde el punto de vista cultural. Es precisamente el proteccionismo de esta operación el que hace que los retratos aparezcan como imágenes de una subjetividad privilegiada y de formas exentas de solidaridad social, ya que estas construcciones pretenden que las formas residuales de sociabilidad y subjetividad pueden seguir detectándose dentro y en contra de un régimen universal de anomia. Entonces se plantea inevitablemente la cuestión de si es sólo la melancólica imagen de una subjetividad perdida la que aparece aquí, en el anticuado género del retrato, porque el sujeto está privado de hecho de todo acceso a las estructuras de su autodeterminación económica y política, o si las formas residuales de subjetividad actualmente existentes necesitan el despliegue de géneros y convenciones de representación obsoletos para ser

aspects of the constitution of identity in Sander's project, we learn hardly anything from Struth's portraits about the attributes of enforced daily economic reproduction and its enormous importance for the interdiction or the enactment of the formation of subjectivity in the present. While Sander's work showed occasional family images, Struth's portraits refuse to recognize professional practice and sociality as integral to the processes of subject formation. If the photographs of the Bechers had to eliminate all human presence from their photographs of the public spaces of industrial production, Struth's portraits—in a strange inversion of that principle—have to bracket the sites and the attributes of production from the enforced privacy of protected subjectivity.

And, perhaps more importantly, one should recall that the social transparency in Struth's topographical archive of the vanishing public spaces of architectural urbanity could only be constructed (with few exceptions) by eliminating the actual inhabitants of these spaces. By contrast, the social and architectural space within which his portrayed subjects are now presented, is always the private space of the "family" and the "home." It is at times hard to decide whether this social unit is central to Struth's portrait project because it is sustaining the communicative bonds in its smallest context or whether Struth is recording the conditions of this social unit in the last phases of its own disintegration.

One result of this rigorous separation between the "private" and the "public" is the implicit recognition that public space in the present can either no longer tolerate the presence of traditional forms of subjectivity and sociality, or that the latter—if they exist at all—can only survive and be represented in those spaces and forms that are confined to privacy. Subject formation and identity construction appear in Struth's oeuvre therefore as being constituted outside of the parameters of social production and are shifted to the private sphere of family relations and the home. Inevitably then, the genre of portraiture as historically formed is dehistoricized in exact correspondence to the extent that the category of subjectivity is naturalized.

Yet another problematic aspect of this artificial redemption of the subject becomes immediately apparent. Instead of learning—as we did in Sander's work—about class differences, social practices, profession and politically determined relations, Struth's archive constructs a compendium of globalized middle class identities, contained in nuclear family units. Thus we confront an incipient naturalization of subjectivity, newly presented as an ontological, if not as a biological, category and the condition of subjecthood appears here as restricted to those that are fortunate enough to have privileged access to the proper economic framework and ideological apparatus of subject formation as much as to the proper conventions of representing subjectivity, i.e. to the Western European genre of portraiture offered by the producers of subjectivity's mythical image.

What is perhaps even more problematical than Struth's voluntarily accepted limitations of the class matrix, is the fact that this matrix inevitably brings with it an equal, if not greater, limitation of sexual and ethnic parameters. Those ethnic groups who would differ dramatically from the gestural, physiognomic and dress-code appearances of the globalized middle class character that makes up the eligible group of portrayable subjects in Struth's oeuvre, or those whose family structure would differ considerably from the Westernized standards of assimilation, seem to have fallen completely outside of Struth's purview. In a similar manner there does not seem to be any room in Struth's middle class compendium for those who have chosen to construct their identities outside of the parameters of a compulsory heterosexuality and its attendent nuclear family formation.

But we would read Struth's construction of a social compendium perhaps in a reductivist manner if we would not understand a totally different set of implications at the same time: would it not be equally possible to recognize that Struth as a photographer in the tradition of New Objectivity records these frameworks of middle class identity precisely at the very moment when the nuclear family confronts its most fundamental crisis, if not an actual threat of disintegration and disappearance.

creíbles frente a la evidencia, cada vez mayor, de relaciones anómicas y la pérdida de las formas tradicionales de subjetividad.

El resurgimiento del sujeto con medios artísticos tiene inevitablemente que pagar un precio histórico. Como se opone a los aspectos profesionales y socio-políticos de constitución de la identidad en el proyecto de Sander, en los retratos de Struth apenas aprendemos nada de los atributos de la reproducción económica impuesta cotidianamente y su enorme importancia, en la actualidad, para la supresión o la representación de la formación de la subjetividad. Mientras que en la obra de Sander había de vez en cuando imágenes de "familia", los retratos de Struth rehúsan reconocer la práctica profesional y las relaciones sociales como parte integral del proceso de formación del sujeto. Si los Becher tuvieron que eliminar toda presencia humana de sus fotografías de los espacios públicos de producción industrial, los retratos de Struth –en una extraña inversión de ese principio– tienen que poner entre paréntesis los sitios y los atributos de la producción desde la forzosa privacidad de una subjetividad protegida.

Además, y quizás esto sea lo más importante, cabría recordar que la transparencia social en el archivo topográfico de Struth de espacios públicos vacíos sólo puede construirse (salvo raras excepciones) eliminando a los habitantes de dichos espacios. En cambio, el espacio social y arquitectónico en que presenta a los sujetos retratados es siempre el espacio privado de la "familia" y el "hogar". A veces es difícil decidir si esta unidad social es relevante en el proyecto de retrato de Struth por albergar los lazos de comunicación en el contexto más pequeño o si Struth está documentando las condiciones de dicha unidad social en las últimas fases de su propia desintegración.

Uno de los resultados de esta rigurosa separación entre "público" y "privado" es el reconocimiento implícito de que ahora el espacio público ya no es capaz de tolerar la presencia de las formas tradicionales de subjetividad y socialización, o bien que éstas –si es que existen– sólo pueden sobrevivir y ser representadas en espacios y formas confinados en la privacidad. Por lo tanto, en la obra de Struth la formación del sujeto y la construcción de la identidad se constituyen fuera de los parámetros de la producción social y se trasladan a la esfera privada de las relaciones familiares y el hogar. De esta manera el género del retrato, en tanto que históricamente formado, es deshistoricizado en la medida exacta en que la categoría de la subjetividad es naturalizada.

Surge de inmediato otro aspecto problemático de esta recuperación artificial del sujeto. En vez de aprender –como hicimos en la obra de Sander– cosas sobre las diferencias de clase, las prácticas sociales la profesión y las relaciones políticamente determinadas, el archivo de Struth construye un compendio de identidades globalizadas de clase media, contenido en unidades de familias nucleares. De esta manera, nos enfrentamos con una incipiente naturalización de la subjetividad, presentada últimamente como una categoría ontológica, cuando no biológica, al tiempo que se restringe a quienes tienen la suerte de contar con un acceso privilegiado al marco económico y el aparato ideológico de la formación del sujeto, así como a las convenciones de su representación. Es decir, al género del retrato europeo-occidental ofrecido por los productores de la imagen mítica de la subjetividad.

Lo que quizá es aún más problemático que las limitaciones de la matriz de clase, voluntariamente aceptadas por Struth, es el hecho de que esta matriz lleva inevitablemente aparejada una limitación igual, si no mayor, de los parámetros sexuales y étnicos. Struth ha hecho caso omiso de los grupos étnicos que difieren mucho de la indumentaria y el aspecto gestual y fisionómico del personaje globalizado de clase media, que constituye el grupo elegido de sujetos retratables por este artista; o de aquellos otros cuya estructura familiar difiera considerablemente de los estándares occidentalizados de asimilación. Del mismo modo, en el compendio de clase media de Struth no hay cabida para quienes han decidido construir su identidad fuera de los parámetros de una heterosexualidad obligatoria y la correspondiente formación de una familia nuclear.

Pero tal vez leyéramos de manera reduccionista la construcción, por parte de Struth, de un compendio social si no comprendiéramos al mismo tiempo otro tipo de implicaciones totalmente diferente: ¿no sería posible

At the same moment, the processes of globalization erase any and all credibility of Eurocentric hegemonic claims to privileged access and forms of subjecthood. Undoubtedly, the fundamental duality of photography's mnemonic structure, namely the impulse to rescue images from and to simultaneously deliver them to oblivion, also operates in Struth's project, inasmuch as it attempts to preserve precisely those formations whose credibility, if not their actual existence, are currently vanishing at an astonishing rapidity.

It is perhaps even more important to recognize the critical distance that his work establishes precisely with regard to those practices where disintegrated subjectivity appears merely as spectacularized "Other" or outright as a victim photography.

Nothing would clarify this distance more easily than a comparison of Struth's portraits with those of his American contemporary, Nan Goldin. As if the dialectic of a redemption of bourgeois subjectivity on the one hand and one of an outright declaration of the death of that subject on the other could no longer be sustained in a single artistic or photographic proposition, both practices appear now as diametrically opposed and as totally irreconcilable. Thus one could describe Goldin's seemingly radical work as a typical example of recent victim photography, even though it claims to build an archive of the "Other," to give voice and representation to those that had been traditionally marginalized if not excluded from the field of the image. In spite of the work's ostentatiously declared solidarity, and in spite of all tokens of a private bond between photographer and sitters, the work ultimately merely delivers these images of the "Other" to the panoptic impulses of social taxonomy and control, and to the voyeuristic desires of its clientele, the collectors and the institutions.

By contrast one could recognize in the conservative dimension of Struth's project a counterimpulse, one that is directed precisely against a practice that victimizes its sitters. In fact, it could be read as a critical position that counters the exploitative complicity in Goldin's work which offers only a spectacularization of the exceptional "Other" in order to confirm and to consolidate the rule of the existing social and sexual order. Thus, Struth's portraits would grant us another insight: that these "radical" examples of a post-bourgeois portrait photography only accelerate the subject's demise without even recognizing the actually still existing examples of communication and the residual practices of interaction that oppose the socially enforced destruction of subjectivity.

A last observation might still be useful concerning the conjunction of group portraiture and color photography which seems to be relevant for both, a general discussion of genre problems as much as for a particular one of Struth's portraits. With only a few exceptions, Struth's portraits are color photographs, produced in this mode with the same consistency with which his topographical work had comprised only black-and-white photographs (with approximately the same number of exceptions in both categories). It is equally noteworthy that the black-and-white portraits which make up the exceptions are for the most part single figure images and that these—in their apparent interchangeability with all other generic portrait photographs—make the precarious condition of a resuscitation of traditional portraiture all the more evident. How then could one possibly explain the peculiar correspondence that governs these images, the fact that the portraits seem to succeed when presented in color and that the topographical images retain their highest credibility in the traditional format of black-and-white photography?

Admittedly the following argument is highly speculative but it could provide a first step into the rather enigmatic connection between color and the genre of the portrait in Struth's work. The model of subjectivity reasserted by the artist depends, as we have argued, to a considerable degree on a rather narrow definition of sociality that is provided by the network of family and friends. To reassert this model, by representing subjects in the portrait genre and in black-and-white photography, would evidently risk to reveal the obsolescence of such a project all too clearly. To deploy color, with its inherent emphasis on the simultaneity and equivalence of all depicted objects and figures in a more or less non-hierarchical

reconocer que Struth, como fotógrafo en la tradición de la Nueva Objetividad, documenta estas estructuras de la identidad de la clase media en el preciso momento en el que la familia nuclear afronta su crisis más grave, si no una auténtica amenaza de desintegración y desaparición? Simultáneamente, el proceso de globalización acaba con toda pretensión hegemónica eurocéntrica de acceso privilegiado a la subjetividad. No cabe duda de que la dualidad fundamental de la estructura mnemotécnica de la fotografía, a saber, el impulso de rescatar imágenes y echarlas al mismo tiempo en el olvido, también funciona en el proyecto de Struth, en la medida en que precisamente procura conservar las formaciones cuya credibilidad e incluso su misma existencia están actualmente desapareciendo a velocidad formidable.

Quizá sea más importante reconocer la distancia crítica que establece su obra con esas otras prácticas en las que la subjetividad desintegrada aparece como un mero "otro" espectacularizado o, directamente, como fotografía de víctimas.

Nada aclara mejor esa distancia que la comparación entre los retratos de Struth y los de su contemporánea norteamericana Nan Goldin. Uno y otra son diametralmente opuestos e irreconciliables, como si la dialéctica del rescate de la subjetividad burguesa, por una parte, y la de una sincera declaración de la muerte de tal sujeto, por la otra, ya no pudieran sostenerse en una única propuesta artística o fotográfica. De tal manera, que podría describirse la obra aparentemente radical de Goldin como un ejemplo típico de fotografía de víctimas actuales, aun cuando se propone construir un archivo del "otro", dar voz y representación a los tradicionalmente marginados e incluso excluidos del campo de la imagen. Pese a las ostentosas declaraciones de solidaridad y todas las señales de un vínculo privado entre fotógrafo y modelos, en definitiva, la obra de Goldin se limita a enviar estas imágenes del "otro" a los impulsos panópticos de la taxonomía social y a los deseos voyeurísticos de su clientela, coleccionistas e instituciones.

En cambio, en la dimensión conservadora del proyecto de Struth podría reconocerse un contraimpulso, dirigido precisamente contra una práctica que victimiza a los modelos. De hecho, podría leerse como una postura crítica de la complicidad explotadora de la obra de Goldin, que no ofrece más que una espectacularización del *otro* excepcional para confirmar y consolidar la dominación del orden sexual y social existente. De tal forma, que los retratos de Struth nos ofrecerían otra perspectiva más, según la cual estos ejemplos "radicales" de fotografía posburguesa de retratos no hacen sino acelerar la desaparición del sujeto, sin reconocer siquiera los ejemplos de comunicación verdaderamente existentes todavía, ni las prácticas residuales de interacción que se enfrentan con la destrucción socialmente impuesta del sujeto.

Cabría hacer una última observación sobre la conjunción del retrato de grupo y la fotografía en color por su relevancia, tanto en la discusión de los problemas del género, como de los retratos de Struth en particular. Salvo raras excepciones, los retratos de Struth son fotografías en color, lo mismo que su obra topográfica estaba compuesta únicamente de fotografías en blanco y negro (con un número semejante de excepciones en ambos casos). Cabe igualmente señalar que los escasos retratos en blanco y negro son, en su mayor parte, figuras solas que –en su aparente posibilidad de intercambio con todas las demás fotografías de retratos del género– resaltan aún más si cabe la precariedad del resurgimiento del retrato tradicional. ¿Cómo explicar entonces la peculiar correspondencia que gobierna estas imágenes, el hecho de que los retratos parezcan triunfar cuando se presentan en color y que las fotografías topográficas sean mucho más creíbles en la forma tradicional de fotografías en blanco y negro?

Hay que reconocer que el siguiente argumento es muy especulativo pero podría suponer un primer paso en la explicación de la conexión más bien enigmática entre el color y el género del retrato en la obra de Struth. Según se ha dicho, el modelo de subjetividad reiterado por el artista depende en buena medida de una definición relativamente estricta de la socialización, restringida a familiares y amigos. Reiterar este modelo representando sujetos dentro del género del retrato, mediante fotografías en blanco y negro, equivaldría a correr el riesgo de poner en evidencia la obsolescencia de semejante proyecto. En cambio, emplear el color, con el énfasis intrínseco que pone en la simultaneidad y

manner, generates precisely the dialectic of dissolution and reification of subjectivity that imbues these photographs with a more contemporaneous, rather than merely a conservative, dimension. Perhaps one could even suggest that it is precisely this nexus between the clandestine equivalence of subjects and objects and the precarious conditions of subjectivity that Struth's color portraits make all the more evident. What is at stake then in his work would not be the disappearance of the traditional models of subjectivity, and even less so the attempt to reconstruct these with photographic means, but rather the representation of its dissolution which constitutes the condition of subject experience at this very moment (as had been suggested in the epigraph by Blanchot introducing this essay).

Notes

1. Maurice Blanchot, "Michel Foucault As I Imagine Him" in *Foucault/Blanchot* (New York: Zone Books, 1987), p. 76f.

2. The crucial essay on these questions remains Yve-Alain Bois, "Kahnweiler's Lesson," in Bois, *Painting As Model* (Cambridge and London: M.I.T. Press, 1990), pp. 65-100. My brief rehearsal of the argument here is indebted to his.

3. It is well known that only when Picasso decided in the fall of 1906 to substitute the rigid structures of an Iberian mask for the mimetic drawing of Gertrude Stein's features that he considered her portrait to be completed. A few months earlier, he had literally effaced the portrait, after having spent some eighty sessions with Stein to bring about a physiognomic resemblance. But even in the subsequent, programmatic instances when Picasso disassembled portraiture, by depicting his dealers, Kahnweiler, Vollard and Uhde in the three magisterial portraits of 1910 that pronounce the death of the genre in an uncontradictable manifesto, the mimetic residue of physiognomic traces works as counter-evidence throughout the paintings. These antiportraits fuse the sitter's subjectivity in a continuous network of phenomenological interdependence between pictorial surface and virtual space, between bodily volume and painterly texture, as all physiognomic features merge instantly with their persistent negation in a pictorial erasure of efforts at mimetic resemblance.
Yet, remnants of characteristic subjectivity still appear to be articulated in Wilhelm Uhde's squinting face and Ambroise Vollard's patriarchal demeanor —even if only in a passing gesture that seems to acknowledge that the disappearing conventions of mimetic depiction of the physiognomic are now, at best, embodied in the features of the caricature. It is worthwhile, then, to ponder what the caricature and the mask share, in order to understand why they served, around 1910, as tools in the dismantling of a mimetic, physiognomically based portraiture. First, both caricature and mask reduce a person's physiognomy to a fixed structure, rather than conceiving of it as a fluid field; in singling out particular traits, they reduce the infinity of differentiated facial expressions to a metonymic set. Thus, the fixity of the mask and the caricature outright deny the promise of fullness and the traditional aspirations toward an organic mediation of the essential characteristics of the differentiated subject in portraiture. Moreover, in singling out particular traits, the caricature reveals a certain mechanicity of those features of the subject whose rigidity displays the individual as grotesque. In Cubism then, caricature and mask attest to the always already constructed character of identity and serve to denaturalize the model of physiognomic evidence in the construction of representation.

4. Regarding this and the previous quotation, see Walter Benjamin, "A Small History of Photography," in *One Way Street and Other Writings*, translated by Edmund Jephcott and Kingsley Shorter (London: Verso, 1979), p. 251. The title of this essay is variously translated as "A Short History" (Patton) or as "A Small History" (Jephcott). Although the latter corresponds more literally to the original adjective *kleine*, it is, for once, Phil Patton's otherwise totally flawed translation that is closer to the original.

5. The association of *Neue Sachlichkeit* painting and Soviet film is all the more astonishing since the general tendencies of the German movement aimed at a "return to order" in the arts, a renewed emphasis on the separation of categories, the transhistorical validity of skillful painterly execution and mimetic representation.

6. Obviously, the writings of the photography debate could not have been known to Benjamin, since his extended visit to Moscow began in December 1926 and lasted until January 1927. But given his awareness of the Soviet avant-garde (especially its filmic, theatrical and literary protagonists), it still seems surprising that he did not know or feel the necessity to research any of the photographic work or any of the writings on photography by Brik and Tretjakov when writing his essay in 1931.

7. Ossip Brik, "From Painting to Photograph," in Christopher Phillips, ed., *Photography in the Modern Era* (New York: Metropolitan Museum of Art / Aperture, 1989), pp. 231-32.
Later in the same essay, Brik explains very specifically, how the conflict between traditional forms of representation and new social and political realities has to be addressed with the means that photography provides: "Whenever a people's commissar is isolated from his environment, the result is iconography: he's being regarded as a heroic figure, just like Napoleon, who might seem to be the central figure in the Napoleonic campaigns... To take a snapshot, a photographer does not have to differentiate the individual. Photography can capture him together with the total environment and in such a manner that his dependence on the environment is clear and obvious. The photographer, then, can resolve this problem, something that the painter cannot do." Alexander Rodchenko argues in almost identical terms for the formal transformation of perceptual experience in accordance with political changes: "There is no revolution if, instead of making a general's portrait, photographers have started to photograph proletarian leaders —but are still using the same photographic approach that was employed under the old regime or under the influence of Western art." See Alexander Rodchenko, "A Caution," *Novyi lef*, no. 11 (1928): pp. 36-37; English translation by John Bowlt in *Photography in the Modern Era*, pp. 264-65.

la equivalencia de todos los objetos y figuras representados de un modo más o menos no-jerárquico, genera precisamente la dialéctica de la disolución y la cosificación de la subjetividad que imbuye a estas fotografías de una dimensión más contemporánea, en vez de meramente conservadora.

Quizá se podría sugerir que es precisamente este nexo entre la equivalencia clandestina de sujetos y objetos y la precaria condición de la subjetividad lo que ponen en evidencia los retratos en color de Struth. Por lo tanto, lo que está en juego en su obra no sería la desaparición de los modelos tradicionales de subjetividad, ni mucho menos el intento de reconstruirlos por medios fotográficos, sino más bien la representación de su disolución, que constituye la condición de la experiencia del sujeto en ese preciso momento (como se sugiere en la cita de Blanchot al principio de este ensayo).

Notas

1. Maurice Blanchot, "Michel Foucault As I Imagine Him", en *Foucault/Blanchot*, Nueva York, Zone Books, 1987. Traducido en español: *Michael Foucault tal y como yo lo imagino*, Valencia, Pre-Textos, 1992, p. 76.

2. El ensayo fundamental sobre estas cuestiones sigue siendo "Kahnweiler's Lesson" en Bois, *Painting As Model*, Cambridge and London, M.I.T. Press, 1990, pp. 65-100. En él está basado mi breve referencia en este texto.

3. Es bien sabido que Picasso no consideró terminado el retrato de Gertrude Stein hasta que decidió sustituir las rígidas estructuras de una máscara ibérica por el dibujo mimético de la escritora en el otoño de 1906. Meses antes había borrado literalmente el retrato después de cerca de ochenta sesiones con Stein para reproducir un parecido fisionómico. Pero incluso en casos posteriores y programáticos, cuando Picasso desmontó el retrato pintando a sus marchantes Kahnweiler, Vollard y Uhde en los tres retratos magistrales de 1910, que proclaman la muerte del género en un manifiesto irrebatible, el residuo mimético de los rasgos fisionómicos actúa como contra-evidencia en los cuadros. Estos anti-retratos diluyen la subjetividad del sujeto en una continua red de interdependencia fenomenológica entre la superficie pictórica y el espacio virtual, entre el volumen corporal y la textura elegida, dado que todos los rasgos fisionómicos se funden al instante con su persistente negación, en una pictórica tachadura, de los esfuerzos por lograr un parecido mimético.
Sin embargo, quedan restos de rasgos subjetivos en el rostro estrábico de Uhde y en la actitud patriarcal de Ambroise Vollard, aun cuando no pasen de meros gestos de reconocimiento de que las desaparecidas convenciones del dibujo mimético de los rasgos fisionómicos perviven en los trazos caricaturescos. Por lo tanto, conviene recordar lo que máscara y caricatura tienen en común para entender por qué hacia 1910 sirvieron de instrumento para el desmantelamiento del retrato de matriz mimética y fisionómica. En primer lugar, caricatura y máscara reducen la fisionomía de una persona a una estructura fija en vez de concebirla como un campo fluido; al subrayar determinados rasgos reducen a una metonimia la infinidad de expresiones faciales diferentes. En consecuencia, la fijeza de máscara y caricatura niegan rotundamente la promesa de plenitud y las aspiraciones tradicionales a una mediación orgánica de las características esenciales del sujeto diferenciado en el retrato. Es más, al subrayar determinados rasgos, la caricatura revela en ellos cierto mecanicismo cuya rigidez hace parecer grotesco al sujeto. Así pues, en el cubismo caricatura y máscara remiten a rasgos identitarios previamente construidos en todo caso y sirven para desnaturalizar el modelo de evidencia fisionómica en la construcción de la representación.

4. En relación con esta cita y la anterior, véase Walter Benjamin, "A Small History of Photography", en *One Way Street and Other Writings*, traducido del alemán por Edmund Jephcot y Kingsley Shorter, Londres, Verso, 1979, p. 251. El título de este ensayo aparece traducido como "A Short Story" (Patton) o "Pequeña historia de la fotografía", editado en español en *Sobre la fotografía*, Valencia, Pre-Textos, 2005, pp. 21-53 (Jephcot). El segundo se corresponde más literalmente con el adjetivo original *kleine*, si bien esta vez la traducción a todas luces defectuosa de Phil Patton está más próxima al original.

5. La asociación entre la pintura Nueva Objetividad y el cine soviético resulta chocante, ya que las tendencias generales del movimiento alemán apuntaban a un "retorno al orden" en las artes, un renovado énfasis en la separación de categorías, la validez transhistórica de la destreza en la ejecución pictórica y la representación mimética.

6. Lógicamente, Benjamin no podía conocer los textos de este debate porque su larga visita a Moscú transcurrió entre diciembre de 1926 y enero de 1927. Aun así, dado su conocimiento de las vanguardias soviéticas (especialmente de sus protagonistas en el cine, el teatro y la literatura), no deja de sorprender que, cuando escribió su ensayo en 1931, no conociera ni sintiera la necesidad de estudiar la obra fotográfica ni los escritos sobre fotografía de Brik y Tretjakov.

7. Ossip Brik, "From Painting to Photograph", en Christopher Phillips (ed.), *Photography in the Modern Era*, New York, Metropolitan Museum of Art/Aperture, 1989, pp. 231-231.
Más adelante Brik explica con detalle cómo el conflicto entre las formas tradicionales de representación y las nuevas realidades políticas y sociales tiene que abordarse con los medios que aporta la fotografía: "Cuando un comisario del pueblo se aísla de su entorno, el resultado es iconográfico: se le considera una figura heróica, igual que Napoleón, que podría parecer la figura central de las guerras napoleónicas... Al sacar una instantánea, el fotógrafo no diferencia al individuo. La fotografía puede captarle junto con su entorno y hacerlo de tal manera que ponga de relieve su dependencia de dicho entorno. Por lo tanto, el fotógrafo puede resolver este problema, cosa que el pintor no puede." Alexander Rodchenko se expresa prácticamente en los mismos términos en cuanto a la transformación formal de la experiencia perceptiva en concordancia con los cambios políticos: "No hay revolución si los fotógrafos, en vez de hacer el retrato de un general, se ponen a fotografiar a líderes proletarios sirviéndose del mismo método fotográfico empleado en el Antiguo Régimen o bajo la influencia del arte occidental". Véase Alexander Rodchenko, "A Caution", *Novyi lef*, nº 11, 1928, pp.

8. Alexander Rodchenko, "Against the Synthetic Portrait, for the Snapshot," in Phillips, *Photography in theModern Era*, pp. 238-42.

9. August Sander, *Das Antlitz der Zeit* (Berlin: Kurt Wolff/Transmare, 1929).

10. Jean-Paul Sartre, Preface in Nathalie Sarraute, *Portrait d'un Inconnu* (Paris, 1948).

11. The first instances in which such a radical displacement of traditional portraiture by the complete reduction to the metonymical object occurs are of course Francis Picabia's famous portraits from 1915, such as the portrait of Alfred Stieglitz or that of Paul Havilland, in which a diagrammatic object stands in as a substitute for the subject.

12. The title of the exhibition *Les 41 présentent Iris Clert* announced that forty-one artists had been commissioned by Iris Clert to submit a portrait of the dealer for this exhibition. The argument made recently by some scholars that Rauschenberg sent the telegram only because he had forgotten to submit his contribution to the exhibition seems all the less plausible if one recognizes the degree of radical conceptualization in the works that Rauschenberg had produced already prior to the telegram, such as his notorious *Erased de Kooning Drawing* (1953), or his *Tire Print*, done in collaboration with John Cage in 1953.

13. Douglas Huebler, text accompanying an ongoing series of works. See *Variable Piece*, No. 70 (in process), *Global 598*, 1975, p. 31. To what extent the depiction of subjectivity slides into the dimension of the linguistic performative in the context of Conceptual Art is evident in the numerous examples to be quoted from the work of On Kawara. As if taking a clue from Rauschenberg's telegraphed portrait, he begins in the late 1960s to mail telegrams and postcards to a selected number of artworld figures and friends stating the following performatives: "I am still alive," "I got up".

14. Edward Ruscha, interviewed by Willoughby Sharp, in *Avalanche* (Winter-Spring, 1973), pp. 30-39.
Ruscha all but states in this interview that he had never admitted people into the iconography of his books, when he suddenly pauses. At least in one work, close to the serial object arrangements of the books, Ruscha used a series of found portrait photographs, taken by various anonymous professional photographers. The work is called *Five 1955 Girlfriends, Oklahoma City, Oklahoma,* and it was submitted by Ruscha for the exhibition and catalogue of the 1969 exhibition "Konzeption/Conception," curated by Konrad Fischer and Rolf Wedewer, in Leverkusen.
Certainly, one would have to take into account that the decision to depart from his principle of a refusal to depict human figures in his serial arrangements of photographs was partially motivated by the desire to intervene in what must have appeared to Ruscha at this time already as the rather orthodox and academic definition of Conceptual Art. The submission of the photographs of five (fictitious or authentic) girlfriends from the 1950s, provincial beauties from Oklahoma in their campy hairdos and dress, must have appeared as a provocative statement on the rapidly changing habits of identity formation in both fashion and art and as a provocative emphasis on the private and the erotic, the past and the personal, in an exhibition that so programmatically pronounced the end of all that.

15. The radical exchangeability between the two characters is all the more hilarious in this case since both were, at the time, of crucial importance to the development of Lichtenstein's careen: Ivan Karp, then the director of the Leo Castelli Gallery, had offered him his first exhibition; Allan Kaprow, then a crucial friend and colleague at Douglas College of Rutgers University, who had brought Lichtenstein's work to Karp's attention was an artist, who was perceived as seminal in the formulation of anti-pictorial happening and Pop-aesthetics.

16. By enforcing and exaggerating the subject, the cartoon imagery also insists on the normalization and naturalization of its characters, the reduction to the most standard and stereotypical figures imaginable (for example, the "Blonde" in Lichtenstein could be the result of a computer printout of all the advertisement, television and film blondes of the 1950s and 1960s put together). Similarly, the fragments of speech inserted in the paintings often record moments of great intensity of experience that are, at the same time, the most vacuous clichés ("That's the way it should have begun! But it is hopeless"), only to be recognized immediately as preprocessed forms, lacking any reality within the available spaces and patterns of behavior.

17. Since both, Ruff and Struth portray mostly friends and personal acquaintances of the artists, their photographs convey an uncanny intimacy and familiarity, thereby already negating one of the Bechers" fundamental positions on historical subjectivity: their insistence on the anonymity of the architectural authors and on the absence of the producers from the sites of production had clearly allied itself as an artistic gesture with a concept of collective subjectivity rather than with one of bourgeois individuality. This principle of excluding the social subject, embodied in photographic figuration, was also precisely what had distinguished the Bechers" work most notably from the spectacular and grotesque distortions of subjectivity in New York School photography. "Anonymity" had of course also been the selection principle of Gerhard Richter's photographic iconography, and Richter had been —along with the Bechers— the other important teacher for Struth's artistic development.
Already in 1942, in this introductory essay to the catalogue of the exhibition, "Twentieth Century Portraits," the curator, Monroe Wheeler, notices this condition, without, however, even attempting to understand when he writes the following: "Even the specialists seem to have often done their best work when there happened to be some intimacy between them and the sitter, or at least some mutual enthusiasm. And many artists refuse to undertake any pre-arranged painting of strangers at all." See Monroe Wheeler, *Twentieth Century Portraits* (New York: Museum of Modern Art, 1942), p. 9.

18. Isabelle Graw has pointed out in her interview with Thomas Struth that already in his topographical work he had sought out locations that were both distinguished by both a considerable historical density and a relative marginality with regard to the most common denominators or currencies of architecture and urban spaces. See Isabelle Graw, "Ortskunde: An Interview with Thomas Struth," in *Artis* (December, 1989), pp. 36-40.

36-37; traducido al inglés por John Bowl en *Photography in the Modern Era*, pp. 264-265.

8. Alexander Rodchenko, "Against the Synthetic Portrait, for the Snapshot", en Phillips, *Photography in the Modern Era*, pp. 238-242.

9. August Sander, *Das Antlitz der Zeit* (Berlin, Kurt Wolf/Transmare, 1929).

10. Jean-Paul Sartre, prólogo de Natalie Sarraute, *Portrait d'un inconnu*, París, 1948, *Retrato de un desconocido*, Buenos Aires, Adriana Hidalgo Editora, 2002.

11. Los primeros ejemplos de desplazamiento radical del retrato tradicional por la reducción total a objeto metonímico son los famosos retratos de Francis Picabia a partir de 1915: el de Alfred Stieglitz o el de Paul Havilland, en que figura el diagrama de un objeto como sucedáneo del sujeto.

12. El título de la exposición *Les 41 présentent Iris Clert* anunciaba que Iris Clert había encargado a cuarenta y un artistas un retrato de la marchante para la exposición. La opinión apuntada recientemente por algunos estudiosos de que Rauschenberg envió el telegrama porque se había olvidado de pintar el retrato parece plausible a la vista del grado de conceptualización radical de las obras de Rauschenberg anteriores al telegrama, como el famoso *Dibujo de De Kooning borrado* (1953) o *Llantas de impresión*, hecho en colaboración con John Cage en 1953.

13. Douglas Huebler, texto que acompaña a una serie de trabajos en curso. Véase *Variable Piece*, nº 70 (en preparación), *Global 598*, 1975, 31. La obra de On Kawara está llena de ejemplos de hasta qué punto la representación de la subjetividad se adentra en la dimensión de la lingüística performativa en el contexto del arte conceptual. Como si tomara pie en el retrato telegrafiado de Rauschenberg, a finales de los años sesenta del siglo xx empieza a enviar telegramas y postales a un selecto grupo de amigos y figuras mundiales del arte con las siguientes declaraciones preformativas: "Sigo vivo", "Me he levantado".

14. Edward Ruscha entrevistado por Willoughby Sharp en *Avalanche* (invierno-primavera 1973), pp. 30-39.
En esta entrevista Ruscha afirma que nunca había incluido personas en la iconografía de sus libros y de pronto se interrumpe. Al menos en una obra, próxima a la organización serial de los objetos de sus libros, Ruscha utilizó una serie de fotografías de retratos que se había encontrado, sacadas por varios fotógafos profesionales anónimos. La obra se titula *Cinco Novias de 1955, Oklahoma City, Oklahoma*, enviada por Ruscha a la exposición y catálogo de la exposición "Konzeption/Conception" de 1969, a cargo de Konrad Fischer y Rolf Wedewer en Leverkusen.
Debe tenerse en cuenta que la decisión de partir del principio de rehusar representar figuras humanas en sus series de fotografías estaba motivada, en parte, por el deseo de intervenir en lo que debió de parecerle entonces a Ruscha la definición más bien ortodoxa y académica de arte conceptual. El envío de las fotografías de cinco novias (ficticias o auténticas) de los años cincuenta del siglo xx, unas bellezas provincianas de Oklahoma, vestidas y peinadas con afectación, debió de parecer una declaración provocadora acerca de los hábitos en acelerada mutación de formación de la identidad tanto en la moda como en el arte, haciendo hincapié provocadoramente en lo privado y lo erótico, lo pasado y lo personal, en una exposición que tan programáticamente anunciaba el fin de todo ello.

15. La posibilidad radical de intercambio entre ambos personajes resulta tanto más chocante cuanto que por entonces ambos tenían una gran importancia en la carrera de Lichtenstein: Ivan Karp, entonces director de la *Leo Castelli Gallery*, le había organizado su primera exposición; y Allan Kaprow, amigo y colega en el *Douglas College* de la Universidad de Rutgers entonces, que había presentado la obra de Lichtenstein a Karp, era un artista considerado fundamental en la formulación de la estética antipictórica del *happening* y el pop.

16. Al destacar y exagerar el sujeto, las imágenes de dibujos animados insisten también en la normalización y naturalización de sus personajes, su reducción a las figuras más estándar y estereotipadas imaginables (por ejemplo, la *Rubia* de Lichtenstein podría ser resultado de la impresión por ordenador de todas las rubias juntas de la publicidad, la televisión y el cine de los años cincuenta y sesenta del siglo xx). Del mismo modo, los fragmentos de discurso insertados en las pinturas, a menudo documentan momentos de gran intensidad que, al mismo tiempo, son clichés vacíos ("¡Debería haber empezado así! Pero es imposible"), sólo reconocibles inmediatamente como formas pre-procesadas, carentes de toda realidad dentro de los espacios y pautas de comportamiento existentes.

17. Como Ruff y Struth suelen fotografiar sobre todo amigos y conocidos, sus fotografías ofrecen una gran intimidad y familiaridad, negando con ello uno de los postulados fundamentales de los Becher sobre la subjetividad histórica: su insistencia en el anonimato de los autores y en la ausencia de los productores del lugar de la producción ya se había aliado claramente como un gesto artístico con un concepto de subjetividad colectiva en vez de burguesa.
Este principio de exclusión del sujeto social, llevado a la figuración fotográfica, fue precisamente lo que distinguió la obra de los Becher de las espectaculares y grotescas distorsiones de la subjetividad en la fotografía de la Escuela de Nueva York. Por supuesto, el "anonimato" también había sido el principio de selección de la iconografía fotográfica de Richter, el otro gran maestro de Struth, junto con los Becher. Ya en 1942, en su ensayo introductorio del catálogo de la exposición "Twentieth Century Portraits", el comisario Monroe Wheeler advierte esta condición sin hacer el menor intento por comprenderla, cuando escribe: "Incluso los especialistas parecen haber realizado sus mejores obras cuando había cierta intimidad o al menos cierto entusiasmo mutuo con el modelo. Y hay muchos artistas que rehúsan hacerse cargo de retratos de extraños". Véase Monroe Wheeler, *Twentieth Century Portraits*, Nueva York, Museum of Modern Art, 1942, p. 9.

18. Isabelle Graw ha destacado en su entrevista a Thomas Struth que ya en su obra topográfica había buscado lugares distinguidos por una considerable densidad histórica y una marginalidad relativa con respecto a los denominadores más comunes de la arquitectura y los espacios urbanos. Véase Isabelle Graw, "Ortskunde: An Interview with Thomas Struth", en *Artis* (diciembre, 1989), pp. 36-40.

DAMAGED.

LIZ KOTZ

In their obsessive pursuit of troubling images of 1960s urban America, Diane Arbus and Garry Winogrand represent opposite poles of post-New York School documentary aesthetics. Both photographic projects emerged in the late 1950s, at a moment when older models of liberal social documentary had ceased to function amidst the enormous social upheavals of the post-WWII era, and as a once-thriving picture magazine culture found itself challenged by television and changing audiences.[1]

While earlier photographers of social dysfunction and decay, from Jacob Riis to Walker Evans, were implicated in a modernist fascination with marginality, they nonetheless sublimated this gaze to an avowedly reformist project, presenting their damaged subjects as potential objects of governmental aid and charitable concern.[2] By the 1960s, however, the camera itself becomes, in Arbus's words, "a kind of license" to look—as a newly liberalized photojournalism increasingly seeks out social margins, and once dissident forms of photographic modernism encounter the changing conditions of an expanding media culture. If Arbus' emotionally confrontational work pushes to extremes the inherent power ambivalence and subjective discomfort so often repressed in earlier documentary photography, performing a kind of stress test on the photographic encounter, Winogrand's chaotic urban images perpetually press the limits of what kinds of visual information could be contained within the photographic frame, performing a related test on pictorial models.

Arbus, as we know, focused on the portrait: on the solo individual, or often the couple or family, groupings bound by a certain implied intimacy or connection—a structure reinforced by the occasional exception, such as the *Two girls in matching bathing suits, Coney Island, N.Y.* from 1967, awkwardly embracing in their matching striped bikinis. In Arbus' 1972 *Aperture* monograph, the only unrelated groups appear in the final section, devoted to Downs' Syndrome patients photographed at Longwood, N.J., which evoke a different kind of shared condition. Carefully posed and framed in nearly-archaic modes of formal frontal portraiture, generally isolated from any setting—except for certain domestic interiors, which function as extensions of those portrayed—Arbus' figures are presented as distinct individuals, unique subjects with a history, a complex interiority, an inner life (if a troubled one).

HERIDOS.

LIZ KOTZ

Diane Arbus y Garry Winogrand representan polos opuestos en la estética documental posterior a la Escuela de Nueva York en su obsesiva persecución de imágenes incómodas de la Norteamérica urbana de los años sesenta del siglo XX. Ambos proyectos fotográficos surgieron a finales de los años cincuenta, en un momento en el que habían dejado de funcionar los viejos modelos de documental social liberal, entre la intensa agitación social de los años que siguieron a la Segunda Guerra Mundial y el embate de la televisión y los cambios en la audiencia, que pusieron en un brete a la cultura antaño boyante de las revistas.[1]

Los primeros fotógrafos de la pobreza y la marginación social, desde Jacob Iris a Walker Evans, participaban de la fascinación modernista por la marginalidad, si bien sublimaron este punto de vista en aras de un proyecto abiertamente reformista, presentando a sus sujetos heridos como objetivos potenciales de la ayuda oficial y la asistencia benéfica.[2] Sin embargo, en los años sesenta del siglo XX la cámara se convierte, en palabras de Arbus, en una "especie de licencia" para mirar, mientras el fotoperiodismo recién liberalizado desborda cada vez más los márgenes sociales y las formas, en otro tiempo disidentes, del modernismo fotográfico topan con las cambiantes condiciones de una cultura de los medios de comunicación de masas en plena expansión. La obra emocionalmente polémica de Arbus lleva al extremo la ambivalencia inherente al poder y el malestar individual –muy a menudo reprimidos en la fotografía documental anterior–, como si se tratara de forzar al máximo los límites del encuentro fotográfico; en cambio, las caóticas imágenes urbanas de Winogrand intentan forzar los límites del tipo de información visual que puede estar contenida dentro de la fotografía, aunque en su caso centrándose sobre los modelos.

Arbus, como ya sabemos, se dedicó al retrato: individual, de pareja o familiar, grupos ligados por una cierta relación o intimidad implícita; regla confirmada por ocasionales excepciones, como *Two girls in matching bathing suits, Coney Island, N.Y.*, 1967, donde aparecen dos chicas abrazadas, ataviadas con sendos bikinis de rayas. En la monografía de Arbus *Aperture* (1972), los únicos grupos sin relación entre sus miembros figuran en la última sección, dedicada a pacientes con síndrome de Down y fotografiados en Longwood, N.J., quienes comparten un vínculo de otra naturaleza. Las figuras

And indeed, the images" effect rests on our capacities for identification with the subjects, our speculation about their lives and feelings, our awareness of the possible incongruities between how we see them and how they may see themselves. The endless commentaries on Arbus, both sympathetic and critical, are full of stories about her encounters with these people, her subjects: her persistent pursuit of them, possible relationships with them, deep identification or fascination with them. For all the criticism of Arbus' voyeurism or exploitation, hers nonetheless appears as a deeply humanist project, one recording the contact between photographer and human subjects in all its problematic intimacy, complexity and potential danger.

Winogrand, the inheritor of the twentieth century project of "street photography," restlessly documented the chance encounters and groupings of the public urban scene. Where couples and occasional families crop up, they always appear amidst the crowd, the social landscape. After the early portraits of boxers and performers, relatively few solo subjects appear in Winogrand's published work: in separate images from *The Animals* (1966), an older woman wearing sunglasses stands in front of two rhinoceroses, and an anonymous male worker cleans the window of an aquarium holding two enormous white whales. In other 1960s shots, a man stares out of an airport phone booth, and various young women stand in front of store windows or stride across city streets—all subjects momentarily isolated against urban or suburban surroundings. From all accounts, Winogrand shot them on the fly, rapidly, quasi-instinctively. He did not know these people nor most likely even speak to them. The resulting images are famously casual in their framing and presentation, distorted by the wide-angle lens, often tilted and off-center. The people portrayed may occasionally be solitary figures, but they are not "individuals," their pictures not "portraits." While Winogrand's titles share a generic quality with Arbus (and most modernist documentary, with its claim to neutral recording of facts), they note places or occasions, "London," "New York," "Hard Hat Rally, Central Park"—situations, not subjects.

When we look at Winogrand's images, what we see are precisely these situations—chance configurations, architectural and social, which both stage and dominate the people in them: people who are subjects mostly in the sense of being "subjected to," "subjected by." Everything seems to bear down on and confine them: the street, the light, the frame, other people. Yet we enjoy looking at them, perhaps speculate about how they came to be where they are, doing what they're doing: Why is that woman with the ice cream cone (*New York City*, 1968) laughing? Is the young demonstrator with blood streaming down his face (*Madison Square Garden*, 1968) badly hurt? While we could stop to dissect Winogrand's endless young women with Arbus' eye for "the gap between intention and effect" in personal self-presentation, noting their visible bra lines, occasional bulges, and now-dated 1960s coifs and attire, to do so would go against the grain of the images—Winogrand's title *Women are Beautiful* (1975) does not appear to be ironic. To adopt Roland Barthes' model of photography as an object of three "practices"—to do (the photographer), to undergo (the subject), and to look (the spectator)—these images would seem to position both spectator and photographer as detached viewers taking in the photographic scene, rather than addressing us as potential subjects or eliciting our troubled identifications with those on view.[3]

In a 1977 interview with Charles Hagen, Winogrand dismissed the rhetoric of those photographers, like Arbus, who claimed to reveal truths based on risk-taking encounters and carefully-developed intimacy with their photographic subjects, countering that "they're really talking about their own comfort." Instead, he contentiously asserts, "I have never seen a photograph from which I could tell how long the photographer was there, how well he knew it." Regarding Arbus, Winogrand challenges, "How do you know from the photographs—forget all the rhetoric—from the photographs, that she didn't rush in an make "em, bang, and rush out like a thief?"[4] And indeed, the only explicit danger Winogrand reports while taking photographs was a serious injury he incurred while photographing a football game from the sidelines, when he was accidentally hit by three charging players—an anecdote echoing, in now ludicrous form, the once-heroic documentary ethos that "the best images come from situations of physical risk."

de Arbus se presentan como individuos diferenciados, sujetos singulares con una historia y una vida interior compleja (con todos sus problemas).

Y desde luego, el efecto de las imágenes descansa en nuestra capacidad de identificación con los sujetos, nuestra especulación sobre su vida y sus sentimientos, nuestra conciencia de las posibles incongruencias entre cómo los vemos y cómo se vean ellos a sí mismos. Las innumerables referencias a Arbus, ya sean favorables o adversas, están repletas de historias sobre sus encuentros con estas personas, sus sujetos: su persistencia en buscarlos, sus posibles relaciones y la profunda fascinación o identificación con ellos. Por mucho que la obra de Arbus se tache de voyeurismo y explotación, se trata de un proyecto profundamente humanista, que capta el contacto entre el fotógrafo y los sujetos en toda su problemática intimidad, complejidad y peligro potencial.

Winogrand, el heredero del proyecto de la *fotografía callejera* del siglo XX, documentó incansablemente encuentros casuales y grupos en el escenario público urbano, donde surgen las parejas o familias. Se muestran siempre en medio de la multitud, el paisaje social. En la obra publicada de Winogrand aparecen relativamente pocos sujetos en solitario, después de los primeros retratos de boxeadores y actores: en imágenes separadas de *Los animales* (1966), se ve a una mujer mayor con gafas de sol ante dos rinocerontes y un trabajador anónimo limpiando la cristalera de un acuario con dos tiburones. En otras instantáneas de los años sesenta, un hombre mira desde una cabina telefónica en un aeropuerto y se ven varias jóvenes ante escaparates o abriéndose camino por las calles de la ciudad, todos ellos sujetos aislados por un momento de su entorno urbano o periférico. Al parecer Winogrand los fotografió deprisa y corriendo, casi instintivamente. Ni conocía ni seguramente llegó a hablar con esas personas. Las imágenes resultantes son famosas por lo informal del marco y la presentación, distorsionadas por la lente del gran angular, a menudo torcidas y descentradas. Las personas retratadas pueden ser ocasionalmente figuras solitarias, pero ni son "individuos" ni las fotografías son "retratos". Los títulos de Winogrand presentan similitudes con los de Arbus (y la fotografía documental modernista, por su empeño en el registro neutral de los hechos), insisten en sitios u ocasiones: Londres, Nueva York, Manifestación de albañiles; situaciones, no sujetos.

Cuando contemplamos las imágenes de Winogrand, lo que vemos son precisamente esas situaciones, configuraciones al azar, arquitectónicas y sociales, que acogen y dominan al mismo tiempo a las personas que aparecen en ellas. Personas que son sujetos principalmente en el sentido de estar "sujetos a", "sujetos por". Todo parece aniquilarles y aplastarles: la calle, la luz, el ambiente, las demás personas. Sin embargo, disfrutamos de su contemplación, quizá especulamos acerca de cómo han llegado a estar donde están, haciendo lo que están haciendo. ¿Por qué se está riendo la mujer del helado (*Nueva York*, 1968)? ¿Está malherido el joven manifestante de rostro ensangrentado (*Madison Square Garden*, 1968)? Podríamos entretenernos en diseccionar a las innumerables jóvenes de Winogrand con la intuición de Arbus para ver la "distancia entre intenciones y efecto" en las autopresentaciones personales, fijándonos en las marcas visibles del sujetador y algún que otro pliegue, los tocados y atuendos de los años sesenta, pero hacerlo así iría en contra de las imágenes; el título de *Las mujeres son hermosas* (1975) no parece encerrar ninguna ironía. Adoptando el modelo de Barthes de la fotografía como un objeto de tres "prácticas" –realizar (el fotógrafo), sufrir (el sujeto) y contemplar (el observador)–, estas imágenes parecerían posicionar tanto al observador como al fotógrafo como visionadores separados, captando la escena fotográfica más que dirigiéndose a nosotros como posibles sujetos, o provocando nuestra incómoda identificación con las personas que se ven.[3]

En una entrevista de 1977 con Charles Hagen, Winogrand desdeñó la retórica de fotógrafos como Arbus, empeñados en revelar verdades basadas en encuentros arriesgados y en una intimidad cuidadosamente elaborada con sus sujetos fotográficos, aduciendo que "en realidad están tan tranquilos". Y polemiza diciendo: "No he visto nunca una fotografía de la que pueda decir cuánto tiempo ha empleado el fotógrafo, ni si él mismo lo sabía". En relación con Arbus, Winogrand se cuestiona: "¿Cómo puede saberse por las fotografías, retóricas aparte, si la autora no se presentaba de repente, los pillaba, disparaba y salía a escape como

Instead, Winogrand poses his photographic risks as mostly formal, pictorial: "testing what's possible within the frame," finding places where "the content is on the verge of overwhelming the form." His only criteria (echoing that of Donald Judd) is that an image be "interesting." Thus, in deciding what to print, "if it looks interesting, I look at the contacts: hopefully, if all is going well, looking at the contacts is a similar kind of adventure as shooting is."[5]

It would be all too easy to attribute these strategic differences to certain all-too-familiar dichotomies of gender: Arbus, the vulnerable, risk-taking, and ambivalently liberated female artist, whose own sense of marginality and unease is empathetically enacted in her culturally transgressive identifications with transvestites, freaks and other socially marginal figures; Winogrand, the physically-imposing macho adventurer charging into crowds to snap images, aggressively pursuing attractive women on city streets to produce almost textbook examples of sexist objectification. And indeed, such accounts appear with unsurprising frequency in the critical commentary on their work.

And yet, there is enormous aggression in Arbus' work, and enormous pathos in Winogrand's. Norman Mailer is said to have protested that "giving Diane Arbus a camera is like giving a child a hand grenade,"[6] and in what limited accounts we have from her more well-known portrait subjects, Arbus was capable of harassment and deceit, as well as her famously disarming charm, to get the pictures she wanted.[7] But even without such accounts, anyone with a grasp of portrait conventions immediately understands the implicit aggression, as well as the seduction, of Arbus' move to present her subjects within the modes of the European grotesque (even if some of her subjects do not). Arbus' career in middlebrow fashion photography, constructing reassuring fantasies for upscale public consumption, may have prepared her all-too-well for revealing the darker anxieties which under-gird tenuous gender and class ideals. After ten years as a stylist, she knew how to make people look good on camera—or not. As photo historian Colin Westerbeck notes, Arbus' innovative use of flash in daylight "gave an unnatural feel to the pictures. It gave her subjects a certain fun-house presence, picking up the shine on faces in a way that made them physically gross, even grotesque, or that brought a care-worn quality to them."[8]

Arbus' use of photographic techniques to distort the human figure draws on elements of Expressionist painting—for instance, the grotesque deformations of the body in Egon Schiele's work, a project with deep roots in older European pictorial forms—as well as the quintessentially modernist pursuit of subjective self-dissolution. Arbus undoubtedly inherits this model, of "revelation through distortion," via her teacher, the Viennese émigré photographer Lisette Model, whose own photographs of drag performers and transvestites were (along with those of Brassai) among the first to systematically probe gendered subjectivity and the social construction of sexuality.

The implications of this crucial relationship with Model (who, along with Richard Avedon, was perhaps the central figure for Arbus) have yet to be critically engaged, perhaps because the full extent of Model's own photographic production remains unpublished and relatively little-known. The larger art historical question, of how transplanted central European émigré cultural forms shaped postwar American artistic practice, is vast and still largely unexplored. Yet particularly for a figure such as Arbus, who drew so deeply on the Weimar era portraiture of August Sander, a sense of how earlier portrait models and conventions are transformed in the postwar U.S. context is essential. Where Sander included socially marginal and physically disfigured individuals within a larger social typology, Arbus pursued them systematically, making them the template for even her more apparently normative subjects. If, by the postwar era, the simple physiognomic likeness no longer provides access to the complexity and fragmentation of modern subjectivity, Arbus paradoxically reinvigorates the bourgeois portrait genre by putting once unrepresentable figures in center stage. Shot in the full-frame frontality of formal portraiture, the social outcast becomes the model for subjectivity as such.[9]

Within the emerging media culture of the 1960s, this strategy may be less disruptive than it initially appears. Sympathetic feminist critics have argued that Arbus' "images of sexually ambiguous figures and transvestites,

un ladrón?".[4] Lo cierto es que el único peligro explícito mientras sacaba fotografías del que habla Winogrand es el enorme golpe que recibió mientras fotografiaba desde la banda un partido de fútbol al venírsele encima tres jugadores. Anécdota que, ahora en clave de humor, evoca el lema del documental en otro tiempo heroico: "Las mejores imágenes se obtienen en situaciones de riesgo físico".

En cambio, Winogrand plantea, sobre todo, sus riesgos fotográficos en el plano formal, pictórico, "como prueba de lo que es posible dentro de la fotografía", el hallazgo de lugares donde "el contenido esté a punto de adueñarse de la forma". Su único criterio (siguiendo a Donald Judd) es que la imagen sea "interesante". Así pues, a la hora de decidir qué se va a imprimir, "si parece interesante, echo un vistazo a los contactos; afortunadamente, si todo va bien, mirar los contactos es una aventura parecida a disparar."[5]

Sería demasiado fácil atribuir estas diferencias estratégicas a las consabidas dicotomías de género: Arbus, la artista vulnerable, arriesgada y ambivalentemente liberada, cuyo sentido de la marginalidad y las dificultades está empáticamente presente en su transgresora identificación con travestidos, bichos raros y otras figuras socialmente marginales; Winogrand, el macho aventurero, físicamente amenazante, lanzándose entre la multitud a sacar fotografías, persiguiendo agresivamente mujeres atractivas por las calles de la ciudad, para producir ejemplos de manual de objetificación sexista. Lo cierto es que este enfoque suele estar en el comentario crítico de sus respectivas obras.

Sin embargo, hay una enorme agresividad en la obra de Arbus y una gran dosis de patetismo en la de Winogrand. Cuentan que Norman Mailer decía que "dar a Arbus una cámara era como dar una granada de mano a un niño"[6] y, por lo que cuentan los sujetos de sus retratos más famosos, Arbus era capaz de acosar y engañar, además de desplegar su reconocido encanto, para sacar las fotografías que quería.[7] Pero incluso sin ese tipo de testimonios, cualquiera con un mínimo conocimiento de las convenciones del retrato capta al instante la agresión implícita, así como la seducción, en el empeño de Arbus de presentar a sus sujetos a la moda grotesca europea (algunos de sus modelos no lo son). La trayectoria de Arbus en el ámbito de la fotografía de moda de nivel intelectual medio, construyendo fantasías tranquilizadoras para consumo de un público pudiente, quizá le hayan servido de preparación para luego poner de relieve las angustias más hondas que acechan a los frágiles ideales de género y clase. Al cabo de diez años como peluquera, sabía cómo hacer que una persona diera bien ante la cámara (o no). Como escribe el historiador de la fotografía Colin Westerbeck, el empleo innovador del flash a la luz del día "daba un toque insólito a las imágenes. Daba a sus sujetos una cierta presencia de atracción de feria, presentando sus rostros relucientes de tal modo que les daba un aire físicamente basto, incluso grotesco, o bien de estar agobiados por las preocupaciones."[8]

El empleo por Arbus de las técnicas para distorsionar la figura humana contiene elementos de la pintura expresionista europea –por ejemplo, las grotescas deformaciones del cuerpo de la obra de Egon Schiele, un proyecto con hondas raíces en antiguas formas pictóricas europeas–, además de la aspiración típicamente moderna de la autodisolución del sujeto. Sin lugar a dudas, Arbus hereda el modelo de "revelación mediante distorsión" de su maestra Lisette Model, una fotógrafa emigrada de Viena, cuyas fotografías de reinonas o travestidos fueron (junto con las de Brassai) de las primeras en demostrar sistemáticamente la subjetividad de género y la construcción social de la sexualidad.

Las consecuencias de la decisiva influencia de Model (quizá la influencia primordial de Arbus, junto con Richard Avedon) están pendientes de evaluación crítica, quizás porque la producción fotográfica completa de Model permanece inédita y es relativamente poco conocida. Sigue siendo una cuestión sin explorar la influencia de las formas culturales de los inmigrantes europeos en las prácticas artísticas norteamericanas de posguerra. Con todo y con eso, en una figura como Arbus, que tanto se inspiró en el retrato de August Sander de la época de Weimar, es evidente la transformación de modelos y convenciones operada en el retrato americano de la época de posguerra. Allí donde incluía personas socialmente marginales y físicamente desfiguradas, dentro de una tipología social más amplia,

as well as her representations of motherhood, constitute a critique of the rigidity of gender roles in the later 1950s and early 1960s, a period in which sexuality was clearly prescribed by social and ideological conventions."[10] Yet enforced norms require some awareness of deviance, and Arbus's work of the 1960s was itself made possible by the relative accessibility of certain social margins to middle class social voyeurs—the 42nd Street freak shows and drag clubs catering to heterosexual clientele were, after all, already favorite haunts for edgier street photographers like Weegee and Model.

As the history of postwar censorship battles demonstrates, by the early to mid-1960s, it is no longer a matter of the total *prohibition* of representation of sex/gender deviance (subjects long available in an increasingly "pop" sociological and scientific literature) but a question of *how* they would become visible, in what modes of representation, in the increasingly liberalized urban media culture of which Arbus was an active participant—even if, reading Thomas Southall's account in *Diane Arbus: Magazine Work*, one is mostly struck by her failures. When it came to providing fully spectacularized forms for representing social difference, and making these commercially viable and successful, Arbus was no Avedon. But by relentlessly imaging socially marginal lives as tragic and naive—as subjects offering no resistance—and by presenting non-normative female figures as almost uniformly monstrous, Arbus offers less resistance than we might wish to the social anxieties and repressive capacities of mainstream American culture.

The pathos of Winogrand's work is harder to pin down in any single image: it accumulates almost horrifically over the years and the pages, over the dozens and hundreds of published images—and, no doubt, over the literally hundreds-of-thousands of shots Winogrand took in his final years, that he left mostly undeveloped and unprinted. The awkward status of these late, "unfinished" images should alert us to a structural failure or impossibility internal to Winogrand's project—a perception reinforced by our awareness that, according to his friend and colleague Todd Papageorge, the notoriously restless Winogrand had already begun to lose interest in printing his film by the late 1960s. By the 1970s, he seems to have relied on friends to print, edit and present his work: a curious state of affairs for a photographic project about voyeuristic looking.[11]

Unlike Arbus, who sought out individualized subjects to act as surrogates for her sense of isolation and despair, Winogrand initially followed the path of Robert Frank, finding images of misery in anonymous public scenes—grainy, chaotic scenes of distance, disconnection and anomie amongst the milling crowd. Yet, where Frank's *The Americans* (1958) portrays an almost stereotypical version of 1950s existential alienation, Winogrand stays curiously flat. He holds certain scenes up for our inspection, but it is not always clear why. Later street images and airport scenes, in particular, can seem to have little or nothing going on. Even in those images that portray the most dramatic social contrasts—as in one his most acclaimed photographs, a back-lit scene of three glamorous women in short skirts and big hair, strolling down a sidewalk, next to a crippled figure in a wheelchair, half-hidden in shadow (*Los Angeles, California*, 1969)—the apparent social message is quickly obscured with chaotic surrounding detail: a group of women waiting for the bus, a taxi pulling up, a boy with glasses sitting on a bench looking over at the scene, the large plate glass window which reflects the female trio less clearly than an older group hidden behind them, the street sign on the upper right corner which reads "Vine St/1600 N." Intelligible social meaning emerges, then ebbs away: information presented for analysis produces a sense of impenetrability and pathos instead.

Paradoxically, the deeply anti-humanist implications of Winogrand's project, and his assault on pictorially based models of photographic meaning, were often grasped more clearly by his detractors than his friends. In a harshly critical review of *Public Relations* (1977) in the Society for Photographic Education journal *Exposure*, Candida Finkel argues that the book offers "a catalogue of incomprehensible events," and that Winogrand's camera is "a metaphorical weapon. He uses it to take away human vitality and integration with the world. His pictures show people who had been transformed into lifeless, rigid mannequins."[12] Protesting the amoral detachment of the professionalized mass media, Finkel decries the leveling effects of Winogrand's project, its failure to differentiate

Arbus las perseguía sistemáticamente, convirtiéndolas en plantilla hasta de sus sujetos aparentemente más normales. Paradójicamente, Arbus revitaliza el género burgués del retrato devolviendo al primer plano figuras irrepresentables, por mucho que en la posguerra la mera semejanza fisionómica ya no conduzca a la complejidad y fragmentación de la subjetividad moderna. Fotografiado de frente a la manera del retrato formal, el marginado social deviene modelo de subjetividad.[9]

Esta estrategia debió de ser menos perturbadora de lo que a simple vista parece en la cultura de los medios de comunicación de masas surgida en los años sesenta del siglo XX. Los críticos de tendencia feminista han dicho que "las imágenes (de Arbus) de figuras sexualmente ambiguas y travestidas, así como sus representaciones de la maternidad, constituyen una crítica a la rigidez de los roles de género a finales de los años cincuenta y principios de los sesenta del siglo pasado, período en el que la sexualidad estaba claramente encorsetada por convenciones sociales e ideológicas".[10] Sin embargo, las normas impuestas suponen cierta conciencia de desviación y, en ese sentido, la obra de Arbus en los años sesenta fue posible por cierta accesibilidad de determinados marginados sociales a los *voyeurs* sociales de clase media: los espectáculos de feria y los clubes de reinonas abiertos a una clientela heterosexual ya eran, de hecho, garitos frecuentados por fotógrafos callejeros de vanguardia como Weegee y Model.

La historia de las batallas contra la censura de posguerra demuestra que en la primera mitad de la década de los sesenta ya no se trata de la prohibición total de representar la desviación de sexo/género (sujetos disponibles desde hacía tiempo en una literatura sociológica y científica cada vez más "pop"), sino de cómo hacerla visible, bajo qué formas de representación, en la cultura cada vez más liberal de los medios urbanos de comunicación de masas de la que Arbus era una activa participante; aunque, a juzgar por el relato que hace Thomas Southall en *Diane Arbus: Magazine Work*, lo más llamativo son sus fracasos. Arbus no era Avedon a la hora de ofrecer formas absolutamente espectacularizadas a la hora de representar la diferencia social y hacerlas comercialmente viables y satisfactorias. Pero al presentar inexorablemente como trágicas e ingenuas las vidas de los marginados sociales –como sujetos que no ofrecen resistencia– y las figuras femeninas fuera de la norma, como si fueran algo casi siempre monstruoso, Arbus ofrece menos resistencia de la que cabría desear a las angustias sociales y la capacidad represiva de la cultura norteamericana oficial.

Es más difícil resumir el patetismo de la obra de Winogrand en una sola imagen: abarca numerosos años y páginas, con cientos y cientos de imágenes publicadas; además de los centenares de miles de fotos que Winogrand realizó en sus últimos años y que dejó en buena parte sin revelar ni imprimir. El desorden de estas últimas imágenes "inacabadas" debería alertarnos sobre un fracaso o imposibilidad intrínseca del proyecto de Winogrand. Percepción reforzada cuando advertimos que, según su amigo y colega Tom Papageorge, el infatigable Winogrand ya había empezado a perder interés por imprimir sus carretes a finales de la década de los años sesenta. En la década siguiente, al parecer confió a amigos suyos la impresión, edición y presentación de su obra: curioso colofón para un proyecto fotográfico sobre la mirada voyeurística.[11]

A diferencia de Arbus, que buscó sujetos individuales representativos de su sensación de aislamiento y desesperación, Winogrand siguió al principio el ejemplo de Robert Frank, buscando imágenes de miseria en escenarios públicos anónimos, escenas granuladas y caóticas de distancia, desconexión y anomia en medio de multitudes a la deriva. Sin embargo, mientras que Frank retrata en *Los norteamericanos* (1958) una versión estereotipada de la alienación existencial de la década de los cincuenta, Winogrand se mantiene curiosamente neutral. Somete ciertas escenas a nuestra inspección, aunque no siempre está claro por qué. Por ejemplo, en las últimas imágenes de calles y escenas de aeropuerto, da la impresión de que no pasa prácticamente nada. Incluso en aquellas fotografías que retratan los contrastes sociales más bruscos –como en una de sus fotografías más famosas, una escena de tres glamurosas mujeres con el pelo largo y falda corta paseando por la acera junto a una persona en silla de ruedas, medio oculta entre las sombras (*Los Angeles, California*, 1969)–, el aparente mensaje social queda oscurecido en seguida por los caóticos detalles circundantes: un grupo de mujeres en

or make connections: "All experience is democratized by the roving professional photographer. Beatings, blast-offs, parties, press conferences—it is all the same to him. The horrifying juxtaposition in *Public Relations* of violent demonstrations with fancy art openings implies that these public events are not morally distinguishable. These are no longer people; they are pictures."[13]

On the surface, such complaints only play into all-too-familiar models of Modernist fragmentation and detachment. However, if Winogrand's systematic stripping away of human subjectivity from photographic *content* is, of course, deeply recuperable for photographic modernism—the confusion of human and machine, of animate and inanimate, are, after all photographic tropes dating back to Atget's days—what is less recuperable by art photography is his implicit stripping away of subjectivity from photographic *authorship*. As Finkel notes: "Winogrand finds it difficult to make decisions about his pictures... He rarely prefers one image to another. I suspect that the reason is that he does not understand what the pictures mean. Facts require interpretation, and Winogrand has no time. He continually searches for more information rather than analyzing what his pictures already contain."[14]

Within the confines of socially-committed documentary or fine art photograph, such failure to "make decisions" can only be a fault: both practices rest on models of selectivity, of differentiation, of using certain images and not others. For photography to function as a signifying practice, one that carries meanings, whether social or aesthetic, it must repress the non-differentiating, non-selective, quasi-automatic nature of its own apparatus: its threatening technical capacity to produce too many images. Within this ethos, to be an artist, to be an author, is to edit: to subject the impartiality of the apparatus to human judgment and decision.

Winogrand's failure to do this is, of course, legendary: from the proliferation of "stacks of pictures all over the floor, boxes and boxes stacked up on top of each other" that a bemused Meyerowitz recalls from Winogrand's "cavern of an apartment" in New York of the 1960s, to the incomprehensible mass of material a horrified John Szarkowski encounters when preparing Winogrand's posthumous 1988 retrospective at New York's Museum of Modern Art:

"At the time of his death in 1984, more than 2,500 rolls of exposed film remained undeveloped, which seemed appalling, but the real situation was much worse. An additional 6,500 rolls had been developed but not proofed. Contact sheets (first proofs) had been made from some 3,000 additional rolls, but only a few of these bear the marks of even desultory editing. Winogrand's processing records indicate that he developed 8,522 rolls of film during his Los Angeles years, while the backlog grew larger. Part of the unedited work was shot in Texas; nonetheless it would seem that during his Los Angeles years he made more than a third of a million exposures that he never looked at."[15]

As Szarkowski dryly remarks, "To expose film is not quite to photograph."[16]

For a curator or art historian, such quantitative excess can only function to erode the author function—and, by all accounts, Winogrand was artistically out of control in his final years in LA. Bemoaning the "dogged, repetitive, absentminded, oddly ruminative work" of the later years, Szarkowski recounts Winogrand randomly, aimlessly, shooting from car windows: "he photographed whether or not he had anything to photograph, and... he photographed most when he had no subject, in the hopes that the act of photographing might lead him to one."[17] Szarkowski speculates that "the technical decline of the last work was perhaps accelerated by Winogrand's acquisition, in 1982, of a motor-driven film advance for his Leicas, which enabled him to make more exposures with less thought,"[18] and laments: "Winogrand was at the end of a creative impulse out of control, and on some days a habit without impulse, one who continued to work, after a fashion, like an overheated engine that will not stop even after the key has been turned off."[19]

This specter, of the camera-without-operator, making exposures unharnessed by human agency, unmoored to human vision or desire, haunts Szarkowski. Even if it represents a logical extension of a 35mm practice decried by Edward Weston as "machine-gun photography"

la cola del autobús, un taxi deteniéndose, un chico con gafas sentado en un banco contemplando el panorama, la gran ventana que refleja un trío femenino con menos claridad que un grupo de más edad oculto tras ellas, el rótulo en la esquina "Vine St./1.600 N". Surge un significado social inteligible y después se difumina: la información sometida a análisis provoca una sensación de opacidad y patetismo.

Paradójicamente, las implicaciones profundamente antihumanistas del proyecto de Winogrand y su asalto a los modelos de significado fotográfico con base pictórica fueron señaladas más a menudo por sus detractores que por sus amigos. En una severa crítica de *Relaciones Públicas* (1977) en la revista *Exposure* de la Society for Photographic Education, Candida Finkel sostiene que el libro ofrece "un catálogo de acontecimientos incomprensibles" y que la cámara de Winogrand es un "arma metafórica. La utiliza para eliminar la vitalidad humana y la integración con el mundo. Sus fotografías muestran personas transformadas en maniquíes rígidos y sin vida".[12] Al denunciar la indiferencia amoral de los medios de comunicación de masas profesionalizados, Finkel deplora los efectos niveladores del proyecto de Winogrand, su fracaso a la hora de diferenciar o establecer conexiones: "Toda experiencia es democratizada por el fotógrafo profesional itinerante. Peleas, lanzamientos espaciales, fiestas, ruedas de prensa, para él es todo lo mismo. La horripilante yuxtaposición en *Relaciones Públicas* de manifestaciones violentas e inauguraciones de obras de arte implica que estos acontecimientos públicos no son moralmente distinguibles. Ya no son personas, no son nada más que imágenes."[13]

A primera vista estas críticas son meras redundancias en los archiconocidos modelos modernos de fragmentación e indiferencia. Sin embargo, si la sistemática supresión de la subjetividad humana del *contenido* fotográfico efectuada por Winogrand es, por supuesto, absolutamente recuperable por el modernismo fotográfico –la confusión de hombre y máquina, animado e inanimado, son al fin y al cabo tropos fotográficos que se remontan a la época de Atget–, lo que ya no es tan recuperable por la fotografía artística es la supresión implícita de la subjetividad de la *autoría* fotográfica. Según observa Finkel: "A Winogrand le resulta difícil tomar decisiones sobre sus fotografías... Rara vez prefiere una a otra. Sospecho que la razón es que no entiende el significado de las imágenes. Los hechos necesitan interpretación y Winogrand no tiene tiempo. Busca continuamente más información en vez de analizar la que ya contienen sus fotografías."[14]

Este fracaso a la hora de "tomar decisiones" puede ser sólo un defecto dentro de los límites del documental socialmente comprometido o de la fotografía artística: ambas prácticas descansan sobre modelos de selectividad, diferenciación y empleo de unas imágenes en vez de otras. Para que la fotografía funcione como una práctica significante, esto es, aporte significados sociales o estéticos, debe reprimir la naturaleza casi automática y opuesta a la diferenciación y la selección de su propio aparato: la amenazante capacidad técnica de producir demasiadas imágenes. Desde esta perspectiva, ser artista, ser autor, es editar: someter la imparcialidad del aparato al juicio y la decisión humanos.

Es sabida la incapacidad de Winogrand para hacer algo así, a juzgar por los "montones de fotografías por el suelo, cajas y cajas apiladas unas encima de otras" que un abrumado Meyerowitz evoca en el "piso como una covacha" de Winogrand en Nueva York en los años sesenta; o la incomprensible cantidad de material que encontró un espantado John Szarkowski al preparar en 1988 la retrospectiva póstuma de Winogrand en el Museum of Modern Art de Nueva York: "En el momento de su muerte, en 1984, tenía más de 2.500 carretes de fotos sin revelar, algo sin duda impresionante, aunque la situación real era mucho peor. Había además otros 6.500 carretes ya revelados. Se habían hecho hojas de contacto (primeras pruebas) de otros 3.000 carretes más, aunque sólo algunas se intentaron editar. Winogrand reveló 8.522 carretes durante los años de estancia en Los Angeles, aunque había mucho más volumen de trabajo acumulado. Parte de la obra sin editar se hizo en Texas, pero al parecer fue en Los Angeles donde realizó más de un tercio del millón de fotografías que jamás vio."[15]

Como observa lacónicamente Szarkowski, "Revelar fotos no es lo mismo que fotografiar."[16]

(and correctly perceived by Weston as the antithesis of his own model of aesthetic "pre-visualization"), this triumph of machine over man can have no place in fine art photography. Even Szarowski's heroic, laborious, and almost stupefying effort to retrospectively retrieve "good" images from this authorless mass comes up mostly empty. Unlike his own historical venture to aestheticize instrumental and amateur photographies in *The Photographer's Eye* (1966), this attempt to turn the "death of the author" into an occasion for the astute viewer/scavenger/collector fails.

The other alternative, which cannot enter the confines of art photography, is precisely to embrace the non-selectivity of the machine, to understand its relation to the principles of random accumulation articulated by John Cage, Robert Rauschenberg, and conceptual projects of the 1960s—as in Douglas Huebler's infamous 1971 proposal to photograph "everyone alive," which mockingly embraces photography as a technology of arbitrary and unlimited social surveillance. Yet, ultimately, Winogrand is not a conceptual artist, nor can he admit the structures of archive, apparatus and accumulation that nonetheless pervade his work. Unlike Huebler, Rauschenberg or Ed Ruscha, he doggedly clings to an older photographic model of authorial agency, subjectivity and desire, even as it implodes around him during his final years, dispersed in the countless stacks of print, rolls of exposed but unprinted film, boxes of printed but unviewed contact sheets.

As countless images from *Public Relations* attest, Winogrand was all-too-aware of the changing conditions of mass media culture, and their capacity to render older pictorial practices like 35mm photography quaint and irrelevant. Arbus's project also went into crisis by the end of the 1960s, as the extreme focus of the classic square-format photographs gives way to the more off-kilter framing and blur of the late, untitled images, with their strange disavowal of authorial control. A certain distanced view on damaged life—the precarious detachment of photographic modernism—is no longer possible.

Arbus and Winogrand push this practice to some kind of breaking point. They represent the end of the line for a postwar documentary practice in which (in Benjamin Buchloh's words) "the masochistic identification with the victim" takes over.[20] The new projects of "subcultural" documentary which emerge in their wake will permit photographers like Larry Clark and Nan Goldin to claim positions of insider authenticity and belonging—and disavow the ambivalent power relations that make Arbus's and Winogrand's photos so painful and poignant, while nonetheless replicating their ceaseless social voyeurism.

Notes

1. This essay was originally published in Connie Butler, ed., *The Social Scene: The Ralph M. Parsons Photography Collection* (Los Angeles: Museum of Contemporary Art, 2000). It owes a great deal to discussions with Christopher Phillips and Lutz Bacher, and to the work of Benjamin Buchloh.

2. The classic analysis of this failure of liberal/progressive social documentary photography is Martha Rosler, "In, Around, and Afterthoughts (on documentary photography)" (1981), revised and reprinted in Richard Bolton, ed., *The Context of Meaning: Critical Histories of Photography* (Cambridge, MA: MIT Press, 1989).

3. Roland Barthes, *Camera Lucida*, trans. Richard Howard (New York: Hill and Wang, 1981), pp. 9-10.

4. Charles Hagen, "An Interview with Garry Winogrand," *Afterimage* (December 1977) 8. By most accounts, Arbus received the lion's share of attention after the 1967 "New Documents" exhibition, and Winogrand's remarks may well reflect a large degree of professional rivalry, beyond his awareness of the fundamental incompatibility of their photographies. The reverse also appears true; according to Joel Meyerowitz, Arbus didn't especially like Winogrand's work, "she couldn't see it," adding that Winogrand's images "seemed incredibly casual to people making more concrete-looking work"; in Colin Westerbeck and Joel Meyerowitz, *Bystander: A History of Street Photography* (New York: Little, Brown and Co, 1994) p. 383.

5. Hagen (1977), p. 9, 11.

6. Normal Mailer, cited in Thomas Southall, "The Magazine Years, 1960-1971," in Doon Arbus and Marvin Israel (ed.), *Diane Arbus: Magazine Work* (Millerton, NY: Aperture, 1984).

7. See the accounts of Germaine Greer and Ti Grace Atkinson, in Patricia Bosworth's unauthorized *Diane Arbus: A Biography* (New York: Alfred A. Knopf, 1984). Despite the tremendous limitations of Boswell's account, the limited information about Arbus, enforced in part by her estate, continues to make it essential reading.

Para un comisario de exposición o un historiador del arte semejante derroche lo único que hace es erosionar la función del autor. Por otra parte, según todos los indicios, Winogrand estaba artísticamente fuera de control en sus últimos años en Los Angeles. Lamentando el "trabajo reiterativo, repetitivo, distraído, rara vez reflexivo" de los últimos años, Szarkowski evoca a un Winogrand sin rumbo fijo, sacando fotografías desde la ventanilla del coche: "fotografiaba aunque no hubiera nada que fotografiar y... sobre todo cuando no había sujeto, con la esperanza de que el acto de fotografiar pudiera conducirle a alguno".[17]

Szarkowski especula con que "la decadencia técnica de su trabajo final quizás se viera acelerada porque Winogrand adquirió en 1982 un motor de cámara para sus Leicas y eso le permitió sacar más fotografías pensándolas menos",[18] y se lamenta de que "Winogrand estaba al final de un impulso creativo fuera de control, había días de puro automatismo, como alguien que hubiera seguido trabajando más de la cuenta, igual que un motor sobrecalentado que no se detiene ni siquiera después de haber quitado la llave de contacto".[19]

A Szarkowsky le obsesiona este espectro de la cámara-sin-operador sacando fotografías, sin intervención humana ni relación alguna con la visión o el deseo humanos. Este triunfo de la máquina sobre el hombre puede no tener cabida en la fotografía artística por mucho que represente la extensión lógica de una práctica de 35 mm., tildada por Edward Weston de "fotografía con ametralladora" (y correctamente percibida por el mismo Weston como la antítesis de su propio modelo de "previsualización"). Incluso el heroico, trabajoso y admirable esfuerzo de Szarkowsky por recuperar retrospectivamente "buenas" imágenes de esta masa sin autor resulta prácticamente vano. A diferencia de su propio empeño histórico de realzar la estética en fotografías instrumentales y de aficionado en *The Photographer's Eye* (1966), este intento de convertir la "muerte del autor" en ocasión para el astuto observador/carroñero/coleccionista se salda con un fracaso.

La otra alternativa, que no puede incluirse dentro de la fotografía artística, es precisamente adoptar la no-selectividad de la cámara, comprender su relación con los principios de acumulación aleatoria articulados por John Cage y Robert Rauschenberg, y los proyectos conceptuales de la década de los sesenta del siglo XX –como la infame propuesta de Douglas Huebler en 1971 de fotografiar "todo cuanto esté vivo", ridiculez que sitúa a la fotografía como una tecnología de vigilancia social arbitraria y sin límites–. Sin embargo, en el fondo Winogrand no es un artista conceptual, ni es capaz de reconocer las estructuras de archivo, aparato y acumulación que, no obstante, son una constante en su obra. A diferencia de Huebler, Rauschenberg o Ed Ruscha, se aferra obstinadamente a un principio fotográfico más antiguo de autoría, subjetividad y deseo, pese a que en sus últimos años estalle a su alrededor, diseminado por los innumerables montones de fotografías, carretes revelados sin editar y cajas de hojas de contacto impresas y sin visionar.

Como demuestran numerosas imágenes de *Relaciones Públicas*, Winogrand estaba al tanto de las cambiantes condiciones de la cultura de los medios de comunicación de masas y su capacidad para arrinconar por estrafalarias e irrelevantes viejas prácticas como la fotografía de 35 mm. También el proyecto de Arbus entró en crisis a finales de la década de los años sesenta, cuando la estricta rigidez de las fotografías clásicas de formato cuadrado dio paso al marco y el enfoque más flexibles de las últimas imágenes sin título, con el extraño repudio de ambos al control por parte del autor. Ya no es posible una cierta mirada distante –la precaria indiferencia del modernismo fotográfico– de la vida de los marginados. Arbus y Winogrand llevan esta práctica a una especie de punto de inflexión. Representan el final de la línea de fotografía documental de posguerra en la que, según Benjamin Buchloh, "la identificación masoquista con la víctima" lleva las de ganar.[20] Los nuevos proyectos de documentales "subculturales" que surgen a continuación permitirán a fotógrafos como Larry Clark y Nan Goldin reivindicar una posición de mayor autenticidad y cercanía y renegar de las ambiguas relaciones de poder que hacen de las fotografías de Arbus y Winogrand algo tan doloroso y conmovedor, si bien al mismo tiempo reproducen el persistente voyeurismo social de estos últimos.

8. Westerbeck, p. 384. Meyerowitz notes how Arbus's use of flash in daylight on the streets "introduced an idea that has really been picked up by everybody."

9. Of course, all such supposedly "unrepresentable" figures—the insane, the criminal, the sexual deviant and racial other—have been photographic subjects almost from the outset, but their images appeared in diverse scientific, anthropological, police and medical photographies, and not within art photography. Part of Arbus's innovation, following Sander, is to photograph the social marginal subjects—previously relegated to instrumental practices—within conventions of bourgeois portraiture.

10. Ariella Budick, "Diane Arbus: Gender and Politics," in *History of Photography* 19/2 (Summer, 1995), p. 123.

11. Meyerowitz recounts that "Garry was progressively pulling away from the darkroom, and my recall is that probably half the pictures in *The Animals* [published in 1966] were printed by Tod" (p. 378).

12. Candida Finkel, "Public Relations," *Exposure* 16:1 (March, 1978) pp. 41-42.

13. *Ibid.*, p. 41.

14. *Ibid.*, p. 42. Winogrand's constant recourse to a formalist vocabulary, his repeated insistence that his work was about photographic problems, about how things look in pictures, and not any kind of social commentary, has naturally drawn sustained criticism from politically-oriented critics—especially given the overt sexual voyeurism of Women Are Beautiful and the apparent misogyny or racism of other images.

15. John Szarkowski, *Winogrand: Figments from the Real World*, exh. cat. (New York: Museum of Modern Art, 1988), pp. 35-36.

16. *Ibid.*, p. 36.

17. *Ibid.*, pp. 38 and 39.

18. *Ibid.*, pp. 39-40.

19. *Ibid.*, p. 36.

20. From a talk in April, 1994. See my article, "Aesthetics of 'Intimacy'," in Deborah Bright, ed., *The Passionate Camera: Photography and Bodies of Desire* (New York: Routledge, 1998) for a discussion of the "insider documentary" photography of Nan Goldin and others.

Notas

1. Este ensayo se publicó originalmente en Connie Butler (ed.), *The Social Scene: The Ralph M. Parsons Photography Collection*, Los Angeles, Museum of Contemporary Art, 2000. Es deudor en buena medida de las discusiones con Christopher Phillips y Lutz Bacher y la obra de Benjamin Buchloh.

2. El análisis clásico de este fracaso de la fotografía documental social liberal/progresista es el de Martha Rosler, "In, Around and Afterthoughts (on documentary photography)", 1981, revisado y reeditado en *The Context of Meaning: Critical Histories of Photography*, Cambridge, MA, MIT Press, 1989. Existe traducción en español: Martha Rosler, "Dentro, alrededor y otras reflexiones. Sobre la fotografía documental" en *Efecto real. Debates posmodernos sobre fotografía*, MACBA, Barcelona, Gustavo Gili, 2004, pp. 70-125.

3. Roland Barthes, *Camera Lucida*, trad. al inglés Richard Howard, *New York, Hill and Wang: 1981*, pp. 9-10. Traducido en español: *La cámara lúcida*, Barcelona, Paidós, 1992.

4. Charles Hagen, "An Interview with Garry Winogrand", *Afterimage* (diciembre, 1977), p. 8. Al parecer, Arbus recibió la mayor parte de la atención a raíz de la exposición "Nuevos Documentos", de 1967, de modo que las observaciones de Winogrand, aparte de constatar la incompatibilidad radical de sus respectivas fotografías, quizá reflejen una buena dosis de rivalidad profesional. Pero también parece cierto lo contrario. Según Joel Meyerowitz, a Arbus no le agradaba especialmente la obra de Winogrand, "no podía ni verla", porque sus imágenes les "parecían increíblemente informales a las personas inspiradas en su obra por una mirada más concreta"; en Colin Westerbeck y Joel Meyerowitz, *Bystander, A History of Street Photography*, New Cork, Little, Brown and Co., 1994, p. 383.

5. Hagen (1977), pp. 9 y 11.

6. Norman Mailer, citado en Thomas Southall, "The Magazine Years, 1960-1971", en Doon Arbus y Marvin Israel (ed.), *Diane Arbus: Magazine Work*, Millerton, NY, Aperture, 1984.

7. Véase Germaine Creer y Ti Grace Atkinson en Patricia Bosworth, *Diane Arbus: A Biography (no autorizada)*, New Cork, Alfred A. Knopf, 1984. Sigue siendo una lectura esencial a pesar de sus grandes limitaciones y la escasa información sobre Arbus, impuesta en parte por sus herederos. Traducido en español: *Diane Arbus*, Barcelona, Lumen, 2006.

8. Westerbeck, p. 384. Meyerowitz observa que el empleo del flash en la calle a plena luz del día por Arbus "introdujo una idea que ha sido adoptada por todos", p. 384.

9. Por supuesto, todas las figuras pretendidamente "irrepresentables" –los locos, los criminales, los desviados sexuales y los de otras razas– han sido sujetos fotográficos prácticamente desde los inicios, aunque sus imágenes no aparecieran en la fotografía artística, sino en la científica, antropológica, policial y médica. Parte de la motivación de Arbus, siguiendo a Sander, es fotografiar sujetos marginados sociales –relegados previamente a prácticas instrumentales– dentro de las convenciones del retrato burgués.

10. Ariella Budick, "Diane Arbus: Gender and Politics", *History of Photography 19/2* (verano de 1995), p. 123.

11. Cuenta Meyerowitz que "Garry estaba cada vez más alejado del cuarto oscuro y creo recordar que probablemente la mitad de las fotografías de *Los animales* (publicado en 1966) las imprimió Tod", p. 378.

12. Candida Finkel, "Public Relations", *Exposure 16:1* (marzo 1978), pp. 41-42.

13. *Ibid.*, p. 41.

14. *Ibid.*, p. 42. El recurso constante de Winogrand de un vocabulario formalista, la insistencia en que su obra versaba sobre los problemas de la fotografía, sobre cómo se ven las cosas en ellas y no sobre ningún tipo de comentario social, ha despertado recelos en críticos de sesgo político, especialmente por el abierto voyeurismo social de *Women Are Beautiful* y la aparente misoginia o racismo de otras imágenes.

15. John Szarkowski, *Winogrand: Figments from the Real World*, Nueva York, Museum of Modern Art, 1988, pp. 35-36.

16. *Ibid.*, p. 36.

17. *Ibid.*, pp. 38-39.

18. *Ibid.*, pp. 39-40.

19. *Ibid.*, p. 36.

20. De una conversación en abril de 1994. Véase mi artículo "Aesthetics of 'Intimacy'", en Deborah Bright (ed.), *The Passionate Camera: Photography and the Bodies of Desire*, Nueva York, Routledge, 1988, en relación con la fotografía "documental desde dentro" de Nan Goldin y otros.

LONE VISIONS. CROWDED FRAMES: VARIATIONS ON A THEME OF PORTRAITURE.

MAX KOZLOFF

Without reflecting, people seem to think they know what a portrait is, even if they're not always able to define the term or distinguish a portrait conceptually from other pictures that have similar appearances. Familiar images of sitters, recollected from history, the media, and from the family crowd into mind: what else could they be but portraits? Before the camera of Walker Evans, Mrs Gudger was perfectly assured she was posing for her portrait ... and so are we.

What did the participants hope would result from their share in this common ritual? At the least, they knew themselves to be partnered in an open-ended but definite transaction. They both performed gestures, from physically opposed viewpoints, imagining that a kind of *representation* would be made available. Such a visual product would stand for the "person," much as a verbal statement may be understood to propose a thought. Something from its own level of organic and psychic existence is reduced to a sequence of signs (an individual's appearance, immobilized from one vantage point, at a particular moment), and those signs are said to indicate or represent that "something" we don't see. In this view, the record of physical details allows us to speculate about the interior consciousness of an Other. While a portrait is recognized as a memorial record, it's also acknowledged as a penetrative device. However, if a portrait can be likened to a special form of text or book, we might also consider Georg Chrisroph Lichtenberg's remark: "A book is like a mirror; if an ass looks in, an angel can't look out." It would certainly be asinine, for example, to suppose that every photograph that features or highlights an individual as the center of regard is a portrait.

One can think of many photographs that lack any portrait intent even though someone's head had top billing—beauty parlor pictures, for example. Similarly, some pictures of people in hot action (Edward Weston's photograph of General Galvan shooting, or many images of public figures in midstroke) are portrait—like in effect but not in fact. Their signs lead away from depiction of the other. If one is to approach this portrait topic, one has to think of more than the ritual that ordinarily identifies it.

The ritual, indeed, may alter, the focus change, various rhetorics may suggest discordant meanings, and still

VISIONES SOLITARIAS. FOTOGRAFÍAS MULTITUDINARIAS: VARIACIONES SOBRE UN TEMA DE RETRATO.

MAX KOZLOFF

Hay personas que, sin pararse a reflexionar, creen saber qué es un retrato aunque no siempre sean capaces de definir este término, ni distinguir conceptualmente un retrato de otras imágenes con características similares. Las imágenes que nos son próximas y se nos agolpan en la mente, recopiladas por la historia, los medios de información o en el seno familiar, ¿qué van a ser sino retratos? Ante la cámara de Walker Evans, la Sra. Gudger estaba convencida de posar para un retrato… y nosotros también.

¿Qué resultado esperaban ambos de su participación en aquel ritual común? Como poco, ambos se sabían acompañados en una transacción de final abierto aunque claro. Efectuaban gestos desde puntos de vista físicamente opuestos, imaginando que surgiría algún tipo de *representación*. Tal producto visual representaría a la "persona", al modo en que puede asumirse que una manifestación verbal propone un pensamiento. Desde su propio nivel de existencia orgánica y psíquica, algo queda reducido a una secuencia de signos (una apariencia individual, inmovilizada desde un punto panorámico, en un momento dado), de los que se dice que indican o representan ese "algo" que no vemos. Desde tal punto de vista el registro de detalles físicos nos permite especular acerca de la consciencia interior de un "otro". Un retrato se reconoce como un registro conmemorativo y también como un instrumento de penetración. Ahora bien, si un retrato puede asemejarse a una forma especial de texto o libro, no deberíamos pasar por alto la observación de Georg Christoph Lichtenberg: "Un libro es igual que un espejo, si se mira en él un asno no puede ver un ángel". Desde luego, sería una estupidez suponer que toda fotografía que representa o destaca a un individuo como centro de atención es un retrato.

Cabe pensar en muchas fotografías sin vocación de retrato aun cuando representen exclusivamente cabezas, como es el caso de las fotografías de los salones de belleza. Lo mismo que hay ciertas imágenes de personas en momentos dramáticos (la fotografía de Edward Weston del fusilamiento del general Galván o muchas otras imágenes de personajes públicos en dificultades) que surten el efecto de un retrato sin serlo de hecho. Sus signos se alejan de la representación del *otro*. A la hora de abordar el tema del retrato hay que tener en cuenta más cosas que el ritual con el que se lo suele identificar.

the face smiles on. If it's agreed that portraits represent or make statements about people, then one way of describing portraits is in terms of their function: the significance of the image is fixed by the social origin and identity of its public or audience. A functional approach concentrates on signals determined by the interests of media presentation and receiver context. The image has no value other than as a vehicle to program messages. As it's tagged by the social work it does, however, it is also nuanced by the mood of its subject, loaded with contrary signals. If one wants to follow their cross-currents and undertows, then the approach to portraiture, the one I explore here, will be generic, that is, a theory of genres and their distinguishing traits. Such a perspective is first drawn to those representational forms which portraiture shares with other types of figural depiction, and then studies how its syntheses are developed from opposing strains. Clearly overlapping in some concerns, these two points of view also diverge, the one emphasizing class and material factors, and the other, the pictorial character and psychological resonance of images. Yes, but resonance for whom? Not for a member of a defined group but an unspecified creature, a viewer... someone who compares experiences in order better to grasp variations on a theme of portraiture.

Here is a comparison. Robert Doisneau made two photographs, the first showing a country wedding group having its picture taken, and the other depicting the same scene but with just the camera and an empty bleacher. In the populated frame, people were clustered together not for us the present viewers, but for the man there, under the cape. These sitters might be thought of as parts of a whole, or as protagonists of a scene. Their involvement defines what is going on, but it's not essential to know at this distance who they are. Doisneau's picture describes an activity staffed by virtually interchangeable figures. Faces or gestures may catch the viewer's attention, but they serve as no more than accents within a tableau.

Certainly this is not at all how the sitters imagined themselves, how they regarded their status. They had a right to think they were up front, enjoying the privilege of being *subjects*, but here they come across as only the motifs of Doisneau's picture. Motifs are perceived in a kind of neutral zone that is set up between the "there," where the figures hold forth, and the "here," where the viewing is done. Across that ground travels an interest of the photographer's, but it is not psychologically based, nor does it individuate anyone. More to the point, Doisneau makes of it a social comedy, to which he gives a twist of sadness when he depicts the setting without the actors. The first photograph derives its piquancy from the fact that he stood back, much farther from the spectacle than his hired counterpart, who was working to order. From that simple choice, in which he compares his own stance with that of another photographer, we can gather something of the relations between space and expressive intent in photography. When things are *not* seen at the distance we consider appropriate, they discourage one kind of genre acceptance and take on another. What this suggests, as far as portraiture is concerned, is that there must be some implicitly recognized but still easily violated idea of the proper distance from which to make a portrait.

Well, why not check our attitudes toward this notion by talking of real distance, and of literal measure? Does anyone suppose that a portrait can be made from sixty feet? From fifty? Even at forty feet, it's hard to conceive of a portrait shaping up. The space of the photograph must not appear to upstage or dwarf the figure; a viewer has to feel at least in hailing range of someone if a portrait potential is to be recognized. The proportion of figure relative to frame should be... personable. (Of course, cropping and telephoto lenses can mislead us about viewing distance, but these exceptions actually protest their intimacy.) Most portraits can be said to do their business within the zone of hypothetical conversation, from twenty to three feet. Closer than that, the picture becomes transgressive in effect, uncomfortable, destabilized; it tends to warp the idea of the *individual* as the subject of prime regard. Viewers seem to have an instinctive reflex about this matter. Their empathies with the sitter are initially conditioned by their own self-esteem and sense of presence, an equivalent of which they wish to see accorded to the portrait subject. One doesn't need the whole figure; not by a long shot. But one requires it to have a certain recognition value. In order for viewers

Cierto es que el ritual puede cambiar, igual que el enfoque, y que distintas retóricas pueden sugerir significados discordantes; y con todo y con eso, el rostro sigue sonriendo. Si se acepta que los retratos representan o hacen declaraciones sobre las personas, entonces una forma de describirlos es por su función: la significación de la imagen está determinada por el origen social y la identidad de su público o audiencia. Un enfoque funcional se concentra en señales determinadas por los intereses de los medios de presentación y el contexto receptor. La imagen no tiene más valor que el de ser un vehículo para programar mensajes. Así como está etiquetada por la labor social que realiza, sin embargo también está matizada por el estado de ánimo del sujeto, repleto de señales distintas entre sí. Si se quiere seguir sus flujos y reflujos, entonces el enfoque del retrato, el que yo exploro aquí, será genérico, es decir, una teoría de los géneros y sus rasgos distintivos. Semejante perspectiva en primer lugar se aplica a las formas que el retrato comparte con otros tipos de representación de figuras y, a continuación, estudia como surge la síntesis a partir de la oposición de contrarios. Ambos puntos de vista en algunos aspectos se solapan y en otros divergen, pues mientras uno enfatiza los factores de clase y materiales, el otro pone el acento en el carácter pictórico y la resonancia psicológica de las imágenes. Pero, ¿para quién es esa resonancia? No para una persona concreta o grupo en particular, sino para alguien indeterminado, un espectador... alguien que compare experiencias para captar mejor las variaciones en el tema del retrato.

He aquí una comparación. Robert Doisneau hizo dos fotografías, una de un grupo sacándose una foto en una boda campestre y la otra del mismo escenario solamente con la cámara y unas gradas vacías. En la primera el grupo está reunido no para nosotros, los espectadores actuales, sino para el hombre que estaba allí, cubierto por la tela negra. Puede pensarse que estos modelos son partes de un conjunto o protagonistas de una escena. Su presencia indica lo que está pasando pero a esa distancia no es esencial saber quiénes son. La fotografía de Doisneau describe una actividad realizada por figuras virtualmente intercambiables. Rostros y gestos pueden llamar la atención del espectador, pero no pasan de ser detalles dentro de un cuadro.

Ciertamente, no es así como se imaginaban a sí mismos los modelos, ni como consideraban su posición. Tenían derecho a pensar que estaban siendo protagonistas, disfrutando del privilegio de ser *sujetos*, pero resulta que no eran más que motivos de la fotografía de Doisneau. Los motivos se encuentran en una especie de zona neutral situada entre el "allí" donde se encuentran las figuras y el "aquí" desde donde se las está viendo. Y por ese territorio viaja el interés del fotógrafo, aunque no tenga base psicológica ni tampoco individualice a nadie. Abundando en este extremo, Doisneau lo convierte en comedia social a la que da un toque de tristeza al fotografiar el escenario sin los actores. El interés de la primera fotografía reside en que él estaba allí, más alejado del espectáculo que el fotógrafo contratado para la ocasión, que estaba trabajando por encargo. A partir de una disyuntiva tan simple, en la que compara su propia fotografía con la de otro fotógrafo, podemos colegir algo de las relaciones entre el espacio y la intención expresiva en fotografía. Cuando las cosas *no* se ven a la distancia que consideramos adecuada, rechazan un modo de aceptación del género y aceptan otro. Y ello sugiere, por lo que respecta al retrato, que debe haber alguna idea implícitamente reconocida, aunque fácilmente violada, de la distancia adecuada a la que debe hacerse un retrato.

Siendo así, ¿por qué no comprobar nuestra actitud ante esta noción hablando de distancias reales y medidas literales? ¿Cree alguien que puede hacerse un retrato a veinte metros? ¿Y a quince? Ni siquiera a doce puede pensarse que tome forma un retrato. No debe dar la impresión de que el espacio de la fotografía aumente o empequeñezca la figura; el espectador tiene que sentirse al menos al alcance de la persona representada para reconocer que se trata de un retrato. La proporción de la figura en relación con el marco debe tener... escala de persona. (Por supuesto, las lentes de recorte y telefoto pueden inducirnos a error en la apreciación de la distancia, pero en realidad estas excepciones proclaman su intimidad). Puede decirse que la mayoría de los retratos están comprendidos en la zona hipotética de conversación, entre uno y seis metros. Más cerca, la fotografía infringe los límites, se vuelve incómoda, desestabilizada; suele deformar la idea del *individuo* como sujeto y centro de atención. Los espectadores parecen

to understand that the picture is a portrait, it must set apart this person or that from all others as a proper subject for viewing.

Faces visualized unceremoniously up close, or obscurely, are hard to read. Of course information is always withheld or excluded by the one-shot frame, an obvious feature of still photographs. For this reason, the clear exposition of the face depends upon its seeming accessibility in real space. Unquestionably we impose social criteria upon this phenomenon, so that while sitters may seem approachable, and their proximity is often appreciated, their personal territory has to be respected. When a photographer penetrates too deeply within that territory, the sociality we associate with the portrait is nullified. Whatever else they may be, Helmar Lerski's close-ups of faces, taken from a few inches away, do not qualify as portraits . At such abrupt quarters, deprived of context and social orientation, the "psychic existence" of the person has no chance of asserting itself over the topography of the flesh. All signifying features are marginalized by dermal peculiarities, papules, macules, or squamous sections stretched over the escarpment of a chin or cheek. This is as true of Bill Brandt's radical details of eyes as of Jacques-André Boiffard's Surrealist studies of face fragments. If we attribute shock value to such pictures, it may be because something precious has been lost—not just the human scale of the face—but the discreet social and psychological relationship between the subject and the viewer… as was no doubt intended. We can never draw back far enough to assess the person depicted, since we're stifled by material surfaces or textures that verge on the abstract.

Here, literally speaking, the human being is perceived as an *object.* It's not just that the face has been transformed into a kind of landscape, but that the photographer's stare has undisputed sway over it. The individual posing has submitted drastically to this stare, all defenses down: any other human initiatives on his or her part are rendered moot in the wake of this act of utter submission. In an obvious sense, any figure depicted in a photograph is made into an object, that is, a helpless target of our gaze. The medium does that, no matter what the genre or the consciousness of the ones who are seen. The term *objectified* has been used to suggest that human beings in photographs have been demoted to objectlike status, and that, by virtue of being looked at in a way that assumes nothing more about them, they have been victimized, deprived of their human integrity and dignity. Within North American or European cultures which consider staring to be indecorous and demeaning to those who are the object of it, the politics of sightlines are worried over. And with good reason. Richard Avedon, for instance, has been candid about the erotic advantage which the camera has furthered for him: "You look in a way you're not allowed to look in life. Is there any situation in life where you can look at the Duchess of Alba for half an hour without ending up dead at the hands of the Duke?" Did I say "worried"? Evidently, this is not anxiety at all, but gloating over the imposition of a power for which photography is an excellent pretext.

Still, it's hard to deny that most often the objectifying stare is innocent or neutral in its disregard for the sensibilities of the sitter (who is now better designated as a model). The man is there, for example, simply to demonstrate new winter underwear, or the woman, to display the art of that particular hairdresser. In another picture it's the refrigerator that counts, not the housewife who opens it. As for the photograph of the deformed bone structure of the patient who is a mere appendage of his ailment, human priorities are reversed, but we can see its point. In each of these cases, the figure may be closely examined, but not for itself, there being another expositional purpose which the person serves. The ones depicted are thought of as specimens or demonstrators, with no moral depreciation of them as individuals intended by the photographer. Especially is this true in purely artistic contexts, such as that which infuses a picture by Ralph Gibson, where the closely viewed sitter, hand on forehead, is simply an alibi for a study in architecturally disposed forms.

For all practical purposes, the objectified figure has no "self," and no reflexes relevant to the consciousness of being scrutinized. The institutional or commercial or propaganda or aesthetic texts to which a model submits demand a prescribed demeanor, into which the individual subsides and quite vanishes. Whatever the

tener un reflejo instintivo a este respecto. Su empatía con el modelo está condicionada inicialmente por su propia autoestima y sensación de presencia, cuyo equivalente desean ver en armonía con el sujeto del retrato. No hace falta la figura entera, en absoluto, lo que sí hace falta es tener cierto valor de reconocimiento. Para que los espectadores comprendan que la fotografía es un retrato, hay que aislar de todas las demás como sujeto a la persona que sea para su contemplación.

Los rostros visualizados excesivamente cerca o a oscuras son difíciles de interpretar. Por supuesto, la instantánea siempre oculta o excluye información, una característica evidente de los fotogramas. Por esta razón, la clara exposición de la cara depende de su accesibilidad en el espacio real. Imponemos indudablemente criterios sociales a este fenómeno de tal forma que, aunque los modelos sean accesibles y a menudo se valore su proximidad, hay que respetar su territorio personal. Cuando un fotógrafo penetra demasiado profundamente en ese territorio se anula la socialización que asociamos al retrato. En cualquier caso, los primeros planos de rostros de Helmar Lerski no pueden considerarse retratos si se los mira a unos cuantos centímetros de distancia. La "existencia psíquica" de la persona no puede afirmarse sobre la topografía de la carne a tan corta distancia, privada de contexto y orientación social. Todos los rasgos relevantes quedan marginados por las peculiaridades dérmicas, espinillas, manchas o zonas escamosas que se extienden por los escarpes del mentón o la mejilla. Esto es aplicable tanto a los detalles radicales de ojos de Bill Brandt como a los estudios surrealistas de fragmentos de caras de Jacques-André Boiffard. Si otorgamos a estas fotografías un valor de provocación, tal vez sea porque se ha perdido algo precioso, no la escala humana del rostro sino la discreta relación social y psicológica entre el sujeto y el espectador... que sin duda se pretendía. Jamás podemos retroceder lo suficiente para valorar a la persona representada, ya que estamos apabullados por superficies materiales o texturas que rozan lo abstracto.

Aquí el ser humano es percibido literalmente como un *objeto*. No se trata ya de que el rostro se haya transformado en una especie de paisaje, sino de que la mirada del fotógrafo ejerce una influencia avasalladora sobre él. La persona que posa se ha sometido absolutamente a esa mirada, bajando todas las defensas: cualquier otra iniciativa por su parte carece de sentido después de este acto de franca sumisión. En cierto sentido, está claro que cualquier figura representada en una fotografía se convierte en un objeto, es decir, un objetivo inerme de nuestra contemplación. Eso es obra del medio, con independencia del género o la consciencia de quienes son vistos. El término *objetificado* se ha empleado para sugerir que los seres humanos en fotografías han sido relegados a un estado semejante a un objeto y que, como consecuencia de ser mirados de una manera que no supone nada más de ellos, han sido victimizados, privados de su integridad y dignidad humanas. La política de la visibilidad es motivo de preocupación en las culturas de Europa y Norteamérica, que consideran que las miradas fijas son indecorosas y ofensivas para quienes las sufren. Con toda razón. Por ejemplo, Richard Avedon ha sido ingenuo acerca de los beneficios eróticos que le ha reportado la cámara: "Se mira de una manera que no está permitida en la vida normal. ¿Acaso se puede mirar a la duquesa de Alba durante media hora sin acabar muerto a manos del duque?" ¿He dicho "motivo de preocupación"? Está claro que Avedon no manifiesta la más mínima inquietud, sino regodeo con el ejercicio de un poder para el que la fotografía es un excelente pretexto.

Sin embargo, es difícil negar que muy a menudo la mirada objetificante es inocente o neutral en su desprecio de la sensibilidad del modelo. El hombre está allí, por ejemplo, simplemente para lucir la nueva ropa interior de invierno, o la mujer para mostrar el arte de determinado peluquero. En otra fotografía lo importante es el frigorífico, no el ama de casa que lo abre. En cuanto a la fotografía de la estructura ósea deformada del paciente que es un mero apéndice de su enfermedad, las prioridades humanas se han invertido, aunque podemos verle el sentido. En todos estos casos la figura puede ser examinada de cerca pero no por sí misma, ya que la persona sirve a otra finalidad expositiva. Se considera a las personas representadas como ejemplares de muestra, sin que el fotógrafo se haya propuesto degradarlas moralmente como individuos. Esto es particularmente cierto en contextos puramente artísticos, como en esa fotografía de Ralph Gibson en la

Cindy Sherman
Untitled. Film Still, 1979

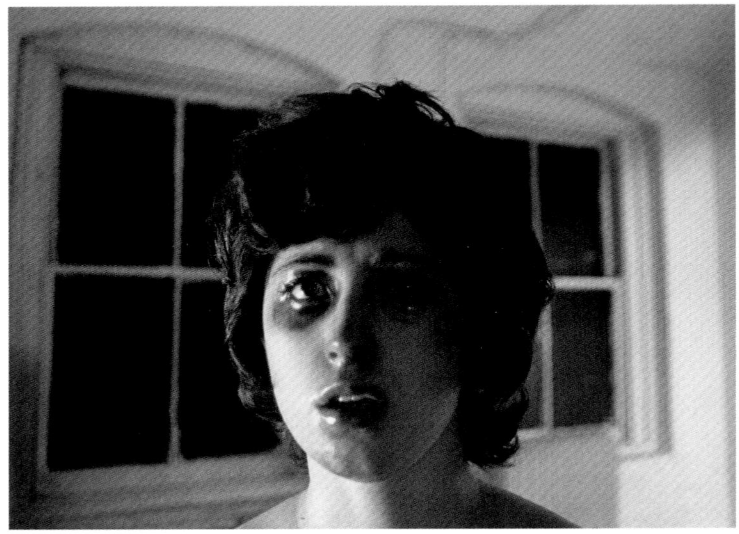

message conveyed, whatever the elaboration of the role, both are detached from the actor, a merely expedient presence. In turn, he or she betrays a noninvolvement and characreristic inertness of the ego, noticeably at odds with the keen presentability of portraits.

What motivates a role, and for whose sake is it performed before the camera? This inevitable question brings us to the crux of performance, upon which much of our understanding of portraiture rests. For example, how is it that we're reluctant to call any number of photographs taken by Cindy Sherman between 1979 and 1983 self-portraits? They seem to fulfill the nominal requirements of the genre, and they can be animal enough. The sitter, the artist herself, dominates all visual concerns, and apparently enacts a scenario about herself whose introspection is granted all expressive headroom. But the player is absorbed or even consumed by the role, and appears to have no independent existence outside it. By contrast, in portraits the self's ongoing effort at impersonation stops somewhere along the line and is modified, undone, or enriched by the self that doesn't know how to be impersonated. In a Sherman photograph, though, the fictive character of the display is so overtly stressed that it cannot have been intended to offer any personal revelation into its subject. There's a working disjunction between the woman as she may be in actual life, and the character she enacts in the photograph. Her theatrics seal off these two creatures into two different compartments. If anything distinguishes Sherman's work from the illustrations and Film Stills that were her source (she calls these pictures "Film Stills"), it must be a rhetorical transformation. Inescapably, given her procedures, she had to treat herself as an object in order to achieve the illusion that she was a subject. She sacrifices the real Sherman to a metaphor that would have her stand-in as the victim of an erotic gaze.

How does this kind of behavior before the camera differ from professional acting? Acting is manifested as an open form of misdirection, premised on the supposed erasure of anything pertinent to the actor, I do not hesitate to regard it as a mode of self-objectificacion. As sitters, the material with which we work—our own flesh—has to be configured as if consciousness were at some remove and the material could thus be visualized from outside. An object like a human body is something that can be operated upon in a palpable way and externally changed for worse or better. Not for nothing is the archetypal look that comes to us from the portrait one of anticipation: "This is my best face, which I hope meets with your approval." In similar quarters, we would smooth down our organic ruffle more or less on the same impulse as hair is slicked, to project a homogeneous external view of our persons. Fortunately for the amateurs that most of us are, that charade is rarely perfected. Nothing adds more liveliness to portraits than when the mold of narcissism

Cindy Sherman
Sin título. Fotograma, 1979

que el modelo visto de cerca con la mano en la frente no es más que un pretexto para un estudio de formas dispuestas arquitectónicamente.

A efectos prácticos la figura objetificada carece de *ser* y no manifiesta reacciones significativas ante la consciencia de estar siendo escudriñada. Los textos institucionales, comerciales, propagandísticos o estéticos a los que se somete el modelo exigen un determinado comportamiento en el que el individuo se difumina y llega a desdibujarse. El actor es una presencia ineludible, pero separada de cualquier mensaje o papel que desempeñe. A su vez, denota una falta de implicación y una inercia típicas del *ego*, en abierta contradicción con la entusiasta presentación de los retratos.

¿Qué motiva un determinado papel y por quién se desempeña delante de la cámara? Esta cuestión insoslayable nos lleva al meollo de la representación, sobre el que descansa buena parte de nuestra comprensión del retrato. Por ejemplo, ¿por qué esa renuencia a llamar autorretratos a un buen número de fotografías realizadas por Cindy Sherman entre 1979 y 1983? En principio cumplen los requisitos nominales del género y pueden ser bastante carnales. La modelo, la propia artista, domina todas las cuestiones visuales y aparentemente representa un escenario sobre sí misma en el que la introspección alcanza una gran intensidad expresiva. Pero la actriz está absorbida y hasta consumida por el papel y es como si no tuviera existencia independiente fuera de él. En cambio, en los retratos llega un momento en que cesa el esfuerzo de imitación desplegado por el yo y es modificado, desbaratado o enriquecido por el yo que no sabe cómo ser imitado. Sin embargo, en una fotografía de Sherman el carácter ficticio de la representación está tan abiertamente expuesto que es imposible que haya la menor intención de ofrecer ninguna revelación personal del sujeto. Hay una disparidad evidente entre la mujer tal como puede ser en la vida real y el personaje que representa en la fotografía. Su teatralidad separa a ambas en sendos compartimientos diferentes. Si algo distingue la obra de Sherman de las ilustraciones y los fotogramas que fueron su fuente (ella llama "fotogramas" a estas fotografías) debe ser una transformación retórica. En vista de sus procedimientos, no le quedaba otra salida que tratarse a sí misma como objeto para hacerse la ilusión de que era un sujeto. Sacrifica a la Sherman real a una metáfora que la sustituye como víctima de una mirada erótica.

¿En qué se diferencia este tipo de comportamiento delante de la cámara de la interpretación profesional? La interpretación se manifiesta como una forma abierta de desviación, basada en la premisa de la supuesta supresión de todo lo que no sea pertinente para el intérprete. No dudo en considerarlo como una forma de autoobjetificación. Como los modelos, el material con el que trabajamos –nuestro propio cuerpo–, tiene que estar

Robert Mapplethorpe
Self-Portrait, 1980

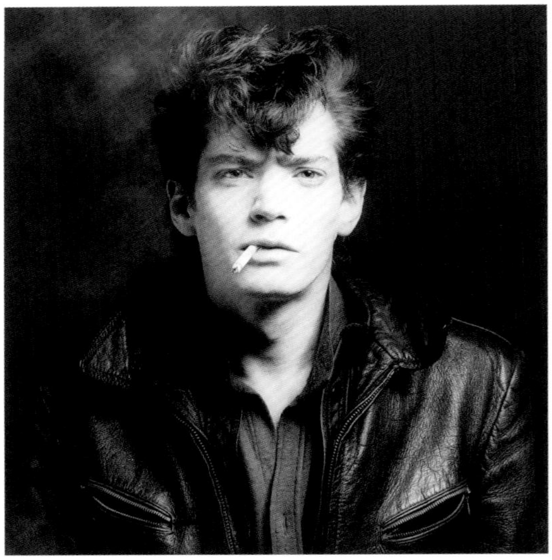

cracks open, something that occurs most frequently in informal genres. Contrarily, after she embedded herself as a pseudo-subject, Sherman melodramatized her performance, suspending it in some puzzling and ambiguous place: a debased thriller or romance. Her images lack the naïveté of the anticipatory look, but have not been taken over by the practiced confidence of trained acting. (The ideal audience for such an indeterminate spectacle is an art crowd.)

When it comes to real theater, we have to reckon with the crafting of a psyche that seems to be enveloped in its own aura. In such instances, it's relevant to speak of the persona, a masklike presence that has appropriated the person, who is supposed to be incarnated in the performance. Portraits of actors being themselves—Hurrell's of Franchot Tone or Tyrone Power—are contradictions in terms. These people were hostages of their own myths, from which it was perilous to lapse. Except for a studied memorial of their image on the silver screen, they had nothing to offer. As the actor gains artistic control, through discipline and restrainr—and repeated exposure—the identity of the person exerting the control becomes correspondingly glazed over, opaque, and inaccessible. The act of self-creation turns into something like its opposite, as some larger than life or glamorous illusion of the sitter is advanced upon its public. Paradoxically, the outright and apparenly most unabashed expression of ego is realized through a form of self-disinvestment. The star *bestows* his or her presence upon the viewers, but the thing dispensed is openly treated as a property, of which the supply lasts only as long as the public demand.

If I study the way the avant-garde theater actress Kare Manheim composed herself, and remember her gestures during our portrait session, it would be to consider performance on quite anorher level, as mystery. Here was a sitter who wore a chintzy frock, plucked her eyebrows, sported a tattoo on her arm, and painted her lips purple. Her deportment managed to be simultaneously muscular, pensive, and a little suspicious, as if these ill-assorted moods could be synthesized in the poise of one moment's representation. This and other moments, equally weighted and oddly deliberated, she created as we went along. Obviously, the fact that some of the details and dispositions did not accord with each other was foreseen in the performance, and equally obviously, that performance was wrought to achieve narrative suspense, as in the clues it gave of an intriguing instability. So the vaguely discordant display had been arranged to be enjoyed for itself—not as an expression of the sitter, but only as it demonstrated what Manheim's skill and cunning could do. Visualizing a paradigmatic statement in the manner of actors, she had given over-staged—the representation, but she had not drawn it forth. It had not come from a place within her, where portrait viewers would have recognized something of themselves. I couldn't determine if there was any "backing" to the

Robert Mapplethorpe
Autorretrato, 1980

configurado como si la consciencia estuviera distante y, por lo tanto, pudiera visualizarse el material desde fuera. Un objeto como el cuerpo humano es algo sobre lo que puede trabajarse palpablemente y que puede modificarse externamente para bien o para mal. No es casual que la mirada arquetípica que nos sugiere el retrato sea de anticipación: "Éste es mi mejor rostro y confío en que merezca tu aprobación". En una situación semejante, nosotros alisaríamos nuestro alboroto orgánico más o menos con el mismo impulso con que se alisa el pelo para proyectar una visión exterior homogénea de nuestra persona. Por suerte para los aficionados que la mayoría de nosotros somos, esta payasada rara vez se lleva a cabo. Nada añade más viveza a los retratos que cuando se resquebraja el molde del narcisismo, cosa que sucede particularmente en los géneros informales. En cambio, Sherman, tras afirmarse como un pseudo-objeto, melodramatizó su interpretación, dejándola suspendida en algún lugar intrigante y ambiguo: una película de misterio o romántica de poca monta. Sus imágenes carecen de la ingenuidad de la mirada anticipatoria sin haber logrado la confianza que da la práctica de la interpretación en serio. (La audiencia ideal de espectáculo tan indefinido es un público de artistas.)

En el teatro de verdad tenemos que contar con la elaboración de una psique que parezca envuelta en su propio aura. En tales casos hay que hablar de la "persona" en sentido clásico, una presencia enmascarada que se ha adueñado del intérprete y va a tomar cuerpo en la representación. Los retratos de actores como ellos mismos –los que hizo Hurrell de Franchot Tone o Tyrone Power– son una contradicción en términos. Estas personas fueron rehenes de sus propios mitos, de los que era peligroso alejarse. No tenían nada que ofrecer fuera de una estudiada conmemoración de su imagen en la pantalla. A medida que el intérprete adquiere control artístico mediante disciplina y contención –y actuaciones reiteradas–, la identidad de la persona que ejerce ese control se hace tupida, opaca e inaccesible.

El acto de autocreación se convierte en algo semejante a su contrario porque se traslada al público una desbordante o glamourosa ilusión del modelo. Paradójicamente, la expresión más rotunda y diáfana del ego se lleva a cabo a través de una forma de auto-contención. La estrella *brinda* su presencia a los espectadores, pero el ofrecimiento se trata abiertamente como una propiedad, entregada sólo mientras el público lo pida.

Si estudio la forma en que la actriz de teatro de vanguardia Kate Manheim se arreglaba y recuerdo sus gestos durante la sesión de retrato, cabría considerar la interpretación a otro nivel: como misterio. Era una modelo con un vestido corriente, las cejas depiladas, un tatuaje en el brazo y labios pintados de color morado. Su porte lograba ser al mismo tiempo musculoso, meditabundo y algo reticente, como si esta amalgama de rasgos pudiera

content of the moment or any reference whatsoever to a core—where she came from, where she was going—and the tease of such a question lingers on as the rationale of the image the actress constructed.

Of course, these remarks depend on the idea that people hold something in reserve for us and for themselves, in excess of what their representations allow or claim. This idea has been disputed by those who have concluded that our willful and ephemeral pretenses are, in their own right, a social reality. According to this argument, it's impossible to isolate what is not artifice in the ways we conduct ourselves, and, as a result, we can have no valid criteria of what constitutes "natural" behavior. Hadn't Kurt Vonnegut said, "We are what we pretend to be; so we must be careful about what we pretend to be"? Thus, it's not a matter of playing or refusing to play a role, but only of selecting the one that best fashions us for the circumstances, or is aligned with desire and need. Role-playing itself remains inescapable, the name of the game. How, then, can a distinction be made between being, and wanting to be taken for, something, even though in a portrait these states are emphatically bound up with each other? One wants to ask: is there no escape from illusion in the communicating stance, and is there no level or dimension of reality in culture other than the endless charades of social reality?

But these questions have to be rephrased once one applies them to pictorial experience. Pictures evoke their own alternate to whatever reality we know or think we know. The assertion that manner triumphs over and absorbs matter is a metaphysical topic, uselessly open-ended as far as portraits are concerned. We simply note their usage as a device to visually isolate what the individual *exhibits*. To exhibit oneself is to imply that one has taken time out from social interaction and process, the continuum in which we are normally perceived. Inevitably, the picture that frames that exhibition reduces, fragments and therefore short-circuits our understanding of human personality. Sitters for portraits appear as people auditioning for parts in their own lives. And the picture alone tells us how their script performance goes. As the shutter clicks, a gap opens up between obtainable knowledge and the frozen style of the one portrayed, which the picture itself formulates. So, portraits characteristically induce doubts about manner more often than they assuage them.

Such misgivings, I think, are implicitly recognized in the photobooth strip, whose sitters traditionally ham and mug a little play about themselves through a suite of three or four images, as if to reenact process. The mood may be playful in the photobooths, but at the same time it hints of a serious human drive, which is to suggest depth and create impact by multiplying physiognomic display. (Of course, these are private self-portraits, which can get a little hectic.)

Ordinary consented portraits, whatever their approach, rarely allow sitters to relax in their process, that is, their habitual reflexes, their on-call deployment of related personal traits and idiosyncratic gestures. We have to assume that all practitioners are conscious of these drawbacks. As a counter-measure, the pose tends to bear down upon us as a peculiar, tensile mode of engagement, suspending the viewer's perception in a compensatory scenario involving the subject. The impression is very forthcoming, with a tone often verging on the hyper. It's something we may glimpse in actual behavior, but it is never as concentrated there, never as literary.

Viewers keep asking who it is they see on the portrait dais. In response, portrait discussion has typically centered on the historical identity of the sitters whose biographies are encapsulated without any reference to the pictures themselves. Evidently so and so's appearance, at age whatever, photographed by what's-his-name, acts merely as a pretext—literally—for the main text . For all practical purposes, that which is externally supplied usurps that which is given, words over image, and the picture is left to mope about, apparently drained of further meaning. But suppose now that, instead of historical, the reading was intended to be symbolical, beyond the range of anyone's mere curriculum vitae.

It's worth taking as an example Robert Mapplethorpe's photo-diptych of himself as leather-clad rough trade and as topless androgyne, an image pair symmetrical in frontality and lighting. The artist yields his own presence to a sexual fantasy, of which he's both the object and the subject. I've spoken elsewhere of posing as a corrupted

sintetizarse en la desenvoltura de la representación de un momento. Creó este y otros momentos semejantes, igual de sopesados y extrañamente deliberados, a lo largo de la sesión. Por supuesto, el hecho de que ciertos detalles y disposiciones no concordaran entre sí ya estaba previsto en la interpretación, por lo mismo que ésta apuntaba a lograr un suspense narrativo a través de claves de una inestabilidad intrigante. Por lo tanto, la actuación vagamente discordante se había preparado para ser disfrutada por sí misma –no como una expresión de la modelo, sino como demostración de lo que eran capaces de hacer la habilidad y el ingenio de Manheim–. Con la visualización de una declaración paradigmática a la manera de los actores se había dedicado a la representación, había interpretado, si bien no la había llevado adelante. No le había salido de dentro, donde los que contemplaran el retrato habrían reconocido algo de sí mismos. Fui incapaz de averiguar si había algún "respaldo" al contenido del momento o referencias a algún punto oscuro –de dónde venía, adónde iba– y la provocación de esta pregunta subyace en la base de la imagen que construyó la actriz.

Por supuesto, estas observaciones se sustentan en la idea de que las personas se guardan algo para el fotógrafo y para el resto, además de lo que sus representaciones permiten o persiguen. Esta idea la han rebatido quienes han concluido que nuestras representaciones intencionadas y efímeras son una realidad social por derecho propio. Según este argumento es imposible aislar lo que no es artificio en la forma en que nos comportamos y, en consecuencia, no podemos tener criterios válidos acerca de en qué consiste un comportamiento "natural". ¿No dejó dicho Kurt Vonnegut "somos lo que aparentamos ser, conque hemos de andar con mucho cuidado con lo que aparentamos ser"? Así pues, no se trata de representar un papel o rechazar hacerlo, sino de seleccionar el que mejor nos vaya en función de las circunstancias o más se corresponda con nuestros deseos y necesidades. En realidad, de lo que se trata es de representar un papel, no hay vuelta de hoja. Entonces ¿cómo se puede distinguir entre ser y querer ser tomado por otra cosa, aun cuando en un retrato ambos estados se hallen inextricablemente unidos entre sí? Cabe preguntarse si es que no hay escapatoria de la ilusión en el plano de la comunicación y si en la cultura no hay un nivel o dimensión de la realidad aparte de las interminables bufonadas de la realidad social.

Pero estas cuestiones tienen que reformularse una vez aplicadas a la experiencia pictórica. Las imágenes evocan su propio sustituto de cualquier realidad que conozcamos o creamos conocer. La afirmación de que la forma triunfa y absorbe a la materia es una cuestión metafísica, suscitada inútilmente por lo que respecta a los retratos. Nos limitamos a anotar su utilización como instrumento para aislar visualmente lo que *exhibe* el individuo. Exhibirse implica que se ha sacado tiempo de los procesos y relaciones sociales, el continuo en el que normalmente se nos percibe. Inevitablemente la imagen que enmarca esa exhibición reduce, fragmenta y, por lo tanto, interrumpe nuestra comprensión de la personalidad humana. Los modelos de retratos aparecen como personas que se someten a hacer pruebas sobre aspectos de su propia vida. Y la sola imagen ya nos dice bastante sobre la representación de su guión. Cuando suena el disparador se abre un foso entre el conocimiento obtenible y el estilo congelado de la persona retratada, formulado por su propia imagen. De manera que normalmente los retratos suscitan sobre la forma más dudas de las que disipan.

Este tipo de recelos, creo yo, están implícitamente reconocidos en las tiras de fotomatón, cuyos modelos suelen efectuar una breve representación exagerada sobre sí mismos en una serie de tres o cuatro imágenes, como para recrear el proceso. Lo del fotomatón puede parecer un juego, pero al mismo tiempo es manifestación de una arraigada tendencia humana, que consiste en sugerir profundidad y provocar impacto multiplicando la exposición fisionómica. (Por supuesto, se trata de autorretratos privados, que pueden ser un tanto apresurados.) Los retratos normales consentidos, sean del método que sean, raramente permiten que los modelos se relajen en su forma de ser, esto es, los reflejos habituales, el despliegue de los rasgos y gestos característicos de su personalidad. Hemos de suponer que todos los fotógrafos son conscientes de este tipo de inconvenientes. En contrapartida, posar se nos presenta como un tipo peculiar y tenso de relación que suspende la percepción del espectador en un escenario compensatorio del que forma parte el sujeto. La impresión es muy próxima, en

form of momentum, a state of limbo, neither active nor inactive. Here the corruption is meant to embody certain polarized states—active and passive, profane and sacred, male and female—as projected by the same person. So as to ensure his point absolutely, Mapplethorpe, in these pictures, as in most of his portraits, visualizes the figure iconically. One is not invited to ask who it is but, as with Hollywood glamour shots, to bask in its glow and finally to be seduced by it. Desire is fixated by physical perfection, an academic idea that is also close to fashion appeal. But at least when Mapplethorpe uses himself, in a palpable sense it really is himself: the diptych pertains to him even if "him" becomes a rather questionable entity. Cindy Sherman and Kate Manheim, more sophisticated artists, are also more elliptical and dissociated ones. They have only lent themselves, whereas Mapplethorpe is centered in the proceedings. For all the generality of his statement, it furnishes distinct reference points to the artist's mental life, an aspect of which is acted out in his charade.

In the abstract scheme of Mapplerhorpe's self-exhibition, one can see that the "male" portrait, caught up with the myth of the alluring dominator, is lifeless. It fails" to exert any effect because the artist's attitude to power is throughout only one of conventional flattery. But Mapplethorpe "female" tells another story. It, too, is involved with a cliché—of feminine vulnerability—and since this requires the outright transfer of viewing power to the unknown spectator, Mapplethorpe can no longer be iconically self-contained as he confronts the lens. It's sufficient to compare the squinting, armored gaze of the one personage with the open, liquid stare of the other to see Mapplethorpe discovering the look that yearns for, but is unsure of, approval. It is as if, in terms of the portrait ritual, he had truly placed himself in the position of a female sitter, won through to it, and the guise in which he thereby presents himself has a certain poignance, despite his scheme.

Hopefulness, in fact, is a sign of normal posing. Psychologically, it animates the portrait presence by suggesting that there is indeed an impression to be earned, with the sitter flexed and on the mark. One steps out from the everyday into a portrait and is put on one's mettle. I aspire, therefore I am; such is the automatic motto of most sitters. But there remains the question of how that "I" is to be identified in a picture. The answer to this can mostly be found in the selection of a feature or salience that is recommended because it appears to condense information about the sitter. It could be a liability of the flesh, a stage of life, a hierarchically prescribed status, prominence on a specific occasion, ethnic affiliation or membership in a group, material accoutrements and lifestyle, a genetic or morphic distinctness, erotic tone, familial role, an ideological stance, reaction to the photographer. The list of such defining marks is clearly endless. Portraits will be seen to have depended on one or more of these tags, the more insistently the "identifying" element had visual potentials. Emmet Gowin's wife Edith is very spherically, and thus convincingly, pregnant. A few of August Sander's child subjects are sensationally blind. Bachrach has given us thousands of... just grooms.

A problem arises, though, when a viewer asks to what degree the observed attributes belong to the individual, or the individual to the attributes, in which latter case he or she is not very much of an individual. Was it only a certain condition that people wanted to have commemorated in the pose—or with which they thought they had to settle? A condition is a state of being, permanent or temporary, and it may affect deeply or slightly the one who is in it. (Fame, for instance, is certainly a condition one can be in, but so is unedifying fatigue.) For pictorial purposes, however, once the condition is declared it tends to be symbolically decisive. We're encouraged to forget everything else about the sitter, and to let aspiration and condition fuse in whatever way to give meaning to the figurative outcome.

In the event, we're sensitized to the forces that specifically play upon the sitter's features during the portrait ritual. The face is illuminated by a rhetoric that has two seemingly contrary impulses: one which would imbue the picture with an active story content, and the other which would treat the person as an object in a certain static condition. With the first, a link is suggested between the individual's image and his or her everyday life, or at least an affinity between the two. With the second, the sitter appears to have been completed but also isolated in a special cameo role, which admits

un tono que a menudo raya en lo hiperrealista. Es algo que podemos atisbar en el comportamiento real, pero nunca de forma tan concentrada y literaria como aquí.

El observador sigue preguntándose quiénes son los que figuran en los retratos. En respuesta, la discusión sobre el retrato se ha centrado habitualmente en la identidad histórica de los modelos, cuyas biografías están encapsuladas sin referencia alguna a las fotografías. Evidentemente, el aspecto de fulanito, de tal edad, fotografiado por como se llame, no es más que un mero pretexto –literalmente– del texto principal. A efectos prácticos lo que se proporciona exteriormente usurpa lo ya existente, las palabras sobre la imagen, y el retrato se queda en nada, aparentemente privado de ulterior significado. Pero supongamos ahora que, en vez de histórica, se pretendiera hacer una lectura simbólica, más allá del simple *curriculum vitae* de cualquiera.

Vale la pena tomar como ejemplo el díptico de fotografías de Robert Mapplethorpe como tipo duro con ropa de cuero y como andrógino desnudo, un par de imágenes simétricas en frontalidad e iluminación. El artista cede su propia presencia a una fantasía sexual de la que es tanto sujeto como objeto. Ya me he referido en otro lugar al hecho de posar como una forma corrompida de impulso, una especie de limbo, ni activo ni inactivo. En este caso la corrupción se entiende que abarca ciertos estados polarizados –activo y pasivo, profano y sagrado, hombre y mujer– proyectados por la misma persona. Como si quisiera dejarlo absolutamente claro, Mapplethorpe visualiza icónicamente la figura en estas fotografías, como en la mayoría de sus retratos. No invita a preguntar quién es sino, como en las instantáneas glamourosas de Hollywood, a deleitarse en su esplendor y finalmente a caer seducido por él. El deseo está obsesionado por la perfección física, una idea académica también próxima al atractivo de la moda. Pero cuando Mapplethorpe se utiliza a sí mismo es verdaderamente él mismo en un sentido tangible: el díptico le pertenece aunque "él" se convierta en un ente bastante cuestionable. Cindy Sherman y Kate Manheim, artistas más sofisticadas, son también más elípticas y disociadas. Sólo se han prestado a sí mismas, mientras que Mapplethorpe está centrado en lo que hace. Por muy general que sea su manifestación, brinda referencias muy claras de la vida mental del artista, uno de cuyos aspectos queda bien patente en su juego.

En el esquema abstracto de la autoexhibición de Mapplethorpe puede verse que el retrato "masculino", impregnado del mito del dominador seductor, carece de vida. No surte ningún efecto porque la actitud del artista ante el poder se manifiesta a través de una imitación convencional. En cambio el retrato "femenino" de Mapplethorpe es otra cosa. También incurre en un tópico –la vulnerabilidad femenina– y, como esto exige la transferencia del poder de contemplación al espectador anónimo, Mapplethorpe ya no puede ser icónicamente independiente al ponerse delante de la cámara. Basta con comparar el ceño impenetrable de un personaje con los ojos líquidos del otro para ver a Mapplethorpe descubriendo la mirada que ansía una aprobación de la que no está seguro. Desde el punto de vista del ritual del retrato es como si se hubiera puesto en el lugar de una modelo, lo hubiera logrado y por lo tanto el aspecto bajo el que se presenta tiene cierto patetismo, a pesar de sus aspiraciones. Aspiro, luego existo. Tal es el lema automático de la mayoría de los modelos. Pero queda flotando la pregunta de quién es el "yo" por identificar en una fotografía. La respuesta a esto puede encontrarse en la selección de algún rasgo o característica recomendado porque parece condensar información sobre el modelo. Puede tratarse de alguna tendencia corporal, un estadio de la vida, un estatus prescrito jerárquicamente, la importancia de una determinada ocasión, la pertenencia étnica o la afiliación a un grupo, los bienes materiales y el estilo de vida, una peculiaridad genética o morfológica, el tono erótico, el papel en el seno de la familia, una postura ideológica, la reacción ante el fotógrafo. La lista de rasgos distintivos podría alargarse indefinidamente. Los retratos han venido dependiendo de una o más de estas etiquetas, tanto más cuanto el elemento "identificador" poseía fuerza visual. La esposa de Emmet Gowin, Edith, está muy esféricamente y, por tanto, muy convincentemente embarazada. Algunos niños de los retratos de August Sander están sensacionalmente ciegos. Bachrach nos ha dado miles de... novios.

El problema se plantea cuando un espectador se pregunta hasta qué punto pertenecen al individuo los atributos observados o el individuo a los atributos, en cuyo caso no tendría mucho de individuo. ¿Se trataba solamente de cierta condición que alguien quería

of no further prospect of change. His or her body has been deputized to incarnate a lasting persona, whether functional or symbolic.

But oddly enough, in portrait practice, these apparently opposing appearances are not only compatible, they tend to inflect each other. It could well be that the subject forte of portraiture is necessarily a blend of narrative motif and object colorations, and that portraiture is a genre operating to draw them in from the outlying districts of other genres, where, as they mingle, an additional chromatic possibility, a subject, is realized.

Indeed, there's no supply of a quality called "subject-hood" floating around on its own. Most portraits fall short as probes of character and identity, regardless of how assured we remain that such things genuinely reveal our fellow creatures or ourselves, and that we are to be known consistently through them. But I've stated the problem too broadly. A perception of the depth, complexity, and uniqueness of a human being need not be articulated in words or pictures, but if it is, it has to be rendered in terms permitted by words and pictures and must be negotiated by their rules. This will not do justice to the perception, exactly, but it might amplify it. Photographic portraits are framing devices that amplify a certain relationship between the viewed and the viewer. In these matters, we want to be afforded the sense of "seeing in." Hence the word *subject,* which here implies an image of a person to be appraised, yet one who is also perceived to be capable of looking or "feeling" back, unlike a neutral "motif" or "object." We tend to think of portraits as pictures where this reciprocity is specifically acknowledged and kept alive, even if it is not always resolved. If the representation favors the ephemeral glimpse, the sitters may look merely unconcerned, while if they are weighed down by symbolic intent, they may appear only deadened. In the journey from these polarities, toward the center of the portrait spectrum, sitters begin to emerge as kindled beings, almost as if vitalized by photographic contact.

Who would deny that the man called Robert Capa, shown in Ruth Orkin's photograph, is one of their number? By his gesture of head leaning against supporting palm, and his condition, particularly his crinkled, pouched eyes, he allows that he is wearied at the moment, and has been seasoned overmuch by experience. Glasses on the restaurant table suggest there has been drinking. Meanwhile, he smiles kitty-corner toward the camera, or more precisely at a woman with a camera, seated with him at the table. And now, of course, he smiles at the viewer. By the look of things, the portrait was taken during a pause in conversation. Capa the person and Capa the sitter would seem closely related, and yet the performance in the portrait has overtones that look studied, or at least practiced. Here is someone who would agree with Kirk Douglas's remark that "the actor never gets lost in the character he's playing; the audience does." Capa's is not so much a face whose geniality has been prepared specifically for the camera, as one that accepts its gaze while in the process assuming full knowledge of the portrait act. I stare at him and there comes back to me his canniness about what it means to be looked at. The slight smile tells of his amusement at being in that scene, at another's visual disposal, but the eyes look out shrewdly, as if to say that on other occasions he is capable of using others less gently than he is being used now.

On one level, the text of this picture could read: here is a person who has decided to be nice about the superior consciousness he has. But on another level, it doesn't work that way at all, because the overall persona expresses a charm that is involved—I was about to say compromised—with rue. The naïvetes of aspiration fail to perk up this man's spirit—he's past that—but, at the same time, there's no substitute for them. How does one "be" oneself in a circumstance like this? A conflict arises in which the desire *not* "to be what one pretends to be" is defeated by the prerequisites of posing. And the irony of this dilemma, reflected and yet created in Capa's demeanor, is extraordinarily moving.

It could be said that Capa's was an exceptional case. At the date of this picture, 1951, he was, after all, the most famous war photographer of the twentieth century. So take, instead, the case of a sitter who demonstrates no such virtuosity as a performer, and who appears unaccustomed to receiving the camera's attention. I refer to "Mrs Gudger," photographed by Walker Evans in 1936. This young woman is well absorbed by the portrait

subrayar durante la sesión de posado o creía que era la que debía adoptar? Una condición es un estado permanente o temporal del ser y puede afectar poco o mucho a quien se encuentre en él. (Por ejemplo, la fama o la poco edificante fatiga.) Sin embargo, una vez que se manifiesta la condición, suele ser simbólicamente decisiva por lo que a la fotografía respecta. Se nos anima a olvidarnos de todo lo demás y a dejar que las aspiraciones y la condición se fundan del modo que sea para dar significado al resultado figurativo.

Llegado el momento, somos sensibles a las fuerzas que intervienen específicamente sobre los rasgos del modelo durante el ritual del retrato. El rostro se ilumina por una retórica con dos impulsos aparentemente contradictorios: uno que da a la fotografía un carácter de historia activa y otro que trata a la persona como objeto en una cierta condición estática. Con el primero se sugiere un vínculo entre la imagen del individuo y su vida cotidiana, o al menos una afinidad entre ambas. Con el segundo el modelo parece haber sido completado, pero también aislado, en un papel especial de cameo, sin posibilidades de cambios ulteriores. Su cuerpo ha sido reemplazado para encarnar a una persona duradera, tanto funcional como simbólica.

Pero curiosamente, en la práctica del retrato estos aspectos opuestos no sólo son compatibles, sino que suelen confluir. Bien podría ser que el sujeto fuerte del retrato fuera necesariamente una mezcla de motivo narrativo y coloraciones del objeto y que el retrato fuera un género que los hiciera converger desde la periferia de otros géneros donde, al mezclarse, se realizara una nueva posibilidad cromática, un sujeto.

En realidad, la "subjetividad" no anda flotando por ahí en espera de que alguien la capte. Muchos retratos se quedan cortos como indagación en la personalidad y la identidad, con independencia de lo seguros que estemos de que tales cosas revelan auténticamente a nuestros semejantes y a nosotros mismos y que se nos va a conocer bien a través de ellas. Pero ya me he referido a este problema por extenso. La percepción de la profundidad, complejidad y singularidad de un ser humano no necesita articularse en palabras ni en imágenes y, si así fuera, tendría que presentarse en unos términos permitidos por las palabras y las imágenes y conforme a sus normas. Esto no hará justicia exacta a la percepción, pero podría amplificarla. Los retratos fotográficos son instrumentos que amplifican una cierta relación ente quien ve y quien es visto. En estos asuntos buscamos podernos permitir la sensación de "investigar". De ahí la palabra *sujeto*, que en este caso implica una imagen de una persona que hay que evaluar, aunque se la perciba también como alguien capaz de evocar o "sentir", a diferencia de un "motivo" u "objeto" neutral. Solemos pensar en los retratos como fotografías en las que esta reciprocidad se reconoce y se mantiene viva, aunque no siempre esté resuelta. Si la representación favorece la mirada efímera, los modelos pueden parecer simplemente ajenos, mientras que si poseen alguna intención simbólica pueden tener aspecto de alivio. En el trayecto desde estas polaridades al centro del espectro del retrato los modelos empiezan a surgir como seres encendidos, como si el contacto fotográfico les diera vida.

¿Quién va a negar que el hombre llamado Robert Capa, tal como aparece en la fotografía de Ruth Okin, es uno de ellos? Por el gesto de la cabeza apoyada en la palma de la mano y su estado, particularmente los ojos con arrugas y bolsas, deja ver que en ese momento está fatigado y que la experiencia ha dejado honda huella en él. Las copas de la mesa del restaurante sugieren que ha estado bebiendo. Mientras tanto, esboza una sonrisa a la cámara o, más exactamente a la mujer de la cámara, sentada a la mesa con él. Y ahora, claro está, sonríe al espectador. Todo indica que el retrato se sacó durante una pausa en la conversación. Capa como persona y Capa como modelo guardan una estrecha relación y, sin embargo, la representación en el retrato ofrece ribetes que parecen estudiados o, al menos, practicados. Se trata de alguien que coincidiría con la observación de Kirk Douglas: "No es el actor sino el público quien se pierde en el personaje que está representando". Capa no es precisamente un rostro cuya genialidad haya sido preparada especialmente para la cámara, como alguien que acepta su mirada asumiendo al mismo tiempo el conocimiento completo del acto del retrato. Le miro fijamente y me devuelve su inquietud acerca de lo que significa ser mirado. La leve sonrisa indica que le divierte ocupar ese escenario, a disposición visual de otra persona, pero los ojos miran astutamente, como si

Ruth Orkin
Robert Capa, Paris, 1951

Walker Evans
Mrs Gudger, Alabama, 1936

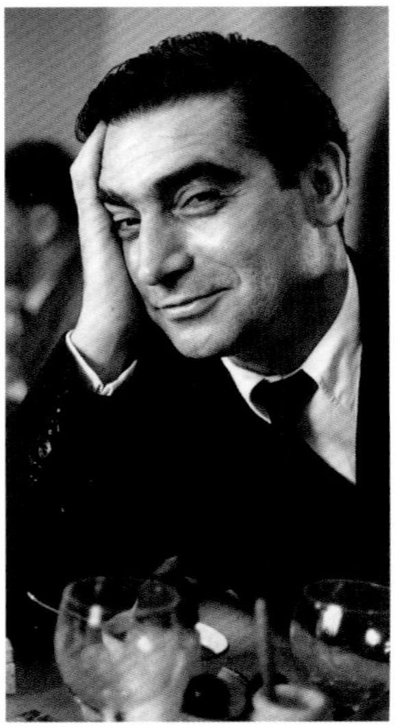

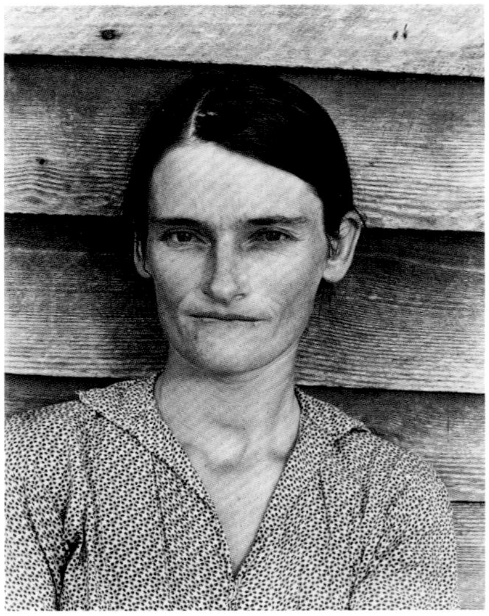

moment, an interval which definitely excludes the other cares in her life. The physical portrayal comprises only her head and shoulders flat up against a pineboard wall. There's no hint whatsoever of an impulse on her part to outflank the camera's stare. She takes it on directly, as the point of what has been asked of her—to hold still. In its calm, simple, and pinched way, the face says "I am having my picture taken," and that's it.

Of course, the face and the wall go together remarkably well; they're both unpainted and penurious. And then one notices that the information furnished through the lens is insistently tactile—for example, the woodgrain and the dress pattern, which complement each other and frame Mrs Gudger's drylooking, scrubbed skin pulled tight. Evans describes her as he would a plain but eloquent *object*. So it's proper to speak of the priority he gives to her condition, quite pronounced in this instance, if only because the sitter offers little else for visual record. To be sure, she proposes herself as a subject, and wants to live up to the small occasion with ordinary understanding. Of three shots taken by the photographer, this one is most furrowed about the mouth, whose thin lips are tightly compressed to keep them from the real—and banal—possibility of smiling.

However little she can muster of power, pretense, or grace, Mrs Gudger makes herself presentable. This is precisely what the picture would have us regard as being of high intensity and worth. That is, her pose is treated with just as much respect as the other humble but radiant physical details, and, like them, reinforces the immediacy of overall contact. All this is compatible with the title that most often accompanies this picture, *Alabama Tenant Farmer's Wife,* a specific, even evocative, label. She fits that-caption visibly enough, but more than that, she illuminates it. She comes right out of the type that is said to represent her. Every physical detail is "backed up" and warranted in the final *self*-possession of the subject. At first I imagine this is because photographer and sitter are leveled in a working equity each has established with the other. Later, I revise this impression with the feeling that the photographer had considered it a privilege to be accepted by his sitter. If that is so, the transparent life of the portrait is the best index of its moral beauty.

Any general commentary about portraits should include some idea about their psychological reach and affective power. Clearly that power is linked to the centrality of *subject* in portrait experience. To put it crudely, subjects are made and not born. But just the same, who would enjoy the thought that such a constructed subject is *not* founded on any psychological reality? Portrait performance springs up and through the personal organism depicted, and energizes the picture in ways that are uniquely characteristic of the actor. To deny this

Ruth Orkin
Robert Capa, París, 1951

Walker Evans
Sra. Gudger, Alabama, 1936

quisieran decir que en otras ocasiones fuera capaz de lanzar miradas menos amables.

Por una parte, el texto de esta fotografía podría ser: he aquí una persona que ha decidido emplear bien la consciencia superior que posee. Pero, por otra parte, no funciona así en absoluto porque la "persona", en el sentido teatral clásico, expresa un encanto mezclado –iba a decir comprometido– con tristeza. La ingenuidad de las aspiraciones no levanta el ánimo de este hombre –ya ha pasado por eso– aunque, al mismo tiempo, no hay sustituto para ella. ¿Cómo se puede "ser" uno mismo en esas circunstancias? Surge un conflicto en el que el deseo de *no* "ser lo que se pretende ser" es derrotado por la exigencias del posado. Y la ironía de este dilema, reflejado y a la vez creado por el comportamiento de Capa, es extraordinariamente emotiva.

Podría decirse que el de Capa es un caso excepcional. Al fin y al cabo, en la fecha del retrato, 1951, era el fotógrafo de guerra más famoso del siglo XX. Por lo tanto tómese en su lugar el caso de una modelo que no demuestra tanto virtuosismo como intérprete ni parece acostumbrada a recibir la atención de la cámara. Me refiero a *Sra. Gudger*, fotografiada por Walker Evans en 1936. Esta mujer joven está bien metida en el momento del retrato, un intervalo que excluye absolutamente las demás preocupaciones de su vida. El retrato físico comprende sólo la cabeza y los hombros con una pared de madera de pino como fondo. No hay indicios de ningún impulso por su parte de esquivar la mirada fija de la cámara. Se enfrenta a ella directamente, pues es lo que le han pedido: que esté quieta. A su manera tranquila, sencilla y seria, el rostro dice: "Me están sacando una fotografía" y ya está.

Por supuesto, el rostro y la pared combinan muy bien; ambos están sin pintar y en mal estado. Y entonces se cae en la cuenta de que la información suministrada a través de la lente es insistentemente táctil –por ejemplo, la veta de la madera y el dibujo del vestido, que se complementan mutuamente y enmarcan la piel tirante, seca y relimpia de la *Sra. Gudger*. Evans la describe igual que describiría un objeto sencillo pero a la vez elocuente. Por lo tanto, es procedente hablar de la prioridad que otorga a su condición, bastante evidente en este caso más que nada porque la modelo ofrece poco más para el registro visual. Desde luego, ella se propone como sujeto y quiere estar a la altura de esa fugaz ocasión con la mayor naturalidad. De las tres fotografías sacadas por el fotógrafo, ésta es la que presenta más arrugas alrededor de la boca, con los labios apretados para evitar cualquier posibilidad real –y banal– de sonreír.

Por escasos que sean el poder, las aspiraciones o la gracia que manifiesta, la *Sra. Gudger* se muestra presentable. Esto es precisamente lo que hace que consideremos esta fotografía de gran intensidad y valor.

point is to question the obvious difference between artifice and deceit; that is, between a representation of content, and a statement that is meant to lie. We do not believe that portraiture projects a sitter whose concealment of real motive is appropriate and expected, but rather that, at its best, the genre intends to open us up to the human interior. The problem faced by sitters, however, is to convince others that their appearances are "like" themselves, their deep selves, and they must convey that impression by a form of exhibit that usually provides the viewer no model of comparison—nothing unlike or "less" like who they are.

So, one could ask how it might be possible to decide whether any sitter is or isn't represented adequately by a pose. But this issue of adequate resemblance is thoroughly misleading, even if the critique of portraiture has to fasten on some scheme of a *truth* to self as the chief allusion to content in the genre. And, as if this weren't difficult enough, the abstract phrase "truth to self" is practically useless, because no one can agree about what either a truth or a self might actually mean in this pictorial context, let alone in volatile states of individual consciousness. It might seem advisable to drop the whole argument, but for the fact that portrait aesthetics are strongly influenced by a realist premise. It was because they successfully projected a sense of personal disclosure that I discussed the pictures of Robert Capa and Mrs Gudger. Realism, in their cases, means a form and an attitude that would convey the feeling of those inner states induced in the sitter when examined by a camera. So, the "truth to self" becomes the truth to *that* curious moment of the self's perception. Such a palpable degree of autoreflexiveness is how I would account for the very different candid effects that work their way out of the Orkin and Evans photographs.

But of course they still leave a great deal unsaid, including perhaps the greater part of what we want to know. Elias Canetti wrote, "The outer bearing of people is so ambiguous that you only have to present yourself as you are to live fully unrecognized and concealed." It is strange that "Robert Capa" and "Mrs Gudger" were only pseudonyms of the sitters in those photographs. (Real names: André Friedman and Allie Mae Burroughs.)

But perhaps that shouldn't be surprising, and the pseudonyms are symptomatic of an ongoing dilemma. Instead of depths that are deliberately withheld, portraits more often offer us mysteries that can't help themselves. In studying photographic portraits, we focus, I think, on this seductive impenetrability. And it's the face that conjures it up... that in fact embodies it. All other points, the clothes or gestures or contexts, are of secondary interest. They amount to so much socially coded information, and the face can't be counted on to obey any social program. In certain portraits, just when everything seems to have been settled and the picture is home free, into meaning, the face demurs. For me, the most affecting portraits are those that accept, even seek out the unintended enigma of the face, or that have glimpsed it while concerned with something else.

Clearly any exploration of the *affective* tones will be at some angle to the *functional* and *generic* notions of portraiture. But then, other photographic genres are not crucially involved, as is this one, with the articulateness of the face. Given its endless fertility of expression,the face can insinuate random meanings distinct from the signs which conventionally narrate or objectify the personality.

This is difficult to think about because we routinely use our faces to implement just those signs, and are certainly reminded of them when our pictures are taken. The face is always larger and freer in its emotional possibilities than genre guide lines admit. It can interfere witht their decorum if it is nor composed with sufficient blandness. Or worse, its humanity can pose a serious threat to the corporate message network, a point demonstrated by the practice of fashion photographers, who, when dealing with faces, never fail to make a beeline to the vapid.

The influence of media norms upon the representation of the human face is suppressive. It standardizes the face's repertoire, and rules out of order all kinds of spontaneities and shocks. They have nowhere to go any more, except in portraiture. Though it, too, has its regulations, as we know, portraiture remains the primary showcase for a face *released* to play within a much more realistic, that is,

Es decir, su posado se trata con tanto respeto como el resto de detalles físicos, humildes y a la vez radiantes, y al igual que ellos, refuerza la inmediatez del contacto en general. Todo ello es compatible con el título que con frecuencia suele acompañar a esta fotografía, *Esposa de un granjero arrendatario de Alabama*, una etiqueta concreta e incluso evocadora. Encaja bien en la descripción, o mejor aún, la ilumina. Coincide con los rasgos que se supone la representan. Todo detalle físico está respaldado y justificado en la *auto*-posesión final del sujeto. Al principio creía que era porque fotógrafo y modelo estaban igualados por el rasero que habían establecido entre sí. Posteriormente revisé esta impresión con la sensación de que el fotógrafo había considerado un privilegio que su modelo le aceptara. Si es así, la vida transparente del retrato es el mejor indicador de su belleza moral.

Cualquier comentario general sobre retratos debe incluir alguna idea acerca de su alcance psicológico y poder afectivo. Evidentemente dicho poder está relacionado con la centralidad del *sujeto* en el retrato. Por decirlo más claramente, los sujetos no nacen, se hacen. Pero al mismo tiempo ¿quién sería capaz de sostener que un sujeto así construido *no* descansa sobre una realidad psicológica? En un retrato la interpretación impregna toda la figura de la persona representada y le aporta una vitalidad que es exclusiva del actor. Negarlo es poner en cuestión la rotunda diferencia entre artificio y engaño, es decir, entre una representación y una manifestación con intención de mentir. No creemos que el retrato proyecte un modelo cuya ocultación de los motivos reales sea lo adecuado y esperado, sino más bien que el género trata de introducirnos en el interior de la persona humana. Sin embargo, el problema de los modelos es convencer a los demás de que su aspecto es "como" ellos mismos, como su yo más profundo, y que deben transmitir esa impresión de una manera que normalmente no proporciona al espectador ningún modelo de comparación, nada distinto o "menos" parecido a cómo son.

Por lo tanto, cabe preguntarse si es posible dilucidar si un modelo está o no adecuadamente representado cuando posa. Pero este tema del parecido adecuado induce a error, aun cuando la crítica del retrato deba centrarse en algún criterio de verdad del yo como alusión principal al contenido del género. Y, por si esto no fuera ya suficientemente difícil, la frase abstracta "verdad del yo" no sirve de nada porque no hay acuerdo en lo que significan verdad y yo en un contexto de imágenes, por no hablar de los estados volátiles de la consciencia individual. Podría parecer aconsejable rechazar toda la argumentación, excepto por el hecho de que la estética del retrato está fuertemente influenciada por una premisa realista. He comentado las fotografías de Robert Capa y la Sra. Gudger porque acertaban a proyectar una sensación de desvelamiento personal. En estos casos, el realismo significa una forma y una actitud que transmite la sensación de los estados interiores inducidos en el modelo cuando es examinado por la cámara. Por lo tanto, la "verdad del yo" se transforma en la verdad de *ese* curioso momento de percepción del yo. Semejante grado de autorreflexión tangible es lo que valoro en los diferentes y sinceros efectos que provocan las fotografías de Orkin y Evans.

Claro está que dejan muchas cosas por decir, entre ellas quizás una gran parte de lo que queremos saber. Según escribió Elías Canetti, "El exterior de una persona es tan ambiguo que basta con presentarse como uno es para pasar absolutamente desapercibido y no ser reconocido". Es extraño que "Robert Capa" y "Sra. Gudger" no fueran más que los pseudónimos de los modelos en estas fotografías. (Sus verdaderos nombres eran André Friedman y Allie Mae Burroughs). Pero eso quizás no debería sorprendernos, pues los pseudónimos no son sino síntomas del dilema planteado. En vez de honduras deliberadamente ocultas, los retratos suelen ofrecernos a menudo misterios insondables. Creo que al estudiar los retratos fotográficos ponemos la atención en esta seductora impenetrabilidad. Y es el rostro lo que la evoca... y de hecho la encarna. Todo lo demás, ropas, gestos o contextos, ofrece un interés secundario. Brindan abundante información codificada socialmente y en cambio el rostro no obedece a ningún programa social. En ciertos retratos, cuando parece que todo está ya claro y el significado de la fotografía está resuelto, el rostro se rebela. Para mí los retratos más impactantes son los que aceptan e incluso indagan en el enigma impremeditado del rostro o lo han vislumbrado mientras estaban preocupados por otra cosa. La exploración de los tonos *afectivos* llevará en algún momento a las

infinitely shaded, gamut of its expressions. Out of these finely gradated physiognomic tones which photographs discriminate, there is suggested a world of consciousness with which we cast our lot.

This essay originally appeared in *Aperture* 114 (Fall 1989).

nociones *funcional* y *genérica* del retrato. Pero en los demás géneros no es tan fundamental como en éste la intervención del rostro. Dada su inagotable fertilidad expresiva, el rostro puede insinuar al azar significados distintos de los signos que convencionalmente narran u objetifican la personalidad.

No es fácil reflexionar sobre ello porque habitualmente empleamos el rostro para desvelar esos signos y desde luego los tenemos en cuenta cuando sacamos fotografías. Las posibilidades emocionales del rostro siempre son mayores y más libres de lo que permiten las líneas maestras del género. Pueden transgredirse si el retrato no se compone con suficiente indiferencia. O lo que es peor, su humanidad puede representar una seria amenaza a la red de mensajes de las grandes empresas, como demuestra la experiencia de los fotógrafos de moda, quienes, cuando se trata de rostros, no saben salir de lo insulso.

La influencia de las normas mediáticas sobre la representación del rostro es sorprendente. Estandariza el repertorio y excluye cualquier forma de espontaneidad y provocación. Ya no les queda más opción que recurrir al retrato. Ahora bien, aunque también tiene sus normas, como ya sabemos, el retrato sigue siendo el medio primordial para que un rostro *liberado* actúe dentro de una gama mucho más realista, es decir, infinitamente matizada de expresiones. Y aparte de esta sutil gradación de tonalidades fisionómicas que las fotografías abarcan, como se ha sugerido existe todo ese mundo interior que bien que mal aflora.

Este ensayo se publicó originalmente en *Aperture* 114 (otoño, 1989).

APPENDIX
APÉNDICE

LIST OF WORKS

LISTA DE OBRAS

1
Martin Parr (1952)
United Kingdom. Series *Phone Book*, 2002
C-Print
25 x 17.5 cm
Collection Museum Folkwang, Essen

2
Gabriel Cualladó (1925-2003)
Old woman at Atocha Station, Madrid, 1957
Gelatin silver print
27.1 x 15.8 cm
IVAM, Institut Valenciá d'Art Modern, Generalitat

3
Barbara Klemm (1939)
Leonid Bresnev, Willy Brandt, Bonn, 1973
Gelatin silver print
26.3 x 38.9 cm
Collection Museum Folkwang, Essen

4
Gabriel Cualladó (1925-2003)
Secretary of Alarcón, Cuenca, 1968
Gelatin silver print
27.1 x 15.8 cm
IVAM, Institut Valenciá d'Art Modern, Generalitat

5
Josef Koudelka (1938)
Velka Lomnica. Series *Gipsies*, 1963
Gelatin silver print
34.7 x 53.5 cm
Collection Museum Folkwang, Essen

6
Inta Ruka (1958)
Tamára, Riga, Letonia. Series *People I happenned to meet*, 2001
Gelatin silver print
35.7 x 34.4 cm
Collection Museum Folkwang, Essen

7
Lee Friedlander (1934)
Los Angeles, 1965 (1985)
Gelatin silver print
19.3 x 28.5 cm
Collection Museum Folkwang, Essen

8
Danny Lyon (1942)
Crossing the Ohio River, Louisville, Kentucky, 1966
Gelatin silver print
21.5 x 32.3 cm
Collection Museum Folkwang, Essen

9
Miguel Trillo (1953)
At the gate of the Sala Universal, Madrid, 1986
Copy on paper Fuji Cristal protected with high gloss laminated
50 x 70 cm
Courtesy of the Artist

10
Miguel Trillo (1953)
At the Mod Purple Festival, León, 1997
Copy on paper Fuji Cristal protected with high gloss laminated
50 x 70 cm
Courtesy of the Artist

11
André Gelpke (1947)
Rocker, 1970
Gelatin silver print
32.6 x 21.9 cm
Collection Museum Folkwang, Essen

12
André Gelpke (1947)
Rocker, 1970
Gelatin silver print
32.6 x 21.9 cm
Collection Museum Folkwang, Essen

13
Cristóbal Hara (1946)
Frías, 1994
C-Print
40.6 x 50.8 cm
Courtesy of the Artist

14
Cristóbal Hara (1946)
Atienza, 1993
C-Print
40.6 x 50.8 cm
Courtesy of the Artist

15
Garry Winogrand (1928-1984)
Texas State Fair, 1964 (1974)
Gelatin silver print
21.5 x 32.85 cm
Collection Museum Folkwang, Essen

1
Martin Parr (1952)
Gran Bretaña. Serie *Agenda de teléfonos*, 2002
C-Print
25 x 17,5 cm
Collection Museum Folkwang, Essen

2
Gabriel Cualladó (1925-2003)
Vieja en la estación de Atocha, Madrid, 1957
Gelatina de bromuro de plata
27,1 x 15,8 cm
IVAM, Institut Valenciá d'Art Modern, Generalitat

3
Barbara Klemm (1939)
Leonid Bresnev, Willy Brandt, Bonn, 1973
Gelatina de bromuro de plata
26,3 x 38,9 cm
Collection Museum Folkwang, Essen

4
Gabriel Cualladó (1925-2003)
Secretario de Alarcón, Cuenca, 1968
Gelatina de bromuro de plata
27,1 x 15,8 cm
IVAM, Institut Valenciá d'Art Modern, Generalitat

5
Josef Koudelka (1938)
Velka Lomnica. Serie *Gitanos*, 1963
Gelatina de bromuro de plata
34,7 x 53,5 cm
Collection Museum Folkwang, Essen

6
Inta Ruka (1958)
Tamára, Riga, Letonia. Serie *Gente que encontré por casualidad*, 2001
Gelatina de bromuro de plata
35,7 x 34,4 cm
Collection Museum Folkwang, Essen

7
Lee Friedlander (1934)
Los Ángeles, 1965 (1985)
Gelatina de bromuro de plata
19,3 x 28,5 cm
Collection Museum Folkwang, Essen

8
Danny Lyon (1942)
Cruzando el río Ohio, Louisville, Kentucky, 1966
Gelatina de bromuro de plata
21,5 x 32,3 cm
Collection Museum Folkwang, Essen

9
Miguel Trillo (1953)
En la puerta de la Sala Universal, Madrid, 1986
Copia en papel Fuji Cristal protegido con laminado de autobrillo
50 x 70 cm
Cortesía del artista

10
Miguel Trillo (1953)
En el festival mod Purple, León, 1997
Copia en papel Fuji Cristal protegido con laminado de autobrillo
50 x 70 cm
Cortesía del artista

11
André Gelpke (1947)
Rockero, 1970
Gelatina de bromuro de plata
32,6 x 21,9 cm
Collection Museum Folkwang, Essen

12
André Gelpke (1947)
Rockero, 1970
Gelatina de bromuro de plata
32,6 x 21,9 cm
Collection Museum Folkwang, Essen

13
Cristóbal Hara (1946)
Frías, 1994
C-Print
40,6 x 50,8 cm
Cortesía del artista/VEGAP

14
Cristóbal Hara (1946)
Atienza, 1993
C-Print
40,6 x 50,8 cm
Cortesía del artista/VEGAP

15
Garry Winogrand (1928-1984)
Feria del Estado de Texas, 1964 (1974)
Gelatina de bromuro de plata
21,5 x 32,85 cm
Collection Museum Folkwang, Essen

16
Lee Friedlander (1934)
Pennsylvania, Philadelphia, 1965 (1985)
Gelatin silver print
20.5 x 30.7 cm
Collection Museum Folkwang, Essen

17
Nan Goldin (1953)
Mark Dirt, New York, 1998
Cibachrome
59.9 x 39.8 cm
Collection Museum Folkwang, Essen

18
Heinrich Riebesehl (1938)
Self-Portrait, 1972
Gelatin silver print
27.5 x 18 cm
Collection Museum Folkwang, Essen

19
Heinrich Riebesehl (1938)
Self-Portrait, 1972
Gelatin silver print
27.5 x 18 cm
Collection Museum Folkwang, Essen

20
Heinrich Riebesehl (1938)
Self-Portrait, 1972
Gelatin silver print
27.5 x 18 cm
Collection Museum Folkwang, Essen

21
Diane Arbus (1923-1971)
Nudist Lady with Swan Sunglasses, 1965
Gelatin silver print
37.8 x 37.2 cm
Collection Museum Folkwang, Essen

22
Humberto Rivas (1937)
María, 1979
Black-and-white photograph on barium paper
25.5 x 25.5 cm
Courtesy of the Artist

23
Humberto Rivas (1937)
Mercé, 1986
Black and white photograph on barium paper
45.5 x 38 cm
Courtesy of the Artist

24
Duane Michals (1932)
Self-Portrait with my Guardian Angel.
Series No. 5, 1974
Gelatin silver print
12.2 x 17.9 cm
Collection Museum Folkwang, Essen

25
Larry Clark (1943)
From Tusla 1963, 1963
Gelatin silver print
31.5 x 20 cm
Collection Museum Folkwang, Essen

26
Ken Ohara (1942)
ONE, 1970 (1998)
Gelatin silver print
61 x 51 cm
Collection Museum Folkwang, Essen

27
Ken Ohara (1942)
ONE, 1970 (1998)
Gelatin silver print
61 x 51 cm
Collection Museum Folkwang, Essen

28
Ken Ohara (1942)
ONE, 1970 (1998)
Gelatin silver print
61 x 51 cm
Collection Museum Folkwang, Essen

29
Susan Meiselas (1948)
Series *Carnival Strippers*, 1973-1975
Gelatin silver print
20.3 x 30.5 cm
Collection Museum Folkwang, Essen

30
Susan Meiselas (1948)
Series *Carnival Strippers*, 1973-1975
Gelatin silver print
20.3 x 30.5 cm
Collection Museum Folkwang, Essen

16
Lee Friedlander (1934)
Pensilvania, Filadelfia, 1965 (1985)
Gelatina de bromuro de plata
20,5 x 30,7 cm
Collection Museum Folkwang, Essen

17
Nan Goldin (1953)
Mark Dirt, Nueva York, 1998
Cibachrome
59,9 x 39,8 cm
Collection Museum Folkwang, Essen

18
Heinrich Riebesehl (1938)
Autorretrato, 1972
Gelatina de bromuro de plata
27,5 x 18 cm
Collection Museum Folkwang, Essen

19
Heinrich Riebesehl (1938)
Autorretrato, 1972
Gelatina de bromuro de plata
27,5 x 18 cm
Collection Museum Folkwang, Essen

20
Heinrich Riebesehl (1938)
Autorretrato, 1972
Gelatina de bromuro de plata
27,5 x 18 cm
Collection Museum Folkwang, Essen

21
Diane Arbus (1923-1971)
Mujer desnuda con gafas de sol cisne, 1965
Gelatina de bromuro de plata
37,8 x 37,2 cm
Collection Museum Folkwang, Essen

22
Humberto Rivas (1937)
María, 1979
Fotografía en blanco y negro sobre papel baritado
25,5 x 25,5 cm
Cortesía del artista

23
Humberto Rivas (1937)
Mercé, 1986
Fotografía en blanco y negro sobre papel baritado
45,5 x 38 cm
Cortesía del artista

24
Duane Michals (1932)
Autorretrato con mi ángel guardián. Serie nº 5, 1974
Gelatina de bromuro de plata
12,2 x 17,9 cm
Collection Museum Folkwang, Essen

25
Larry Clark (1943)
Desde Tusla 1963, 1963
Gelatina de bromuro de plata
31,5 x 20 cm
Collection Museum Folkwang, Essen

26
Ken Ohara (1942)
UNO, 1970 (1998)
Gelatina de bromuro de plata
61 x 51 cm
Collection Museum Folkwang, Essen

27
Ken Ohara (1942)
UNO, 1970 (1998)
Gelatina de bromuro de plata
61 x 51 cm
Collection Museum Folkwang, Essen

28
Ken Ohara (1942)
UNO, 1970 (1998)
Gelatina de bromuro de plata
61 x 51 cm
Collection Museum Folkwang, Essen

29
Susan Meiselas (1948)
Serie *Carnival Strippers*, 1973-1975
Gelatina de bromuro de plata
20,3 x 30,5 cm
Collection Museum Folkwang, Essen

30
Susan Meiselas (1948)
Serie *Carnival Strippers*, 1973-1975
Gelatina de bromuro de plata
20,3 x 30,5 cm
Collection Museum Folkwang, Essen

31
Cindy Sherman (1954)
Untitled. Film Still no. 23, 1978
Gelatin silver print
23.9 x 17.4 cm
Collection Museum Folkwang, Essen

32
Cindy Sherman (1954)
Untitled. Film Still no. 3, 1977
Gelatin silver print
16 x 23.1 cm
Collection Museum Folkwang, Essen

33
Richard Avedon (1923-2004)
Robert Frank, Photographer, Mabou Mines, Nova Scotia, July 17, 1975
Gelatin silver print
25.2 x 20.2 cm
Collection Museum Folkwang, Essen

34
Juergen Teller (1964)
William Eggleston 2, Memphis, 2004
C-Print
40.4 x 26.9 cm
Collection Museum Folkwang, Essen

35
William Eggleston (1939)
Greenwood, Mississippi, 1970 (1999)
Dye Transfer
55.1 x 37.1 cm
Collection Museum Folkwang, Essen

36
Thomas Ruff (1958)
Portrait (P. Fries), 1983
C-Print
24 x 18 cm
Permanent collection CGAC, Santiago de Compostela

37
Thomas Ruff (1958)
Portrait (H. Tillmann), 1983
C-Print
24 x 18 cm
Permanent collection CGAC, Santiago de Compostela

38
Thomas Ruff (1958)
Portrait (A. Brenner), 1983
C-Print
24 x 18 cm
Permanent collection CGAC, Santiago de Compostela

39
Thomas Ruff (1958)
Portrait (M. Pfeiffer), 1983
C-Print
24 x 18 cm
Permanent collection CGAC, Santiago de Compostela

40
Thomas Ruff (1958)
Portrait (B. Elmpt), 1983
C-Print
24 x 18 cm
Permanent collection CGAC, Santiago de Compostela

41
Thomas Ruff (1958)
Portrait (M. van Hofen), 1983
C-Print
24 x 18 cm
Permanent collection CGAC, Santiago de Compostela

42
Thomas Ruff (1958)
Stoya, 1986
C-Print
95 x 70 cm
Collection Museum Folkwang, Essen

43
Thomas Ruff (1958)
Siegfried Michael Syniuga, 1986
C-Print
95 x 70 cm
Collection Museum Folkwang, Essen

44
Michael Schmidt (1945)
Untitled. Series *Ceasefire*, 1985-87
Gelatin silver print
46.6 x 39.2 cm
Collection Museum Folkwang, Essen

45
Michael Schmidt (1945)
Untitled. Series *Ceasefire*, 1985-87
Gelatin silver print
46.6 x 39.2 cm
Collection Museum Folkwang, Essen

31
Cindy Sherman (1954)
Sin título. Fotograma nº 23, 1978
Gelatina de bromuro de plata
23,9 x 17,4 cm
Collection Museum Folkwang, Essen

32
Cindy Sherman (1954)
Sin título. Fotograma nº 3, 1977
Gelatina de bromuro de plata
16 x 23,1 cm
Collection Museum Folkwang, Essen

33
Richard Avedon (1923-2004)
Robert Frank, fotógrafo, Minas de Mabou, Nueva Escocia, 17 julio, 1975, 1975
Gelatina de bromuro de plata
25,2 x 20,2 cm
Collection Museum Folkwang, Essen

34
Juergen Teller (1964)
William Eggleston 2, Memphis, 2004
C-Print
40,4 x 26,9 cm
Collection Museum Folkwang, Essen

35
William Eggleston (1939)
Greenwood, Misisipi, 1970 (1999)
Dye Transfer
55,1 x 37,1 cm
Collection Museum Folkwang, Essen

36
Thomas Ruff (1958)
Retrato (P. Fries), 1983
C-Print
24 x 18 cm
Colección Permanente CGAC, Santiago de Compostela

37
Thomas Ruff (1958)
Retrato (H. Tillmann), 1983
C-Print
24 x 18 cm
Colección Permanente CGAC, Santiago de Compostela

38
Thomas Ruff (1958)
Retrato (A. Brenner), 1983
C-Print
24 x 18 cm
Colección Permanente CGAC, Santiago de Compostela

39
Thomas Ruff (1958)
Retrato (M. Pfeiffer), 1983
C-Print
24 x 18 cm
Colección Permanente CGAC, Santiago de Compostela

40
Thomas Ruff (1958)
Retrato (B. Elmpt), 1983
C-Print
24 x 18 cm
Colección Permanente CGAC, Santiago de Compostela

41
Thomas Ruff (1958)
Retrato (M. van Hofen), 1983
C-Print
24 x 18 cm
Colección Permanente CGAC, Santiago de Compostela

42
Thomas Ruff (1958)
Stoya, 1986
C-Print
95 x 70 cm
Collection Museum Folkwang, Essen

43
Thomas Ruff (1958)
Siegfried Michael Syniuga, 1986
C-Print
95 x 70 cm
Collection Museum Folkwang, Essen

44
Michael Schmidt (1945)
Sin título. Serie *Alto el fuego*, 1985-1987
Gelatina de bromuro de plata
46,6 x 39,2 cm
Collection Museum Folkwang, Essen

45
Michael Schmidt (1945)
Sin título. Serie *Alto el fuego*, 1985-1987
Gelatina de bromuro de plata
46,6 x 39,2 cm
Collection Museum Folkwang, Essen

46
Eugene Richards (1944)
High on Crack, Brooklyn, 1988
Gelatin silver print
22.1 x 32.7 cm
Collection Museum Folkwang, Essen

47
Eugene Richards (1944)
Crack Annie, Brooklyn, 1988
Gelatin silver print
22.1 x 32.7 cm
Collection Museum Folkwang, Essen

48
William Klein (1928)
Dakar School Out, 1963-90
Gelatin silver print, red color
50 x 60 cm
Courtesy of the Artist

49
Judith Joy-Ross (1946)
Series *Portraits at the Vietnam Veterans Memorial, Washington D.C.*, 1983-84
Gelatin silver print
24.4 x 19.3 cm
Collection Museum Folkwang, Essen

50
Judith Joy-Ross (1946)
Series *Portraits at the Vietnam Veterans Memorial, Washington D.C.*, 1983-84
Gelatin silver print
24.4 x 19.3 cm
Collection Museum Folkwang, Essen

51
Vladimir Kupriyanov (1954)
No. 1, Have vanished of the day glows.
Series *In Pushkin's Memory*, 1985
Gelatin silver print
30 x 39.9 cm
Collection Museum Folkwang, Essen

52
Vladimir Kupriyanov (1954)
No. 2, In the evening fog dwindled the blue sea plan. Series *In Pushkin's Memory*, 1985
Gelatin silver print
30 x 39.9 cm
Collection Museum Folkwang, Essen

53
Vladimir Kupriyanov (1954)
No. 3, Obedient sail, rushes whether to the high tides. Series *In Pushkin's Memory*, 1985
Gelatin silver print
30 x 39.9 cm
Collection Museum Folkwang, Essen

54
Vladimir Kupriyanov (1954)
No. 4, Spark below me, gloomy ocean!
Series *In Pushkin's Memory*, 1985
Gelatin silver print
30 x 39.9 cm
Collection Museum Folkwang, Essen

55
Vladimir Kupriyanov (1954)
No. 5, The distant coast floating before my eyes. Series *In Pushkin's Memory*, 1985
Gelatin silver print
30 x 39.9 cm
Collection Museum Folkwang, Essen

56
Vladimir Kupriyanov (1954)
No. 6, Midday's enchanted domain.
Series *In Pushkin's Memory*, 1985
Gelatin silver print
30 x 39.9 cm
Collection Museum Folkwang, Essen

57
Helmut Newton (1920-2004)
Anita Ekberg looking beyond her garden, 1988
Gelatin silver print
100 x 100 cm
Collection Museum Folkwang, Essen

58
Philip-Lorca diCorcia (1951)
Alice, 1988
C-Print
38 x 58 cm
Collection Museum Folkwang, Essen

59-60
Thomas Florschuetz (1957)
Untitled (Diptich no. 9), 1989
Cibachrome
98 x 65 cm (each one)
Collection Museum Folkwang, Essen

61
Boris Mikhailov (1938)
Autobiography, 1983
Gelatin silver print, color
50 x 29.5 cm
Collection Museum Folkwang, Essen

46
Eugene Richards (1944)
Subidón de crack, Brooklyn, 1988
Gelatina de bromuro de plata
22,1 x 32,7 cm
Collection Museum Folkwang, Essen

47
Eugene Richards (1944)
Crack Annie, Brooklyn, 1988
Gelatina de bromuro de plata
22,1 x 32,7 cm
Collection Museum Folkwang, Essen

48
William Klein (1928)
Fin de curso en Dakar, 1963-1990
Gelatina de bromuro de plata, color rojo
50 x 60 cm
Cortesía del artista

49
Judith Joy-Ross (1946)
Serie *Retratos en el Vietnam Veterans Memorial, Washington D. C.*, 1983-1984
Gelatina de bromuro de plata
24,4 x 19,3 cm
Collection Museum Folkwang, Essen

50
Judith Joy-Ross (1946)
Serie *Retratos en el Vietnam Vietnam Veterans Memorial, Washington, D. C.*, 1983-1984
Gelatina de bromuro de plata
24,4 x 19,3 cm
Collection Museum Folkwang, Essen

51
Vladimir Kupriyanov (1954)
N° 1, Extinguidas las brasas del día. Serie *En memoria a Pushkin*, 1985
Gelatina de bromuro de plata
30 x 39,9 cm
Collection Museum Folkwang, Essen

52
Vladimir Kupriyanov (1954)
N° 2, En la bruma del ocaso desapareció la superficie del mar. Serie *En memoria a Pushkin*, 1985
Gelatina de bromuro de plata
30 x 39,9 cm
Collection Museum Folkwang, Essen

53
Vladimir Kupriyanov (1954)
N° 3, La obediente vela, susurra sobre las mareas. Serie *En memoria a Pushkin*, 1985
Gelatina de bromuro de plata
30 x 39,9 cm
Collection Museum Folkwang, Essen

54
Vladimir Kupriyanov (1954)
N° 4, Álzate por debajo de mí, oscuro océano mío! Serie *En memoria a Pushkin*, 1985
Gelatina de bromuro de plata
30 x 39,9 cm
Collection Museum Folkwang, Essen

55
Vladimir Kupriyanov (1954)
N° 5, La costa lejana flotando ante mis ojos. Serie *En memoria a Pushkin*, 1985
Gelatina de bromuro de plata
30 x 39,9 cm
Collection Museum Folkwang, Essen

56
Vladimir Kupriyanov (1954)
N° 6, El terreno encantado del país de mediodía. Serie *En memoria a Pushkin*, 1985
Gelatina de bromuro de plata
30 x 39,9 cm
Collection Museum Folkwang, Essen

57
Helmut Newton (1920-2004)
Anita Ekberg mirando más allá de su jardín, 1988
Gelatina de bromuro de plata
100 x 100 cm
Collection Museum Folkwang, Essen

58
Philip-Lorca diCorcia (1951)
Alice, 1988
C-Print
38 x 58 cm
Collection Museum Folkwang, Essen

59-60
Thomas Florschuetz (1957)
Sin título (Díptico n° 9), 1989
Cibachrome
98 x 65 cm (cada uno)
Collection Museum Folkwang, Essen

61
Boris Mikhailov (1938)
Autobiografía, 1983
Gelatina de bromuro de plata, color
50 x 29,5 cm
Collection Museum Folkwang, Essen

62
John Coplans (1920-2003)
Self-Portrait (Hand with Buttocks), 1987
Gelatin silver print
43.7 x 53.4 cm
Collection Museum Folkwang, Essen

63
Hans-Peter Feldmann (1949)
Series *100 Years*, 1998-2000
Courtesy of Museo de Arte
Contemporáneo de Barcelona, MACBA

64
Cristina García Rodero (1949)
Sacrifice to Ogu II. Pilgrimage to Saint Jacques, 2000
Black and white photograph
115 x 76 cm
Sorigué Private Foundation

65
Astrid Klein (1951)
Change of values, 1983
Gelatin silver print
122 x 182 cm
Collection Museum Folkwang, Essen

66
Arnulf Rainer (1929)
Series *Face Farces*, 1969
Gelatin silver print
59.7 x 49.7 cm
Collection Museum Folkwang, Essen

67
Irving Penn (1917)
Clear Plastic Beauty Mask, New York, 1996
Dye transfer
56 x 46 cm
Collection Museum Folkwang, Essen

68
Axel Grünewald (1954)
Ojana Lok, 1990-92
Gelatin silver print
59 x 40.5 cm
Collection Museum Folkwang, Essen

69
Koos Breukel (1962)
Cosmetic view, 2005
Lambdaprint
60 x 50 cm
Collection Museum Folkwang, Essen

70
Jo Ann Callis (1940)
Untitled (C.W.S.), 2001
Inkprint
38 x 35.5 cm
Collection Museum Folkwang, Essen

71
Thomas Schütte (1954)
Paul. Series *Old Friends*, 1993
Cibachrome
60 x 50 cm
Collection Museum Folkwang, Essen

72
Bernhard Prinz (1953)
Gordon. Series *Krux*, 1997 (2000)
Cibachrome
133 x 78 cm
Collection Museum Folkwang, Essen

73
Craigie Horsfield (1949)
Michael Ronikier, Cracow, 1976 (1989)
Gelatin silver print
190 x 140 cm
Collection Museum Folkwang, Essen

74
Thomas Struth (1954)
The Ghez Family, Chicago, 1990
C-Print
103 x 119 cm
Collection Museum Folkwang, Essen

75
Joel Sternfeld (1944)
Summer Interns Having Lunch, Wall Street, New York, 1987
C-Print on plexi
92 x 116.5 cm
Collection Museum Folkwang, Essen

76
Esko Männikkö (1959)
Kuhmo, 1994 (2002)
C-Print
59 x 69 cm
Collection Museum Folkwang, Essen

62
John Coplans (1920-2003)
Autorretrato (Mano con nalgas), 1987
Gelatina de bromuro de plata
43,7 x 53,4 cm
Collection Museum Folkwang, Essen

63
Hans-Peter Feldmann (1941)
Serie *100 Años*, 1998-2000
Cortesía del Museo de Arte
Contemporáneo de Barcelona, MACBA

64
Cristina García Rodero (1949)
Sacrificio para Ogu II. Peregrinación a Saint Jacques, 2000
Fotografía en blanco y negro
115 x 76 cm
Fundación Privada Sorigué

65
Astrid Klein (1951)
Cambio de valores, 1983
Gelatina de bromuro de plata
122 x 182 cm
Collection Museum Folkwang, Essen

66
Arnulf Rainer (1929)
Serie *Cara de farsas*, 1969
Gelatina de bromuro de plata
59,7 x 49,7 cm
Collection Museum Folkwang, Essen

67
Irving Penn (1917)
Máscara de belleza de plástico claro, Nueva York, 1996
Dye transfer
56 x 46 cm
Collection Museum Folkwang, Essen

68
Axel Grünewald (1954)
Ojana Lok, 1990-1992
Gelatina de bromuro de plata
59 x 40,5 cm
Collection Museum Folkwang, Essen

69
Koos Breukel (1962)
Visión cosmética, 2005
Lambdaprint
60 x 50 cm
Collection Museum Folkwang, Essen

70
Jo Ann Callis (1940)
Sin título (C.W.S.), 2001
Impresión de tinta
38 x 35,5 cm
Collection Museum Folkwang, Essen

71
Thomas Schütte (1954)
Paul. Serie *Viejos Amigos*, 1993
Cibachrome
60 x 50 cm
Collection Museum Folkwang, Essen

72
Bernhard Prinz (1953)
Gordon. Serie *Krux*, 1997 (2000)
Cibachrome
133 x 78 cm
Collection Museum Folkwang, Essen

73
Craigie Horsfield (1949)
Michael Ronikier, Cracovia, 1976 (1989)
Gelatina de bromuro de plata
190 x 140 cm
Collection Museum Folkwang, Essen

74
Thomas Struth (1954)
La familia Ghez, Chicago, 1990
C-Print
103 x 119 cm
Collection Museum Folkwang, Essen

75
Joel Sternfeld (1944)
Becarios de verano almorzando, Wall Street, Nueva York, 1987
C-Print sobre *plexi*
92 x 116,5 cm
Collection Museum Folkwang, Essen

76
Esko Männikkö (1959)
Kuhmo, 1994 (2002)
C-Print
59 x 69 cm
Collection Museum Folkwang, Essen

77
Valérie Jouve (1969)
Untitled no. 54 (Characters), 1998
Plastic Paper
100 x 130 cm
Collection of Universidad de Salamanca

78
Philip Kwame Apagya (1958)
Young love, 1996 (2000)
C-Print
70 x 50 cm
Collection Museum Folkwang, Essen

79
Anders Petersen (1944)
Lilly and the Rose, 1970
Gelatin silver print
36.5 x 24.8 cm
Collection Museum Folkwang, Essen

80
Valérie Jouve (1964)
Untitled no. 2 (Characters), 1994-95
Plastic paper
100 x 130 cm
Colección Universidad de Salamanca

81
Tina Barney (1945)
The Watch, 1985
C-Print
120 x 152 cm
Collection Museum Folkwang, Essen

82
Beat Streuli (1957)
Sidney / Melbourne 97/98, 1998
C-Print
151 x 201 cm
Collection Museum Folkwang, Essen

83
Jitka Hanzlová (1958)
Untitled. Series *Inhabitant*, 1996
C-Print
30.6 x 20.1 cm
Collection Museum Folkwang, Essen

84
Martin Parr (1952)
Rest of the World. Series *Phone Book*, 2002
C-Print
25 x 17.5 cm
Collection Museum Folkwang, Essen

85
Rineke Dijkstra (1959)
Julie, The Hague, Netherlands, March 6th 1994
C-Print
37.5 x 27.5 cm
Collection Museum Folkwang, Essen

86
Rineke Dijkstra (1959)
Tecla, Amsterdam, Netherlands, May 16th 1994
C-Print
37.5 x 27.5
Collection Museum Folkwang, Essen

87
Rineke Dijkstra (1959)
Saskia, Hardewijk, Netherlands, March 16th 1994
C-Print
37.5 x 27.5 cm
Collection Museum Folkwang, Essen

88
Bernhard Fuchs (1971)
Laura, Munich, 1998
C-Print
31.8 x 24.8 cm
Collection Museum Folkwang, Essen

89
Bernhard Fuchs (1971)
Lady K., St Magareten, 1999
C-Print
31 x 25.4 cm
Collection Museum Folkwang, Essen

90
Hellen van Meene (1972)
Untitled, Tokyo, 2000
C-Print
39 x 39 cm
Collection Museum Folkwang, Essen

91
Hellen van Meene (1972)
Untitled, Tokyo, 2000
C-Print
39 x 39 cm
Collection Museum Folkwang, Essen

77
Valérie Jouve (1969)
Sin título nº 54 (Personajes), 1998
Papel plástico
100 x 130 cm
Colección Universidad de Salamanca

78
Philip Kwame Apagya (1958)
Amor joven, 1996 (2000)
C-Print
70 x 50 cm
Collection Museum Folkwang, Essen

79
Anders Petersen (1944)
Lilly y la Rosa, 1970
Gelatina de bromuro de plata
36,5 x 24,8 cm
Collection Museum Folkwang, Essen

80
Valérie Jouve (1969)
Sin título nº 2 (Personajes), 1994-1995
Papel plástico
100 x 130 cm
Colección Universidad de Salamanca

81
Tina Barney (1945)
El reloj, 1985
C-Print
120 x 152 cm
Collection Museum Folkwang, Essen

82
Beat Streuli (1957)
Sídney / Melbourne 97/98, 1998
C-Print
151 x 201 cm
Collection Museum Folkwang, Essen

83
Jitka Hanzlová (1958)
Sin título. Serie *Habitante*, 1996
C-Print
30,6 x 20,1 cm
Collection Museum Folkwang, Essen

84
Martin Parr (1952)
Resto del mundo. Serie *Agenda de teléfonos*, 2002
C-Print
25 x 17,5 cm
Collection Museum Folkwang, Esse

85
Rineke Dijkstra (1959)
Julie, La Haya, Países Bajos, 6 de marzo 1994
C-Print
37,5 x 27,5 cm
Collection Museum Folkwang, Essen

86
Rineke Dijkstra (1959)
Tecla, Amsterdam, Países Bajos, 16 de mayo 1994
C-Print
37,5 x 27,5
Collection Museum Folkwang, Essen

87
Rineke Dijkstra (1959)
Saskia, Hardewijk, Países Bajos, 16 de marzo 1994
C-Print
37,5 x 27,5 cm
Collection Museum Folkwang, Essen

88
Bernhard Fuchs (1971)
Laura, Múnich, 1998
C-Print
31,8 x 24,8 cm
Collection Museum Folkwang, Essen

89
Bernhard Fuchs (1971)
Señora K., St. Magareten, 1999
C-Print
31 x 25,4 cm
Collection Museum Folkwang, Essen

90
Helen van Meene (1972)
Sin título, Tokio, 2000
C-Print
39 x 39 cm
Collection Museum Folkwang, Essen

91
Hellen van Meene (1972)
Sin título, Tokio, 2000
C-Print
39 x 39 cm
Collection Museum Folkwang, Essen

92
Pierre Gonnord (1963)
Bernardo I, 2006
Methacrylate coated color photograph
165 x 125 cm
Courtesy of the Artist and Gallery Juana de Aizpuru

93
Pierre Gonnord (1963)
María, 2006
Methacrylate coated color photograph
165 x 125 cm
Colección Juana de Aizpuru

94
Timm Rautert (1941)
Coordinate 2, 1998
Gelatin silver print on Acryl / Collage
104 x 200 cm
Collection Museum Folkwang, Essen

95
Andres Serrano (1950)
The Interpretation of Dreams (Black Santa), 2001
Cibachrome
101 x 82 cm
Collection Museum Folkwang, Essen

96
Nobuyoshi Araki (1940)
Series *Tokyo*, 1996-97
Laserprint
27.3 x 40.6 cm
Collection Museum Folkwang, Essen

97
Cristina García Rodero (1949)
Archeology, 2000
Gelatin silver print
79 x 117.2 cm
Collection Museum Folkwang, Essen

92
Pierre Gonnord (1963)
Bernardo I, 2006
Fotografía en color siliconada bajo metacrilato
165 x 125 cm
Cortesía del artista y de la Galería Juana de Aizpuru

93
Pierre Gonnord (1963)
María, 2006
Fotografía en color siliconado bajo metacrilato
165 x 125 cm
Colección Juana de Aizpuru

94
Timm Rautert (1941)
Coordenada 2, 1998
Gelatina de bromuro de plata sobre acrílico / *Collage*
104 x 200 cm
Collection Museum Folkwang, Essen

95
Andres Serrano (1950)
La interpretación de los sueños (Papá Noel Negro), 2001
Cibachrome
101 x 82 cm
Collection Museum Folkwang, Essen

96
Nobuyoshi Araki (1940)
Serie *Tokio*, 1996-1997
Impresión láser
27,3 x 40,6 cm
Collection Museum Folkwang, Essen

97
Cristina García Rodero (1949)
Arqueología, 2000
Gelatina de bromuro de plata
79 x 117,2 cm
Collection Museum Folkwang, Essen

BIOGRAPHIES

BIOGRAFÍAS

1. Philip Kwame Apagya
[Sekondi, Ghana, 1958. Lives in Shama]

Is known worldwide for his studio photographs that bring an African gaze on the western world into relation with an ironic perspective on portraiture.

Following in the footsteps of his father, who ran a photography studio, Apagya worked for a few years as a traveling photographer on the Ivory Coast, and started up his own studio, *PK's Normal Photo Studio*, in 1982.

Photography in Ghana has a long tradition of portraiture against brightly colored backdrops: large canvases painted with bold motifs such as classical columns or stairways. In the 1940s, some photographers updated the tradition by designing new backdrops in response to public taste, and reflecting the country's shift towards modernity. Apagya, too, uses backdrops for his sitters to interact with, so that they look as if they have just arrived after a long journey, watching television or are about to take something out of the fridge. He thus achieves a series of lively portraits that awaken the viewer's sense of paradox: she perceives the canvas backdrop as a playful still life or unabashed trompe l'oeuil, with the smiling models likewise aware of the absurdity of the simulation in which they are immersed. On the other hand, the portraits do satisfy their original purpose: to represent the model as he would like to be seen—prosperous, devout. The dialogs between African and western fantasies is captured by an ironic gaze that comments on how the developed world imposes a range of manufactured tastes and needs. The identity of the subjects shimmers between the unreal and the hyperreal in a process that gives rise to new forms of representation and self-representation.

Apagya's recent solo exhibitions include the Rena Branston gallery (San Francisco, 2005), *Recent Photographs* at the Jack Shainman Gallery (New York, 2004), *Philip Kwame Apagya* at the Galerie Stähli (Zürich, 2003) and at the Galerie Schuebbe (Düsseldorf, 2002) and *Portraits* at the National Museum of Accra and Ghana (2002).

2. Nobuyoshi Araki
[Tokyo, Japan, 1940]

Is one of the leading Japanese photographers, with a huge repertoire of work exceeding three hundred books in the manner of a visual diary.

Women have been the main theme of his work for the last forty years, during which he has oscillated between pornography and eroticism. The city of Tokyo is the scenario where he has documented the night-life of Shinjuku, a district where all the activity linked to the various sex industries is concentrated: brothels, strip-clubs, etc., which he has photographed insatiably.

Araki sees his photographs as a diary, "a note of what happens from one day to the next," a story which he constructs photo-by-photo or in a sequence that he often accompanies with texts. Casual snapshots and staged scenes, street images or sexual fantasies created in a studio, which result in a kaleidoscope that takes on various forms: books, magazines, slide projections, films or inkjet prints with which he papers his exhibitions.

Ever since his first series, *Sentimental Journey* (1972), about his honeymoon, the ambiguity between public and private has always been present in his work. Young people in submission or naked women tied up (scenes of bondage, the Japanese art consisting in tying people up with ropes), his is always an approach free of shyness or guilt which acquires a metaphorical reading in relation to photography as the freezing of the moment: "When what is moving stops, something like death happens. The camera, the photographic image, always evokes death. And on photographing, I also think about death, which is something you can read in the images."

Among his numerous individual exhibitions are *Sex, life, death* at the Barbican Centre (London, 2005), *Voyage Sentimental* at the Centre National de la Photographie (Paris, 2000), and *Marakinema: Taipei* in the Taipei Fine Arts Museum (Taiwan, 1998).

3. Diane Arbus
[New York, United States, 1923-1971]

Is well-known for her work in fashion and her pictures of the anomalous, and has been highly influential on later generations, by expanding the range of what was allowed to be photographed.

She began as a fashion photographer in the 1950s for magazines like *Harper's Bazaar*. But it was in the sixties, her most productive period, when she roamed the suburbs of New York and put into practice her own vision of what a portrait should be. She was influenced by her teacher Lisette Model who, together with Brassai, was the first to take photographic note of the subjectivity of gender and to understand sexuality as a social construction. Arbus reasserted these ideas and chose "marginal" characters for her photographs: transsexuals, the mentally ill, giants, twins, dysfunctional families, circus phenomena, prostitutes; now classic images which reveal the sinister and monstrous side of day-to-day life. "I have mostly photographed freaks... Most people spend their life afraid of having a traumatic experience. Freaks are born with their traumas. They have already passed their test. They are aristocrats."[1]

At that time in New York it was relatively easy for the American middle class, to which Arbus belonged, to take a voyeur's approach to "deviants," although for her the portraits are the result of a close relationship which she maintains with the subjects of her photographs. After working for so long in fashion photography, Arbus knows how to get the best out of her subjects, but she is not interested in sweetening the differences, her compositions place the character in the center, looking directly at the camera, aware of being photographed, lit frontally by the flash, even when there is natural light. This sense of revealing characters by way of distortion recalls Expressionist painting and, while her work makes excluded subjects visible, one might well ask whether it breaks with established moral trends.

In 1961, she began to write texts for some of her pictures, an innovation at the time. Her project *American Rites, Manners & Customs* (1963) and the exhibition *New Documents* (Museum of Modern Art, 1967) made her known to the general public.

4. Richard Avedon
[New York, 1923-Texas, United States, 2004]

Was the great fashion photographer of the sixties and seventies, but he is especially well-known for his scathing and incisive portraits.

Avedon was propelled to fame in the fifties, with his unconventional photographs for the

1. Philip Kwame Apagya
[Sekondi, Ghana, 1958. Vive en Shama]

Es internacionalmente conocido por sus fotografías de estudio que concilian la mirada africana del mundo occidental y el retrato desde una perspectiva irónica.
Siguiendo los pasos de su padre que tenía un estudio de fotografía, Apagya trabaja unos años como fotógrafo itinerante en Costa de Marfil. En 1982 inaugura su propio estudio: "PK's Normal Photo Studio".
La fotografía tradicional de Ghana tiene una larga tradición usando telones pintados como superficie sobre la que retrata a los sujetos. Lienzos de grandes dimensiones como fondo de las fotos y cuyos motivos principales eran columnas clásicas o escaleras. En los años cuarenta algunos fotógrafos rompieron esa tradición y diseñaron imágenes alternativas según el gusto del público, mostrando algunos aspectos de la modernización de Ghana. Apagya también ha utilizado estos fondos en los que coloca a la gente, que interactúa con los decorados. Parece que acaban de llegar de viaje, que van a coger algo del frigorífico o que están mirando un programa en la televisión. Así consigue una serie de retratos muy vivos que despiertan el sentido de la contradicción en el espectador cuando percibe las telas que a modo de bodegón muestran el truco, el trampantojo sin recato y a las personas que simulan una acción inexistente y sonríen también conscientes de lo absurdo de la situación. En este caso, también los retratos parecen cumplir la función que tuvieron: representar a los modelos como desearían ser vistos, prósperos, devotos. El diálogo entre África y las fantasías occidentales parece quedar sellado por la ironía de quien ha visto cómo se imponían una serie de gustos y necesidades fabricadas por el llamado primer mundo. En este proceso, nuevas formas de representación y auto-representación conforman la identidad de los sujetos oscilando entre lo irreal y lo hiperreal.
Entre sus exposiciones individuales destacan las realizadas en la galería Rena Branston (San Francisco, 2005), *Recent Photographs* en la galería Jack Shainman (Nueva York, 2004), *Philip Kwame Apagya* en la Galerie Stähli (Zúrich, 2003) y en la Galerie Schuebbe (Düsseldorf, 2002) o *Portraits* en el Museo Nacional de Accra y Ghana (2002).

2. Nobuyoshi Araki
[Tokio, Japón, 1940]

Es uno de los fotógrafos japoneses más importantes con una ingente cantidad de trabajos que supera los trescientos libros, a modo de diario visual.
Su trabajo ha tomado a la mujer como tema principal desde hace cuarenta años, oscilando entre la pornografía y el erotismo. La ciudad de Tokio ha sido el escenario donde ha documentado la vida nocturna de Shinjuku, barrio donde se concentra toda la actividad vinculada a los diferentes negocios sexuales: prostíbulos, salas de *striptease*, etc., que él ha fotografiado insaciablemente.
Araki entiende sus fotos como un diario, "un apunte de lo que pasa día a día", una historia que plasma en una toma o en una secuencia a menudo acompañada de textos. Instantáneas casuales y puestas en escena, imágenes callejeras o fantasías sexuales creadas en estudio que dan como resultado un caleidoscopio que adopta diversas formas: libros, revistas, proyecciones de diapositivas, películas o impresiones en chorro de tinta con las cuales empapela los espacios expositivos.
Desde su primera serie *Sentimental Journey* (1972) sobre su viaje de bodas, la ambigüedad entre lo público y lo privado está presente en su trabajo. Jóvenes en actitud sumisa o desnudos de mujeres atadas (escenas de *bondage*, arte japonés que consiste en atar los cuerpos con cuerdas), se trata siempre de una aproximación libre de pudores y culpabilidad que adquiere una lectura metafórica en relación a la fotografía como congelación del momento: "Cuando se detiene lo que se mueve, se produce algo así como la muerte. La cámara, la imagen fotográfica evocan siempre la muerte. Y al fotografiar, pienso también en la muerte, algo que se lee en las imágenes."
Entre sus numerosas exposiciones individuales destacan *Sex, life, death* en el Barbican Centre (Londres, 2005) *Voyage Sentimental* en el Centre National de la Photographie (París, 2000) o *Arakinema: Taipei* en el Taipei Fine Arts Museum (Taiwán, 1998).

3. Diane Arbus
[Nueva York, Estados Unidos, 1923-1971]

Es reconocida por su trabajo en moda y retratos de lo anómalo, supone una gran influencia en las generaciones posteriores ampliando el sentido de lo que estaba permitido fotografiar.
Se inicia durante los años cincuenta en la fotografía de moda en revistas como *Harper's Bazaar*. Pero es en los años sesenta, su período más productivo, cuando recorre los suburbios de Nueva York y pone en práctica lo que pensaba debía ser un retrato. Influenciada por su profesora Lisette Model que junto con Brassaï fueron los primeros en constatar fotográficamente la subjetividad del género y en entender la sexualidad como una construcción social. Arbus reafirma estas ideas y elige personas "marginales" para sus fotografías: transexuales, enfermos mentales, gigantes, gemelos, familias disfuncionales, fenómenos de circo, prostitutas; imágenes ya clásicas que relacionan lo siniestro y lo monstruoso con lo cotidiano. "*Freaks* ha sido lo que más he fotografiado. [...] La mayoría de la gente se pasa su vida temiendo pasar por una experiencia traumática. Los *Freaks* nacieron con sus traumas. Ellos ya han pasado su prueba. Son aristócratas."[1]
En ese momento en Nueva York era relativamente sencillo para la clase media americana, de la que Arbus forma parte, acercarse a los "desviados" de forma *voyeur*, aunque para ella el retrato es el resultado de la relación cercana que mantiene con los sujetos a los que fotografía. Después de haber trabajado durante tantos años en la fotografía de moda, Arbus sabe cómo favorecer a los sujetos retratados, pero no le interesa edulcorar las diferencias, sus composiciones sitúan al personaje en el centro, mirando directamente a la cámara conscientes de la toma, iluminados por el *flash* de manera frontal incluso cuando hay luz natural. Este sentido de revelación de los personajes por medio de la distorsión recuerda a la pintura expresionista y si bien su obra visibiliza a los sujetos excluidos, cabría preguntarse si rompe con las pautas morales establecidas.
En 1961 empezó a escribir textos para algunas de sus imágenes, algo innovador para la época. Su proyecto *American Rites, Manners & Customs* (1963) y la exposición *New Documents* (MoMA, 1967) la dieron a conocer al público mayoritario.

4. Richard Avedon
[Nueva York, 1923-Texas, Estados Unidos, 2004]

Fue el gran fotógrafo de la moda durante los años sesenta y setenta pero sobre todo es reconocido por sus retratos mordaces e incisivos.
Avedon saltó a la fama en los años cincuenta, con sus fotografías poco convencionales para la revista *Harpers Bazaar*. En 1979 comienza por encargo del Museo Amon Carter de Fort Worth (Texas) un retrato del Oeste americano, para lo cual recorrió 189 poblaciones de 17 estados fotografiando hasta 1984 a un total de 752 personas. El resultado fue *In the American West* un trabajo exhaustivo sobre

magazine *Harpers Bazaar.* In 1979, he was commissioned by the Amon Carter Museum in Fort Worth (Texas) to compile a portrait of the American West, for which purpose he traveled to 189 towns in 17 states and photographed a total of 752 people in the five years until 1984. The result was *In the American West,* an exhaustive work on those people who inspired in him the irresistible need to isolate them from their usual context. Unlike August Sander, he does not seek patterns according to profession, or social or class-based limitations: "The structure of the project was clear to me almost from the start and each new portrait had to find its place in that structure. As the work progressed, the portraits themselves began to reveal connections of all kinds-psychological, sociological, physical, familial-among people who had never met."[2]

His portraits are like "imagined" subjects willing to participate in a photographic fiction, an exchange of manipulations and submissions, which, as Avedon admitted, "could seldom be made with impunity in ordinary life." The author is aware that the portrait is not only a play on similitude, there is also the location of the camera, the distance from the subject, the distribution of the space around the figure, the height of the lens, or the development in black-and-white, since color was considered too pictorial and narrative.

In his large-format portraits we find well-known models such as Truman Capote, Henry Miller, Humphrey Bogart and Marilyn Monroe. Some of these faces are without make-up, tired or sad, showing the passage of time and its impact on human beings.

During his long career, he has held individual exhibitions at the Smithsonian Institution (Washington DC, 1962), the Whitney Museum of American Art (New York, 1994) and the Metropolitan Museum of Art (New York, 2002).

5. Tina Barney

[New York, United States, 1945]

Worked with the idea of a visual diary of American high society, based on a performative approach to photography.

After working for fashion magazines in the 1970s, from the eighties onwards she focused her artistic career on researching her roots, since Barney was born into a high-class American family in Long Island. Her photographs make us into the audience, as the lives of her family, her colleagues and friends unfold, recording her relationships. The subjects appear leisurely, conversing, reading the newspaper, during family celebrations. From the apparently humble "snapshots" Barney rebuilds the life of a privileged class and reveals her own story in the selected pictures. Part of the tension we perceive in the photographs comes from the theatrical role assumed by the characters therein, represented as leading characters of their own lives and the roles they play. Barney said: "The insignificance of humanity and of life frightens me. And the sense of doubt, the question of the purpose of our existence, compels me to continuously seek the essence; the depth and value of life. I wish to know what other people feel, else life is too lonely."[3]

The day-to-day context, drawing rooms on Park Avenue and Fifth Avenue, the summer residences in Maine or Rhode Island are shown as a quality of which the subject is comprised, an intrinsic characteristic which shows the attributes of high society (the decoration, the objects, the works of art). Barney questions appearances by taking a psychological approach to the subjects of her portraits. This combination of biographical discourse and the feeling of unreality which appears to come from the artistic format are aimed at penetrating into a trivial environment to alter our view of it.

She has had individual exhibitions in the Milwaukee Art Center (1987), Denver Art Museum (1989), Museum of Modern Art (New York, 1990) and Barbican Art Centre (London, 2005).

6. Koos Breukel

[The Hague, Netherlands, 1962. Lives in Amsterdam]

Is known for his photographic portraits, in color and in black in white, which owe a debt to the Old Masters of Dutch painting but remain powerfully contemporary.

His project *Year of the Farm* (2003) was a series of portraits of northern Dutch farmers, a string of black-and-white close-ups that lent the subjects an archaic, sculptural air. These shots were given context by panoramic vistas of farms and their environs.

His studio work stays within the bounds of conventional photographic technique: a large wooden camera resting on a tripod, and a sheet as a neutral background. The lighting is mainly artificial, although some natural light comes in through a skylight. The range of subjects is highly diverse—men and women both young and old, students, artists, masters and servants, friends and strangers. But unlike other photographers Breukel searches for something to say in his portraits. In *The Wretched Skin* (1994), for instance, he presents a selection of portraits that at first glance appear to have been doctored; on closer inspection, however, we find that the photographer has simply explored the marks of past physical trauma, and the ways in which his subjects have overcome it. The common denominator of the models is that all have visited the same eye doctor for a range of disorders caused by illness, accidents and violence.

Breukel's latest individual shows include *Cosmetic View* at the Van Zoetendaal (Amsterdam, 2006), *Generation—Portraits* at the Bergen Kunstmuseum (2005), and *Siipi// Wing* and the Porin Taidemuseo (Pori, Finland, 2004).

7. Jo Ann Callis

[Cincinnati, Ohio, United States, 1940. Lives in Los Angeles]

Is one of the most original photographers of her generation for the surrealistic juxtapositions of her work. Desire, emotion and conflict have been the central themes of her oeuvre, while some of her series, such as *Animals and Food* (1980), showcase her fascination with anthropomorphism.

Her images probe the world of the underground, the unconscious, dreams, hallucinations and nightmares. Objective reality is for her a straitjacket for the mind's ability to find new meaning in unexpected combinations (human hair and beetroots, colored fish, spaghetti and mashed potato, a cake, a hat and a pillow).

Callis has pushed at the boundaries of the photographic medium and the imagination. "You can photograph things that are only in your head," she has said. Making skilful use of both color and black and white, in her monochromatic work Callis seems to evoke the archetypical mysteries of light

aquellas personas que le inspiraban la necesidad imperiosa de aislarlas de su contexto habitual. A diferencia de August Sander él no pretende encontrar patrones según la profesión, ni las delimitaciones sociales o de clase: "Desde el principio tuve clara la estructura del proyecto y cada nuevo retrato tenía que encontrar su lugar en dicha estructura. Según avanzaba el trabajo, los propios retratos comenzaron a revelar todo tipo de conexiones –psicológicas, sociológicas, físicas, familiares– entre personas que nunca se habían conocido."[2]

Sus retratos se perfilan como sujetos "imaginados" dispuestos a participar en la ficción fotográfica, un intercambio de manipulaciones y sumisiones que como Avedon reconoció "no podrían hacerse impunemente en la vida real". El autor es consciente de que el retrato no es sólo un juego de semejanzas, está presente el emplazamiento de la cámara, la distancia del sujeto, la distribución del espacio alrededor de la figura, la altura de la lente o el positivado en blanco y negro por considerar el color demasiado pictórico y narrativo.

En sus retratos de gran formato encontramos modelos muy conocidos como Truman Capote, Henry Miller, Humphrey Bogart o Marilyn Monroe. Algunos de estos rostros aparecen sin maquillaje, fatigados o tristes mostrando el paso del tiempo y su influencia en el ser humano.

Entre las exposiciones individuales de su extensa trayectoria se encuentran instituciones como el Smithsonian Institution (Washington D.C., 1962), el Whitney Museum of American Art (Nueva York, 1994) o el Metropolitan Museum of Art (Nueva York, 2002).

5. Tina Barney

[Nueva York, Estados Unidos, 1945]

Ha trabajado con la idea de diario visual de la alta sociedad americana, partiendo de una aproximación performativa a la fotografía.

Después de colaborar en revistas de moda en la década de los setenta, desde los años ochenta dedica su carrera artística a la investigación de sus raíces dado que Barney nació en el seno de una familia de clase alta americana, en Long Island. Con sus fotografías nos hace espectadores de la escenificación de la vida de su familia, sus colegas y amigos, registrando sus relaciones. Los retratados aparecen ociosos, conversando, leyendo el periódico, en celebraciones familiares. Tras la aparente "instantánea" Barney reconstruye la vida de una clase privilegiada y revela en las imágenes seleccionadas, su historia. Parte de la tensión que percibimos en las tomas proviene del papel teatral que le pide que tomen a las personas que aparecen en ellas, para representarse como personajes de sus propias vidas y de los roles que juegan. Barney ha manifestado: "La insignificancia de la humanidad y de la vida me asustan. Y el problema del propósito de nuestra existencia, me obliga a buscar continuamente la esencia: la profundidad y el valor de la vida. Deseo conocer lo que otra gente siente, aunque la vida sea demasiado solitaria."[3]

El entorno cotidiano, los salones de Park Avenue y la Quinta Avenida, sus casas de verano en Maine o Rhode Island son mostrados como una cualidad que conforma al sujeto, una característica intrínseca que exhibe los atributos de la alta sociedad (la decoración que les rodea, los objetos, las obras de arte). Barney pone en cuestión las apariencias mediante la aproximación psicológica a los retratados. Esa combinación del discurso biográfico y la sensación de irrealidad que parece provenir del formato artístico tienen como objetivo penetrar en un entorno trivial para alterar nuestra visión.

Ha realizado exposiciones individuales en el Milwaukee Art Center (1987), Denver Art Museum (1989), MoMA (Nueva York, 1990) o el Barbican Art Center (Londres, 2005).

6. Koos Breukel

[Den Haag, Holanda, 1962. Vive en Amsterdam]

Ha destacado por sus retratos fotográficos, tanto en blanco y negro como en color, deudores de los maestros de la pintura holandesa pero radicalmente contemporáneos.

El proyecto *Year of the Farm* (2003) consistía en una serie de retratos de agricultores del norte de Holanda, una serie de primeros planos donde los sujetos parecían arcaicos y las imágenes en blanco y negro dotaban a las mismas de cualidades escultóricas. Complementaba estas tomas con visiones panorámicas de la granja y alrededores.

Sus imágenes de estudio parecen no innovar mucho en cuanto a la técnica de la fotografía tradicional. Se vale de una cámara de madera de gran formato, situada sobre un trípode y una sábana como fondo neutro. La iluminación que utiliza proviene principalmente de una fuente de luz artificial, aunque por el techo se filtre algo de luz natural. Al igual que en la mayoría de los estudios profesionales, la gente que posa es muy diversa: hombres, mujeres (de jóvenes a mayores), estudiantes, artistas, señores y sirvientes, amigos y desconocidos. Pero a diferencia de otros fotógrafos él busca algo más que decir en el simple retrato. Por ejemplo en la serie *The wretched skin* (1994) presenta una selección de retratos que pueden parecer a simple vista manipulados pero no es así. El fotógrafo ha indagado las huellas de los traumas físicos sufridos en el pasado y cómo los sujetos logran superarlos. El denominador común de todos ellos es que han visitado el mismo oculista por diferentes problemas: enfermedad, accidentes o violencia.

Entre sus últimas exposiciones individuales están *Cosmetic View* en el Van Zoetendaal (Amsterdam, 2006), *Generation-Portraits* en el Bergen Kunstmuseum (2005) o *Siipi// Wing* en el Porin Taidemuseo (Pori, Finlandia, 2004).

7. Jo Ann Callis

[Cincinati, Ohio, Estados Unidos, 1940. Vive en Los Ángeles]

Es una de las fotógrafas más originales de su generación por las yuxtaposiciones de inspiración surrealista que crea. Los deseos, las emociones y conflictos han sido temas centrales de su trabajo mostrando en alguna de sus series, como *Animals and Food* (1980), su fascinación por la antropomorfización.

Sus imágenes profundizan en el mundo de lo subterráneo, del inconsciente, de los sueños, las alucinaciones y las pesadillas. En su caso, la realidad objetiva es una limitación para las posibilidades de la mente, la posibilidad de encontrar nuevos significados en combinaciones poco frecuentes entre cosas poco comunes (por ejemplo pelo humano y remolachas, peces de colores, espaguetis y puré de patatas, un pastel, un sombrero y una almohada).

Callis ha empujado los límites del medio fotográfico así como de la imaginación. "Puedes fotografiar las cosas que están dentro de tu cabeza", ha manifestado. Sus fotografías se han movido con soltura entre el blanco y negro y el color. Sus trabajos monocromos parecen evocar los misterios arquetípicos de la luz y la sombra, combinando la precisión y el detalle, con elementos amorfos y borrosos. Sus trabajos de colores brillantes y saturados le sirven para dar una visión más subjetiva en la que juega con los contrastes entre colores. Callis se adscribe en la fotografía escenificada, dirigida, fabricando los objetos, recreando situaciones para componer las escenas que le interesan y valiéndose también

and shadow, setting off accuracy and detail against elements that become shapeless and blurred. Her work in saturated, brilliant color creates a more subjective vision that plays with color contrasts. Callis uses staged, directed photography: she manufactures her objects and recreates situations to compose her imagined scenes, and then applies postproduction and digital editing techniques. This methodology has been a constant throughout her career, and enables her to create association of images.
Jo Ann Callis teaches at the California Institute of the Arts (CalArts), and has won awards from the National Endowment for the Arts and the John Simon Guggenheim Foundation. A major retrospective of her work titled *Cake Hat Pillow* was exhibited at the Center for Creative Photography (Arizona, 2004).

8. Larry Clark

[Tulsa, Oklahoma, United States, 1943, now living in New York]

Is known for breaking with the tradition of beautifying the reporting of tragedy.
He became known for his book *Tulsa* (1963-1971) a series of photographs which traced, in a tough and direct manner, the lives of three young men in their (and his) home town of the US Mid-west. He combines the documentary style with narrative sequences in what we might call subjective documental photography, using sexually explicit images, as well as images of drug addiction and violence.
The absence of idealization is reflected in his black-and-white photos where the lack of background lighting and the use of thick grain brings the pictures closer to the reality of the issues he is working on. The building of identity during adolescence, relationships in dysfunctional families, masculinity, connections between mass media and violent social conduct appear in the photographs of Clark, who seeks to talk about what is really happening to young people in the United States, and not about the sickly-sweet image we have of them. An example of this is his book *Teenage Lust* (1984). The subjects of his photos rarely look at the camera, their lost gazes are not captured by a coincidental witness or a *voyeur*, but by someone who is a part of their world and who brings it close to us: "I wanted to present the way kids see things, but without all this baggage, this morality that these old middle-aged Hollywood guys bring to it."[4]
He later worked in other media including the cinema. Alongside writer Harmony Korine he wrote the script of the film *Kids* (1995), his controversial first work about skateboarders, set in New York.
His most recent individual exhibitions include *Larry Clark: Outtakes and Additions from the Permanent Collection*, MOCA Pacific Design Center (California, 2001), ICP (New York, 2005) and Preus Museum (Horten, 2007).

9. John Coplans

[London, UK, 1920-New York, United States, 2003]

An influential critic, magazine editor and art curator, he managed to reinvent himself as an artist at the age of sixty, developing the personal and autobiographical theme via a number of self-portraits and with a discourse which stands out for its use of the aesthetic of the abject.
In enlarged close-ups he shows us his own body as it ages, his hands and fingers, his feet, legs and torso (although never his head) set against a neutral background. Coplans highlights the grotesque signified in the cracks, the wrinkles, the blemished skin, the greying hair, the body fat, tactile qualities despite the abstraction which the fragment might induce. In his photographs he plays with the objective description, narration, parody and provocation of a real body whose expressive force questions the classical tradition based on the exaltation of a young, smooth and athletic body.
They are not self-portraits in the traditional sense. His attitude on acting in front of the camera is reminiscent of body art and performance art, fleeing from predetermined gestures and poses. In his large-format diptychs or triptychs, Coplans changes the context and therefore the perception of what is represented. The hand, he says, becomes a "floating meaning which enables each viewer to make his own individual interpretation [...] then the hand becomes a text that can be read in many and complex ways, an evocative agent and malleable instrument of performance with a greater range of possible meanings."[5]
He has had individual exhibitions at Galleria Massimo de Carlo (Milan, 1999), *A Self-portrait 1984-1999*, at the Malmö Konsthall (Malmo, Sweden, 1999-2000) and Galerie Anne de Villepoix (Paris, 2000).

10. Gabriel Cualladó

[Masanasa, Spain, 1925-Madrid, 2003]

Approached his oeuvre with a realist gaze that looked to an everyday, nearby environment.
From his beginnings he worked with a simple style and quotidian theme, reflected in his early shots of his own family—specifically, his son.
From 1956 to 1963, Cualladó was a member of the AFAL group (*Agrupación Fotográfica Almeriense*), a movement of Spanish photographers—notably including Joan Colom, Francisco Gómez, Gonzalo Juanes, Ramón Masats, Oriol Maspons, Xavier Miserachs, Francisco Ontañón and Carlos Pérez Siquier—who opposed the academic photography of the time with a highly innovative platform. Using the medium of a magazine and a range of exhibitions, the group achieved its ultimate aim of raising Spanish photography to a standard and an international resonance so far unimaginable.
The AFAL group brought Cualladó into contact with the humanistic approach of a wide range of international photographers; this transformed his personal outlook and launched him on a new approach to documentary photography. His personal way of looking at the world through his Leica was refined into an image that lets one glimpse the mysterious halo around the everyday, with an austere purity of photographic language that eschewed dramatic subject-matter and famous people to portray simple scenes of friends and relations. In his photographic series or "essays", Cualladó sifts out the "deep and personal innerness" of his models. The everyday breaks out of the family album to reach a cluster of collective memories shaped by a specific time and historic context; it transcends observed reality and returns us to our own lived experience, in the form of icons of a generic family album.
Cualladó's oeuvre encompasses both the transition of Spanish photography—the documentary movement of the second half

de la posproducción y el retoque digital. Esta metodología es constante a lo largo de su carrera y facilita la creación de asociaciones.
Jo Ann Callis enseña en el California Institute of the Arts (CalArts), ha sido ganadora del National Endowment for the Arts y del John Simon Guggenheim Foundation y ha realizado una gran retrospectiva de su trabajo titulada *Cake Hat Pillow* en el Center for Creative Photography (Arizona, 2004).

8. Larry Clark
[Tulsa, Oklahoma, Estados Unidos, 1943. Vive en Nueva York]

Es reconocido por romper con la tradición de un reportaje estetizador de la desgracia. Se dio a conocer con su libro *Tulsa* (1963-1971), una serie de fotografías que recogían de forma dura y sin contemplaciones la trayectoria de tres jóvenes en su ciudad natal del medio-oeste americano. Combina el estilo documental y las secuencias narrativas en lo que podríamos denominar documentalismo subjetivo, usando imágenes sexualmente explícitas, así como de drogadicción o violencia.
La ausencia de idealización se refleja en sus tomas en blanco y negro donde la falta de iluminación de relleno y la utilización de grano grueso confiere a las copias una cualidad más cercana a la realidad en los temas que trabaja. La construcción de la identidad en la adolescencia, las relaciones en familias disfuncionales, la masculinidad, las conexiones entre los medios de comunicación de masas y las conductas sociales violentas aparecen en las fotografías de Clark, que pretende hablar sobre lo que realmente pasa con la juventud americana y no sobre la imagen edulcorada que se tiene de ellos, por ejemplo en el libro *Teenage Lust* (1984). Los retratados raramente observan a la cámara, sus miradas perdidas no son tomadas por un testigo ocasional ni por un *voyeur*, sino por alguien que forma parte de ese mundo y nos lo acerca: "He querido presentar las cosas del modo en que los chicos las ven, pero sin esa carga, sin esa moralidad que asumen en sus películas los anticuados tipos de Hollywood."[4]
Posteriormente ha trabajado en otros medios como el cine. Elaboró junto al escritor Harmony Korine el guión de la película *Kids* (1995), su polémica *opera prima* sobre *skateboarders* que transcurre en Nueva York.
Entre sus exposiciones individuales más recientes destacan *Larry Clark: Outtakes and Additions from the Permanent Collection*, MOCA Pacific Design Center (California, 2001), ICP (Nueva York, 2005) o Preus Museum (Horten, 2007).

9. John Coplans
[Londres, Inglaterra, 1920-Nueva York, Estados Unidos, 2003]

Influyente crítico, redactor de revistas y comisario de arte, logró reinventarse a sí mismo como artista a los sesenta años, profundizando en la carga personal y autobiográfica a través de múltiples autorretratos y con un discurso que destaca por su utilización de la estética de lo abyecto.
Primeros planos ampliados donde nos muestra su propio cuerpo en estado de envejecimiento, sus manos y dedos, sus pies, piernas y torso (aunque nunca aparece la cabeza) situados sobre un fondo neutro. Coplans apuesta por lo grotesco significado en las grietas, las arrugas, las imperfecciones de la piel, la decoloración del pelo, la grasa corporal, cualidades táctiles a pesar de la abstracción a la que puede inducir el fragmento. En sus fotografías juega con la descripción objetiva, la narración, la parodia y la provocación de un cuerpo real cuya fuerza expresiva cuestiona la tradición clásica basada en la exaltación del cuerpo joven, terso y atlético.
No se trata de autorretratos en un sentido tradicional, su actitud al actuar frente a la cámara remite al *body art* y a la *performance* huyendo de los gestos y las poses predeterminadas. En sus dípticos o trípticos de gran formato, Coplans cambia el contexto y por tanto la percepción de lo representado. La mano, dice, se convierte en un "significante flotante que permite que cada espectador haga una lectura individual [...] la mano entonces llega a ser un texto capaz de muchas y muy complejas interpretaciones, un agente evocador y un instrumento maleable de performance con un nivel expandido de posibles significados."[5]
Entre sus exposiciones individuales pueden señalarse la de la Galleria Massimo de Carlo (Milán, 1999), *A Self Portrait 1984-1999*, en el Malmö Konsthall (Suecia, 1999-2000) o la Galerie Anne de Villepoix (París, 2000).

10. Gabriel Cualladó
[Masanasa, España, 1925-Madrid, 2003]

Aborda sus fotografías con una mirada realista acercándose a un entorno ordinario y próximo.
Desde sus inicios trabaja con un estilo sencillo y una temática cercana que se refleja en las primeras tomas de su familia, en concreto de su hijo.
Entre 1956 y 1963 Cualladó participó en el grupo AFAL (Agrupación Fotográfica Almeriense) un colectivo formado por fotógrafos de diversos puntos del país (cuyos integrantes más representativos eran Joan Colom, Francisco Gómez, Gonzalo Juanes, Ramón Masats, Oriol Maspons, Xavier Miserachs, Francisco Ontañón o Carlos Pérez Siquier) que se opuso a la fotografía academicista de la época proponiendo una plataforma de renovación. Su objetivo final era que la fotografía española alcanzara consistencia y una proyección internacional inédita hasta entonces, lo que lograron con el soporte de una revista y diversas exposiciones. Para Cualladó el grupo AFAL supuso un encuentro con la mirada humanista de muchos fotógrafos internacionales, dando un giro radical a sus planteamientos personales y un nuevo enfoque a la fotografía documental. Su particular manera de captar el mundo a través de su cámara Leica se fue depurando hacia una imagen que deja vislumbrar el halo misterioso que rodea la realidad cotidiana, mostrando una austeridad y una pureza en su lenguaje fotográfico que no precisaba de temas importantes o dramáticos, ni personas de reconocida fama o gran prestigio, sino representar escenas sencillas de allegados o familiares. En sus "ensayos" o series fotográficas retrata sus vidas buscando y destacando "la interioridad profunda y personal" de sus modelos. Lo cotidiano, más allá de quedarse en el registro de álbum de fotos familiar traspasa esos límites para alcanzar ciertos recuerdos colectivos determinados por un tiempo histórico y un contexto, traspasando la realidad observada, para adentrarnos en nuestras propias vivencias, en iconos de un álbum familiar genérico. Conviven en la obra de Cualladó la transición de la fotografía española, concretamente del documentalismo de la segunda mitad del siglo xx, con el polémico binomio: preocupación estética/inquietud social. La pasión de Cualladó por el lenguaje fotográfico y su defensa de la fotografía como género artístico con múltiples posibilidades de innovación estética y técnica, fue más allá de su condición artística convirtiéndose también en un destacado coleccionista.
En su dilatada trayectoria expuso en la Biblioteca Nacional de París (1961), la Real Sociedad Fotográfica (Madrid, 1981), la Universidad de Ohio (1983), el Pavillon des Arts (París, 1984) o el Instituto Valenciano

of the twentieth century—and the troubled polarity of aesthetics versus social concern. Cualladó's passion for photographic language and his advocacy of photography as an art offering myriad possibilities of aesthetic and technical innovation took him beyond his own condition as an artist to become a major collector.

In his long career, Cualladó exhibited at the Bibliothèque Nationale in Paris (1961), the Real Sociedad Fotográfica (Madrid, 1981), the University of Ohio (1983), the Pavillon des Arts (Paris, 1984) and the Instituto Valenciano de Arte Moderno (IVAM, 1989), among other institutions.

11. Philip-Lorca diCorcia

[Connecticut, United States, 1951]

Is a well-known representative of street photography understood from the postmodern perspective and evidencing the artificial nature of the scenes captured.

He began his career in the early seventies, and followed the US tradition of street photography developed by Robert Frank, Walker Evans and Garry Winogrand in terms of his interest in reproducing anti-events of society.

He builds his portraits, which are conceived as scenes, maintaining considerable dramatic tension. However, not everything is planned, diCorcia places the frame around an action as it takes place, but his "characters" are people walking along the street unaware of being photographed. This working method enables him to pinpoint insignificant facial expressions, day-to-day attitudes or anodyne movements, which he isolates in his photographs. The peculiar elements of these pictures are underpinned by a characteristic treatment mixing artificial and natural light selectively. We can appreciate this in his most important series, *Streetwork* (1993-98) and *Heads* (1999-2001). Both focus on people who walk along the streets of Europe and America, lit with strobe lighting hidden strategically in the structures of scaffolding which enables him to rescue pedestrians from the anonymity of the masses, placing them on a dreamy stage.

Somewhere between fact and fiction, diCorcia forces us to discover urban attributes, the alienation of individuals, the distance between people or the falsification of history and reality. Reflecting on his series *Streetwork,* diCorcia once said: "There is no 'argument'; the argument, as such, is generated by realities intervening at the time, which include subjective states, objective observations, the interpretation of the sociopolitical dynamic and, similarly, the desire to grant all of these elements the freedom rid of all prejudices which photography creates, naturally, from predispositions."[6]

He has won numerous awards, including the John Simon Guggenheim Memorial Foundation award and the National Endowment for the Arts, and has exhibited in such prestigious institutions as the Whitechapel Gallery in London (2003), Museum of Modern Art (New York, 2004) or Jeu de Paume (Paris, 2004).

12. Rineke Dijkstra

[Sittard, Holland, 1959]

Is known for her portraits in which she overlooks conventional rules to approach young people and the ways in which they stage their lives.

Since the early 1990s, her portraits have focused on series of people which she structures and groups together in line with a particular condition which they share, and their titles—*Portraits on the Beach; Maternities; Children; Bullfighters; Israeli Soldiers or Secondary School Pupils* (taken between 1991 and 2003)—give us an idea of the themes she has dealt with. She places them upright, setting the camera defiantly against a neutral sky. It is a contained gaze in which we can intuit the state of change affecting the characters: bullfighters just out of the arena, women who have just given birth (an hour, a day and a week later). The immediacy of the picture captures some of the contradictions inherent in these experiences. Women appear vulnerable and invincible at the same time, traumatized but bearing up, perhaps discovering the most animal part of our humanity. Her portraits specify the cultural ideas which we maintain regarding masculinity and femininity to show them without ornaments.

The approach to the classical genre is subverted by the standpoint of the shot, lower than the subject and taken with a camera in 4x5 inch format, which combines natural light and flash. Her pictures at times of fatigue or distraction avoid forced poses, allowing how we relate to ourselves and the image we seek to project to seep through. Collective identity and uniformity are other aspects which distinguish Dijkstra as an example of the weakening of social and cultural conventions. She has also been interested in portraits over time, following up her models over the years and showing us the changes that have overtaken them, or showing them in movement with the help of a video camera.

The numerous individual exhibitions of her work since the mid-nineties include *Portraits,* at the Institute of Contemporary Art (Boston, 2001) and the itinerant exhibition organized by the Stedelijk Museum at Jeu de Paume (Paris, 2004), Caixaforum (Barcelona, 2005) and the Stedelijk Museum (Amsterdam, 2006).

13. William Eggleston

[Tennessee, United States, 1939. Now living in Memphis]

Is a pioneer of a post-modern chromatic aesthetic.

Since 1966, he has been experimenting with the possibilities offered by color photography, a genre which until then was considered to be too close to reality, and he earned the title "the father of color photography." His work attracted the public's attention for the first time in the 1970s, when New York's Museum of Modern Art inaugurated the exhibition *Photographs by William Eggleston* (1976), which offered his view of daily life in rural America, where he lived. It was an approach to the "local" without falling into the trap of stereotypes.

Although he sometimes photographs people, often nothing actually happens in his photographs, with which he looks at the remains left by a human presence: a farmer's tractor covered in mud, the red roof of a friend's house or the contents of his own fridge. This is evidence of the world around him and his depiction of it goes above and beyond the descriptive, seeking what is universal in the banal objects which form a part of our daily lives. This interest in any theme has been described by Eggleston himself as a "democratic" methodology which encourages viewers to pay attention to their surroundings. His photographs

de Arte Moderno (IVAM, 1989), entre otras instituciones.

11. Philip-Lorca diCorcia
[Connecticut, Estados Unidos, 1951]

Es un destacado representante de la fotografía callejera entendida desde la postmodernidad y evidenciando la artificialidad de las escenas que registra.
Comienza su carrera al inicio de los años setenta, pudiendo asociarse con la tradición americana de fotografía callejera que desarrollaron Robert Frank, Walker Evans o Garry Winogrand en cuanto al interés que mantiene por reproducir antieventos de la sociedad.
Construye sus retratos, concebidos como escenas, manteniendo una gran tensión dramática. Sin embargo no todo está planeado, diCorcia pone el marco a una acción en el momento en que esta tiene lugar, pero sus "personajes" son ciudadanos que pasan por la calle ajenos a la toma. Este procedimiento de trabajo le permite encontrar expresiones faciales insignificantes, actitudes cotidianas o movimientos anodinos que aísla en sus fotografías. Los elementos peculiares de estas imágenes se apoyan en un tratamiento característico que mezcla luz artificial y natural de manera selectiva. Así lo podemos apreciar en sus series más importantes *Streetwork* (1993-1998) y *Heads* (1999-2001). Ambas están dedicadas a gente que pasea por las calles de Europa y América, iluminada con luces estroboscópicas ocultas estratégicamente en las estructuras de algunos andamios que permiten rescatar al peatón del anonimato de la masa, situándolo en un escenario onírico.
Entre el hecho y la ficción diCorcia nos fuerza a descubrir los atributos urbanos, la alienación de los individuos, la distancia entre la gente o el falseamiento de la historia y la realidad. Reflexionando sobre su serie *Streetwork*, diCorcia ha manifestado: "no hay 'argumento' –el argumento, como tal, lo generan las realidades que intervienen en el momento, entre las que se encuentran los estados subjetivos, las observaciones objetivas, la interpretación de la dinámica sociopolítica y, del mismo modo, también el deseo de darle a todos estos elementos una libertad despojada de los prejuicios que la fotografía crea, de modo natural, a partir de predisposiciones."[6]
Ha sido merecedor de diversos galardones, entre ellos el *John Simon Guggenheim Memorial Foundation* y el *National Endowment for the Arts*, y ha expuesto en instituciones tan importantes como la galería Whitechapel de Londres (2003), el MoMA (Nueva York, 2004) o el Jeu de Paume (París, 2004).

12. Rineke Dijkstra
[Sittard, Holanda, 1959]

Es reconocida por sus retratos en los que se salta las reglas convencionales para acercarse a los jóvenes y los modos de autoescenificación juvenil.
Desde inicios de los años noventa sus retratos se concentran en series de personas que estructura y agrupa según alguna condición que comparten y cuyos títulos –*Retratos en la playa, Las maternidades, Los niños, Los toreros, Los soldados israelíes* o *Los estudiantes de secundaria* (realizadas entre 1991 y 2003)– nos dan una idea de los temas que ha tratado. Los sitúa de pie, desafiando a la cámara contra un cielo neutro. Se trata de una mirada contenida en la que podemos intuir el estado de cambio que acontece a los personajes: los toreros después de terminar la faena, mujeres que acaban de dar a luz (una hora, un día y una semana después del evento). La inmediatez de la toma capta algunas de las contradicciones inherentes en dichas experiencias. Las mujeres parecen vulnerables e invencibles al mismo tiempo, traumatizadas pero manteniendo el tipo, descubriendo tal vez la parte más animal de nuestra humanidad. Sus retratos puntualizan las ideas culturales que mantenemos sobre masculinidad y feminidad para mostrarlas sin adornos.
La aproximación al género clásico es subvertida por el punto de vista de la toma, inferior al retratado y realizada con una cámara de formato 4 x 5 pulgadas que combina la luz natural con el *flash.* Sus tomas en momentos de fatiga o distracción evitan las poses forzadas, dejando translucir cómo nos relacionamos con nosotros mismos y qué imagen queremos proyectar. La identidad y la uniformidad colectiva es otro de los aspectos que conciernen a Dijkstra como ejemplo del debilitamiento de las convenciones sociales y culturales. También le ha interesado trabajar con retratos en el tiempo, siguiendo a sus modelos a lo largo de varios años y mostrándonos las modificaciones que han sufrido o en movimiento con ayuda de una videocámara.
Entre las numerosas exposiciones individuales que ha realizado desde mediados de los años noventa destacan *Portraits* en el Institute of Contemporary Art (Boston, 2001) y la exposición itinerante organizada por el Stedelijk Museum que se mostró en Jeu de Paume (París, 2004), en Caixaforum (Barcelona, 2005) o en el Stedelijk Museum (Amsterdam, 2006).

13. William Eggleston
[Tennessee, Estados Unidos, 1939. Vive en Memphis]

Es pionero de una estética cromática posmoderna.
Desde 1966 experimenta las posibilidades que ofrece la fotografía en color, un género que hasta entonces se consideraba demasiado cercano a lo real, lo que le valió el calificativo de "padre de la fotografía en color". Su obra atrae la atención del público por primera vez en la década de los setenta cuando el MoMA de Nueva York inaugura la exposición *Photographs by William Eggleston* (1976) que recoge su mirada sobre la vida cotidiana del mundo rural americano, donde vivía, acercándose a lo "local" sin caer en el tipismo.
Aunque a veces fotografía personas, a menudo no acontece nada en sus fotografías con las que se acerca a los restos que ha dejado la presencia humana: el tractor cubierto de barro de un agricultor, el techo rojo de la casa de un amigo o el contenido de su propio frigorífico. Son evidencias del mundo que lo rodea y que retrata más allá de una mirada descriptiva buscando lo universal en los objetos banales que forman parte de nuestra cotidianeidad. Este interés por cualquier tema ha sido descrito por el propio Eggleston como una metodología "democrática" que anima a los espectadores a prestar atención a su entorno. Sus fotografías producen a menudo la sensación de que nunca habíamos visto antes con tanta claridad los objetos y situaciones que él representa, o al menos, no desde el punto de vista que él lo hace.
Tras sus encuadres aparentemente ingenuos y accidentales, se esconden resonancias fílmicas, como la peculiar posición de su objetivo que parece un ente que sobrevuela las escenas; él mismo lo ha comparado con "el vuelo rápido de un insecto" cuando dejó de mirar por el objetivo de la cámara y empezó a disparar a ciegas: "Eso te hace sentir libre. Sostener la cámara en el aire como si tuvieras más de dos metros de altura. Así se puede mirar más intensamente".[7] Su investigación para obtener nuevas cualidades formales le llevó al campo publicitario y comercial donde descubrió el copiado *dye transfer*, que le interesó por su alto nivel de saturación del color.
En 1989 publica *The Democratic Forest*, un viaje imaginario que va de América a Berlín.

often produce the feeling that we have never before seen so clearly the objects and situations which he represents, or at least we have not seen them from his point of view.

Behind his apparently naive and accidental frames are hidden cinematic resonances, such as the peculiar position of his lens, which seems to be an entity that over-flies the scenes; he once compared it with "the swift flight of an insect" when he stopped looking through the camera lens and starting shooting blindly: "It makes you much freer, so you can hold the camera up in the air as though you were ten feet tall. You end up looking more intensely."[7]

His research to obtain new formal qualities took him to the sphere of advertising and marketing, where he discovered dye transfer, which interested him because of its high level of color saturation.

In 1989, he published *The Democratic Forest*, an imaginary journey from America to Berlin. The pictures look like a road journey, following an autobiographical narrative, with a meticulous edition and sequencing of the photographs, which accentuates the narrative meaning of the work: "I see my pictures as fragments of a novel I am writing," Eggleston has said. A major retrospective of his work at the Barbican Art Centre (London, 1992) coincided with publication of the book *Ancient and Modern* (1992). *William Eggleston* has also exhibited at Fondation Cartier pour l'art contemporain (Paris, 2001).

14. Hans-Peter Feldmann

[Hilden, Germany, 1941. Lives in Düsseldorf]

Uses heterogeneous forms to investigate the functions and conceptual underpinnings of photography itself.

Since the late 1960s Feldmann has sought to deconstruct the functioning of the photographic medium. In a 1972 interview with *Avalanche* magazine, for instance, he answered questions with photographs.

He plays with sequences and formats to recreate holiday snaps and family albums and capture the passage of time. In his work of the early 1970s, such as *All a Woman's Clothes* or *Time Series*, he reformulates visual space and inquires into how our memories take shape and intersect with a wider collective remembrance.

Later, Feldmann combined pop culture images, his own photographs, anonymous or amateur snaps, and newspaper photographs; he asked members of the public in various cities to become complicit with his art by preserving their photographs as core documents of a collective history.

His work reflects on the creative effects of the copy, of plagiarism and the appropriation of images—all these being strategies he deploys himself. His consideration of the world of art leads him to implicate discourse on high culture, with the icons of consumer society serving as a pretext to analyze the mechanisms of mass-produced kitsch.

In 1980, Feldmann's critical stance led him to leave the art circuit and open an antique and junk shop. Ten years later, he returned to his explorations in the art world with publications such as *Ohio*, in which he reaffirms the value of the photographic medium and its deeper effects when it adopts a neutral, almost servile role.

His many exhibitions include shows at the Museum Folkwang (Essen, 1977), Museum im Kopf (Frankfurt, 1990), the itinerant *Hans-Peter Feldmann 272 pages*, Fundació Antoni Tàpies (Barcelona, 2001), and at the Centre nationale de la photographie (Paris, 2002).

15. Thomas Florschuetz

[Zwickau, Germany, 1957. Now living in Berlin]

Is one of the photographers of the former German Democratic Republic best known in the West for his portraits and body studies.

The body understood as a screen held increasing interest for Florschuetz from the mid-nineties, especially in his series entitled *Plexus*, showing fragments and sections of the body. This series of pictures with hands and fingers in numerous different compositions in Florschuetz's work become abstract forms. The extremities appear over solidly colored backgrounds, which occasionally suggest fragments of an arm or of pubic hair. Fingers often simply extended, one by one, downwards across the frame, are adjusted in smooth pictures which play with surreal propositions and make up, for example, a giant inverted pyramid of six fingers. According to Florschuetz, photography is no more than an image projected on a surface: "Dark stains suspended permanently over a piece of paper" which both facilitates and hampers the interpretation of the images.

His compositions, which are often grouped together into diptychs, triptychs or polyptychs, accentuate the internal and external fragmentation of the organism simultaneously, while the barriers and limits which exist beyond the human body retreat. These large format photographs produce a relationship with respect to the body pictured that is suggestive and at the same time strange, due to the transformation caused by some of these photographic techniques (the exaggeration of scale, manipulation of developing process), which accord the subjects a state that is half-way between the natural and the artificial.

Thomas Florschuetz has explored the potential of the self-portrait in a series of images in which he combines various modules to show us a fragmented face comprising other body parts. The portraits show highly exaggerated gestures, where almost all the muscles of the face appear to be moving, allowing us to perceive and dramatize the underlying tension to which individuals are subject. In both this series and in *Floral Studies*, Florschuetz shows his concern for transparency and luminosity as well as the frontiers between the interior and the exterior.

His most recent individual exhibitions include *Enclosures* in the Gary Tatintsian Gallery (New York, 2001), *Are you talking to me?* in the Kunstmuseum (Bonn, 2004), and exhibitions in the BALTIC Centre (Gateshead, 2004) and the Canadian Center of Architecture (Montreal, 2005).

16. Lee Friedlander

[Washington, United States, 1934. Now living in New York]

He asserts that he likes to photograph the "North American social landscape," in other words, the daily backdrop to the lives of his fellow citizens. He has been doing this for the last four decades. His main area of observation were the streets, public places and "non-places" like roads, offices, restaurants, factories and industries where complex social relationships unfold. Friedlander moved away from the previous conventions on what was beautiful, looking at his subjects directly, particularly in his series of nudes where he attests to the

Las imágenes parecen las de un viaje por carretera, siguiendo una narrativa autobiográfica, con una edición meticulosa y una secuenciación de las fotografías que acentúan el sentido narrativo de la obra: "veo mis imágenes como partes de una novela que escribo", ha dicho Eggleston. Una gran retrospectiva de su trabajo en el Barcican Art Center (Londres, 1992) incluyó la publicación del libro *Ancient and Modern* (1992). También cabe destacar la exposición *William Eggleston* en la Foundation Cartier pour l'art contemporain (París, 2001).

14. Hans-Peter Feldmann

[Hilden, Alemania, 1941. Vive en Düsseldorf]

Plantea, desde la heterogeneidad formal, obras que tienen la propia fotografía y sus diversas funciones como motivo, practicando una aproximación conceptual. En 1972 la revista *Avalanche* le hizo una entrevista en la que respondía a las preguntas con fotografías. Este hecho puede dar cuenta del interés de este artista por deconstruir las funciones del medio fotográfico desde finales de los años sesenta.

Jugando con secuencias y formatos, recrea los álbumes de familia, la foto de recuerdo de vacaciones, recoge el paso del tiempo. Por ejemplo, en sus trabajos de inicio de los años setenta, *Toda la ropa de una mujer* o *Time Series*. Estos ejercicios le permiten reformular el espacio visual y analizar cómo se generan nuestros recuerdos, las intersecciones entre nuestra memoria individual y colectiva.

Posteriormente reúne imágenes de la cultura de masas que mezcla con fotografías propias, anónimas, realizadas por aficionados, imágenes de periódicos... proponiendo ser cómplices de sus propuestas a ciudadanos de diversas ciudades a los que anima a conservar sus fotografías como documentos esenciales de una historia colectiva.

Su obra reflexiona sobre el efecto creativo de la copia, del plagio o de la apropiación de imágenes, estrategias que practica indistintamente. La reflexión sobre el mundo del arte también implica el discurso sobre la alta cultura, representando los iconos de la sociedad de consumo como pretexto para analizar los mecanismos del *kitsch* masificado.

Su actitud crítica le lleva en 1980 a abandonar el circuito artístico para abrir una tienda de recuerdos, antigüedades y objetos de segunda mano. Diez años después regresa al mundo del arte para continuar indagando con publicaciones como *Ohio*, en las que reitera el valor del medio fotográfico y sus efectos más profundos cuando adopta un papel neutro casi servil.

Entre sus numerosas exposiciones se pueden destacar las realizadas en instituciones como el Museum Folkwang (Essen, 1977), Museum im Kopf (Frankfurt, 1990), o la exposición itinerante *Hans-Peter Feldmann 272 pages*, Fundació Antoni Tàpies (Barcelona, 2001) y Centre nationale de la photographie (París, 2002).

15. Thomas Florschuetz

[Zwickau, Alemania, 1957. Vive en Berlín]

Es uno de los fotógrafos de la antigua RDA más conocidos en Occidente por sus retratos y estudios corporales.

El cuerpo entendido como pantalla ha tenido un interés creciente para Florschuetz desde mediados de los años noventa, especialmente en su serie *Plexos*, donde exhibe fragmentos y secciones del cuerpo. Esta serie de imágenes con manos y dedos en múltiples composiciones se convierten en la obra de Florschuetz en formas abstractas. Las extremidades aparecen sobre unos fondos sólidamente coloreados que en ocasiones sugieren fragmentos de un brazo o vello púbico. Los dedos a menudo simplemente extendidos, uno a uno, arriba o abajo del marco, se ajustan en imágenes suaves que juegan con proposiciones surrealistas y conforman, por ejemplo, una gigantesca pirámide invertida de seis dedos. Según Florschuetz la fotografía no es más que una imagen proyectada sobre una superficie: "Manchas oscuras suspendidas de forma permanente sobre un trozo de papel", lo que facilita y dificulta al mismo tiempo la interpretación de las imágenes.

Sus composiciones agrupadas a menudo en dípticos, trípticos o polípticos, acentúan la fragmentación interna y externa del organismo simultáneamente, mientras remiten a las barreras y límites que existen más allá del cuerpo humano. Estas fotografías de gran formato producen una relación con respecto al cuerpo retratado sugerente y al mismo tiempo extraña, debido a la transformación que producen algunas de estas técnicas fotográficas (la exageración de la escala, la manipulación del positivado) que confieren a los sujetos un estado a medio camino entre lo natural y lo artificial.

Thomas Florschuetz ha explorado el potencial del autorretrato en una serie de imágenes donde combina diversos módulos para dejarnos ver un rostro fragmentado y compuesto con otras partes del cuerpo. Los retratos se caracterizan por mostrar unos gestos muy exagerados, donde casi todos los músculos de la cara aparecen en movimiento, dejándonos percibir y teatralizando la tensión subyacente a la que nos vemos sometidos los individuos. Tanto en esta serie como en *Floral Studies*, Florschuetz muestra su preocupación por la transparencia y la luminosidad así como por las fronteras entre lo interior y lo exterior.

Entre sus exposiciones individuales más recientes destacan *Enclosures* en la galería Gary Tatintsian (Nueva York, 2001), *Are you talking to me?* en el Kunstmuseum (Bonn, 2004), en el BALTIC Center (Gateshead, 2004) o en el Canadian Center of Architecture (Montreal, 2005).

16. Lee Friedlander

[Washington, Estados Unidos, 1934. Vive en Nueva York]

Afirma que quiere fotografiar el "paisaje social norteamericano", es decir, el telón de fondo cotidiano de las vidas de sus conciudadanos, algo a lo que se ha dedicado durante cuatro décadas. Su principal espacio de observación fue la calle, los lugares públicos o los "no lugares" como carreteras, oficinas, restaurantes, fábricas o industrias donde tienen lugar relaciones sociales complejas. Friedlander se aleja de las convenciones que existían entonces sobre lo bello, mirando al sujeto de forma directa, particularmente en su serie de desnudos donde testifica la desproporción de los miembros o el estado de sus carnes.

En el aparente eclecticismo de sus imágenes existe una decodificación de las prácticas dominantes y una renovación reflexiva sobre la función de la fotografía. Friedlander no está interesado en imponer una coherencia gráfica o estilística reconocible sino en cuestionar la lógica de lo real y su representación. En ningún momento pierde de vista que trabaja con fotografías: sus personajes son, por encima de todo, imágenes y los aborda independientemente de la información sociológica que los rodea. Friedlander personifica el paradigma del "nuevo documentalismo", caracterizado por la desjerarquización de la imagen y las nuevas prácticas formales. Entre ellas hay que destacar el uso del *flash* y las consiguientes sombras, movimientos o desenfoques, escenificando en cierto modo la representación mediante la introducción de esas impurezas. En los autorretratos es donde se produce una ruptura mayor de las reglas de la fotografía. Friedlander se presenta

disproportion of their members or the state of their flesh.
In the apparent eclecticism of his pictures, there is a decoding of prevailing practices and a reflexive renewal of the function of photography. Friedlander is not interested in imposing recognizable graphic or stylistic coherence but in questioning the logic of reality and its representation. At no time does he lose sight of the fact that he works with photographs: his characters are, above all, images, and he approaches them independently of the sociological information surrounding them. Friedlander personifies "new documental photography," characterized by removing the hierarchy of the image and implementing new formal practices. Among these are the use of the flash and the resulting shadows, movements and defocusing, which somehow set the stage for the representation via the introduction of these impurities. It is in self-portraits where the biggest break with most of the rules of photography comes. Friedlander presents himself as part of the creation of the image and forces us to introduce ourselves inside it in order to see it reflected on glass or projected on walls and floors.
In his work process, which can last for up to two years from when the negative is taken until the final positive is developed, a negation of media use of images is implicit. His favorite exhibition format are books of photographs of which he has published more than twenty, including most notably *The American Monument* (1976), a project compiling more than two hundred black-and-white photographs of commemorative monuments in the United States.
He was one of the main figures in the exhibition *New Documents* held at New York's Museum of Modern Art (New York, 1967) and in 2005 his work was the subject of an extensive retrospective exhibition by the same museum. In that same year he won the Hasselblad International Award.

17. Bernhard Fuchs

[Haslach an der Mühl, Austria, 1971. Lives in Düsseldorf]

Takes a formal approach to photography to create a synthesis of subject and environment.
His portraits characteristically accord the same importance to faces and landscapes. His series on the people of his hometown portrays them in settings in which they have strong, almost ancestral roots. The static poses contrast with idyllic landscapes; the structural qualities and color of his photographs reflect techniques widely used in advertising, but not for such everyday themes or the rural environment. Fuchs makes a theme of his own origins and seeks an authentic approach that avoids a construction of "the other", sometimes as a voyeur or using the stereotypes of "country life". His work thus fluctuates between the bringing out of a social group and the specificity of each individual.
For his urban subjects, Fuchs lays bare the rootlessness of city existence; here, the portrait backgrounds are often white walls or open doors. Models are always shot in places to which they are connected in some way—their home, their work, or some well-known public place. Both his rural and his urban photographs portray acquaintances within his own circle. Fuchs's typical works are full– and three-quarter-length portraits; the composition combines visual balance and a studied pose with an appearance of naturalness.
His recent individual shows include *Portrait-Situationen* at the Galerie Gaby Kraushaar (Düsseldorf, 2002) and exhibitions at the Kunstverein Recklinghausen (2002), the Luisotti Gallery (Santa Monica, 2003), the Museum für Gegenwartskunst (Siegen, 2004), Landesgalerie (Linz, 2005) and the Galerie Ilka Bree (Bordeaux, 2006).

18. Cristina García Rodero

[Puertollano, Ciudad Real, Spain, 1949. Now living in Madrid]

Works on an inventory of religious rites, customs, fiestas and folkloric traditions in Spain and elsewhere.
In an interview with Stanley Brandes in 2004, Rodero said she had learned a lot about Spain by reading Julio Caro Baroja and looking at the photographs of José Ortiz Echagüe. This need to find an unknown environment for her is what made her undertake the project which she would complete 15 years later after publishing a series of black-and-white photographs (most of her work is in black-and-white) grouped together under the title *España Oculta*—Hidden Spain (1989), a catalogue which received the distinction of best European costumbrista photography book. The popular, day-to-day aspects which we nevertheless see as strange are not, according to her, contrived people and situations, but something she finds in reality and which lives side-by-side, as she shows us, with irrationality, disorder and rituals.
Rodero highlights how important it is in her work to be quick, to be able to position herself in any location from which to photograph and capture the decisive moments (to use Cartier Bresson's term) and that is why she uses a 35 mm camera. Gestures, smiles or gazes emphasize the dynamism of her portraits even when the person's eyes are hidden by a hood or mask.
Her work on the corporeal and the spiritual took her to Haiti, where she returned several times over a four-year period, to make a series of photographs focused on collective rituals on the island, a mixture of voodoo and Christian syncretism. Her audacious frames depict pilgrimages to Saut d'Eau (the cascade), Santiago Lagoon, the day of the dead in Port-au-Prince or the Jacmel carnival.
Her work has been interpreted from both an anthropological standpoint and as documentary or artistic photography. In the last few years, Cristina García Rodero has traveled to other countries where she undertook new photographic projects: Venezuela, China and Cuba. She exhibited *España fiestas y ritos,* an individual exhibition at the National Archeological Museum (Madrid, 1992) and was selected for the 49th Venice Biennale (2001).

19. André Gelpke

[Beinrode, Lower Saxony, Germany, 1947. Now living in Zurich and Grattino]

Is representative of "magic realism" in a tradition of metaphysical photography.
He first ventured into professional photography in the field of photojournalism, when he worked for the magazine *Geo.* He was later a founding member of *Visum Photo Agency* and he also worked as a freelance photographer until he established himself as a teacher of photography in Zurich.
In his photographic work, his interest is defined around the concept of reality,

a si mismo como parte de la elaboración de la imagen y nos obliga a introducirnos en ella para verlo reflejado en cristales o proyectado sobre paredes y suelos.
En su proceso de trabajo que puede demorarse hasta dos años entre la toma del negativo y el positivado final, está implícita la negación del uso mediático de las imágenes. Su formato de exposición preferido son los libros de fotografías de los que ha publicado más de una veintena entre los cuales hay que destacar *The American Monument* (1976), un proyecto en el que en más de doscientas fotografías en blanco y negro recopila monumentos conmemorativos de los Estados Unidos.
Fue una de las principales figuras en la exposición *New Documents* celebrada en el MoMA (Nueva York, 1967) y en 2005 su obra fue motivo de una gran retrospectiva por el mismo museo. Ese mismo año se le otorgó el premio Hasselblad International Award.

17. Bernhard Fuchs

[Haslach an der Mühl, Austria, 1971. Vive en Düsseldorf]

Fundamenta sus fotografías en los aspectos formales realizando una síntesis entre el retratado y el entorno.
Los retratos de Fuchs se caracterizan por otorgar la misma importancia al rostro que al paisaje. Las fotografías que tomó de los paisanos de su pueblo natal Mühlviertel los muestra en lugares con los que mantienen fuertes vínculos, prácticamente ancestrales. El estatismo en el posado contrasta con la imagen de paisajes idílicos, sobre todo porque las cualidades estructurales y el color de sus fotografías es una técnica que proviene y se ha utilizado ampliamente en el mundo de la publicidad, pero no para aproximarse a temas cotidianos ni aún menos al entorno rural. Tematizando sus orígenes, intenta alcanzar una aproximación auténtica que evite una construcción "del otro" en ocasiones como *voyeur* y con frecuencia desde los estereotipos que se tienen sobre "la vida rural". Su trabajo oscila así entre la presentación de un grupo social y la peculiaridad que ofrece cada individuo.
Cuando los sujetos viven en la ciudad, las fotos dejan ver la carencia de raíces como una cualidad de la vida urbana y los fondos del retrato, en esta ocasión, suelen ser paredes blancas y puertas abiertas. En todos los casos se trata de lugares con los que los fotografiados tienen alguna relación: su casa, el trabajo o algún lugar conocido de la calle. Tanto en las fotos rurales como en la ciudad, los modelos fotografiados eran personas de su entorno próximo. Las poses más frecuentes que utiliza son retratos de cuerpo entero o tres cuartos, cuya composición trata de ser armoniosa y muy elaborada aunque no renuncia a que parezca natural.
Entre sus exposiciones individuales más recientes está *Portrait-Situationen* en la Galerie Gaby Kraushaar (Düsseldorf, 2002), el Kunstverein Recklinghausen (2002), la galería Luisotti (Santa Mónica, 2003), el Museum für Gegenwartskunst (Siegen, 2004), Landesgalerie (Linz, 2005) o la Galerie Ilka Bree (Burdeos, 2006).

18. Cristina García Rodero

[Puertollano, Ciudad Real, España, 1949. Vive en Madrid]

Trabaja en el inventario sobre ritos religiosos, costumbres, fiestas y tradiciones folklóricas en España y otros países.
Rodero manifestaba en una entrevista que le hizo Stanley Brandes en 2004 que aprendió mucho de España leyendo a Julio Caro Baroja y mirando las fotografías de José Ortiz Echagüe. Esa necesidad de encontrar un entorno desconocido para ella es el que le hace emprender el proyecto que concluiría quince años después en la publicación de una serie de fotografías en blanco y negro (que caracteriza la mayor parte de su producción) agrupadas bajo el título *España Oculta* (1989), un catálogo que recibió la distinción de mejor libro europeo de fotografía costumbrista. Los aspectos populares, cotidianos y que sin embargo percibimos como extraños no se tratan, según ella, de tipos y situaciones preparadas sino de algo que encuentra en la realidad y que convive, según nos muestra, con la irracionalidad, el desorden o los rituales.
Rodero destaca lo importante que es en su trabajo la rapidez, la posibilidad de colocarse en cualquier lugar desde el que poder fotografiar y captar los momentos decisivos (en términos de Cartier-Bresson) y para ello se vale de una cámara de 35 milímetros. Los gestos, las sonrisas o las miradas enfatizan el dinamismo de sus retratos incluso cuando los ojos aparecen tapados por capuchas o máscaras.
Su trabajo en torno a lo corporal y lo espiritual la llevó a Haití, país al que ha vuelto a lo largo de cuatro años, para realizar una serie de fotografías concentradas en los rituales colectivos que tienen lugar en la isla, mezcla del sincretismo de vudú y cristianismo. Sus audaces encuadres recogen las peregrinaciones a Saut d'Eau (la cascada), la laguna Santiago, el día de Difuntos en Puerto Príncipe o el carnaval de Jacqumel.
Su obra ha sido leída tanto desde una óptica antropológica, como desde la fotografía documental o el ámbito artístico. En los últimos años Cristina García Rodero se ha desplazado a otros países donde ha desarrollado nuevos proyectos fotográficos: Venezuela, China o Cuba. Expuso *España, fiestas y ritos* individualmente en el Museo Nacional de Antropología (Madrid, 1992) y fue seleccionada en la edición XLIX de la Bienal de Venecia (2001).

19. André Gelpke

[Beinrode, Baja Sajonia, Alemania, 1947. Vive en Zúrich y Grattino]

Es representante de un cierto "realismo mágico" siguiendo una tradición de fotografía metafísica.
Sus primeras experiencias en la fotografía profesional fueron desde el campo del fotoperiodismo donde colaboró para la revista *Geo*, posteriormente fue miembro fundador de *Visum Photo Agency* y trabajó como fotógrafo *freelance* hasta que se establece como profesor de fotografía en Zúrich.
En su obra fotográfica su interés se define en torno al concepto de realidad, planteando situaciones que permanecen en suspenso y que impiden leer las imágenes de modo unívoco. La condición solitaria de las sociedades posmodernas, que refleja en muchos de sus retratos, le preocupa especialmente, por eso en sus fotografías los personajes o modelos aparecen de espaldas resaltando sus peinados, complexión o algunos de los complementos (sombreros, flores, etc.) que visten. Cuando los retratados aparecen de frente, Gelpke oculta los rasgos específicos de los rostros interponiendo objetos que impiden la empatía entre el espectador y el rostro retratado, haciéndonos conscientes de la corporeidad del sujeto pero sin darnos otros datos sobre los estados anímicos o los rasgos peculiares que los convertirían en individuos concretos. Posiciones inciertas que propone como inicio de acontecimientos cuya narración enfrenta a la corriente dominante. Gelpke parece darnos a entender que en un mundo saturado de imágenes, éstas no alcanzan nuestras conciencias. Tal vez por eso nos quita parte de la información que puede dar la imagen de un retrato

proposing situations which remain in suspense and which prevent us from reading the images unequivocally. The solitary nature of postmodern societies, which he reflects in many of his portraits, is a special concern of his, which is why in his photographs the characters or models appear with their backs turned and their hair-styles, complexion or accessories (hats, flowers, etc.) highlighted. When those photographed appear facing the camera, Gelpke hides the specific features of their faces by interposing objects which prevent viewers from feeling empathy with the face, making us aware of the corporeal nature of the subjects but without giving us information about the state of mind or particular features which would make them specific individuals. He proposes uncertain positions as the triggers of events whose narration goes against the prevailing current. Gelpke appears to want us to think that in a world that is saturated with images, these do not actually reach our consciences. Perhaps this is why he removes part of the information which a portrait might give us, making what is real something very close to fiction. These artificial universes are explored in series like *Fluchtgedanken* (1983) and *Sex Theater* (1981) which he has exhibited, among many other museums, in the *Stedelijk* (Amsterdam, 1977) and the *Sprengel* (Hanover, 1990).

20. Pierre Gonnord
[Cholet, France, 1963]

Is a portrait photographer who returns to the classical portrait from the standpoint of the avant-garde strategists (mainly situationism) and postmodernity.

The reconstruction of identities in his case has a component which is developed over time, and he investigates as he roams the streets of different countries seeking anonymous, peculiar beings whose selection responds more to personal fantasies than to a predefined concept. "I used to go out on the streets and look for people, people who appealed to me, intuitively. I would stop them and invite them to a session to pose." Beggars, immigrants, young people have been some of those who attracted his attention. In fact, Gonnord does not highlight the "differences" between the tramp and the designer, but the stories which he tells us give us different information about the subjects of his portraits. For example, of one of them he says: "Eladio lives in my neighborhood. He's a mystic, with great strength and plenitude, although happiness is not his prevailing trait. We often meet around the neighborhood, and I don't talk about his life or he of mine."[8]

In his photographs he seeks to highlight everyday faces, an approach he owes to the painting of the Spanish Golden Age. Velázquez, Zurbarán and Goya are references present in his photographs. They are images that are expressive, crude or representative of heads whose position varies very little from one work to the next, and neither do the black, neutral backgrounds, characteristic of this sculptural vision which seeks to attain "original, untainted beauty, unperverted by society." He has remarked: "Over time, I have learned to appreciate what a portrait really is, the power and the strength in a face which trap you."

His individual exhibitions include those held at Maison Européenne de la Photographie (Paris, 2005), *Realidades* at Museo de Bellas Artes (Seville, 2007) and *Testigos* at Centro de Fotografía de la Universidad de Salamanca (Salamanca, 2008).

21. Nan Goldin
[Washington, United States, 1953. Now living in New York]

Is one of the photographers who has been most interested in giving expression to her private life and her immediate surroundings, photography as a "visual diary." She has taken the minutes of her life in an extensive series of photographs of her friends and lovers, her travels and the crises in her relationships. Immersed in the American counter-culture scene, the artist recreates the lives of what she calls her "extended family" and she does so by overstepping the limits of social taboos or modesty, but maintaining the affectionate link with the themes and people she represents. One of her best-known works, *The Ballad of Sexual Dependency* (1981-96), is a journey through the loving attitudes and sexual behaviour of a generation: that of the 1980s. It is a multimedia installation comprising 700 pictures and accompanied by a soundtrack. In both this work and the film *I'll be your mirror* (1995), she clearly shows the narrative quality and cinematographic perspective with which she takes photographs, using sequencing and editing.

The subjects are photographed without ever losing sight of the representation, the use of close-ups, the combination of saturated colors, beauty, artificial and natural light, which give her pictures great sensuality. "My aim is to preserve the meaning of people's lives, giving them the strength and beauty which I see in them," said Goldin, summing up the interests which co-exist in her photography, the emotional approach and force, as well as the visual power. A delicate balance between the personal and the public which obliges the redefinition of terms like documentary, social, objectivity and intimacy.

She has had outstanding individual exhibitions at the Moderna Museet (Stockholm, 1993), the Whitney Museum (New York, 1996) and the Centre Georges Pompidou (Paris, 2001).

22. Axel Grünewald
[Herford, Germany, 1954. Lives in Bielefeld]

Has founded a project in the style of the new German documentary photography of the late 1980s.

He studied photography and typography at the Universität Bielefeld from 1976 to 1982. From 1985 onward he traveled to the East, including India and Nepal, to produce photo reportage for German Sunday supplements and, as a parallel pursuit, to articulate a personal and independent photographic discourse. Grünewald's work dissects the everyday life of Eastern cities, offering a visual correlate of smells, sounds and meetings; he gives an account of a range experiences and feelings from the perspective of a European visitor.

One of his principal projects was *Ojana Lok*, completed in 1992 with the support of an *Alfried Krupp Bohlen und Halbach* grant. This series is the outcome of four trips to Calcutta, India, in 1990 and 1991. The photographer uses stills and video to capture his experience, with virtually no external indication of his location. Grünewald isolates figures from their background to create unconventional images, while complicating the boundary between content and selected motifs. The fragmentary arrangement of the individual shots takes on

convirtiendo lo real en un estado próximo a la ficción. Esa serie de universos artificiales los explora en series como *Fluchtgedanken* (1983) o *Sex Theater* (1981), que ha expuesto entre otros museos en el Stedelijk (Amsterdam, 1977) o en el Sprengel (Hannover, 1990).

20. Pierre Gonnord
[Cholet, Francia, 1963]

Es retratista y vuelve al retrato clásico desde la lectura de las estrategias vanguardistas (del situacionismo, fundamentalmente) y la posmodernidad.
La reconstrucción de identidades en su caso tiene un componente que se desarrolla en el tiempo, la indagación se produce en el deambular por las calles de diferentes países buscando seres anónimos, peculiares, cuya selección responde más bien a fantasías personales que a un concepto definido. "Salía a la calle a buscar gente, gente que me apetecía, intuitivamente. Los paraba y les invitaba a una sesión de posado". Mendigos, inmigrantes, jóvenes han sido algunas de las personas que han llamado su atención. En realidad Gonnord no exalta las "diferencias" entre el vagabundo y el diseñador, tan solo las historias que nos cuenta nos dan otra información sobre los retratados. Por ejemplo de uno de ellos dice: "Eladio vive en mi barrio. Es un místico, con una gran fuerza y plenitud, aunque la alegría no sea su rasgo dominante. Nos vemos a menudo por el barrio, y yo no hablo de su vida ni él lo hace de la mía."[8]
En sus fotografías busca la exaltación de los rostros cotidianos, una aproximación deudora de la pintura del siglo de oro español. Velázquez, Zurbarán o Goya son referencias que están presentes en sus fotografías. Imágenes expresivas, crudas o representativas de cabezas cuya postura varía muy poco de una obra a otra, como tampoco lo hacen los fondos negros, neutros, característicos de esta visión escultórica que intenta alcanzar la "belleza originaria, sin mancha, que la sociedad no haya pervertido". Ha manifestado: "con el tiempo he aprendido a apreciar lo que es verdaderamente un retrato, la potencia y la fuerza que te atrapan en un rostro".
Entre sus exposiciones individuales destacan las realizadas en la Maison Européenne de la Photographie (París, 2005), *Realidades* en el Museo de Bellas Artes (Sevilla, 2007) o *Testigos* en el Centro de Fotografía de la Universidad de Salamanca (Salamanca, 2008).

21. Nan Goldin
[Washington, Estados Unidos, 1953. Vive en Nueva York]

Es una de las autoras que más se ha interesado por plasmar su vida privada y la de su entorno, la fotografía como "diario visual". Levanta acta de su vida en extensas series fotográficas sobre sus amigos y amantes, sobre sus viajes y las crisis en sus relaciones. Inmersa en el panorama de la contracultura norteamericana, la artista recrea la vida de los que ella denomina como su "extensa familia" y lo hace traspasando los límites impuestos por los tabúes sociales o el pudor, pero manteniendo la vinculación afectiva con los temas y personas que representa. En uno de sus trabajos más conocidos, *The Ballad of Sexual Dependency* (1981-1996), hace un recorrido por las actitudes amorosas y el comportamiento sexual de una generación, la de los años ochenta. Se trata de una instalación multimedia compuesta por setecientas imágenes que acompañó de una banda sonora. Tanto en este caso como en la película *I'll be your mirror* (1995) queda claramente expuesta la cualidad narrativa y la perspectiva cinematográfica con que acomete sus fotografías valiéndose de la secuencia y la edición.
Los sujetos son fotografiados sin perder nunca de vista la representación, la utilización de primeros planos, la mezcla de colores saturados, la belleza, la luz artificial o natural que confieren a sus imágenes gran sensualidad. "Mi deseo es preservar el sentido de la vida de la gente, dotarlos de la fuerza y la belleza que yo veo en ellos", ha manifestado Goldin sintetizando los intereses que coexisten en sus fotografías, la aproximación y fuerza emocional junto con el poder visual. Un delicado equilibrio entre lo personal y lo público que obliga a redefinir términos tales como documental, social, objetividad o intimidad.
Entre sus exposiciones individuales más destacadas están la del Moderna Museet (Estocolmo, 1993) el Whitney Museum (Nueva York, 1996) o el Centre Georges Pompidou (París, 2001).

22. Axel Grünewald
[Herford, Alemania, 1954. Vive en Bielefeld]

Fundamenta su proyecto siguiendo el estilo de la nueva fotografía documental alemana que se desarrolló a finales de los años ochenta.
Estudió fotografía y tipografía en la Universidad Técnica Bielefeld entre 1976 y 1982. Desde 1985 viaja a países asiáticos como Nepal o India donde alterna la producción de reportajes fotográficos concebidos para suplementos de periódicos alemanes con la realización de fotografías que intentan articular un discurso personal e independiente. En sus tomas muestra la vida cotidiana de las ciudades extranjeras visitadas intentando que nos acerquemos visualmente a los olores, los ruidos o los encuentros que tienen lugar en aquellas ciudades y que han producido experiencias y sentimientos diversos que retrata desde la perspectiva de un visitante europeo.
Uno de sus proyectos más destacados ha sido *Ojana Lok* realizado en 1992 con la beca Alfried Krupp Bohlen und Halbach. Esta serie de fotografías son el resultado de cuatro viajes que efectúa a Calcuta (India) entre 1990 y 1991. El fotógrafo recoge con una cámara de fotos y de vídeo su experiencia sin ofrecer apenas datos sobre la localización. Aísla los motivos de su contexto para crear imágenes poco convencionales sin establecer una línea clara entre el contenido y los motivos escogidos. El carácter fragmentario de las imágenes individuales adquiere sentido cuando el espectador puede acceder a la totalidad de las instantáneas en su conjunto.
Su trabajo se ha expuesto colectiva e individualmente a nivel internacional, destacando *Ojana Lok* (Experimentando lo desconocido), exposición itinerante que se expuso en el Museum Folkwang (Essen, 1992), la Blue Sky Gallery (Portland, Oregon, 1994) o la Birla Academy of Arts and Culture (Calcuta, 1994). En 1999 participa en la exposición *Fotoarbeiten*, en el Förderverein Aktuelle Kunst de Münster y en el año 2000 realiza la muestra Elbe en el Goethe-Institut, Warschau.

23. Jitka Hanzlová
[Nachiv, República Checa, 1958. Vive en Essen, Alemania]

Realiza con sus retratos en la calle una exploración sensible del mundo.
En sus retratos, siempre en color y formato vertical aparece un sujeto que enfrenta la cámara y un fondo paisajístico o arquitectónico, siempre desenfocado en contraste con el modelo que se presenta nítido. Retrata todo tipo de personas. Cuando estudiaba en Alemania hacía viajes a su ciudad natal para fotografiar a viejos amigos y conocidos, lo que dio lugar a la serie *After the Village* (1990-1994). En Essen trabajó con los habitantes de

meaning when the viewer gains access to the totality of the series.

His work has been exhibited collectively and individually at international venues, the standout being *Ojana Lok* (Experiencing the Unknown), touring show that visited the Museum Folkwang (Essen, 1992), the Blue Sky Gallery (Portland, Oregon, 1994) and the Birla Academy of Arts and Culture (Calcutta, 1994). In 1999, Grünewald took part in the *Fotoarbeiten*, at the Förderverein Aktuelle Kunst in Münster, and in 2000 participated in the Elbe show at the Goethe-Institut, Warsaw.

23. Jitka Hanzlová

[Nachiv, Czechoslovakia, 1958. Lives in Essen, Germany]

Uses street portraiture to engage in a sensory investigation of the world.

Her portraits, always vertical and in color, present a model facing the camera; a landscape or architectural background dissolves out of focus, in contrast with the sharply contoured subject. Hanzlová uses a wide range of models. As a student in Germany, she traveled to her home town to photograph old friends and acquaintances, and created the series *After the Village* (1990-94). In Essen, she worked with the residents on a housing project near an industrial estate to produce the series *Bewohner* (1994-96). *Female* was a project Hanzlová built up from 1997 to 2000; its 53 photographs examine the features of modern women, looking at various facets, ages, styles and settings. The female subjects are unposed, in outdoor scenery. But each model is treated as a unique individual, not as a representative of a social group, a type of woman, or an occupation or region. The titles are generally just the model's first name. Hanzlová explores the body, but not as constructed in the mass media (the surface, the material aspect), but as a facet of the person. She offers details that take us beyond mere image, and yet uses the sobriety of her imagery to maintain a distance from her subjects. Her series begun in 2004, *The Cotton Rose*, portrays strangers encountered in Japan, chance meetings resulting in a quick snap that does not purport to capture the subject's psychology, but simply to isolate a given moment and hold it up to the light.

Highly regarded since the early 1990s, Hanzlová's work has been exhibited in venues such as Frankfurt (Kunstverein, 1996), New York (1999) and Hamburg (2000).

24. Cristóbal Hara

[Madrid, Spain, 1946. Lives in Cuenca]

Uses coloristic photographs to blur the boundaries between fact and fiction and create an ironic account of Spanish rural life.

Hara's family roots and intellectual and emotional education are marked by a varied geography—the Philippines, the United States, Germany and Spain. Having taught himself to use a camera and having discovered the surprises of the photographer's darkroom, he originally wanted to become a photojournalist; when around 1985 he started to use color, however, he came down on the side of articulating a visual language on the frontier between fiction and reality, which he was determined to cross.

Cristóbal Hara does not so much seek out "key" moments but works with the backdrop, which the eye does not fully perceive, wired as it is to follow action. He looks deeply, and when he thinks he has found what he wants to capture, he shoots. Background for Hara is like a stage set. This figurative and imaginative protocol governs his prints in books such as *Vanitas* (1998), the outcome of his many trips across Spain, with death as his fellow-traveling theme, and *Lances de aldea* (1992), which follows would-be bullfighters on their small-scale rural tours. In photographic compendia like *An Imaginary Spaniard* (2004), Hara built a reputation as a portrayer of the farthest inland reaches of Spain, with images austerely stripped of stereotype and cliché. And yet in this and in his other works Hara entertains a fundamental concern with photographic language.

After spending years recording the fiestas of small villages in Spain, he then turned his gaze to nature and its enemies in his collection *Contranatura* (2006)—large natural disasters, nuclear accidents, chemical discharge, deforestation, fire, retreating glaciers... devastation in its many forms.

His principal shows include *Contranatura* (touring, at PhotoEspaña, Madrid, 2006), Fotoencuentros (Murcia, 2007), the Museo Abstracto de Cuenca (1971) and *Three Contemporary Photographers*, Victoria & Albert Museum (London, 1974).

25. Craigie Horsfield

[Cambridge, United Kingdom, 1949. Now lives in London and New York]

Seeks to use his photography to describe human relationships in the heart of the city.

Since the 1990s he has made a series of works which reflect on the relationship between the individual and the collective. His work includes photographs, conceptual pieces and collective projects (in which he has involved economists, anthropologists and architects). Horsfield defends this working structure not as the sum of isolated parts but as a conceptual body, a totality which comprises various forms.

For Horsfield, photography should itself become our consciences in the world and its transformation should be the result of experience and observation of its interaction with reality. Rather than a description of places and people, his pictures deal with human relationships in the heart of the city, their basic structure, and that is why they emerge from various narrations in the dialogue which he holds with people. Some of these projects have taken place in Spain, such as *La ciutat de la gent* (Barcelona, 1993-95, Fundació Antoni Tàpies) and *El Hierro Conversation* (Gran Canaria, 2001-02).

His large format works are subjected to a long post-production process to obtain the subtleties of color which he is looking for in his treatment of photographs as a surface. Some of his pictures allude to the history of painting, in particular, he said of Velázquez's portraits: "What I find convincing in Velázquez's portraits is their particular way of relating the institutions of power, in which it is possible to create works which reform value from inside, thereby making the humanity of the portrait real."[9]

Horsfield has participated in major individual exhibitions in the Stedelijk van Abbe Museum (Eindhoven), the Carnegie Museum (Pittsburg) and the Walker Art Center (Minneapolis) and was included in the tenth and eleventh editions of Documenta (Kassel, 1995 and 2002) and in the Whitney Biennial (New York, 2003).

un barrio de viviendas protegidas en una zona industrial, que tradujo en la serie *Bewohner* (1994-1996). *Female* es un proyecto que desarrolla de 1997 al 2000 donde en 53 fotografías estudia las características de la mujer actual, mostrando diferentes facetas, edades, estilos y procedencias. Posan de forma natural y están retratadas en exteriores. Pero cada persona está tomada como un individuo único y no como representante de un grupo social, de un tipo de mujer, profesión o región. Los títulos suelen ser únicamente el nombre de pila. Habla de los cuerpos pero no de la imagen que nos ofrecen los medios de comunicación (su superficie, su materialidad) sino de las personas. Ella capta la imagen pero ofrece detalles que nos hacen ir más allá pero manteniendo la distancia con los sujetos fotografiados mostrando su sobriedad. En la serie que inicia en 2004, *The Cotton Rose,* retrata a desconocidos que encuentra en Japón, encuentros casuales y espontáneos que tienen como resultado una toma rápida que no pretende ser una aproximación psicológica al retratado, más bien mostrar un momento y aislarlo.
Su trabajo es muy apreciado desde principios de los años noventa exponiendo en Frankfurt (Kunstverein, 1996), Nueva York (1999) o Hamburgo (2000).

24. Cristóbal Hara
[Madrid, España, 1946. Vive en Cuenca]

En sus fotografías coloristas difumina las fronteras entre realidad y ficción plasmando irónicamente la vida rural española.
Sus orígenes familiares, su formación intelectual y emocional están marcadas por la geografía (una mezcla de Filipinas, Estados Unidos, Alemania y España). Practicó el uso de la cámara y descubrió las sorpresas del revelado. En sus inicios quería ser fotoperiodista pero con la introducción del color en sus tomas (en torno a 1985) se decantó por un lenguaje limítrofe entre la realidad y la ficción que Hara pretende traspasar.
Más que acechar instantes "clave", Cristóbal Hara actúa sobre los fondos (algo que el ojo no ve porque está acostumbrado a trabajar sobre la acción). Los mira y posteriormente cuando cree que ha encontrado lo que desea, los fotografía. Para él los fondos son como decorados de un teatro. Este protocolo figurativo e imaginativo rige sus placas en libros como *Vanitas* (1998), producto de sus muchos recorridos por España con la muerte como compañera de viaje, o *Lances de aldea* (1992), dedicado al toreo campestre a través de sus amigos los maletillas. Compendios fotográficos como *An Imaginary Spaniard* (Un español imaginario, 2004), han forjado la reputación de Hara como retratista de la España interior, imágenes despojadas de los tópicos y estereotipos. Sin embargo, en éste como en otros trabajos, Hara mantiene su preocupación fundamental por el lenguaje fotográfico.
Después de retratar durante años las fiestas de los pequeños pueblos de la geografía española, su actual mirada de la naturaleza, plasmada en el trabajo *Contranatura* (2006), tiene otras derivas: grandes catástrofes naturales, accidentes nucleares, vertidos químicos, aniquilación de los bosques, incendios, glaciares que se derriten... la devastación en diversas formas.
Entre sus exposiciones sobresalen *Contranatura* (itinerante en PhotoEspaña, Madrid, 2006), Fotoencuentros (Murcia, 2007), el Museo Abstracto de Cuenca (1971) o la muestra *Three Contemporary Photographers*, celebrada en el Victoria & Albert Museum (Londres, 1974).

25. Craigie Horsfield
[Cambridge, Reino Unido, 1949. Vive entre Londres y Nueva York]

Intenta describir con sus fotografías las relaciones humanas en el seno de la ciudad.
Desde los años noventa realiza una serie de trabajos que reflexionan sobre la relación entre lo individual y lo colectivo. Su obra comprende fotografías, piezas conceptuales o proyectos colectivos (en los que ha implicado a economistas, antropólogos o arquitectos). Horsfield defiende esta estructura de trabajo no como una suma de partículas aisladas sino como un cuerpo conceptual, una totalidad que comprende diversas formas.
La fotografía para Horsfield debe convertirse en nuestra conciencia del mundo y su transformación deber ser el resultado de la experiencia y la observación en su interactuación con la realidad. Más que una descripción de lugares y ciudadanos, sus imágenes tratan las relaciones humanas en el seno de la urbe, su estructura básica, por eso surgen de diversas narraciones en el diálogo que mantiene con la gente. Algunos de estos proyectos han tenido lugar en España como es el caso de *La ciutat de la gent* (Barcelona, 1993-1995, Fundació Antoni Tàpies) o *El Hierro Conversation* (Gran Canaria, 2001-2002).
Sus copias de gran formato son sometidas a un largo proceso de posproducción para obtener los matices de color que busca en su tratamiento de la fotografía como superficie. Algunas de sus imágenes aluden a la historia de la pintura, en concreto sobre los retratos de Velázquez ha comentado: "Lo que encuentro convincente en los retratos de Velázquez es su particular modo de relación con las instituciones de poder, en el que es posible hacer obra que reforma el valor desde dentro, lo que hace real la humanidad del retratado."[9]
Horsfield ha participado en importantes exposiciones individuales en el Stedelijk van Abbe Museum (Eindhoven), el Carnegie Museum (Pittsburg) o el Walker Art Center (Minneapolis) y ha sido incluido en las Documentas X y XI (Kassel, 1995 y 2002) y en la Whitney Biennial (Nueva York, 2003).

26. Valérie Jouve
[Saint-Etienne, Francia, 1964. Vive en París]

Está interesada en producir imágenes cuya característica primordial sería poner de manifiesto la relación espacio/figura y todas las redes que comparten, en una revisión de la fotografía de calle.
Sus obras, que nacen de un encuentro o de una vivencia, son el resultado de un trabajo con actores colocados en un lugar. La postura y gestos adoptados por esos cuerpos en el espacio arquitectónico o en la naturaleza se refuerza con la aparente indiferencia de las figuras que miran hacia atrás, o fuera del plano, absortos en sus pensamientos. En este campo de la representación su serie *Les Passants* es una variación prosaica donde la autora compone los escenarios y caracteriza a los personajes, simulando los gestos del documentalismo americano y la fotografía de calle.
La construcción de la ciudad por medio de los recorridos se hace patente en diversas secuencias donde aparece gente caminando en contraste con la inmovilidad y congelación de la toma fotográfica. Los peatones marchan por la ciudad aceptando los cambios que se le imponen en el entramado urbano, la vigilancia a la que son sometidos, aunque en ocasiones transgreden el orden determinado. Como espectadores nos invita a reflexionar ante unas imágenes cuyos elementos no responden de forma "natural" al entorno que conocemos, por ejemplo, deteniendo el movimiento de las personas, como si estuviesen suspendidos en el tiempo.
Jouve no construye las imágenes en base a una aproximación espectacular o una parodia irónica del mundo, su propuesta se vale

26. Valérie Jouve
[Saint-Etienne, France, 1964. Lives in Paris]

Uses a revised form of street photography to lay bare the relationship between space and figure and their shared networks.
Her works, each born of a meeting or lived experience, are produced by working with actors in a given setting. The poses and gestures of those bodies in a natural or architectural space are underscored by the figures" apparent indifference—they look behind them or, absorbed in their own thoughts, gaze out of the frame. Her series *Les Passants* is a "prose" variation in this field of performance, in which the artist composes the scenery and delineates the characters by simulating the gestures of the American documentary tradition and street photography.
The construction of a city by its living, moving paths is dissected in several sequences of people walking, in sharp contrast to the frozen stillness of the photographic shot. Her pedestrians wander through the city and accept the changes wrought on them in the urban fabric, the surveillance to which they are made subject, although they sometimes transgress the predetermined pattern. Jouve invites the viewer to reflect in the face of images that do not make a "natural" fit with our known environment: people's movement, for example, is held still, as if suspended in time.
She does not deploy a spectacular approach or an ironic parody of reality, but enlists the intricacies of conjecture and meditation. Jouve points towards an anti-illusionist reading of her images, which are not to be seen as autonomous but address the set of figures as a whole, providing a space for immersion in which the viewers can let their gaze wander.
Some recent shows include exhibitions at the Sprengel Museum (Hanover, 2005), Ateliers de la ville (Marseilles, 2003), *Salamanca un proyecto fotográfico* (2002) and the Anne de Villepoix Gallery (Paris, 1999).

27. Judith Joy-Ross
[Hazleton, United States, 1946. Lives in Pennsylvania]

Continues the documentary tradition to portray a cross-section of social strata in the United States.
Her black-and-white portraits continue the classical tradition of subject-matter and technique. She portrays people who bear the imprint of history or society, and surveys the full compass of experience from childhood to old age.
Her series are underpinned by her own civic sense and emotional experiences. One of her recurring themes is children, with whom she constructs a metaphor of purity, vulnerability and innocence. In the early 1980s, on the journey home, she took some snaps of children in a swimming pool which became the starting-point of several series revolving around childhood. *Portraits of the Hazleton Public Schools* (1992) is a series voicing concern for child protection. As an extension of this theme, Ross takes an interest in social assistance for the old. Her photographs, taken using a 8x10-inch camera, were published in a book devoid of text; she excluded any documentary trappings to ensure the work was an "emotional journey." Most of the sitters are schoolchildren aged 6 to 18 facing the lens, with expressions and postures of mingled innocence and boredom, anxiety and self-consciousness.
The ability of some people to change the lives of others is one of the underlying themes of her numerous portraits of uniformed officers—policemen, soldiers, firemen—in which she uncovers their vulnerability as human beings. In her *Portraits of the Vietnam Veterans Memorial* (1983-84), Ross makes a record of the aftermath of the Vietnam War and the complexities of the American collective awareness of defeat, portraying the wide variety of people affected by the experience. In *Portraits of the United States Congress* (1987), Ross shows United States Congressmen as mere human beings with specific traits, thus dissolving the remoteness created by the mass media.
Ross's work has been exhibited in over 50 collective shows, including *The Persistence of Photography in American Portraiture* at the Yale University Art Gallery (2000), *Open Ends: Innocence and Experience*, MoMA, in New York (2000), and *Making Faces: The Death of the Portrait* at the Musée de l'Elysée and the Hayward Gallery (Lausanne and London 2003-04).

28. Astrid Klein
[Cologne, Germany, 1951]

Has focused on representing absence via large format images themselves referenced to the photographic medium. Her portraits are often schematic human silhouettes from enlarged media photographs, whose reticules and surfaces are explored and evidenced, pointing to a reflection on the nature of certain news. They are imprecise and austere representations of beings and objects in which she does not allow any formal concessions. In some of her series she uses fragmentation and recomposition, in different contexts, of the same images. The contrasts and photographic grain are part of the visual language with which Klein works, as is her meticulous handling of the negative or positive via large-scale solarizations. The reference to the formal qualities of the photographic medium is evident in the conjunction of stories and layers offered by the various exposures to light, so that the material qualities of the photographic medium are evidenced in an attempt to strengthen the enigmatic, disturbing and inaccurate aspect of memory. In her projects, she also works on the definition of photography as a form of memory, in a society that is fragmented and whose sense of history appears to be coming to an end (in this regard, we should not underestimate the weight of history for Germans, a constant struggle between remembering the past and breaking with it). This analytical position, brim-full of psychological content, always deals with the matter of existence from a collective perspective, from which it seeks to represent what is absent. Klein groups together her images around a concept the associative meaning of which is interchanged with the titles of her works. She sometimes accompanies the works with textual references which focus her critical and reflexive purpose. She has had individual exhibitions in the ICA (London, 1989), Kunsthalle of Nuremberg, 1994 and KunstRaum Hinrichs (Trier, 2000).

29. William Klein
[New York, United States, 1928. Lives in Paris]

Is highly regarded for both his cityscapes and his fashion photography, which he shoots outdoors taking his inspiration from journalism.
Briefly a student of André Lhote and Fernand Léger, Klein became a precursor of a new way of representing the city and published one of the landmark works of

de la especulación y la meditación. Establece la lectura de sus imágenes sobre una base anti-ilusionista, no pretende que sus retratos sean autónomos sino tomar el conjunto de figuras que pasean como un espacio de inmersión donde el espectador puede deambular con su mirada.
Algunas de las exposiciones en las que ha participado recientemente incluyen el Sprengel Museum (Hanover, 2005), Ateliers de la ville (Marsella, 2003), *Salamanca un proyecto fotográfico* (2002) o la galería Anne de Villepoix (París, 1999).

27. Judith Joy-Ross
[Hazleton, Estados Unidos, 1946. Vive en Pennsylvania]

Siguiendo la tradición documental, se ocupa de retratar diversos estratos sociales en Norteamérica.
La aproximación de Ross, con sus retratos en blanco y negro, es continuadora del clasicismo tanto en el tema como por las herramientas con las cuales trabaja. Retrata a personas que se han visto afectadas por la historia o la sociedad, recogiendo la trayectoria de una experiencia desde sus inicios en la infancia hasta la madurez.
Son series motivadas por un sentido cívico así como por sus vivencias emocionales. Uno de sus temas predilectos han sido los niños, intentando establecer una metáfora entre ellos y la bondad, la pureza, la vulnerabilidad. A principios de los años ochenta, en un viaje a su casa familiar, hace unas fotografías de chicos en piscinas que son el punto de partida de diversas series que tienen la niñez como centro de su trabajo. *Portraits of the Hazleton Public Schools* (1992) es una serie en la que se preocupa por la protección a la infancia. Como extensión a esta inquietud también se interesa por la asistencia social que reciben los mayores. Sus fotografías tomadas con una cámara de 8 x 10 pulgadas fueron publicadas en un libro sin ningún texto que las interpretara porque no quería introducir ningún aspecto documental en su trabajo sino que fuesen un "viaje emocional". Así la mayoría de los retratados son estudiantes, de seis a dieciocho años que miran a la cámara de frente, con expresiones y posturas que son una mezcla de inocencia y aburrimiento, de angustia y conciencia de sí mismos.
El poder que tienen algunas personas para cambiar las vidas de otros también le ha interesado, realizando numerosos retratos de gente uniformada (policías, soldados, bomberos) en los que descubre la vulnerabilidad de esos seres humanos. En la serie *Portraits of the Vietnam Veterans Memorial* (1983-1984), Ross trata la guerra de Vietnam con la complejidad que supuso para la conciencia colectiva americana la pérdida de esta guerra, retratando la variedad de personas afectadas por la experiencia. También en la serie *Portraits of the United States Congress* (1987) fotografía a los congresistas estadounidenses mostrándolos como simples seres humanos con diversas cualidades pero diametralmente opuestas a la lejanía que imponen los medios de comunicación masivos.
Su trabajo ha sido expuesto en más de cincuenta colectivas, incluyendo *The Persistence of Photography in American Portraiture*, en la Yale University Art Gallery (2000), *Open Ends: Innocence and Experience*, en el MoMA de Nueva York (2000) o *Making Faces: The Death of the Portrait* en el Musée de l'Elysée, y la Hayward Gallery (Lausanne y Londres, 2003-2004).

28. Astrid Klein
[Colonia, Alemania, 1951]

Se ha ocupado de la representación de la ausencia mediante imágenes de gran formato autorreferenciales al medio fotográfico.
Sus retratos son a menudo siluetas humanas esquemáticas que provienen de fotografías ampliadas de los medios de comunicación, cuyas retículas y superficies son exploradas y puestas en evidencia apuntando a la reflexión sobre la naturaleza de ciertas informaciones. Son representaciones imprecisas y austeras de seres y objetos en los que no admite concesiones formales. En algunas de sus series se vale de la fragmentación y recomposición, en nuevos contextos, de imágenes anteriores. Los contrastes y el grano fotográfico son parte del lenguaje visual con el que trabaja Klein, así como la meticulosa manipulación que realiza sobre el negativo o sobre el positivo mediante solarizaciones reproducidas a gran escala. La referencia a las cualidades formales del medio fotográfico es patente en la conjunción de relatos y capas que ofrecen las diversas exposiciones de la luz, de manera que las cualidades materiales del medio fotográfico son evidenciadas en un intento por reforzar lo enigmático, inquietante e impreciso de la memoria.
En sus proyectos trabaja con la definición de la fotografía como forma de memoria, en una sociedad que se encuentra disgregada y cuyo sentido histórico parece llegar a su fin (en este sentido no podemos olvidar el peso que tiene para los alemanes su propia historia, un tránsito constante entre el recuerdo y la superación del pasado). Este planteamiento analítico, de fuerte contenido psicológico, trata el tema de la existencia siempre desde una perspectiva colectiva, desde la que intenta representar lo ausente. Klein agrupa sus imágenes en torno a un concepto cuyo sentido asociativo intercambia con los títulos de las obras. En algunas ocasiones acompaña las obras con referencias textuales que centran su intención crítica y reflexiva.
Ha expuesto individualmente en el ICA (Londres, 1989), Kunsthalle de Nurenberg, 1994 y Kunstraum Hinrichs (Trier, 2000).

29. William Klein
[Nueva York, Estados Unidos, 1928. Vive en París]

Es muy conocido tanto por sus reportajes de ciudades como por su fotografía de moda, que realiza en espacios exteriores inspirándose en el periodismo.
Durante un tiempo breve fue alumno de André Lhote y Fernand Léger. Precursor de un modo nuevo de representar la ciudad, convirtiéndola en uno de los temas más relevantes en que trabaja desde los años cincuenta cuando publicara uno de los libros más famosos del decenio: *Life is Good and Good for You in New York: Trance Witness Revels* (1954-1955). Para captar el caos y la enajenación de las grandes ciudades, rompe con las reglas convencionales de la fotografía: juega con el gran angular, se mete entre masas de gente, plantea un cuerpo a cuerpo visual, planos-contraplanos, estampaciones duras, exposiciones múltiples. Sus copias son muy contrastadas y parten de negativos sobreexpuestos con grano muy grueso donde aparecen escenas callejeras, anuncios políticos o el mundo del deporte.
Tras trabajar en el campo de la moda para revistas como *Vogue* de 1956 a 1964 publicó cuatro libros sobre las ciudades de Roma, Nueva York, Moscú y Tokio. Los retratos callejeros en blanco y negro poco tienen que ver con lo que se entendía en ese momento por fotografía documental, en parte por la alta velocidad de obturación que dotaba a sus fotografías de mucho movimiento. Parece empujar la fotografía al exceso, tanto en el dinamismo como en el estatismo, en imágenes atrevidas que arrollan las costumbres tradicionales de la fotografía, ofreciendo una visión más intensiva y moderna que la aplicada hasta ese momento.

the 1950s: *Life is Good and Good for You in New York: Trance Witness Revels* (1954-55). To capture the chaos and alienation of the urban behemoths, he broke away from photographic convention and played with wide-angle lenses, shot film amid large masses of people, engaged in "visual mêlée" and used eyeline matches, hard printing and multiple exposures. He used high-grain film and over-exposed negatives to produce high-contrast prints, portraying street scenes, political billboards and sports events.
After working in fashion photography for magazines such as *Vogue* from 1956 to 1964, he published four books on the cities of Rome, New York, Moscow and Tokyo. His black-and-white street tableaux are far removed from what was then the norm in documentary photography, partly through his unconventional use of shutter speeds to lend his shots movement and nerve. He drove photography to excess—whether of movement or stillness—in daring images that disregarded current photographic practice to create an edgier, more modern vision.
Klein always worked towards publishing books, which he would design and edit himself. He also worked on short films, features and documentaries, such as *Muhammed Ali the Greatest* (1979) and *The Messiah* (1999). Klein has had individual shows at MoMA (New York, 1980) and the MEP (Paris, 2002).

30. Barbara Klemm
[Munster, Germany, 1939. Lives in Frankfurt]

Is an acclaimed photojournalist who documents political, economic and cultural events. Most of her work depicts purportedly anonymous scenes from everyday life, which are given titles connected to the places and times they were shot. Klemm's series are shaped by the social and cultural features, leisure pursuits and ways of life of the portrayed communities. She does not use composed scenes or select the perfect frame; her adopted point of view is that of someone becoming involved in the depicted scene. She does not place the lens above the subjects, use sophisticated perspectives or pick especially dramatic moments. Her work is stripped bare of sensationalism.
For over twenty years Klemm worked as a photographer for *Frankfurter Allgemeine Zeitung*, shooting political events and everyday scenes in stations, factories, schools and shops in Berlin, Moscow, Beijing and small villages across South America.
Her black-and-white photographs generate a process of abstraction delimited by the shadows cast when shooting against the light; forms take on a three-dimensional effect, figures are abstracted and details dissolve. Klemm does not attempt to compose her photographs aesthetically, but horizontal division of space is nonetheless a constant in her work, creating two clearly distinct zones. This and other features, such as her use of translucent materials, engage the viewer's attention, but their meaning goes beyond style to make us aware of what lies nearest to us but we fail to perceive.
Klemm's solo exhibitions include shows at the DHM (Berlin, 1999) and the Galerie Zimmer (Düsseldorf, 2000).

31. Josef Koudelka
[Moravia, Czechoslavakia, 1938. Lives in Paris]

Is widely known for his documentary work on Eastern European gypsies.
As an aeronautical engineer in Bratislava, Koudelka started to use a Rolleiflex to capture theatrical performances and the gypsy way of life. This signalled the beginning of a lifelong passion for the theatrical which has marked his entire oeuvre, with even the most quotidian scenes being constructed with a strong sense of drama and ritual. He turned full-time to photography in 1967. The exhibition of his series on Slovak gypsies, *Cikáni* (1961-67), won wide acclaim; the following year he enlarged the collection with a study of gypsy life in Romania. Koudelka was an eye witness of the invasion of Czechoslovakia by Soviet tanks; his photographs of events were distributed by the Magnum agency and became a historic testimony. In 1970, he was granted political asylum in Britain. He traveled Europe in a search for portraits and images blending dignity, realism and a rural and urban world in the midst of change; this period is reflected in his series *Exile* (1970-90). Koudelka said about those years: "My greatest need was to travel and take photographs. I did not want what people call a 'home', I had no wish to return anywhere. I needed to know that nothing was waiting for me anywhere; I was interested only in the place where I was, until there was nothing left to photograph."[10]
His collection *Chaos* (2000) is a record of environmental destruction, the damage caused by civilization; the work, though also concerned with the esthetic, is a call to action and a declaration of commitment. A conquest of essence that refines the elementary to find a dramatic presence.
In 1978, Koudelka was awarded the Prix Nadar for his book *Gitans*, and in 1984 his most important exhibition to date was staged at London's Hayward Gallery.

32. Vladimir Kupriyanov
[Moscow, Russia, 1954]

Has developed a documentary approach that meditates on the ritual and historic aspects of human society.
He engages in a fundamental search for an authentic language, which he identifies as photography. Eschewing "artistic", technically beautified imagery, which he regards as superficial, he conducts an austere documentary investigation of reality that represents his subjects accordingly.
Kupriyanov has never cared for formal procedures such as cropping, coloring or collage; rather than emulate other visual techniques he circumscribes his experimentation to the image-bearing emulsion. He seeks to reach the core of photography as a sequence of events encountered in a pure state, and accommodated in the photographic medium as moments now past, dead. For Kupriyanov, in times of catastrophe the acceptance of the positive dimension of death is a prerequisite of relating to reality. Many of his works, such as *Village Funeral*, revolve around the ceremonial of death and other rites, such as weddings and christenings, photographed in the role of documentarist.
Kupriyanov has undertaken an almost anthropological examination of the "new Russians", described in a fragmented language, such as in *Medirussian Antiquity: Terrible Court* (2006), a photographic series and video feature that relates the present with aspects of the Russian past. Laying bare the internal pattern of events contained within the everyday, Kupriyanov melds order and chaos, death and resurrection, in a bid to restore certain values by means of photography.

Klein siempre ha fotografiado pensando en publicar libros, en los que se ocupa del grafismo original, del diseño y de la edición. También ha realizado diversos cortos, películas y documentales como *Muhammed Ali the Greatest* (1979) o *The Messiah* (1999). Entre sus exposiciones individuales destacan las del Museo de Arte Moderno de Nueva York (MoMA, 1980) o el MEP (París, 2002).

30. Barbara Klemm

[Munster, Alemania, 1939. Vive en Frankfurt]

Es reconocida como una periodista gráfica que documenta sucesos políticos, económicos o culturales. La mayor parte relacionados con escenas de la vida cotidiana, supuestamente anónimas, que reciben títulos conectados con el lugar y la fecha donde fueron tomados. La variedad de condicionantes socioculturales, el tiempo de ocio y los modos de vida de las comunidades retratadas han determinado su trabajo. No recurre a escenas compuestas, ni selecciona el encuadre perfecto, el punto de vista que adopta es el de alguien que se implica en la escena que está retratando (no sitúa el objetivo por encima, ni recurre a perspectivas sofisticadas o momentos especialmente dramáticos). La ausencia de sensacionalismo es característica en su trabajo.
Durante más de dos décadas trabajó como fotógrafa del *Frankfurter Allgemeine Zeitung* reproduciendo muchas escenas políticas y otras de ámbito cotidiano en estaciones, fábricas, colegios o tiendas de Berlín, Moscú, Pekín o pequeños pueblos de Sudamérica.
Sus fotografías en blanco y negro le permiten generar un proceso de abstracción delimitado por las sombras que se producen cuando fotografía a contraluz, lo que dota a las formas de un efecto tridimensional, abstrae las figuras en siluetas y los detalles se pierden. Aunque no intenta componer sus fotografías estéticamente, la división horizontal del espacio es una constante en sus trabajos, que produce dos zonas muy diferenciadas. Son características que llaman la atención del espectador, como la aparición en las tomas de materiales translúcidos, pero su sentido va más allá de lo estilístico, advirtiéndonos de los contenidos que tenemos cerca pero no vemos.
Entre sus exposiciones individuales destacan las del DHM (Berlín, 1999) o la Galerie Zimmer (Düsseldorf, 2000).

31. Josef Koudelka

[Moravia, República Checa, 1938. Vive en París]

Es ampliamente conocido por su trabajo documental sobre los gitanos del este de Europa. Cuando trabajaba como ingeniero aeronáutico en Bratislava comienza a hacer fotografías con una cámara Rolleiflex del estilo de vida de los gitanos y de espectáculos teatrales. De este periodo arranca sin duda ese gusto por lo teatral y por lo escenográfico que muestra toda su obra, y que hace que hasta las escenas más cotidianas estén construidas siempre con un fuerte sentido del drama y el ritual. Desde 1967 se dedica exclusivamente a la fotografía y expone las imágenes de los gitanos eslovacos *Cikáni* (1961-1967) obteniendo mucha repercusión por este trabajo y ampliándolo un año después con el estilo de vida de los gitanos en Rumania. Fue testigo directo de la invasión de Checoslovaquia por las tropas soviéticas, captando con su cámara los acontecimientos. Estas imágenes fueron distribuidas por la Agencia Magnum constituyendo un testimonio histórico. En 1970 recibe asilo en Inglaterra vagando por Europa en busca de retratos e imágenes que mezclan la dignidad y el realismo de un mundo rural y urbano que estaba en plena transformación, lo que recoge en la serie de fotografías tituladas *Exilio* (1970-1990). Koudelka ha manifestado sobre aquellos años: "Mi mayor necesidad era viajar para hacer fotos. No deseaba tener lo que la gente llama 'un hogar', no quería tener ganas de regresar a ningún sitio. Necesitaba saber que nada me esperaba en ninguna parte; sólo me interesaba el lugar donde me encontraba hasta que no había nada más que fotografiar."[10]
En el trabajo *Chaos* (2000) recoge la destrucción y la degradación ambiental, el deterioro producido por la civilización; una toma de conciencia y un compromiso sin olvidar su apuesta estética. Una conquista de lo esencial que encuentra en el refinamiento de lo elemental una presencia dramática.
En 1978 gana el premio Nadar por su libro *Gitans* y en 1984 realiza su exposición más importante hasta la fecha en la Galería Hayward de Londres.

32. Vladimir Kupriyanov

[Moscú, Rusia, 1954]

Realiza una aproximación documental a la fotografía meditando sobre aspectos rituales e históricos en la sociedad.
Kupriyanov muestra una preocupación fundamental por encontrar un lenguaje auténtico que en su caso identifica con la fotografía. No le interesan las estampas artísticas en cuanto que se ocupan de crear imágenes con técnicas de embellecimiento que para él son superficiales, sino que intenta aproximarse con una documentación austera a la realidad, específicamente a la representación de los sujetos.
Los recursos formales (recortar la imagen, colorearla o componer en collage) nunca le han importado. No quiere repetir otras técnicas visuales por lo que sus experimentos técnicos se limitan a la emulsión como portadora de la imagen. Así intenta llegar a la esencia de la fotografía como una serie de acontecimientos encontrados en estado puro y que se reciben en el soporte fotográfico como un momento ya pasado, muerto. Según Kupriyanov, la aceptación de la dimensión positiva de la muerte es el requisito previo en épocas de catástrofe para relacionarnos con la realidad. Así muchas de sus fotografías tienen como tema los funerales, por ejemplo *Village Funeral* u otros rituales que como documentalista ha fotografiado (bodas, bautizos, funerales).
El trabajo sobre los "nuevos ciudadanos rusos" ha sido objeto de un análisis casi antropológico por parte de Kupriyanov, que se vale aquí de un lenguaje fragmentado con el cual describe la actualidad, por ejemplo en *Medirussian Antiquity. Terrible Court* (2006) una serie de fotos y una proyección de video donde relaciona diversas épocas de la historia rusa con el presente. Mostrando el orden interno de eventos circunscritos al ámbito cotidiano, Kupriyanov reúne el orden y el caos, la muerte y la resurrección en el intento de restaurar ciertos valores por medio de lo fotográfico.
Participó en la exposición *Time of the Storytellers* que tuvo lugar en el Kiasma (Helsinki, 2007), *Progressive Nostalgia* en el Centro Luigi Pecci (Prato, 2007), *Return of the Memory* en el Art Museum of Estonia (Tallin, 2006) o *Gender Trouble* en el museo de arte contemporáneo de Moscú en 2005.

33. Danny Lyon

[Nueva York, Estados Unidos, 1942]

Es un fotógrafo comprometido con los intereses sociales y los derechos ciudadanos. Su trabajo compagina la fotografía y el cine documental ocupándose de los problemas que afectan a las clases marginales, el movimiento pro derechos civiles en el sur de Estados

Kupriyanov has participated in the shows *Time of the Storytellers* at Kiasma (Helsinki, 2007), *Progressive Nostalgia* at the Centro Luigi Pecci (Prato, 2007), *Return of the Memory* at the Art Museum of Estonia (Tallinn, 2006) and *Gender Trouble* at the Moscow Museum of Contemporary Art in 2005.

33. Danny Lyon

[New York, United States, 1942]

Is deeply committed to social progress and civil rights. His work enlists photography and documentary film to engage with the issues faced by marginalised groups, the civil rights movement in the American South, the Texas prison system, Haiti, bikers and his own family circle.

His interest in reportage, however, is not subordinate to critical or political theory, but works towards an individual vision. Lyon accords priority to the visual over any systematic sociological or historicist treatment. In 1966, he staged his first individual exhibition at the Art Institute in Chicago, and in 1969 published *Bikeriders* (1969), combining photographs with the models" own statements. Lyon wanted the text and images to create a dialogue that would make the book strongly distinctive: "They must be as beautiful as an illuminated manuscript." Many of his projects were influenced by writers such as Jack Kerouac and Jean Genet.

Later, his work revolved around his own personal situation. The images of destruction in *Lower Manhattan* are an expression not of rage but of disappointment: the inhabitants are portrayed as if they were to be the last. Lyon said that at that time "making a book just meant freedom." In 1971, Lyon published *Conversation with the Dead: Photographs of Prison Life, with the Letters and Drawings of Billy McCune*, a widely influential collection of prison images.

In 1991, a retrospective of his work was exhibited in Tucson, Essen, Odense, Stockholm, London, Washington, Chicago and San Francisco.

34. Esko Männikkö

[Pudasjärvi, Finland, 1959. Lives in Oulu]

Blends folk imagery and documentary practice, and takes a modern approach to the marshalling of photographic space to pursue social and anthropological interests.

His photographs have been likened to painting in the careful composition, the balance of light and color, the varying sizes of his prints and the design of the physical frames, which Männikö buys in flea markets and paints himself. "Life is hard, cruel and tough, but beautiful, and art should be beautiful," Männikö says, and this is the attitude he brings to his works.

He is widely known for shots of the people, houses and forest landscapes of northern Finland, Lapland and the plains of Ostrobothnia, a region in decline suffering a mass exodus to the cities. Most of the people staying on are hunters and fishermen, lonely and often unemployed males. Women are thus mostly absent in Männikö's photographs. The models are clearly isolated people, but the images are unsentimental, never falsely emotional.

As part of his working method, he lives with his models for days. He talks and drinks with them and enters their homes as a guest; he is a witness who is neither alien nor unwelcome. Portraits are generally shot in home interiors, showing the subject's belongings and the décor of his habitat. From 1996 to 1998, Männikkö worked in marginalized American towns like Batesville; he portrayed the population of Mexican immigrants with close attention to the physical features of each individual.

His recent shows have included *Esko Männikkö* at Millesgaarden (Lidingö, 2007), *Harmony Sisters* at Rodolphe Janssen (Brussels, 2007) and at the Galerie Nordenhake (Berlin, 2006), and the Sala Kubo Kutxa at the Kursaal (San Sebastian, 2006).

35. Hellen van Meene

[Alkmaar, Netherlands, 1972. Lives in Heiloo]

Uses portraiture to dissect gender identity, roles and representations.

Her work stands out in the recent school of Dutch photography, powerfully influenced by 17th century Flemish painting.

Van Meene portrays young people, generally girls, in a variety of situations—happy, vulnerable, suffering, or in the throes of awakening sexuality. She started out photographing her female acquaintances in her home town, and has recently widened her scope to strangers met in Japan. She builds on a chance encounter as an invitation to take part in the ritual of portraiture. The term "portrait" is misleading, however, if construed conventionally as a representation resembling the sitter. For Van Meene, portraiture is an exploration of the feelings, situations and attitudes experienced by teenage girls; it is not a matter of capturing the "truth", a subjective personality or a mental state, but of representing everyday actions not normally shared with others and withheld within one's own intimacy. Van Meene's method is that of the filmmaker, and her teenage subjects act out a role in front of the camera, striking poses at the photographer's direction. "This isn't just you now. It is a sense of you, created by me," van Meene has said, setting out her approach to creation.

Adolescence is a time to test boundaries, try out the flexibility of the body, the ability withstand suffering, and these are the themes addressed by van Meene, who from her own memories and imagination constructs a distinctive iconography. Each of her portraits is in some sense a self-portrait.

Her work has been exhibited in many museums and galleries worldwide, including Galerie Dijk 1 (Alkmaar, 1999), De Vleeshal (Middelburg, 2000), Galleria Laura Pecci (Milan, 2000), Marc Foxx Gallery (Los Angeles, 2001) and Inverleith House, Royal Botanic Gardens (Edinburgh, 2002).

36. Susan Meiselas

[Maryland, United States, 1948. Lives in New York]

Is known for her reportage on war and disaster zones.

Her photographs of Nicaragua and El Salvador have helped to fix the armed conflicts and human rights issues of Latin America in the collective awareness of many readers around the world. She has worked with the Magnum agency since 1976, but regards herself not as a photojournalist but as a documentarist: she does not illustrate the news or travel to places following someone else's brief, but carries on a search driven by her own concerns.

Her tenacious inquiry into her chosen issues leads her to become immersed in the lives of her subjects and the flow of history. About her first project, on traveling strippers (1972-75), she said: "I never liked shooting portraits, I

Unidos, los correccionales de Tejas, Haití, los motoristas y también ha retratado su ámbito familiar.
Su interés por el reportaje no se inscribe en el compromiso crítico ni en el interés político, sino que apunta hacia un producto individual. Lyon da preferencia a los trabajos plásticos por encima de un tratamiento sistemático cuya orientación sociológica o cronológica fuera la característica más importante.
En 1966 realiza su primera exposición individual en el *Art Institute* de Chicago y en 1969 publica el libro *Bikeriders* (1969) que combina las fotografías con declaraciones de los personajes representados. Su preocupación porque los textos y las imágenes dialogaran de forma diferenciada respecto a cualquier otro libro queda patente cuando señala: "Han de ser bellas como un manuscrito medieval". En este sentido puede decirse que escritores como Jack Kerouac o Jean Genet tuvieron mucha influencia en algunos de los proyectos que emprendería.
A partir de entonces será su situación personal la que marque los temas en los que trabaja. Las imágenes sobre la destrucción del *Lower Manhattan* no son imágenes de cólera o ira sino de decepción. Retratando a sus habitantes como si fueran los últimos. Lyon ha manifestado que en aquellos momentos "hacer un libro quería decir, simplemente, libertad". En 1971 publica *Conversation with the Dead: Photographs of Prison Life, with the Letters and Drawings of Billy McCune*, un proyecto con imágenes de la cárcel con amplia repercusión.
En 1991 se realiza una gran retrospectiva de su obra que se exhibe en Tuccson, Essen, Odense, Estocolmo, Londres, Washington, Chicago o San Francisco.

34. Esko Männikkö

[Pudasjärvi, Finlandia, 1959. Vive en Oulu]

Mezcla la imaginería popular con la práctica documentalista (el interés antropológico y social es característico de su trabajo) pero con una organización del espacio fotográfico moderna.
De sus fotografías se ha dicho que tienen una aproximación pictórica, debido a la manera cuidadosa en que compone los encuadres, el balance de la luz y los colores, las dimensiones variables de sus copias o el diseño de los marcos (comprados en rastrillos y pintados por él mismo). "La vida es dura, cruel y difícil, pero es bella y el arte tiene que ser bello" opina Männikkö y así lo ha intentado llevar a cabo en sus trabajos.
Es conocido por sus fotografías de personas, casas y paisajes de los bosques del norte de Finlandia, Laponia y las llanuras de Ostrobothnia, una región en decadencia que ha motivado el desplazamiento masivo de sus habitantes a la ciudad. Se han quedado en su mayoría hombres solitarios, cazadores, pescadores, muchos de ellos desempleados. Por eso apenas aparecen mujeres en sus fotografías. A pesar de ser retratos de personajes claramente aislados no se trata de imágenes sentimentales ni falsamente emotivas.
Su método de trabajo se basa en la convivencia durante días con sus modelos. Habla, bebe y entra en sus casas como invitado, un testigo que no resulta ajeno ni molesto. Los retratos tienen lugar generalmente en el interior de sus viviendas, rodeados por sus pertenencias, mostrando la decoración de su hábitat. Entre 1996 y 1998 trabaja en poblaciones marginales de Estados Unidos como Batesville, un territorio poblado por gran número de emigrantes mexicanos a los que retrata destacando los rasgos físicos de cada individuo.
Entre sus exposiciones recientes se encuentra *Esko Mänikkö* en Millesgaarden (Lidingö, 2007), *Harmony Sisters* en Rodolphe Janssen (Bruselas, 2007) y en la Galerie Nordenhake (Berlin, 2006) o la Sala Kubo Kutxa del Kursaal (San Sebastian, 2006).

35. Hellen van Meene

[Alkmaar, Holanda, 1972. Vive en Heiloo]

Se dedica al retrato indagando en la identidad, los roles y la representación de género. Las fotografías de Hellen van Meene destacan en la reciente escuela de fotografía holandesa muy influenciada por la pintura flamenca del siglo XVII.
Casi siempre realiza retratos de gente joven, generalmente chicas. Los momentos que Van Meene selecciona para tomar las fotos son variados: aparecen chicas contentas, vulnerables, sufrientes, en su despertar a la sexualidad. En un principio retrataba chicas que conocía de su ciudad natal y recientemente ha ampliado su campo de acción a desconocidas que se encuentra en Japón. Van Meene entiende el encuentro fortuito como un punto de partida e invitación para participar en el ritual de ser retratado. Sin embargo, el término retrato puede conducir a equívoco si lo entendemos en un sentido tradicional, como representación parecida al retratado. Para Van Meene supone explorar los sentimientos, situaciones y actitudes a las que se enfrentan las adolescentes. No se trata de captar la verdad, la personalidad subjetiva o un estado mental, sino representar acciones cotidianas que normalmente no se comparten con otros, que se mantienen en la intimidad. La aproximación de Van Meene es como la de un director de cine y las jóvenes actúan siguiendo un rol frente a la cámara mientras Van Meene les indica la pose. "Esto no eres sólo tu, ahora. Es un sentido de ti, creado por mí" ha dicho Van Meene dejando claro su acercamiento a la creación.
La adolescencia es un momento para probar los límites, la flexibilidad del cuerpo, la resistencia al sufrimiento y éstos son los temas con los cuales se maneja Van Meene respondiendo con sus recuerdos e imaginación a la configuración de una iconografía. En este sentido se podría considerar que cada retrato que hace es un autorretrato.
Su trabajo ha sido expuesto en numerosos museos y galerías de todo el mundo entre las que se encuentran la Galerie Dijk 1 (Alkmaar, 1999), De Vleeshal (Middelburg, 2000), la Galleria Laura Pecci (Milán, 2000), Marc Foxx Gallery (Los Angeles, 2001) o Inverleith House, Royal Botanic Garden (Edimburgo, 2002).

36. Susan Meiselas

[Maryland, Estados Unidos, 1948. Vive en Nueva York]

Es reconocida por sus reportajes de las zonas en guerra o en crisis.
Sus fotografías de Nicaragua y El Salvador han contribuido a fijar los conflictos armados y temas de derechos humanos en Centro y Latinoamérica en el imaginario de muchos lectores del mundo. Desde 1976 está vinculada a la agencia Magnum, pero no se considera fotoperiodista sino documentalista, porque no ilustra noticias, ni se traslada a los lugares que otros le indican, sino que busca movida por una motivación previa.
La tenacidad a la hora de explorar diversos temas, compenetrándose con la vida de los sujetos y el transcurso de la historia, distingue su trabajo. Sobre su primer proyecto donde aparecen bailarinas itinerantes de *striptease* (1972-1975) manifestó: "A mí nunca me gustó hacer retratos, no me gusta tomar fotos posadas, sin embargo en *Carnival Strippers* hay una serie de retratos. Fueron tomados al final de la temporada, cuando las fotografiadas tuvieron la confianza suficiente como para pedir ellas también lo que querían. (...) Esos retratos entonces sí tenían sentido porque cada una armaba su puesta en escena." Veinte años más tarde, en 2001, publica *Pandora's Box*, serie realizada en un

don't like taking posed pictures, but there are a number of portraits in *Carnival Strippers*. They were taken towards the end of the season, when the models were confident enough to ask for what they wanted, too... The portraits then did make sense, because each sitter designed her own." Twenty years later, she published *Pandora's Box* (2001), a series shot in a dominatrix's dungeon, with disturbing content that contrasts with her earlier work.
Meiselas has worked on several publishing projects that combine photography with writing, video, sound and other photographers' prints, such as the collective work *El Salvador: Work of Thirty Photographers* (Writers & Readers, 1983) or, with a group of Chilean photographers, *Chile from Within* (W.W. Norton, 1991), on the period following the army coup of 1973. After five years of personal work and compilation, in 1997 Random House released her book *Kurdistan: In the Shadow of History*, on the last hundred years of photography in Kurdistan.
In 1990 Meiselas exhibited at the Art Institute of Chicago, and in 1998 she had a show at the Leica Gallery in New York, among other individual exhibitions.

37. Duane Michals

[McKeesport, Pennsylvania, United States, 1932. Lives in New York]

Is known for his narrative sequences inspired by psychoanalysis and Surrealism.
In the awareness that photography falls short of reflecting reality, he decided to bring it closer to literature, the written word. His series *Texts*, started in 1974, marks a turning-point, with the overlaying of handwritten passages over photographic prints to enrich the meanings of the images. "I believe in the invisible. I don't believe in the visible. I don't believe in the absolute reality of our surroundings. For me, reality lies in intuition and the imagination, and in that little voice that tells you, 'Isn't that something?' Most photographers focus on the obvious. They believe and accept what their eyes tell them, but our eyes know nothing. The problem is to stop believing what we all believe—that reality is out there to be photographed and documented—and start to look into the soul as the original source of our photographic experience. To be ready at all times to question and doubt ourselves."[11]
His series *Sequences* (1966) made a landmark conceptual contribution to the narrative potential of photography. The memory of a past to which we cannot turn back, and how we remember in the present those images clutched from the flow of time, are seen merely to preserve a semblance in the photographic copy.
Michals has made many portraits in which he seeks different solutions for each model, eschewing formula and allowing himself to be surprised by what each being has to offer, even if previously unknown to him, and by what they share while shooting the pictures.
Some of his major individual exhibitions include *Questions Without Answer,* which from 1994 onwards traveled to New York, London, San Francisco, Groningen and Houston; *Duane Michals Words and Images* at the Montreal Museum of Fine Arts, Canada (1998), and the School of Visual Arts (New York, 2000).

38. Boris Mikhailov

[Charkov, Ukraine, 1938. Lives in Berlin]

Is the currently the most internationally well-known Ukrainian photographer due to his critical and ironic series about the hard reality of his country.
He has worked as a photographer since he was twenty-eight years old, attempting to explore individuality and how people experience changes in a system that is dominated by a uniform ideology: first communism and then capitalism in the Soviet Union.
His working methodology consists in grouping photographs into large series in which public and private lives commingle. From 1968 to 1975, he documented the slogans and symbols of the communist period in which the *Red Series* (1968-75) dominated due to the importance of that color in the system. In *Case History* (1999), the series which made him known to a wider public, he explores the fall of the Soviet Union, focusing on its consequences on the *Bomzhes* or beggars of his home town. Mikhailov makes them participants in his photographs, in a work of epic proportions.
In his projects he takes a critical approach and, depending on the circumstances and ideas on which the project is based, he is ironic or uses emotionally impacting elements. His technical approach also varies, sometimes using photographs that look like snapshots, while on other occasions he uses wide format. His treatment of color has also played a central role in his work. In the series *Sumierki* (1993), on the Second World War, the photos were tinged blue, while in *U Zemli* (1994), on the period form the October Revolution, were sepia-tinged, accentuating the drama of the images. From 1999, he has worked with color photography which he had hitherto avoided due to the association between this technique and Western capitalist societies. In some of his series he has used hand-written texts to makes remarks, mixing photographic registers which belong to different times, revealing social, historic and personal aspects of a multifaceted society and encouraging an approach that is detached from traditional documental photography.
His work is perceived energetically and movingly in his home country and in the West, in exhibitions such as the one at the Soros Center of Contemporary Art (Kiev, 1996) or the Hasselblad Center (Gothenburg, 2000).

39. Helmut Newton

[Berlin, Germany, 1920-Los Angeles, United States, 2004]

Is a considered a cult author for his nudes, portraits and fashion photography for titles such as *Vogue* and *Elle*. His unmistakable aesthetic uses stark contrasts of black and white and the imagery of submission, sado-masochism, prostitution and violence, showing his models bound, gagged, corseted and coldly out of reach. Newton's sensual vision aroused controversy in the 1970s with the release of erotic series such as *White Women* (1976) and *Big Nudes* (1980), featuring stylised, provocative nudes of tall blondes in bespoke suits and stiletto heels—his women, rather than appearing as mere subjects, took command of the camera. Anna Wintour of the New York Times commented, "He would take [his model] and put her in some wicked or naughty situation, kissing another woman or in handcuffs." Newton explained how this was a way for them to transcend their own bondage: "Women have that marvellous

palacio de *dominatrix*, cuyo contenido contrasta con el material anterior por presentar la industria del sexo turbando en ocasiones al espectador.
Ha realizado diversos proyectos editoriales combinando la fotografía con la escritura, el vídeo, el sonido o las copias de otros fotógrafos, por ejemplo la obra colectiva *El Salvador: Work of Thirty Photographers* (Writers & Readers, 1983) o la edición junto a un grupo de fotógrafos chilenos del libro *Chile from Within* (W.W. Norton, 1991) sobre el período iniciado con el golpe militar de 1973. Después de cinco años de trabajo personal y de recopilación, en 1997 la editorial Random House publica su libro *Kurdistan: In the Shadow of History*, que trata sobre los últimos cien años de fotografía en Kurdistán.
En 1990 expone en el Art Institute de Chicago y en 1998 en la Leica Gallery de Nueva York, entre sus diversas exposiciones individuales.

37. Duane Michals

[McKeesport, Pennsylvania, Estados Unidos, 1932. Vive en Nueva York]

Es conocido por sus secuencias narrativas, escenificadas y basadas en el psicoanálisis o en el surrealismo.
Consciente de que la fotografía no refleja la realidad, decide acercarla a la literatura, valerse de la palabra. Su serie *Textos* iniciada en 1974 supone una ruptura por la inclusión de pequeños pasajes manuscritos sobre la copia que refuerzan el significado de la imagen. "Creo en lo invisible. No creo en lo visible. No creo en la realidad absoluta de lo que nos rodea. Para mí, la realidad reside en la intuición y en la imaginación, y en esa pequeña voz que dice: ¡¿No es extraordinario?! La mayoría de los fotógrafos centran su atención en lo obvio. Creen y aceptan lo que les dicen sus ojos, pero los ojos no saben nada. El problema es dejar de creer lo que todos creemos (que la realidad está ahí para ser fotografiada y documentada) y empezar a mirar en el alma como fuente original de nuestra experiencia fotográfica. Estar preparados a todas horas para cuestionarnos y dudar de nosotros mismos".[11]
Destaca por su aportación conceptual la serie *Secuencias* (1966), referencia obligada en cuanto al estudio de la capacidad narrativa de la fotografía. La memoria de un pasado al que no se puede regresar y cómo recordamos desde el presente las imágenes arrancadas al flujo del tiempo, tan sólo conservan las apariencias en la copia fotográfica.
Michals ha realizado múltiples retratos en los que trata de buscar soluciones distintas para cada modelo, huyendo de fórmulas, dejándose sorprender por lo que ofrece cada ser, aunque no lo conozca previamente, y por lo que comparten en el tiempo de realización de las fotografías.
Algunas de sus exposiciones individuales más destacadas son *Questions Without Answer* que itineró desde 1994 por Nueva York, Londres, San Francisco, Groningen o Houston; *Duane Michals Words and Images* en el Montreal Museum of Fine Arts, Canada (1998) o la School of Visual Arts (Nueva York, 2000).

38. Boris Mikhailov

[Charkov, Ukrania, 1938. Vive en Berlín]

Es el fotógrafo ucraniano más considerado internacionalmente en la actualidad por sus series críticas e irónicas sobre la dura realidad de su país.
Desde los veintiocho años se dedica a la fotografía en el intento de explorar la individualidad y cómo viven los ciudadanos los cambios en el seno de un sistema dominado por una ideología uniforme: en un principio el comunismo y posteriormente el capitalismo en la Unión Soviética.
Su metodología de trabajo consiste en agrupar las fotografías en grandes series donde se entrecruzan la vida privada y la pública. De 1968 a 1975 trabaja documentando los eslóganes y símbolos del período comunista en lo que denominó *Serie Roja* (1968-1975) por la importancia simbólica que tenía este color en el sistema. En *Case History* (1999) la serie que lo hizo conocido para un público más amplio, explora la caída de la Unión Soviética centrándose en las consecuencias que tuvo para los *Bomzhes* o mendigos de su ciudad natal. Mikhailov los convierte en participes de sus tomas en un trabajo de escala épica.
En sus proyectos mantiene una postura critica y dependiendo de las circunstancias e ideas que lo articulan se acerca a ellos con ironía o con elementos emocionalmente impactantes. También la aproximación técnica se ajusta utilizando en ocasiones fotografías que tienen la apariencia de instantáneas, mientras en otras utiliza un formato panorámico. El tratamiento del color también ha jugado un papel importante en sus trabajos, en la serie *Sumierki* (1993), sobre la Segunda Guerra Mundial, las fotos estaban teñidas de azul, mientras que en *U Zemli* (1994), que aludían al período que iba hasta la Revolución de Octubre estaban teñidas en sepia, acentuando el dramatismo de las imágenes. Desde 1999 trabaja con fotografía color que antes no había utilizado por la asociación que hacía entre esta técnica y las sociedades capitalistas occidentales. En algunas de sus series ha utilizado textos manuscritos para hacer comentarios, mezclando registros fotográficos que pertenecían a momentos distintos, revelando aspectos sociológicos, históricos y personales de una realidad multifacética y fomentando una mirada alejada del documentalismo tradicional.
Su trabajo se percibe de modo enérgico y conmovedor tanto en su país como en occidente en exposiciones como la realizada en el Soros Center of Contemporary Art (Kiev, 1996) o el Hasselblad Center (Gotemburgo, 2000).

39. Helmut Newton

[Berlín, Alemania, 1920-Los Ángeles, Estados Unidos, 2004]

Es considerado como un autor de culto por sus desnudos, retratos y los trabajos para revistas especializadas de moda como *Vogue* o *Elle*. Su estética inconfundible se caracteriza por el uso de crudos contrastes del blanco y negro, imágenes de sumisión, sadomasoquismo, prostitución y violencia donde mostraba a las modelos atadas, amordazadas, encorsetadas, frías e inalcanzables. Esta visión sensual no ha estado exenta de polémica. La controversia empezó en los años setenta con la publicación de series eróticas como *White women* (1976) o *Big nudes* (1980) desnudos estilizados y provocativos donde aparecían chicas altas, rubias, que vestían trajes impecables y tacones de aguja, mujeres que dominaban a la cámara, en vez de aparecer como mero tema. Anna Wintour en el *New York Times* comentaba "le gustaba ponerlas en situaciones perversas o atrevidas, besando a otras mujeres o esposadas". Una forma de transgredir sus propias ataduras, como Newton explicaba: "las mujeres tienen esa magnífica expresión cuando se observan a sí mismas. Se pierden en su propia imagen. Es fascinante verlo y fotografiarlo. Realmente me inspira mucho, física y mentalmente. El objetivo del fotógrafo es seducir, divertir y entretener."[12]
Newton hacía guiños a las relaciones entre fotografía, pintura, literatura y escenografía teatral, especialmente a la naturaleza muerta y al bodegón, aunque su técnica no varió significativamente desde sus inicios. En los años cincuenta trabajaba con luz natural, luz día en verano e iluminaba los retratos

expression when they observe themselves. They become lost in their own image. It is fascinating to see and to photograph this. It inspires me physically and mentally. The photographer's role is to seduce, amuse and entertain."[12]

Newton's work makes allusions to the links among photography, painting, literature and stage scenery, and especially the still life tradition, but his technique did not change substantially since his origins. In the 1950s, he worked with natural light in the summer and, in winter, lit his portraits with 200-watt lights, later raised to 500 watts.

In his series *Portraits* (1987), Newton anatomises a range of personalities like Leni Riefenstahl, Caroline of Monaco and Marlene Dietrich, displaying high ability for psychological insight.

Newton's individual shows have included a *Retrospective* of his work, which visited the Musée d'art moderne (Paris, 1984), the Foto Foundation (Amsterdam, 1986), the Rheinisches Landesmuseum (Bonn, 1987), the National Portrait Gallery (London, 1988) and the Museé de Groningue (Groningen, 1988).

40. Ken Ohara

[Tokyo, Japan, 1942. Lives in Glendale, California]

Uses archival techniques and conceptual postulates to interrogate the photographic medium and portraiture.

After training in New York with Avedon and Hiro, he published a book of portraits, *One* (1977), with photographs devoid of text or titles. Faces are cropped (we can see only the eyes, mouth, nose, eyebrows, half the forehead and sometimes some of the hair) and blown up to almost four times life size. His black-and-white copies are shot in a studio, enabling Ohara to maintain a constant mid-to-high light contrast and repeat the camera angle with each individual, as we can see from the reflection of the flash in his sitters' eyes. The book pushes the boundaries of photography and shows us over 500 New Yorkers of all kinds, so as to arrive at an awareness that beyond our differences all humans are the same.

In the 1990s, Ohara probed the spatial and temporal parameters of portraiture. He would leave the shutter open for an hour of the sitter's extended pose, thus letting the model shape his own effigy with his movements and actions. The process was inspired by daguerreotype, in which inanimate objects appear in sharp focus while humans are inevitably blurred, however minimally.

Ohara's self-portrait, composed of thousands of photographs—he snapped one shot per minute for 24 hours—throws an interdict on the normative expectations of the genre, such as likeness, self-resemblance, context and other aspects of identity, thus achieving a subversive redefinition of the form.

From 1983 to 1991 he operated the Ohara Studio in New York. His latest shows include exhibitions at the Museum Folkwang (Essen, 2006), the Städtische Galerie (Wolfsburg, 2006) and *Portraits, Ken Ohara* at the Fotomuseum-Münchner Städtmuseum (Munich, 2007).

41. Martin Parr

[Epsom, United Kingdom, 1952. Lives in Bristol]

A photographer in the documentary tradition, views reality with an acutely critical and ironic gaze.

The vivid color of his works celebrates the world of kitsch and mass tourism, chiefly sustained by the British working class. Parr shoots at beaches, hotels, theme parks, souvenir shops, cafés and car parks to comment on consumerism, globalization and other excesses of modern capitalist society. His compilation *Small World: A Global Photographic Project* (1987-94) indicts the creation of an international language of consumption embodied in heads, hats, hands, food, palm trees printed on tee shirts, soft drink taglines and airline logos, making for a code of clichés that overwhelms the viewer with its irresistible forward drive. Parr hopes to photograph and capture the world by coming up close to his subjects and isolating the unperceived details.

He regards himself as a "promiscuous" photographer: his work makes a good fit with a wide diversity of purposes, from museums to publishing, and he plays a multiple role as writer, filmmaker, exhibition curator, copywriter and fashion photographer. Parr is fascinated by the avenues opened up by technology for mass access to photography—such as with a mobile phone—thus rendering the photographer's role redundant. In step with the decline of the print media, the market for art is on the rise, and Parr deploys his knowing gaze to reinvent the documentary form.

His many individual and collective exhibitions include involvement in the show *British Photography from the Thatcher Years* (Museum of Modern Art, 1991); he won the 1999 Wilkens Photography Award in Bremen.

42. Irving Penn

[New Jersey, United States, 1917. Lives in New York]

Who has distinguished himself in portrait, fashion and still life photography, is one of the major photographers of the twentieth century, known for his technical mastery—using natural and studio lighting and sharp contrasts—and his meticulous treatment of his subject-matter.

From 1943 onwards, he photographed about 160 covers for *Vogue*. His formal approach was austere, in counterpoint to the ornate mise en scène then prevailing among fashion photographers. In his portraits for *Vogue* of artists and writers, he achieved striking contrasts by composing his sitters as busts or placing them before a grey background. Penn's masterly grasp of lighting technique drew individuals out from their anonymity and let them take on their full value. His series *New York Small Trades* (1974) shows dock workers in isolation, with natural light on plain studio backdrops. In the 1950s, the relaxed poses and clothing of his models made the viewers forget they were looking at fashion photography, except for the background tones. In all his images—portraits, small tradesmen, the people of Morocco, Benin and New Guinea—Penn enables his models to evolve by placing them before that neutral background; the artist takes the subject out of her own social context to isolate her and focus the viewer's attention on the individual.

In 1967, Penn began to build a travel workshop and produced a large number of ethnographic essays for *Vogue*, and a series on flowers and still lives. From 1982 on, his portraits for *Vanity Fair* achieved a startling simplicity of form and technical virtuosity in the use of light.

Penn's most important books include *Passage. A Work Record* (New York, 1991);

en invierno con focos de 200 vatios que más tarde aumentó a 500.
En la serie *Portraits* (1987) analiza los rasgos de diversos personajes como Leni Riesfenstahl, Carolina de Mónaco o Marlene Dietrich dando cuenta de una gran capacidad para la filigrana psicológica.
Entre sus exposiciones individuales destaca *Retrospective* una antología de su trabajo que itineró entre otros por el Musée d'art moderne (París, 1984), la Foto Foundation (Ámsterdam, 1986), el Rheinisches Landesmuseum (Bonn, 1987), la National Portrait Gallery (Londres, 1988) o el Museé de Groningue (Groningen, 1988).

40. Ken Ohara

[Tokio, Japón, 1942. Vive en Glendale, California, Estados Unidos]

Mediante técnicas de archivo y postulados conceptuales cuestiona el medio fotográfico y las características del retrato.
Estudió en Nueva York con Avedon e Hiro. En su primer libro de retratos titulado *One* (1977) ningún texto ni título acompaña a las fotografías. Aparecen los rostros recortados (tan sólo podemos ver los ojos, la boca, la nariz, las cejas, la mitad de la frente y a veces algo de pelo) en dimensiones ampliadas casi cuatro veces respecto a su tamaño original. Estas copias en blanco y negro son tomadas en un estudio que le permite mantener las mismas condiciones lumínicas (un contraste medio-alto) y repetir con cada individuo la posición desde la cual toma la foto, según apreciamos en el reflejo de flash en los ojos de los fotografiados. El libro lleva las fotos hasta los bordes mostrándonos a más de quinientas personas de Nueva York, de todo tipo y condición, que parecen exponer que más allá de nuestras diferencias todos los seres humanos somos lo mismo.
En los noventa realiza otro proyecto en el que examina los parámetros espaciales y temporales en el retrato: con el obturador abierto durante una hora hacía posar a los modelos, construir su propia efigie creativamente según los movimientos y acciones que realizaran. Se trataba de un proceso que recordaba al daguerrotipo, donde los objetos inanimados aparecen totalmente enfocados mientras los seres humanos no pueden evitar aparecer difusos por los movimientos que hacen.
Su autorretrato, compuesto por miles de fotos (realizaba una toma cada minuto durante 24 horas), parece cuestionar las preguntas que uno se hace normalmente sobre lo que se espera de un retrato: el parecido, cómo salimos, el contexto y otros aspectos de la identidad, subvirtiendo estos aspectos en la redefinición del género.
De 1983 a 1991 establece el estudio fotográfico Ohara en Nueva York. Entre sus últimas exposiciones están las realizadas en el Museum Folkwang (Essen, 2006), la Städtische Galerie (Wolfsburg, 2006) o *Portraits, Ken Ohara* en el Fotomuseum-Münchner Stadtmuseum (Munich, 2007).

41. Martin Parr

[Epsom, Gran Bretaña, 1952. Vive en Bristol]

Es un fotógrafo de tradición documental que se caracteriza por el agudo enfoque irónico y crítico con el que aborda la representación de la realidad.
Sus imágenes, de colores vivos y brillantes, reflejan el mundo del *kitsch* y del turismo masificado y están protagonizadas preferentemente por la clase media británica. Los entornos que toma son playas, hoteles, parques temáticos, tiendas de *souvenirs*, cafeterías o aparcamientos, escenarios que le sirven para hablar sobre consumismo, globalización y otros excesos de la sociedad capitalista contemporánea. Así lo recoge por ejemplo en la recopilación *Small World: A Global Photographic Project* (1987-1994), donde aparece la preocupación por el establecimiento de un lenguaje internacional del consumo cuyo alfabeto está compuesto por cabezas, sombreros, manos, comida, perros, palmeras impresas en camisetas, motivos de refrescos, logotipos de líneas aéreas... Un código de clichés que tiene tal ímpetu que resulta irresistible para el espectador. El objetivo de Parr es fotografiar y captar el mundo, interpretarlo acercándose a los sujetos fotografiados y centrándose en los pequeños detalles.
Parr se considera un fotógrafo "promiscuo", tanto porque sus fotografías encajan bien en diversos espacios, desde museos a proyectos editoriales, como por las múltiples tareas que desarrolla como escritor, director, comisario de exposiciones, redactor o fotógrafo de moda. Le fascina la posibilidad que brindan los avances tecnológicos de acceder a la fotografía masivamente, por ejemplo desde cualquier teléfono móvil, algo que convierte la tarea del fotógrafo en redundante. Mientras el mercado periodístico decae, el mercado artístico crece y Parr con su cinismo reinventa el género documental.
Entre sus numerosas exposiciones individuales y colectivas destaca la participación en la muestra *British Photography from the Thatcher Years* (MoMA, 1991) y la concesión del premio Wilkens Photography Award, 1999, en Bremen.

42. Irving Penn

[Nueva Jersey, Estados Unidos, 1917. Vive en Nueva York]

Autor de retratos, fotografía de moda y naturalezas muertas entre otros géneros, es sin duda uno de los fotógrafos más importantes del siglo XX tanto por su dominio desde el punto de vista técnico (el uso de la luz natural y de estudio o los marcados contrastes), como por el meticuloso cuidado y austeridad en el tratamiento de los temas.
Desde 1943 desarrolló portadas para la revista *Vogue*, donde realizó cerca de 160 cubiertas. Su acercamiento formal se caracteriza por la sobriedad, contrapuesta en su momento a los excesos con que los fotógrafos de moda realizaban la puestas en escena. En esta revista publica retratos de artistas y escritores en composiciones determinadas por grandes contrastes: sobre fondos grises colocaba a sus personajes de busto o de pie. Penn permaneció fiel a las tomas realizadas en estudio controlando la iluminación. Así, cuando fotografía individuos parece valorizarlos extrayéndolos del anonimato. La serie *New York Small Trades* (1974) muestra a estibadores de forma aislada con luz natural sobre telones de fondo lisos de estudio. Más tarde, la relajación de las poses y las vestimentas en las fotografías de los años cincuenta casi hace olvidar que se trata de fotografías de moda, excepto por la tonalidad del segundo plano. En realidad todas sus imágenes (retratos, pequeños oficios, artesanos, gente de Marruecos, Benin o Nueva Guinea) comparten el fondo que es el que hace evolucionar a sus modelos. El artista extrae a la persona de su propio contexto social, con el fin de aislarla y llamar así la atención sobre el individuo.
En 1967 comienza la construcción de un taller de viaje y desarrolla numerosos ensayos etnográficos para *Vogue*, así como una serie sobre flores y naturalezas muertas. Desde 1982 realiza retratos para la revista *Vanity Fair* logrando una simplicidad en las formas que acompaña de un virtuosismo técnico que se percibe en la utilización que hace de la luz.
Entre sus libros más importantes destaca *Passage. A Work Record* (Nueva York, 1991) y las exposiciones en el Metropolitan Museum (Nueva York, 1977) o el Museum Folkwang (Essen, 2001).

he has had major exhibitions staged at the Metropolitan Museum (New York, 1977) and the Museum Folkwang (Essen, 2001).

43. Anders Petersen
[Stockholm, Sweden, 1944]

Is known worldwide for his photographic essays portraying social outsiders.
Aged 18, he traveled to learn German in Hamburg, where he got to know the city's red-light district and had his first encounter with the strippers, homosexuals and pimps who later became the central subjects of his book *Café Lehmitz* (1978), in which he developed a grammar of impromptu shots, voyeurism and vulnerability that kept in human touch with the model. In 1970, with Kenneth Gustavsson, he founded the Saftra group of photographers, a socially engaged movement that produced critical reportage for Swedish newspapers and magazines.
His approach, combining documentary interest with the sphere of the intimate, led Petersen to spend long periods photographing subjects in prisons, psychiatric wards—giving rise to his series *Mental Hospital* (1992-95)—and retirement homes. He often grouped his essays into a photographic diary. In *Close Distance* (2000-02), for example, Petersen identifies with and draws out the fragility and humanity of his models.
His knowledge of painting enabled Penn to nuance his portraiture and use a figurative language to accommodate the essence of the specific subject-matter. In *Portraits* (2000), his photographic interest turned to his own circle, whom he depicted in 110 prints. In 1969 he had his first individual show at the Paris Biennale. From 1997 to 1999 a large retrospective exhibition of his work traveled to several countries, including Sweden (Hasselblad Center, Gotheburg) and Belgium (Museum voor Fotografie, Antwerp).

44. Bernhard Prinz
[Fürth, Germany, 1953. Lives in Hamburg]

Has centred his oeuvre on the portrait, often presented in conjunction with sculpture. He brings to bear a postmodern photographic discourse to analyze the attitudes of pop culture.
Having studied art history at Erlangen and trained in fine art at Nürnberg and Hamburg, Prinz developed a characteristic sense of the ambiguous in his photography and sculpture. His camera seeks to play with various scenes, whether captured from life or staged, created anew. Prinz interrogates the constructed gaze of institutionalized perspective and casts doubt on the widespread belief that documentary photography represents truth; he uses the metaphors and allegories of the mass media to explore photography as a form.
Prinz's larger prints suggest a presence that by the time the photograph was shot has already moved on, or never existed in the form shown. He portrays boys (*Krux*) and girls (*Ikonen*) selected in the street for their appearance or expression. The models, facing the camera frontally and posed against a neutral background, stare fixedly into the lens. The resulting atmosphere has been described as distant, strange and cold. The photographs can be at once sensual and empty, sculptural, enigmatic and powerful. Prinz effects a disconnection from any social, psychological or emotional tie to anatomise, more than a mere series of individuals, an entire culture. He poses these androgynous figures in accord with the classical canon, with torso bared. The portraits proffer a medium to encourage debate and interpretation on contemporary codes and morality, questioning childhood as a utopian space of human inspiration.
His principal solo shows include exhibitions at the *Galerie Thaddaeus Ropac*, (Paris, 1999), at the Kunstverein, Bremerhaven (1999) and in Bonn (2000).

45. Arnulf Rainer
[Baden, Austria 1929. Lives in Vienna]

Greates paintings and photographs which he then strikes out, paints over and almost destroys.
He experimented with "automatic painting" to produce apparently unwilled expressionist works. As a result of his experience with gesture painting, Rainer developed body art as a form of artistic expression. From 1968 onwards Rainer initiated a revolution of form; he broke aesthetic taboos and worked with ugliness, illness, destruction and other disturbing aspects of the human body.
He used photo booths near his studio to take his own picture and play with his abilities as a mimic to celebrate the absurd and exhibit a wide range of expressions and gestures. These self-portraits exalt the expressive gesture and create an ambiguous movement between the symbolic construction of the ego and self-destruction. His working method was to blow up his passport photographs, commission a self-portrait from a professional photographer—indicating the desired timing of the shot—and drawing next to or on the copies. In his *Face Farces* of the 1970s, Rainer applied to photography the painting and drawing "events" of Abstract Expressionism.
Rainer has said that for him the challenge lies in "the impenetrable, the frontier, and monotony." He used several creative media in one continuous flow, including all possible visual media, from paper to video, photography, performance, poetry and music, and worked in partnership with other artists, such as Dieter Roth.
In 1978 and 1980 he represented Austria in the Vienna Biennale, while in 1984 a major exhibition of his work was held at the Pompidou in Paris. Several shows in the United States and Canada culminated in a retrospective in 1989 at New York's Guggenheim Museum. The opening in 1993 of the Arnulf Rainer Museum in New York marked the highpoint in the recognition of his work.

46. Timm Rautert
[Tuchola, Poland, 1941. Lives in Essen, Germany]

Uses photography to anatomize society and explore the form itself, with a special focus on the concept of the archive.
He trained in photography under Otto Steinert at Essen's Folkwangschule für Gestaltung. He worked as a photojournalist in Germany and elsewhere, and has taught at the Hochschule für Grafik und Buchkunst in Leipzig since 1993.
In 1974, Rautert published *Deutsche in Uniform*, a portrait series shot across Germany in a portable studio that provided a constant scheme of neutral lighting and background to isolate subjects from their working context, expressed solely in their clothing or uniform. The representation focuses on what the subject

43. Anders Petersen
[Estocolmo, Suecia, 1944]

Es conocido internacionalmente por sus ensayos fotográficos donde retrata *outsiders* sociales.
Con dieciocho años se traslada a Hamburgo a estudiar alemán. Allí conocerá el barrio rojo de la ciudad y su primer encuentro con *strippers*, homosexuales o proxenetas que posteriormente serán sujetos centrales de su libro *Café Lehmitz* (1978) en el que despliega una gramática básica definida por la espontaneidad de las tomas, el *vouyerismo* y la vulnerabilidad, sin perder en ningún momento el contacto humano con el modelo. En 1970 junto con Kenneth Gustavsson co-funda el grupo de fotógrafos *Saftra*, un colectivo comprometido socialmente que realiza reportajes críticos para periódicos y revistas suecas.
Este modo de aproximación, que combina el interés documental con el ámbito íntimo, le lleva a fotografiar durante largos períodos en prisiones, psiquiátricos (serie que dio lugar a *Mental Hospital* (1992-1995) o residencias de la tercera edad. A menudo ha tomado el diario fotográfico como modo de agrupar los ensayos, por ejemplo en *Close Distance* (2000-2002) parece querer compartir con los modelos a los que retrata sus emociones, mostrándolos desnudos e intentando alcanzar su parte más humana, la que revela su profundidad, su fragilidad, con la que Petersen se siente más identificado.
El retrato siempre ha sido para él una manera de acercarse a la fotografía y de adaptarse, mediante un lenguaje figurativo, a los sujetos que retrataba. En este sentido su conocimiento de la pintura le permite introducir matices según los ensayos en los cuales trabaja. En su libro *Portraits*, publicado en el año 2000, aborda en 110 copias los retratos de las personas más cercanas a sí mismo como centro de su interés fotográfico. En 1969 realiza su primera exposición individual en la Biennale de París; de 1997 a 1999 realizó una gran retrospectiva de su trabajo que itineró entre otros países por Suecia (Hasselblad Center, Göterborg) y Bélgica (Museum voor Fotografie, Amberes).

44. Bernhard Prinz
[Fürth, Alemania, 1953. Vive en Hamburgo]

Considera el retrato el punto central de su trabajo, que a menudo presenta junto a piezas escultóricas. Desde este género aborda las actitudes de la cultura popular a la luz de un discurso fotográfico postmoderno.
Cursa estudios de historia del arte en Erlangen y Bellas Artes en Nürnberg y Hamburgo. Sus fotografías y esculturas introducen un sentido ambiguo característico de su trabajo. Así sus copias fotográficas juegan con la posibilidad de captar con la cámara registros creados, escenificados o capturados de la realidad. En sus imágenes cuestiona la mirada construida desde la institucionalización de la perspectiva, así como la creencia generalizada de que el registro fotográfico documental es una prueba de veracidad, explorando la fotografía como una forma de los mass media y utilizando sus metáforas y alegorías.
En sus fotografías de gran formato parecen mostrar la presencia de algo que en el momento de realizar la toma ya ha pasado o nunca ha existido del modo en que se muestra. Estos retratos presentan niños (*Krux*) y niñas (*Ikonen*) que elige en la calle por su apariencia o gesto, miran fijamente la cámara, en posición frontal con un fondo neutro que les rodea. Esta atmósfera ha sido descrita como distante, extraña y fría. Las fotografías pueden ser sensuales y al mismo tiempo vacías, esculturales, enigmáticas y poderosas. La desconexión que crea con cualquier vínculo social, psicológico o emocional parece retratar a toda una cultura más que a una serie de individuos. Prinz toma estas figuras andróginas y los hace posar siguiendo los cánones clásicos, con el torso desnudo. La apariencia de estos retratos parece un soporte que promueve la discusión e interpretación sobre los códigos contemporáneos y la moralidad, cuestionando por ejemplo la infancia como espacio utópico de inspiración del hombre.
Entre sus exposiciones individuales destacan la *Galerie Thaddaeus Ropac* (París, 1999), el Kunstverein de Bremerhaven (1999) o el de Bonn (2000).

45. Arnulf Rainer
[Baden, Austria, 1929. Vive en Viena]

Es autor de cuadros, pinturas y fotografías tachadas, repintadas y casi destruidas por él mismo que conforman una parte importante de su obra más característica.
Experimentó con el denominado automatismo de la mano que le llevó a producir obras expresionistas aparentemente carentes de voluntad. Como consecuencia de su experiencia con la pintura gestual, Rainer fue encontrando el lenguaje corporal como medio de manifestación artística. Desde 1968 inicia una revolución de las formas, reventando tabúes estéticos, trabajando con la fealdad, la enfermedad, la destrucción y otros lados inquietantes del cuerpo humano.
Retratándose en fotomatones de los alrededores de su estudio advierte, con la ayuda de estas máquinas, la capacidad mímica de su propio rostro, jugando con el absurdo y exhibiendo una amplia gama de gestos y muecas. Estos autorretratos son una exaltación del gesto expresivo y suponen un movimiento ambiguo entre la construcción simbólica de su yo y la autodestrucción. El método de trabajo que seguía consistía en hacer ampliaciones de las fotos carnet, hacerse retratar por un fotógrafo profesional e indicarle en qué momento debía realizar la toma y dibujar al lado o encima de las copias. En las *Face Farces* realizadas durante los años setenta, traslada a las fotografías las intervenciones pictóricas y de dibujo del expresionismo abstracto.
Para Rainer el desafío está, según sus propias palabras, en "lo impenetrable, lo fronterizo y la monotonía". Utiliza indistintamente un medio u otro de creación, todos los soportes de imagen posibles, desde el papel al vídeo, la fotografía, la *performance*, la poesía o la música, realizando también colaboraciones con otros artistas como Diether Roth.
En 1978 y 1980 representa a Austria en la Bienal de Venecia, en 1984 se realiza una gran exposición de sus trabajos en el Centre Pompidou de París. Varias exposiciones en Estados Unidos y Canadá culminaron en una retrospectiva en 1989 en el Museo Guggenheim de Nueva York. La apertura del Arnulf Rainer Museum en 1993, en Nueva York, es el momento de máximo reconocimiento de su trabajo.

46. Timm Rautert
[Tuchola, Polonia, 1941. Vive en Essen, Alemania]

Usa la fotografía como medio de exploración de la sociedad y de la fotografía misma prestando especial atención al concepto de archivo.
Rautert estudió fotografía con Otto Steinert en la *Folkwangschule für Gestaltung* de Essen. Trabajó como fotoperiodista en Alemania y el extranjero y desde 1993 imparte clases en la *Hochschule für Grafik und Buchkunst* de Leipzig.
En 1974 publica el libro *Deutsche in Uniform*, una serie de retratos de sujetos a los que Rautert fotografió en diversos puntos de la geografía alemana, situándolos en un estudio

symbolises in terms of occupation. Rautert titles his portraits with the names of the models and their professions and appends interview excerpts to prompt the viewer to construe a relationship between each individual's facial expression and his or her work. The series documents the shift from the German tradition of official uniforms to work-clothing tagged with corporate badges and logos.
Rautert creates long series to investigate modern industry, building up an extensive archive of the technological changes of the second half of the twentieth century. He also photographs artists in their studios and places of work. His inquiries extend to the photographic form itself—its narrative potential and its reception and interpretation.
Rautert's most recent individual shows include *Wenn wir dich nicht sehen, siehst du uns auch nicht* at the Sprengel Museum (Hanover, 2007) and *From the artist to the present owner* at the Galerie Edition Kunsthandel (Essen, 2005).

47. Eugene Richards

[Dorchester, Massachusetts, United States, 1944. Lives in New York]

Is a distinguished photojournalist in the socially committed documentary tradition.
One of his first works, *Dorchester Days* (1978), was a self-published book on his home town. His concern with family home relations, the city streets, processes of change and memories of his youth with his first wife was coupled with commentary on the race issues of 1970s Boston.
Richards joined the documentary tradition to portray and interview the underprivileged and marginalized in books such as *Cocaine True, Cocaine Blue* (1994), a look at the ravages of drug abuse in three communities in New York and Philadelphia, and *Below The Line: Living Poor In America* (1987), a work commissioned for a consumer union in 1986.
The variegated subject-matter of Richard's oeuvre encompasses breast cancer, emergency health care, child AIDS, the meat-packing industry and the dire state of the mentally ill in America. He conducts a rigorous inquiry into his models' stories using mordant, intimate pictures and texts written by himself and others.
He has worked for *The New York Times, Esquire, TIME* and *Newsweek*, and in the commercial photography market. His solo shows have included an exhibition in Paris in 1988; he has won the Eugene Smith Memorial Award (1981). Richards has also experimented with cinema, shooting, directing and producing two short films and a documentary on life in a retirement home in Nebraska.

48. Heinrich Riebesehl

[Lathes an der Ems, Germany, 1938. Lives in Hannover]

Is known for reportage that places the periphery at the center of perception.
In the 1970s he won acclaim with a series depicting strange constellations under a harsh light, with the occasional appearance of human figures. Riebesehl's images created a dream logic of almost fantastical imagery, but with no technical manipulation: almost all the shots were readily achievable. He collected these works, which could be described as "magical realism", in *Situationen und Objekte* (1973-77); shortly afterwards he abandoned the approach entirely. Moving on from a subjective vision in which he created photographs using things, he became interested in objective, narrative images *about* things. Rather than manipulate subjects technically and compositionally, Riebesehl adopted a method inspired by Diane Arbus's words: "Instead of arranging it, I arrange myself."
His works, eschewing spectacle and grandiloquence, seem at first glance remote and impartial, though full of details suggesting anything could happen. He seeks to access emotionally fraught content that transcends sight. Riebesehl works on his images as if they were paintings, with an emphasis on forms, and his approach to landscape is highly precise, while leaving room for the viewer's own interpretations.
Hard to classify, Riebesehl has been regarded as a pioneer of German objective photography, but his small-size prints and interest in suburbia make him akin to American artists exploring topographical themes, such as Robert Adams.
His many solo shows have included exhibitions at the Sander Gallery (Washington, 1977) and the Sprengel Museum (Hanover, 1997).

49. Humberto Rivas

[Buenos Aires, Argentina, 1937. Lives in Barcelona]

Is internationally recognized for his black-and-white nudes and his images of cities by night. Rivas has photographed ghost towns, still lives and interiors, proffering a perception of settings, paths and architectures that escape other gazes and speak for themselves. His contribution to contemporary Spanish photography, however, is perhaps best expressed by his portraits against a dark background, which accentuate the human figure and display deep psychological insight. Rivas's fraught, enigmatic, austere figures constitute a piercing inquiry into the body and the subject, stopped still at a given moment of her existence. He picks out the techniques and circumstances that best accommodate his artistic aims, and avoids the "key moment" in which the photographer grabs the shot: "If I look at you, I see someone I know, with a specific way of being and willing to be photographed, but wearing a slight smile I'm not interested in. Then I ask you to shut your eyes. No one pretends with their eyes shut. Then, at some point, I ask you to look at the camera—not to open your eyes, just to look at the camera—and thanks to the subject's attitude the photograph will then have nothing to do with what it would have been before."[13]
Rivas gives shape to his language even in the half-light, through the crucial role of light and shadow. The landscapes and figures that come within the purview of his lens meld social awareness with the expressive charge and subjective vision of the artist's own fantasies.
Rivas individual shows have included exhibitions at the Canon Photo Gallery (Amsterdam, 1982), the Museo Nacional Centro de Arte Reina Sofía (Madrid, 1991) and the Musée des Beaux Arts (Montreal, 1995).

50. Thomas Ruff

[Zell am Harmesbach, Germany, 1958. Lives in Düsseldorf]

Creates highly diverse series of images in which he develops a critical exploration of photography as a visual medium.
A member of the so-called "German school" of photography, he trained under Bernd and Hilla Becher at the famous Kunstakademie

portátil que proporcionaba a sus fotografías unas condiciones lumínicas similares y un fondo neutro que los aislaba de su contexto de trabajo, que solo se hace presente por el uniforme que visten. La representación, por tanto, se centra en lo que el sujeto simboliza según la profesión que desempeña. Titulando sus fotografías con los nombres de los retratados y el trabajo que desempeñan, así como con citas de las entrevistas que han mantenido, Rautert propone a los espectadores que establezcan una relación entre los gestos faciales de los individuos y su profesión. Esta serie parece documentar una tradición de uniformes oficiales en Alemania que han sido sustituidos por vestidos, donde dominan los logotipos o la imagen de empresa.

Rautert suele trabajar en series largas que incluyen la investigación de la industria moderna, que ha documentado extensamente creando un archivo de los cambios tecnológicos que tuvieron lugar en la segunda mitad del siglo xx, o fotografías de diversos artistas en sus estudios y lugares de trabajo. Este interés analítico se extiende al medio fotográfico, a su potencial narrativo así como a su recepción e interpretación.

Entre sus exposiciones individuales más recientes cabe destacar *Wenn wir dich nicht sehen, siehst du uns auch nicht*, en el Sprengel Museum (Hanover, 2007) o *From the artist to the present owner* en la Galerie Edition Kunsthandel (Essen, 2005).

47. Eugene Richards

[Dorchester, Massachussets, Estados Unidos, 1944. Vive en Nueva York]

Destaca por su actividad como reportero gráfico siguiendo la tradición documental del periodismo gráfico comprometido.

Uno de sus primeros trabajos, *Dorchester Days* (1978), fue un libro autoeditado sobre su ciudad natal. La relación con la casa paterna, las calles de su ciudad y los cambios que han tenido lugar, no dejaban de lado los conflictos raciales que ocurrían en Boston durante la década de los setenta o los recuerdos de juventud con su primera mujer.

Siguiendo la tradición documental Richards se ha acercado a los individuos más desfavorecidos a los que ha retratado y entrevistado en diversos libros entre los que destacan *Cocaine True, Cocaine Blue* (1994), una semblanza de tres comunidades americanas (en Nueva York y Filadelfia) en las que la droga ha penetrado o *Below The Line: Living Poor In America* (1987) un encargo que realizó para la unión de consumidores con el fin de describir la pobreza en Estados Unidos en 1986.

Entre los temas heterogéneos que ha fotografiado están el cáncer de mama, la medicina de urgencias, el sida infantil, la industria de empaquetado cárnico o la grave situación en la que viven los enfermos mentales en Estados Unidos. Sus imágenes son mordaces e íntimas y se apoyan en textos propios y ajenos en los cuales se acerca con rigor a las historias de las personas.

Richards ha trabajado para diversas revistas como *The New York Times*, *Esquire*, *TIME* o *Newsweek*, y también en el ámbito de la fotografía comercial. Entre sus exposiciones individuales destaca la realizada en París en 1998 y el premio Eugene Smith Memorial Award (1981). Entre sus incursiones también está el cine, fotografiando, dirigiendo y produciendo dos cortos y un documental en el que retrata la vida en un centro de la tercera edad en Nebraska.

48. Heinrich Riebesehl

[Lathes an der Ems, Alemania, 1938. Vive en Hannover]

Es conocido por sus reportajes descriptivos sobre la realidad, poniendo a la periferia en el centro de su trabajo.

Riebesehl ganó reputación internacional durante los años setenta con una serie de fotografías de constelaciones extrañas, con una iluminación dura en las que a veces aparecían personas. Estas imágenes sugerían una lógica de ensueño, una imaginería cercana a lo fantástico, sin embargo en términos de manipulación técnica ésta no existía y casi todas las tomas eran escenas fáciles de conseguir. El carácter de estas obras, que recopiló con el título *Situationen und Objekte* (1973-1977), puede describirse como "realismo mágico" que poco después abandonará por completo. Alejándose de esta visión subjetiva en la que creaba fotografías con cosas, pasa a interesarse en producir fotografías objetivas, narrativas, sobre las cosas. De una visión que colocaba a los sujetos técnica y compositivamente, decide adoptar una aproximación cercana a la de Diane Arbus: "En vez de disponerlo, me dispongo".

Sus fotografías no son grandilocuentes o espectaculares. A primera vista más bien parecen distantes e imparciales, aunque están llenas de detalles que sugieren que algo podría ocurrir. Trata de acceder a contenidos cargados emocionalmente que trasciendan la visión. Trabaja las fotografías como si hiciera cuadros en tanto intensifica las formas y propone una aproximación al paisaje caracterizada por la precisión, sin dejar por ello de dar margen para las interpretaciones del espectador.

Su obra es difícil de clasificar: por un lado se le ha situado como pionero de la fotografía objetiva alemana, pero el formato pequeño con el que trabaja y su interés por fotografiar regiones suburbanas lo acercan al trabajo de algunos fotógrafos americanos interesados en la topografía como Robert Adams.

Entre sus numerosas exposiciones individuales destacan las realizadas en la Sander Gallery (Washington, 1977) y en el Sprengel Museum (Hannover, 1997).

49. Humberto Rivas

[Buenos Aires, Argentina, 1937. Vive en Barcelona]

Es conocido internacionalmente por sus retratos y fotografías de desnudos, en blanco y negro, así como por sus imágenes nocturnas de la ciudad.

Rivas ha fotografiado ciudades desiertas, naturalezas muertas, interiores, una percepción de entornos, caminos y arquitecturas despojadas de miradas ajenas, dejando que hablen por ellas mismas. Pero quizá son sus retratos sobre fondo oscuro, que acentúan la figura y expresan una gran carga psicológica, por lo que se reconoce su aportación al panorama español contemporáneo. Descarnadas, enigmáticas figuras de gran austeridad que constituyen un estudio del cuerpo y del sujeto detenido en algún momento de su existencia. Rivas elige las técnicas y circunstancias más apropiadas para sus objetivos huyendo del momento decisivo, ése en que el fotógrafo es capaz de ver la instantánea: "Si te miro a ti, ahora veo a una persona que conozco, con una forma de ser concreta y dispuesta a hacerse una foto, pero con una ligera sonrisa que no me interesa fotografiar. Entonces te pido que cierres los ojos. Con los ojos cerrados nadie finge. Entonces, en un momento dado, te pido que mires a la cámara –no que abras los ojos, sino que mires a la cámara– y gracias a la actitud del sujeto la fotografía no tendrá nada que ver con lo que era antes".[13]

La luz y las sombras que crea desempeñan en sus fotografías el papel más determinante, ayudándole a definir su lenguaje incluso en la penumbra. La expresión de la realidad de los paisajes o las figuras que atrapa con su objetivo no elude la aproximación social, aunque sin renunciar a la carga expresiva y visión subjetiva propias de las fantasías.

Düsseldorf. His oeuvre addresses a wide variety of themes, such as portraiture of the provincial and suburban *petite bourgeoisie*, contemporary and modernist architectural art, the probing of the universe using telescopes, city neighborhoods by night, the daily invention of images in the mass media, the transformation of our body sensations through the Internet, or monumental portraits of his friends and colleagues using a plate camera—this being the work that distinguished him internationally. This series of photographs, framed frontally and restricted to each subject's bust, eradicated any hint of expression or emotion, thus frustrating any possibility of empathy. The humdrum clothing and static pose of the portraits evokes the aesthetic of the passport photograph, but their vast size lets us examine the fine detail of the faces and exposes their quirks and imperfections. Ruff has said, "If things are as they appear, why should I try to make them look different?" Posed against a neutral background intended to create a sort of anonymous individuality, the portraits of these young people seems to blend emptiness with the monumental, while constructing the inventory of a group the epicentre of which is photography itself.

A constant of Thomas Ruff's work is a link to the events and issues of our time, proposing a political positioning from which we should read his art. In 1992, at Documenta IX he presented the series *Nacht*, nocturnal urban landscapes inspired by broadcasts of the Gulf War that started an investigation into the impact on photography of new technologies; his series *Nudes* (1999) reuses images taken from porn websites on the Internet. Ruff explores several ways of engaging with reality to distance us from the mechanisms of identification with images and question the illusion of the existence of a reality based on appearances.

His principal individual shows include *Porträts Häuser Sterne* at the Stedelijk Museum (Amsterdam, 1989) and at the Rooseum (Malmö, 1996).

51. Inta Ruka

[Riga, Latvia, 1958]

Practices art documentary with a focus on portraiture.

She has traveled her native country of Latvia extensively, from the farthest homesteads of the Balvi region, on the border with Russia, to the suburbs of Riga, photographing her fellow Latvians. In line with the assertion of the art critic Peteris Bankovskis that nothing interests people more than people themselves (Ruka adds "since the Stone Age"), she focuses entirely on portraiture.

In 1983, Ruka began the series *My Country People*, where the viewer sees the image resulting from a long conversation between the photographer and the sitter, thus conveying a sense of deep respect for her subjects.

She used a Rolleiflex and black-and-white film to photograph statically posed models in natural light. Her portraits encompass well-known personalities and private citizens, and the viewer senses Ruka's human empathy; she has tracked some of her subjects, including whole families, for several years. Some models, such as Iveta Tavare, whom Ruka has portrayed in childhood, adolescence and adulthood, thus seem to personify the quiet existence of an entire people.

In *People I Happened to Meet* (2000-04), Ruka explores the changes in people's lives after many years of living in a communist state, and their ways of coping with a westernised society on the verge of joining the European Union.

In 1999, Ruka took part in the 48th Venice Biennale, and in 2000 she won the Riga National Award of the Year.

52. Thomas Schütte

[Oldenburg, Germany, 1954. Lives in Düsseldorf]

Evinces a resistance to generalization and a tendency to relate the various disciplines of art. He has wrong-footed those expecting to find stylistic or thematic continuity in his work by undertaking projects using diverse materials and forms, ranging from mock-ups of fantastical architecture to sculptures of families or huge two-faced ceramic heads. In his commemorative monuments, the subjects range from real people to forgotten or fictional characters, and, though not rendered realistically, nonetheless seem to exist. On his website, Schütte classifies his work on the basis of subject, while keeping his distance: Houses, Bunkers, Monuments, Animals, Spirits, Jokes, Fruit and Vegetables, Women, Men, Flowers, Vases.

His works display irony and even cynicism, and ambivalence always lies under the surface. In his drawings, ceramics, watercolors and etchings the artist tests the natural, cultural and political components of day-to-day life and relates the human subject to her urban environment.

Schütte flirts with art as a satisfaction in itself and art intended to bring the viewer to knowledge, and says, "I think the figurative tradition broke down when the artist was called on to create heroes in a democratic system, which is something television does more effectively nowadays. Power is no longer embodied in a king or an individual; it operates through a system or many different overlapping networks which tend not to be visible—generally the opposite is the case. The power structure is hence anonymous and it is impossible to give it a face, or even a body."[14]

His most recent exhibitions include *Political Works*, Museu Serralves de Arte Contemporànea (Lisbon, 2005), *Zeichnungen* at the Neues Museum (Nuremberg, 2006), *Fourth Plinth* in London, 2007, and *Fake/ Function: Thomas Schütte's Early Work* at the Henry Moore Institute (Leeds, 2007).

53. Andres Serrano

[New York, United States, 1950]

Has won international renown as an artist who, using color photography since the late 1980s, has constructed an aesthetic on the boundaries of religious, social and moral taboos.

His controversial work places the viewer in a state of ambiguity equivalent to that of the artist's stance towards his own work. Bodily fluids, fanaticism, exclusion, disease and death are all present in his series, which deploy a baroquely theatrical stylization and purity of color. In series like *Body Fluids* (1985-90), he takes images of blood, milk, urine and sperm to create a dichotomy: he suggests they are mere colors, like those handled on the palette of an Old Master. His working method eschews the intellectual in search of what he calls the "natural".

His series *The Morgue* (1992) shows a succession of portraits of corpses of adults and children, with the titles indicating the cause of death ("stabbed to death"; "caused by AIDS"; "fatal meningitis"). In *Klan* (1990) and *The Church* (1991), he again

Sus exposiciones individuales van desde la Canon Photo Gallery (Ámsterdam, 1982) al Museo Nacional Centro de Arte Reina Sofía (Madrid, 1991) o el Musée des Beaux Arts (Montreal, 1995).

50. Thomas Ruff

[Zell am Harmesbach, Alemania, 1958. Vive en Düsseldorf]

Destaca por desarrollar series de imágenes muy diversas en las que realiza una exploración crítica de la fotografía como medio visual. Integrante de lo que se ha denominado como Escuela Alemana de fotografía, fue alumno de Bernd y Hilla Becher en la prestigiosa Academia de arte de Düsseldorf. En sus obras ha abordado múltiples temas como el retrato de la pequeña clase burguesa que vive en la provincia y en los suburbios, el arte arquitectónico actual y modernista, la indagación del universo con ayuda de un telescopio, la observación de los barrios de noche, las invenciones diarias de imágenes en los medios de comunicación, la transformación de nuestras sensaciones corporales a través de Internet o la serie de retratos monumentales de sus amigos y compañeros realizados con una cámara de placas, trabajo que lo dio a conocer internacionalmente. Esta serie de fotografías cuyo encuadre frontal se limitaba al busto de los sujetos erradicaba cualquier expresión, toda emoción, frustrando cualquier posibilidad de empatía. La estética que evocan estos retratos por la cotidianeidad de sus ropas y el estatismo de su disposición es la de las fotografías carnet, sin embargo las enormes dimensiones de sus positivos nos permiten prestar especial atención a los detalles de los rostros, y sus peculiaridades e imperfecciones quedan expuestas. Ruff ha manifestado: "Si las cosas son como parecen ¿por qué he de intentar que parezcan distintas?". Enmarcados sobre un fondo neutro que tenía como objeto crear una individualidad anónima, los retratos de estos jóvenes parecen combinar el vacío con la monumentalidad, construyendo al mismo tiempo el inventario de un grupo cuyo epicentro es la fotografía misma.
El vínculo permanente de Thomas Ruff con los acontecimientos y problemas más significativos de nuestra época es continuo en su trabajo y supone un posicionamiento político desde el cual debemos leer su obra. En 1992 presenta en la Documenta IX la serie *Nacht*, paisajes urbanos nocturnos inspirados en las fotografías retransmitidas de la Guerra del Golfo e inicia una investigación sobre el impacto de las nuevas tecnologías en la fotografía, así en su serie *Nudes* (1999) reutiliza imágenes tomadas de las páginas pornográficas de Internet. Ruff explora diversas formas de acercamiento a la realidad, para distanciarnos de los mecanismos de identificación con las imágenes, poniendo en juego la ilusión de la existencia de la verdad basada en las apariencias.
La exposición *Porträts Häuser Sterne* en el Stedelijk Museum (Amsterdam, 1989) o en el Rooseum (Malmö, 1996) está entre sus muestras individuales más destacadas.

51. Inta Ruka

[Riga, Letonia, 1958]

Es representante de un documentalismo artístico cuyo punto fuerte es el retrato.
Ha viajado frecuentemente por su país, desde las granjas más alejadas en la región de Balvi, cerca de la frontera con Rusia, hasta los suburbios de Riga, tomando fotos de sus paisanos. Siguiendo la afirmación del crítico de arte Peteris Bankovskis que dice que no hay nada que interese más a la gente que la propia gente (Ruka matiza "desde la Edad de Piedra"), ella se ha dedicado por completo al retrato.
Ruka comienza en 1983 la serie *My Country People* siguiendo un criterio claro que consiste en que el espectador pueda ver a una persona y la imagen resultante de una larga conversación que tuvo lugar entre la fotógrafa y el retratado. En este sentido logra transmitir una sensación de respeto por los sujetos que fotografía.
Las copias en blanco y negro son tomadas con una cámara Rolleiflex. Los sujetos posan estáticos y con luz natural. Sus retratos recogen los rostros de gente conocida junto a otros que no lo son, haciendo perceptible para los espectadores su empatía con los seres humanos. Algunas de las personas y familias que fotografía las ha seguido con su cámara durante muchos años. Así, la vida de algunas personas, como Iveta Tavare, de la que ha representado su infancia, adolescencia y madurez, parece personificar la existencia modesta de un pueblo entero.
En *People I happened to meet* (2000-2004) Ruka se interesa por entender las transformaciones en la vida de la gente después de vivir durante años en un estado comunista, por cómo se defienden como individuos actualmente en una sociedad occidentalizada y en un futuro estado miembro de la Unión Europea.
En 1999 participó en la 48 *Bienal de Venecia* y en 2000 ganó el *National Award of the Year* (Riga).

52. Thomas Schütte

[Oldenburg, Alemania, 1954. Vive en Düsseldorf]

Se caracteriza por la resistencia que muestra a la generalización y su tendencia a relacionar las diferentes disciplinas del arte.
Ha desconcertado al público que esperaba encontrar en sus obras una continuidad estilística o temática. Sus proyectos se han conformado de diversos materiales y formas, de sus maquetas de arquitecturas fantásticas a las enormes cabezas bifrontes de arcilla o familias enteras. En sus monumentos conmemorativos, los caracteres abarcan un amplio abanico que va desde personajes históricos a otros olvidados o ficticios, o que no son realistas pero existen de verdad.
Schütte clasifica en su *web* las obras en función de los temas tratados, aunque se mantenga al margen de ellos: Casas, Búnkeres, Monumentos, Animales, Espíritus, Bromas, Frutas y Verduras, Mujeres, Hombres, Flores, Jarrones.
Sus obras se caracterizan por la ironía e incluso a veces por el cinismo, y la ambivalencia es evidente en cualquier caso. En sus dibujos, cerámicas, acuarelas y grabados el artista comprueba los componentes naturales, culturales y políticos de la vida diaria, relacionando al sujeto humano con su entorno urbano.
Schütte flirtea entre el arte que produce satisfacción en sí mismo y aquel que pretende provocar un conocimiento, manifestando: "creo que la tradición figurativa fallaba cuando el artista tenía que crear héroes en el sistema democrático, lo cual, hoy por hoy es algo que la televisión hace con mayor efectividad. El poder no está ya representado por un rey o una figura individual, opera por medio de un sistema o muchos diferentes, redes que se solapan y no tienden a ser visibles, sino más bien lo contrario. Así la estructura de poder es anónima y es imposible darle un rostro, ni siquiera un cuerpo".[14]
Entre sus exposiciones más recientes destacan *Political Works*, en el Museu Serralves de Arte Contemporànea (Lisboa, 2005), *Zeichnungen*, en el Neues Museum (Nurenberg, 2006) y el *Fourth Plinth* (Londres, 2007), o *Fake/Function: Thomas Schütte Early Work*, en el Henry Moore Institute (Leeds, 2007).

uses the portrait genre to depict Ku Klux Klan members and church figures as icons set against a neutral background. His choice of subject and his approach to them—building a form of play with the ethical, the beautiful and the morbid—are sometimes reminiscent of the sensationalist press or celebrity gossip, and thus amplify the surrounding controversy. Serrano also makes use of advertising techniques—lighting, a studied turn of phrase—to recruit brevity and eloquence towards his intended purposes. He says he pursues "the unusual, or what is not conventionally and thought beautiful. In my work I try to find the ordinary in the extraordinary, and vice versa."

His most recent exhibitions include the itinerant *Body and Soul* (The Barbican, London, 2001; MEO, Budapest, 2002), *America* at the Galleria Photology (Milan, 2004) and *A History of Sex* at the 5th Thessalonica Documentary Festival (2003).

54. Cindy Sherman

[New Jersey, United States, 1954. Now living in New York]

Is the best-known and most representative photographer of postmodernity, due to the narrative scenes in which she represents, from a feminist standpoint, a criticism of the media. Her work deals with the entirely constructed character of the subject and the possibility of reading and inducing only stereotypes if we judge by the strictly visual appearance of things. The psychoanalytical interpretation that investigates the instability and ambivalence, the vulnerability and fragility of cultural structures representing women are the conceptual matter of Sherman's photographs.

Her most outstanding series, *Untitled Film Stills* (1977-80), are a series of photographs in black-and-white in which Sherman appears in the scene as a fictitious character of a B movie. She does this using images which are not normally seen in films, scenes which might have been cut and which parody stereotyped roles. They are individual photographs which narrate a bigger story. Implicitly, Sherman imitates and repeats the images which women offer in the media and the prevailing current which perpetuates masculine narration and dominance.

Since the mid-eighties, Sherman has used color in her photographs, and as well as using costumes, make-up and wigs, she transforms her identity by introducing prostheses and artificial limbs and even retouches the pictures digitally. In no case does Sherman try to take the discourse to self-portrait, they are "personified images of specific feelings... which portray themselves". What is repugnant and disagreeable, what is abject as a metaphor of states of mind have been Sherman's concern in later photographic series.

Her work has been exhibited worldwide, both collectively and individually, including at MoMA in New York and the Centre Georges Pompidou in Paris. In 1997, a major retrospective exhibition of her work was held at the Los Angeles Museum of Contemporary Art which later traveled to the Museum of Contemporary Art in Chicago and to museums in Prague, London, Bordeaux and Sydney. This exhibition resulted in the catalogue *Cindy Sherman: Retrospective* (London: Thames & Hudson, 1997).

55. Michael Schmidt

[Berlin, Germany, 1945]

Is one of Germany's leading contemporary photographers, known for the radical visual language he brings to bear on his surrounding reality.

A contemporary of Jeff Wall and Lewis Baltz, somewhat younger than Robert Adams, Lee Friedlander and Larry Clark and a little older than Gursky, Struth and Thomas Ruff, Michael Schmidt is hard to relate to any other artist and is regarded as a lone exemplar of his kind. He started as an amateur and his interest in the photographic perspective on reality led him to deepen his technical and conceptual grasp of the form.

His small- and medium-size prints use a range of greys—from blinding clarity to extreme darkness—to create various atmospheres. Most of his projects take the form of published books: even when released as an exhibition catalogue the book functions independently. For instance, his book *EIN-HEIT* (1991) follows a non-linear narrative to construct a field delimited and ordered by a logic that sustains the whole.

A range of series depict the city, its people and shapes, and the empty spaces between them. The theme of his photographs is not urban life, however; Schmidt is not interested in the documentary approach, nor wishes to offer an alternative vision of Berlin. He investigates the empty spaces of the city, places lying fallow, derelict lots, and demolished houses, as in *Wedding* (1978), where he traces a connection with the industrial Ruhr region. *Waffenruhe* (1985-87) marks a turning point in both Schmidt's oeuvre and in West Germany, where the weight of history translates into images and pervades his photographs.

Schmidt has exhibited regularly in Europe and the United States, with shows in 1996 at MoMA, New York, and in 2000 at the Düsseldorf Kunsthalle.

56. Joel Sternfeld

[New York, United States, 1944]

Has developed a unique form of landscape photography and is the leading exponent of "New Color Photography."

His first work, *American Prospects* (1978) was inspired by photographers such as Walker Evans; but, unlike Evans, Sternfeld sought images that reflected Americans' troubled state of mind at the time. He avoids nostalgia and stereotype to discover an America of freeways, apartment blocks and emerging technologies; discovery becomes part of his visual strategy. Later, Sternfeld examined the opposition of utopia/dystopia. In 1982, he met Scott Nearing, a philosopher who exerted a strong influence on the hippy movement of the 1970s. Nearing suggested that Sternfeld imagine an ideal world and photograph it. Sternfeld then portrayed communes and collectives that had sprung from utopian ideas in a collection titled *Sweet Earth: Experimental Utopias in America* (2005). The accompanying texts specified the features of each community.

His large-scale photographs (8x10-inches) display meticulous composition, and close inspection reveals the unfolding of a narrative. Sternfeld portrays each sitter not in front of a neutral background but among his or her surroundings. His way of accentuating the subject forces the viewer to wonder whether the model is a real person or a fictional creation.

Sternfeld's political stance lies under the surface of his works, and his approach is not purely documentary or morally neutral. In a recent series, he brings out the expressions of uneasiness of participants at international conventions on climate change.

53. Andres Serrano

[Nueva York, Estados Unidos, 1950]

Es conocido internacionalmente como artista que estetiza los límites de los tabúes religiosos, sociales o morales con sus fotografías a color desde finales de los años ochenta.

La discrepancia y la controversia giran en torno a sus trabajos artísticos, intentando situar al espectador en una posición tan ambigua como la que mantiene él respecto a sus trabajos. Los fluidos del cuerpo, el fanatismo, la exclusión, la enfermedad y la muerte están presentes en sus series tratadas por medio de colores puros y una estilización teatral barroca. La dicotomía que genera con series como *Body Fluids* (1985-1990) en las que toma imágenes de sangre, leche, orina o esperma reside en el hecho de pensar que tan sólo se trata de colores, a la manera en que los trabajara un pintor clásico. Su método de trabajo no es intelectual, sino como él mismo dice "natural".

La serie *The Morgue* (1992) es una sucesión de retratos de cadáveres de adultos y niños cuyos títulos aportan datos sobre los motivos del deceso *(Apuñalado hasta la muerte; Causada por el SIDA; Meningitis fatal).* En *Klan* (1990) o *The Church* (1991) también acude al género del retrato para escenificar como iconos a miembros del Ku Klux Klan o de la iglesia tras un fondo neutro. La elección de los temas y el modo de tratarlos, que juega con lo ético, lo bello y lo morboso, en ocasiones recuerda a prácticas realizadas por periódicos sensacionalistas o revistas del corazón, parámetros que amplifican la polémica. Los mecanismos de la publicidad son un recurso del que se vale Serrano (la iluminación, el uso preciso que hace del lenguaje) conjugando la brevedad y la elocuencia para obtener los objetivos buscados. Según el propio autor, persigue "lo inusual o lo que tradicionalmente no está considerado como bello. En mi trabajo intento encontrar lo normal en lo extraño, y viceversa".

Entre sus exposiciones más recientes se encuentran la itinerante *Body and Soul* (The Barbican, Londres, 2001; MEO, Budapest, 2002), *America* en la Galleria Photology, (Milán, 2004) o *A History of Sex*, en el 5th Thessaloniki Documentary Festival (Tesalónica, 2003).

54. Cindy Sherman

[Nueva Jersey, Estados Unidos, 1954. Vive en Nueva York]

Es la fotógrafa más conocida y representativa de la postmodernidad por las escenografías narrativas en las que representa, desde una perspectiva feminista, una crítica a los medios.

En sus obras trabaja con el carácter totalmente construido del sujeto y la posibilidad de inducir y leer únicamente estereotipos, si juzgamos por la apariencia estrictamente visual de las cosas. La lectura psicoanalítica que investiga la inestabilidad y la ambivalencia, la vulnerabilidad y la fragilidad de las estructuras culturales de representación de la mujer son la materia conceptual de las fotografías de Sherman.

Su serie más sobresaliente, los *Fotogramas sin título* (1977-1980) son una serie de fotografías en blanco y negro en las que Sherman se pone en escena como protagonista ficticia de una película de *serie B*. Su método de autoescenificación se basa en imágenes que normalmente no se ven en las películas, escenas que podrían haber sido eliminadas y que parodian los roles estereotipados. Son fotografías individuales que narran una historia mayor. Implícitamente Sherman imita y repite las imágenes que de la mujer ofrecen los medios de comunicación y la corriente dominante que perpetúa la narración y dominación masculina.

Desde mediados de los ochenta, Sherman ha introducido el color en sus fotografías, y además de recurrir al vestuario, al maquillaje y a las pelucas, transforma su identidad introduciendo prótesis y miembros físicos artificiales e incluso el retoque digital de las imágenes. En ningún caso Sherman trata de llevar el discurso cerca del autorretrato son "imágenes personificadas de sentimientos específicos (...) que se autorretratan". Lo repugnante y desagradable, lo abyecto como metáfora de los estados de conciencia han preocupado a Sherman en series fotográficas posteriores.

Su trabajo se ha expuesto en todo el mundo tanto colectiva como personalmente, por ejemplo en el MoMA de Nueva York o el Centre Georges Pompidou en París. En 1997 se hizo una gran retrospectiva de su trabajo en el Museo de Arte Contemporáneo de Los Ángeles que itineró al Museum of Contemporary Art en Chicago y a museos en Praga, Londres, Burdeos o Sydney. Con motivo de esta exposición se publicó el catálogo *Cindy Sherman: Retrospective* (Londres, Thames & Hudson, 1997).

55. Michael Schmidt

[Berlín, Alemania, 1945]

Es uno de los fotógrafos alemanes contemporáneos más conocidos por la radicalización de su lenguaje visual, con el que confronta la realidad alemana.

Ha sido definido como un solitario. Contemporáneo de Jeff Wall y Lewis Baltz, un poco más joven que Robert Adams, Lee Friedlander o Larry Clark y un poco mayor que Gursky, Struth o Thomas Ruff, es difícil relacionarlo con ninguno de estos autores. Schmidt comienza en la fotografía como *amateur* y su interés por acercarse a la realidad lo lleva a profundizar en el estudio tanto técnico como conceptual.

Sus fotografías son de pequeño o mediano formato y en escalas de grises (donde trabaja las transiciones entre la máxima claridad y la oscuridad extrema) para recrear diversas atmósferas. La mayor parte de sus proyectos tienen como formato los libros fotográficos, que incluso cuando han sido publicados como catálogos de una exposición actúan independientemente. Por ejemplo, su libro *EIN-HEIT* (1991) sigue una narrativa no lineal, es un campo cuyos límites aparecen determinados y el espacio entre ellos ordenado siguiendo una lógica donde las partes sostienen el total.

Representa en diversas series la ciudad, su gente, sus formas y los espacios vacíos que quedan entre ellos. Aunque la vida urbana no es el tema de sus fotografías: no le interesa trabajar en una aproximación documental ni quiere ofrecer una versión alternativa de Berlín. Schmidt se ocupa de los espacios vacíos de la ciudad, los lugares en barbecho, solares, casas demolidas, como muestra en el proyecto *Wedding* (1978) donde establece una conexión con las zonas industriales de la región del Ruhr. *Waffenruhe* (1985-1987) marca un punto de transición, tanto en su obra como en la República Federal Alemana, donde el peso de la historia se traduce en imágenes y su carga impregna sus fotografías.

Schmidt ha expuesto repetidamente en Europa y Estados Unidos, destacando la exposición que realizara en 1996 en el MoMA de Nueva York o el Kunsthalle de Dusseldorf (2000).

56. Joel Sternfeld

[Nueva York, Estados Unidos, 1944]

Desarrolla una forma específica de fotografía de paisaje y es el representante más importante de la *New Color Photography*.

Comienza su primer trabajo, *American Prospects* (1978), inspirado por fotógrafos como Walker Evans, aunque a diferencia de éste Sternfeld busca una imagen que refleje cómo

Sternfeld's latest individual exhibitions include *American Prospects and Before* at the Luhring Augustine Gallery (New York, 2004), *American Standard: (Para) Normality and Everyday Life* at the Barbara Gladstone gallery (New York, 2002) and *Stranger Passing* at the San Francisco Museum of Modern Art (2001).

57. Beat Streuli

[Altdorf, Switzerland, 1957. Lives in Düsseldorf and New York]

Practices street photography, framing his portraits in public spaces.

For Streuli, streets are the theater of modern life; the western world's malls and shopping centres are where young people gather with their friends, and these are the settings Streuli chooses for his portraiture. He uses a telephoto lens at a distance of at least ten metres, "so as not to intrude," he says. From a remote intimacy, therefore, he captures the subject's quirks, doubts, worries and desires.

He then arranges the photographs into a representation. For example, he runs a slide show—to introduce the time dimension to his work—that relates one shot with another and creates the impression that the artist has trailed a subject across the city. Or he hangs large blow-ups of anonymous pedestrians' faces on gallery walls, or exhibits them on huge city billboards. Streuli tells us about the experiences being lived out in the packed city streets; he celebrates the diversity of the crowds in big cities, and gives us the chance to gawp unabashed at the people around us. His fascination with people—their clothes, their appearance—educates the viewer's eye in the shifting identities thrown up by the major cities.

Streuli's photography builds an archive of the thousands of anonymous faces he encounters on his big-city travels.

His recent shows include *Equilibres* at the Galerie Eva Presenhuber (Zürich, 2007), *BXL* at the Dogenhaus Galerie (Leipzig, 2006) and *The Pallasades 05-01-01. Off-site Project* at the Ikon Gallery (Birmingham, 2004).

58. Thomas Struth

[Geldern, Germany, 1954. Lives in Düsseldorf]

Explores cultural constructs in portraiture and landscape photography, and in the relations between photography and painting.

His apprenticeship with Gerhard Richter and the Bechers gave him the rigor and objectivity to engage with the medium when he started his practice in the mid-1970s. He sought out anonymous, wholly empty urban locations viewed from a central perspective and almost always in black-and-white. This series, which gave rise to its eponymous exhibition *Unconscious Places* (1987), traced the dialogue of some of the world's cultures with their history and identity by observing their imprint on architecture.

Later, based on work done with the psychoanalyst Ingo Hartman in the mid-1980s, Struth began to explore family portraiture using both black-and-white and color. Struth would delimit a given space and ask his models to pose whichever way they wished; this approach enabled him to probe the social and psychological behavior of family members when photographed. Sometimes, the rigid poses made for static shots reminiscent of nineteenth-century portraiture.

Finally, Struth's work revolved continually around an awareness of the act of seeing, as we can appreciate in the series mentioned above and in his work in museum and church interiors around the world. His is a gaze on crowds scattered across different cultural contexts that invites us to reflect on the contemporary and democratic nature of art or the tourism and leisure industry.

Since his first individual show in 1978 at New York's PS1, he has been the focus of numerous exhibitions, including *Portraits* (Munich, 1997) or the retrospective *Thomas Struth 1977-2002* at the MoCA (Los Angeles, 2002) and the Dallas Museum of Art (Dallas, 2002).

59. Juergen Teller

[Erlangen, Germany, 1964. Lives in London]

One of the most controversial names in fashion photography, is regarded as a chronicler of the everyday, and has helped create and polish the visual language of his generation.

He settled in London in 1986, and became an interpreter of fashion and trend-setter of the 1990s. He works with an auto-focus camera, an automatic flash that bombards the subject in rapid-fire succession, and sometimes shoots using two cameras, without the aid of assistants or lighting. Teller mounts a swift assault, accompanied by a continuous dialog with his model, leaving space for things to happen beyond the photographer's control.

Shunning any kind of conservatism or fixed protocol, Teller is fearless in exposing himself to the process, especially when the subject is himself or his close family. His aim is not to create pretty pictures but to find epiphanies of all kinds—whether revealing, ridiculous, or even painful, such as when he portrays his aunt to record the loss of her only child. He is a story-weaver who seeks to sift out reality from the surface of things.

Teller's photography is renowned in the worlds of fashion, film and music, where he poses his sitters in banal setups or shows them without makeup. He says: "I'm very dependent on the model's personality; in the end, I want to be dependent because I'm very interested in personal reactions." His work also encompasses still lives, advertising and portraiture, but he regards his oeuvre as a single body of work that he refuses to divide—his approach is global. Since 1997 he has regularly worked in partnership with Marc Jacobs.

Teller has exhibited in numerous venues, including the Photographers' Gallery (London, 1998), the Folkwang Museum (Essen), the Galleria d'Arte Moderna (Bologna), *Don't Suffer Too Much* at the Milton Keynes Gallery (Buckinhamshire, 2003), *I Am Forty* at the Kunsthalle (Vienna, 2004) and *Do You Know What I Mean* at the Fondation Cartier pour l'Art Contemporain (Paris, 2006).

60. Miguel Trillo

[Jimena de la Frontera, Spain, 1953]

Works in the tradition of the neo-realist travelers, practising an anthropological form of portrait photography.

Since the 1970s, he has produced portraits of young people—in Trillo's first series, people connected with the world of rock concerts, nightclubs and parties. He widened the scope of his sitters from close acquaintances to anonymous subjects in 1980s Madrid, who later came to be regarded as exponents of the *Movida* movement in the arts and in

estaban los americanos en aquél momento, su turbación anímica. Huyendo de una imagen nostálgica o estereotipada nos muestra una América hecha de autopistas, bloques de apartamentos y nuevas tecnologías, considerando el proceso de descubrimiento como parte de su estrategia visual. Después de este trabajo decidió dedicarse a la dicotomía entre la utopía y su reverso, la distopía. En 1982 conoce a Scott Nearing, un filósofo que ejerció mucha influencia sobre los movimientos hippies de los años setenta, que le sugirió que imaginara un mundo ideal y lo fotografiara. Así comenzó a retratar comunas y colectividades que habían nacido a partir de ideas utópicas que publicó con el título *Sweet Earth: Experimental Utopias in America* (2005) acompañando las imágenes con textos donde especificaba las características de cada comunidad.

En sus fotografías de gran formato (8 x 10 pulgadas) apreciamos una composición muy cuidada cuyos aspectos narrativos se revelan cuando los observamos con detenimiento. Los retratos de Sternfeld no prescinden del lugar, no les sirve el fondo neutro: hay una parte significativa del modelo en el entorno que lo rodea. Destaca a los sujetos forzándonos a cuestionarnos si estamos viendo realmente personas o personajes.

La aproximación de Sternfeld cuyas implicaciones ideológicas y políticas se intuyen en cada fotografía no es puramente documental, ni moralmente neutra; así podemos apreciarlo en un conjunto de imágenes realizadas recientemente en las que capta las expresiones de incertidumbre de varios participantes en las convenciones internacionales sobre cambio climático.

Entre sus últimas muestras individuales: *American Prospects and Before* en la Luhring Augustine Gallery (Nueva York, 2004), *American Standard: (Para) Normality and Everyday Life* en la galería Barbara Gladstone (Nueva York, 2002) o *Stranger Passing* en el San Francisco Museum of Modern Art (2001).

57. Beat Streuli

[Altdorf, Suiza, 1957. Vive en Düsseldorf y Nueva York]

Trabaja en el ámbito de la fotografía callejera enmarcando los retratos en el espacio público.

Hace fotografías en las calles que para él son el teatro en el que discurre la vida moderna: los centros comerciales del mundo occidental, los lugares donde la gente joven se reúne con sus amigos son los espacios que elige para realizar sus retratos. Los toma con un teleobjetivo a una distancia mínima de 10 metros "para no molestar", dice. Pretende así captar de una manera distante, pero a la vez íntima, rasgos personales del retratado, sus dudas, preocupaciones, deseos.

Las fotografías posteriormente forman parte de una re-presentación. Por ejemplo ha realizado proyecciones de diapositivas (para introducir el factor temporal en sus imágenes) que relacionan unas tomas con otras y dan la impresión de que Streuli ha estado siguiendo a alguien por la ciudad. Otras veces muestra copias en gran formato de algunos rostros de ciudadanos anónimos que cuelga en las paredes de las galerías, cuando no los exhibe en los enormes carteles publicitarios de la ciudad. Streuli nos habla aquí de la experiencia que tiene lugar en las calles atestadas de gente, celebra la diversidad de las muchedumbres que viven en las grandes ciudades, dándonos la oportunidad de mirar a la gente que nos rodea sin recato. La fascinación que siente por la gente, por cómo visten, por su apariencia, educa nuestro ojo y lo ayuda a desenvolverse en las identidades cambiantes que ofrecen las grandes ciudades.

Streuli intenta construir por medio de la fotografía un archivo donde tengan cabida los miles de rostros anónimos con los que se cruza en las urbes que recorre.

Ha expuesto recientemente *Equilibres* en la Galerie Eva Presenhuber (Zúrich, 2007), *BXL* en la Dogenhaus Galerie (Leizpig, 2006) o *The Pallasades 05-01-01. Off-site Project* en la Ikon Gallery (Birmingham, 2004).

58. Thomas Struth

[Geldern, Alemania, 1954. Vive en Düsseldorf]

Se distingue por trabajar sobre las construcciones culturales, ya sea en retratos, paisajes o en las relaciones entre fotografía y pintura. Comienza su andadura en la fotografía a mediados de los setenta, acercándose al medio con el rigor y la objetividad que le proporcionan su paso por las clases de Gerhard Richter y el matrimonio Becher. Sus fotografías se inclinaban por lugares anónimos de la ciudad, completamente vacíos, descritos desde una perspectiva central y casi siempre en blanco y negro. Esta serie, que dio titulo a la exposición *Lugares inconscientes* (1987), mostraba el diálogo de diversas comunidades del mundo con su historia e identidad observando las huellas que dejaba en la arquitectura.

Posteriormente, a raíz de un trabajo realizado con el psicoanalista Ingo Hartman a mediados de los ochenta, Struth empieza a explorar el retrato de familia para lo que se vale indistintamente del color o el blanco y negro. El proceso de trabajo para realizar estas fotos consistía en que Struth delimitaba el espacio y los "modelos" debían decidir cómo y dónde posarían. Lo que le permitía estudiar las conductas sociológicas y psicológicas de los miembros de la familia a la hora de ser fotografiados. En ocasiones la rigidez de las poses da como resultado un estatismo en las copias que nos recuerda los retratos del siglo XIX.

Finalmente la obra de Struth ha girado siempre en torno a la conciencia del acto de ver, algo que podemos apreciar en las series anteriormente mencionadas así como en el trabajo que realiza en los interiores de museos e iglesias del mundo. Una mirada sobre las muchedumbres dispersas en contextos culturales, que nos invita a reflexionar sobre la naturaleza contemporánea y democrática del arte o la industria del turismo y el ocio.

Desde que en 1978 expusiera individualmente en el P.S.1 de Nueva York ha realizado numerosas muestras como, por ejemplo, *Portraits* (Múnich, 1997) o una retrospectiva de su trabajo, *Thomas Struth 1977-2002,* en Estados Unidos (The Museum of Contemporary Art –MoCA–, Los Ángeles, 2002; Dallas Museum of Art, 2002).

59. Juergen Teller

[Erlangen, Alemania, 1964. Vive en Londres]

Es uno de los fotógrafos de moda más controvertido y protagoniza un nuevo lenguaje gráfico propio de su generación, considerándose un cronista de la cotidianeidad.

Desde que en 1986 se trasladara a Londres, Juergen Teller se ha convertido en un intérprete de la moda y creador de un estilo en los años noventa. Trabaja con una cámara auto-foco, con flash automático con la que repetida y rápidamente bombardea al sujeto, disparando en ocasiones con dos cámaras, sin luces y sin asistentes. Un asalto rápido que acompaña de un diálogo continuo con el personaje retratado y que puede dar a entender que el fotógrafo deja espacio para que tengan lugar cosas que no puede controlar.

Su aproximación al retrato no está delimitada por una visión conservadora que mantenga unas reglas fijas de actuación. Teller actúa sin miedo, exponiéndose en un grado muy alto, y más cuando el sujeto del retrato es él mismo o su familia más cercana. Su objetivo no es realizar fotos bonitas, sino buscar epifanías

Spanish society at large. In the late 1980s, he sought out new "types" of young people in his series *Los nuevos pijos* (1988) and *Madrid Hip Hop* (1988). Trillo's interest in young people's aesthetic codes led him in the 1990s to portray Spanish youth in the capitals of various provinces: *Souvenirs* (1992).

Trillo questions the form in which photographic work is embodied. Since the publication of his earliest shots in the fanzine *Rockocó*, he has broadened his investigation to formats little used in conventional photography but widespread in advertising and business. In 1994, he began his series *Geografía moderna*, a ten-year survey of the faces of "Iberian individuals", portraying young people encountered on his path. This reinvention of travel photography was finally produced in the form of a set of stamps. The postage stamp, by its size, materials and utility, forces a reflection on the fragility of one's own territory and culture, and the controversies underlying feelings of territoriality and rivalries among neighbors.

Trillo's oeuvre is one of the most ambitious bodies of social portraiture across several generations ever undertaken in Spain.

Since his first solo show at the El Bolito late-night bar in Madrid in 1978, Trillo has exhibited at the Círculo de Bellas Artes with *259 imágenes. Fotografía actual en España* (Madrid, 1983), *Retratos* at the Spectrum gallery (Saragossa, 1992) and *Parejas y Pasiones* at the Mestizo festival (Cartagena, 1998).

61. Garry Winogrand

[New York, United States, 1928-Mexico, 1984]

Is one of the most influential American photographers. He uses street photography to explore the essence of ordinary daily life. He claimed to be indebted to Cartier-Bresson, and to Walker Evans and his publication *American Photographs*. Modern street photography cannot be properly understood without reference to Winogrand's achievement: to blend art and documentary, and articulate a critique of American society and its way of life. His photographic process does not seek to find shots that are merely pretty; characteristically, Winogrand anticipated the photographed event and shot it on the fly, portraying a world replete with visceral energy and a provocative beauty. In the 1950s and 60s, he made several "photographic trips" across the United States, to bring to light situations rather than specific individuals. From 1960 to 1965 his central theme was women in the street, a subject he never abandoned; in 1975, he published the book *Women Are Beautiful*. In 1969 he shot an extensive series in the zoo in New York's Central Park, culminating with his first book, *The Animals* (1969). He then started to work with wide-angle lenses and to experiment with new compositions, "as a way," according to Szarkowski, "of including what he wanted from a closer strategic standpoint; from which he could photograph a passer-by from head to toe, for instance, from a distance we would normally used only to focus on the face."[15] As a result, he produced slant shots in which the horizon lay askew: highly personal prints that unsettled the viewer. In the 1970s, Winogrand shot pictures in the street, at football stadiums, political rallies and cattle markets to capture a richer complexity of conception and composition, because he felt that risk lay in the formal aspects, in the issue of what could or could not be drawn within the compass of the photographic eye. At his death, thousands of rolls of film remained undeveloped—scattered fragments of a visual experiment that placed all events on one level.

Since his exhibition at MoMA in 1963, he was the subject of major solo and collective shows, such as at George Eastman House (Rochester, 1966), and *Toward a Social Landscape* (New York, 1966) with Lee Friedlander, Duane Michals, Bruce Davidson and Danny Lyon.

LILA INSÚA

de todas clases, ridículas, reveladoras e incluso dolorosas: por ejemplo, cuando retrata a su tía y evidencia la pérdida de su único hijo. Es un narrador de historias que intenta contar qué puede haber de realidad en la superficie de las cosas.
Sus trabajos fotográficos en el mundo de la moda, del cine y de la música son muy conocidos, colocando a las modelos en situaciones banales o mostrándolas sin maquillaje. En este sentido Teller reflexiona: "Dependo mucho de la personalidad del modelo; finalmente, quiero depender de esto porque estoy interesado en las reacciones personales". También ha trabajado con bodegones, publicidad o retratos, pero considera que todo conforma un cuerpo de trabajo y se niega a dividirlo, su enfoque es global. Desde 1997 muchos de sus trabajos los realiza en colaboración con Marc Jacobs.
Ha expuesto en numerosos espacios como la Photographers' Gallery (Londres, 1998), el Folkwang Museum (Essen), la Galleria d'Arte Modena (Bologna), *Don't suffer too much* en la Milton Keynes Gallery (Buckinghamshire, 2003), *I Am Forty* en el Kunsthalle (Viena, 2004) o *Do You Know What I Mean* en la Fondation Cartier pour l'Art Contemporain (París, 2006).

60. Miguel Trillo
[Jimena de la Frontera, Cádiz, 1953]

Se enmarca dentro de la tradición de viajeros neorrealistas, practicando una fotografía antropológica en forma de retratos.
El objetivo de su cámara, desde los años setenta, se ha detenido a menudo en realizar retratos de jóvenes que en su primera serie estaban relacionados con un entorno musical (conciertos de rock, fiestas o discotecas). Personas de su ámbito cercano que después amplió a personajes anónimos que vivían en Madrid durante los años ochenta y que serían conocidos como representantes de la Movida. A finales de los ochenta buscó nuevas "tipologías" juveniles en las series *Los nuevos pijos* (1988) y *Madrid Hip Hop* (1988). Este interés por las estéticas juveniles le llevó durante los años noventa a realizar un retrato de la juventud española en las capitales de diversas provincias: *Souvenirs* (1992).
Trillo cuestiona los formatos de impresión de la obra. Desde la publicación de sus primeras fotos en el fanzine *Rockocó* extiende su investigación a formatos poco utilizados en la fotografía tradicional, pero sí en medios publicitarios o comerciales. En la serie *Geografía moderna*, un proyecto iniciado en 1994, y al cual ha dedicado diez años, muestra los rostros de "individuos ibéricos", jóvenes que ha encontrado a lo largo del camino, reinventando la fotografía de viajes y cuyo formato final de producción es un conjunto de sellos. La estampa de correos fuerza, tanto por sus dimensiones y sus características materiales como por la utilidad que tiene, a reflexionar sobre la fragilidad de los territorios y de las culturas propias y lo controvertido de los sentimientos fronterizos y las rivalidades vecinales.
El conjunto de su trabajo constituye uno de los proyectos más ambiciosos de retrato social de varias generaciones en España.
Desde que en 1978 realizara su primera exposición individual en el pub "El Bolito" de Madrid ha expuesto en el Círculo de Bellas Artes en *259 imágenes. Fotografía actual en España* (Madrid, 1983), *Retratos* en la galería Spectrum (Zaragoza, 1992) o *Parejas y Pasiones* en el festival Mestizo (Cartagena, 1998).

61. Garry Winogrand
[Nueva York, Estados Unidos, 1928-México, 1984]

Es uno de los fotógrafos americanos más influyentes, debido a su exploración de la cotidianeidad en el marco de la fotografía callejera.
Se decía deudor de Walker Evans y su publicación *American Photographs*, así como de Cartier-Bresson. La fotografía callejera actual no puede entenderse sin su aportación, por la forma de aunar una aproximación artística y documental, no exenta de crítica hacia la sociedad y la vida americana. En su proceso fotográfico no existe la búsqueda de tomas que sean simplemente bellas, sino que sus principales características son la capacidad de anticiparse al suceso y la habilidad para tomar la fotografía con rapidez, retratando un mundo lleno de energía visceral y una belleza provocativa. Winogrand realizó durante los años cincuenta y sesenta diversos "viajes fotográficos" por Estados Unidos, donde nos muestra situaciones más que individuos concretos. Entre 1960 y 1965 el tema central de su producción fue la mujer en la calle, motivo que nunca abandonó y sobre el cual, en 1975, publicó el libro *Women are Beautiful*. En 1969 realiza una extensa serie de fotografías en el zoológico del Central Park de Nueva York que culmina con su primer libro *The Animals* (1969). En esa época comienza a trabajar con objetivos de gran angular experimentando nuevas composiciones, según Szarkowski "como una forma de incluir lo que él quería desde un punto de vista estratégico más cercano; desde el cual podía fotografiar un paseante de pies a cabeza (por ejemplo) desde una distancia que normalmente sólo utilizamos para enfocar caras".[15] Lo que daba como resultado tomas inclinadas cuyo horizonte no era paralelo, copias más personales que producían cierta extrañeza en el espectador. En los años setenta captó imágenes en la calle, en estadios de fútbol, mítines políticos o ferias de ganado que incorporaban mayor complejidad conceptual y compositiva, pues era en los aspectos formales donde consideraba que estaba el riesgo, en la cuestión de qué era posible introducir en el marco fotográfico. A su muerte cientos de carretes quedaron sin revelar, fragmentos dispersos de una praxis visual que lleva todos los sucesos al mismo término.
Desde que se mostrara su obra en el MoMA en 1963, realizó destacadas exposiciones colectivas e individuales, como en la George Eastman House (Rochester, 1966) o *Toward a Social Landscape* (Nueva York, 1966) junto con Lee Friedlander, Duane Michals, Bruce Davidson y Danny Lyon.

LILA INSÚA

Notas

1. Patricia Bosworth, *Diane Arbus*, Barcelona, Editorial Circe, 1999.

2. Various authors, *Richard Avedon in the American West 1979-1984*, Barcelona, Fundación La Caixa, 2001.

3. Various authors, *Tina Barney Photographs: Theater of Manners*, New York, Scalo, 1997.

4. Michael Cohen interviews Larry Clark, *ArtCommotion*, 1, Los Angeles, 1996.

5. Various authors, *A Body,* New York, PowerHouse Books, 2002.

6. Philip-Lorca diCorcia, "Reflexiones sobre Streetwork", in *Streetwork*, Salamanca, Ediciones Universidad de Salamanca, Col. Campo de Agramante nº 23, 1998.

7. Charles Hagen, "An interview with William Eggleston", in *Aperture*, 115 (Summer, 1989).

8. Pierre Gonnord. *Realidades* (María Corral – exhibition curator), Seville, Museo de Bellas Artes, 2007.

9. Various authors, *Sobre la Historia/ On history* (exhibition catalogue), Madrid, Fundación Santander Central Hispano, 2007

10. *Josef Koudelka* (Colección Grandes Fotógrafos de Magnum Photos), Madrid, Editorial Salvat, 2007.

11. Duane Michals, *Album: the portraits of Duane Michals, 1958-1988*, Pasadena (California), Twelvetrees Press, 1988.

12. Suzanne Bestler, "Helmut Newton, 1920-2004", in *Afterimage*, March-April 2004.

13. Iván Sánchez, "Entrevista a Humberto Rivas", Barcelona, 3 December 2006.

14. Thomas Schütte, interview with James Lingwood in *Thomas Schütte*, London, Phaidon Press, 1998.

15. John Szarkowski, *Winogrand: Fragments from the Real World*, New York, Harry N. Abrams, 1988.

Notas

1. Patricia Bosworth, *Diane Arbus*, Barcelona, Editorial Circe, 1999.

2. AAVV, *Richard Avedon in the American West 1979-1984*, Barcelona, Fundación La Caixa, 2001.

3. AAVV, *Tina Barney Photographs: Theater of Manners*, Nueva York, Scalo, 1997.

4. Michael Cohen entrevista a Larry Clark, en *ArtCommotion*, 1, Los Ángeles, 1996.

5. AAVV, *A Body*, Nueva York, PowerHouse Books, 2002.

6. Philip-Lorca diCorcia, "Reflexiones sobre Streetwork", en *Streetwork*, Salamanca, Ediciones Universidad de Salamanca, Col. Campo de Agramante nº 23, 1998.

7. Charles Hagen, "An interview with William Eggleston", en *Aperture*, 115 (Verano, 1989).

8. *Pierre Gonnord. Realidades*, Sevilla, Museo de Bellas Artes de Sevilla, 2007.

9. AAVV, *Sobre la Historia/On History*, (catálogo de la exposición), Madrid, Fundación Santander Central Hispano, 2007.

10. *Josef Koudelka* (Colección Grandes Fotógrafos de Magnum Photos), Madrid, Editorial Salvat, 2007.

11. Duane Michals, *Album: the portraits of Duane Michals, 1958-1988*, Pasadena (California), Twelvetrees Press, 1988.

12. Suzanne Bestler, "Helmut Newton, 1920-2004", en *Afterimage*, marzo-abril 2004.

13. Iván Sánchez, "Entrevista a Humberto Rivas", Barcelona, 3 de diciembre de 2006.

14. "Thomas Schütte, conversación con James Lingwood", en *Thomas Schütte*, Londres, Phaidon Press, 1998.

15. John Szarkowski, *Winogrand: Fragments from the Real World*, Nueva York, Harry N. Abrams, 1988.

CENTRO ANDALUZ DE ARTE CONTEMPORÁNEO
CONSEJERÍA DE CULTURA

Consejera de Cultura
Rosa Torres Ruiz

Viceconsejero de Cultura
José M.ª Rodríguez Gómez

Secretaria General de Políticas Culturales
Lidia Sánchez Milán

Director General de Museos y Arte Emergente
Pablo Suárez Martín

Director del Centro Andaluz de Arte Contemporáneo
José Lebrero Stals

EXPOSICIÓN

Dirección
José Lebrero Stals

Comisaria
Ute Eskildsen

Conservadora jefe del servicio de actividades y difusión
M.ª Luisa López Moreno

Coordinación y registro
M.ª Isabel López Delgado

Coordinación de montaje
Faustino Escobar

Conservación y restauración
José Carlos Roldán Saborido
M.ª José Sánchez Barrera

Jefe del servicio de administración
Luis Arranz Hernán

Coordinación administrativa
Mercedes Sánchez Romero

Diseño gráfico
Luis Durán

Prensa
Marta Carrasco

Documentación
Eduardo Camacho

Educación
M.ª Felisa Sierra
Antonio Luque

Organiza
Centro Andaluz de Arte Contemporáneo
En colaboración con el Collection Museum Folkwang, Essen
y Museo Picasso Málaga

Producción
Centro Andaluz de Arte Contemporáneo
Empresa Pública de Gestión de Programas Culturales

CATÁLOGO

Dirección
José Lebrero Stals

Coordinación editorial
Alberto Martín

Coordinación
M.ª Luisa López Moreno
M.ª Isabel López Delgado
María López Díez

Textos
Alberto Martín
Ernst van Alphen
Christine Buci-Glucksmann
Benjamín H. D. Buchloh
Liz Kotz
Max Kozloff

Biografías
Lila Insúa

Editan
JUNTA DE ANDALUCÍA. Consejería de Cultura /
TURNER

Diseño y maquetación
Estudio Junior

Documentación gráfica
Teresa Avellanosa

Traducción
castellano/inglés: Mike Escárzaga, Wade Matthews
inglés/castellano: atalaire
francés/castellano: Mercedes López-Ballesteros
francés/inglés: Mike Escárzaga

Fotomecánica
Lucam

Impresión
Brizzolis

Encuadernación
Ramos

www.turnerlibros.com

ISBN: JUNTA DE ANDALUCÍA. Consejería de Cultura
978-84-8266-804-8
TURNER
978-84-7506-821-3

DEPÓSITO LEGAL: M-29737-2008